2016文化产业创业创意人才发展报告

中央文化干部管理学院 编

图书在版编目（CIP）数据

2016文化产业创业创意人才发展报告/中央文化管理干部学院编.—北京：文化艺术出版社，2016.10
ISBN 978-7-5039-6202-8

Ⅰ.①2… Ⅱ.①中… Ⅲ.①文化产业—人才培养—研究报告—中国—2016 Ⅳ.①G124

中国版本图书馆CIP数据核字（2016）第239314号

2016文化产业创业创意人才发展报告

编　　者	中央文化管理干部学院
责任编辑	巩建华
装帧设计	马夕雯
出版发行	文化艺术出版社
地　　址	北京市东城区东四八条52号　（100700）
网　　址	www.whyscbs.com
电子邮箱	whysbooks@263.net
电　　话	（010）84057666（总编室）　84057667（办公室）
	（010）84057691—84057699（发行部）
传　　真	（010）84057660（总编室）　84057670（办公室）
	（010）84057690（发行部）
经　　销	新华书店
印　　刷	国英印务有限公司
版　　次	2017年8月第1版
印　　次	2017年8月第1次印刷
开　　本	700毫米×1000毫米　1/16
印　　张	24.25
字　　数	380千字
书　　号	ISBN 978-7-5039-6202-8
定　　价	68.00元

版权所有，侵权必究。印装错误，随时调换。

编辑委员会

主　编　卢　娟

副主编　毕绪龙

编　辑　陈　昱　孟晓雪　乔　丽　段俊杰

前　言

近年来，党和政府高度重视文化产业发展，先后出台并实施了一系列政策举措，加快推动文化产业健康发展。国务院《关于推进文化创意和设计服务与相关产业融合发展的若干意见》《关于深化体制机制改革加快实施创新驱动发展战略的若干意见》明确提出，要"强化人才培养""创新培养、用好和吸引人才机制"。为贯彻落实文件相关精神，文化部、财政部2013年联合启动了"文化产业创业创意人才扶持计划"，旨在通过发现、培养、服务青年创业创意人才，形成全社会重视培养创业创意人才的带动性、示范性和引领性效应，从而提升文化产业领域创业创意水平。

本书对扶持计划实施两年多来的工作成果进行梳理总结，全书分为总报告、专家视角、调研报告、创新实践、国外视野五个部分。汇集了专家学者对文化创意和设计服务与相关产业融合发展中重点问题的深度思考与政策建议。选取北京、上海、深圳、杭州、武汉、西安六个有代表性的城市，重点对其文化产业创业创意人才扶持状况的特征及经验做法进行分析研究，围绕创意经济、文化创新领域，介绍了若干个具有代表性和示范推广价值的国内外文化产业领域创意人才开发经典案例。

本书在编写过程中，学院党委书记周庆富同志亲自指导全书编写工作，相关机构与专家学者给予了大力支持，在此谨向提供研究成果的中国人民大学、深圳大学文化产业研究院、武汉大学、西北大学公共管理学院、上海社会科学院、中关村创意经济研究院、浙江省创意设计协会和北京新元文智咨询服务有限公司等单位表示衷心的感谢，还特别向参与稿件撰写与审阅的有关专家学者表示诚挚的感谢和崇高的敬意。

由于本书编写、出版时间紧，编者水平有限，书中难免有错误或疏漏之处，敬请读者不吝赐教。

中央文化管理干部学院编写组
2016年8月

目 录

第一部分　总报告 ·· 1
第一章　扶持文化产业创业创意人才的重要性 ············· 3
第二章　我国文化产业创业创意人才发展现状 ············· 9
第三章　国内文化产业创业创意人才扶持状况 ············· 20
第四章　国外文化产业创业创意人才扶持经验和做法 ····· 25
第五章　加大文化产业创业创意人才扶持的政策建议 ····· 30

第二部分　专家视角 ·· 37
实施创新驱动发展战略与创新设计人才培养 ··············· 39
创意设计与城市、产业、科技融合下的思考 ··············· 56
"互联网+"背景下文化产业发展的创意创新 ··············· 66
创客时代：一个创新——创意集群的成长 ··················· 77
人才培养是"一带一路"倡议的重要支点 ··················· 85
北京市文化创意工作室现状分析及政策建议 ··············· 92
基因不变　薪火不断　传承创新
　　——对工艺美术发展及人才培养的几点思考 ········· 105
探索中国设计园区的发展机制 ································· 117

1

文化旅游产业发展与创意人才培养 …………………………………… 129
　　我国文化产业创业创意人才扶持政策的现状、问题和建议 ………… 137

第三部分　调研报告 ………………………………………………………… 149
　　北京市文化创意产业创业创意人才调研报告 ………………………… 151
　　上海市文化创业创意人才调研报告 …………………………………… 173
　　深圳市文化产业创业创意人才调研报告 ……………………………… 198
　　杭州市创新、创业创意人才扶持研究报告 …………………………… 223
　　武汉市文化产业创业创意人才扶持研究报告 ………………………… 248
　　西安市文化产业创业创意人才调研报告 ……………………………… 281

第四部分　创新实践 ………………………………………………………… 305
　　中关村梦想实验室：构建以创客空间为载体的创新创业平台 ……… 307
　　洛可可设计集团：推动设计品牌转化为设计人才实训品牌 ………… 315
　　深圳F518时尚创意园：建立线上线下创意服务平台 ………………… 323
　　同济大学设计创意学院：搭建立体"T型"人才培养框架 …………… 336
　　东北亚文化创意科技园：打造"教学习"三位一体人才培养模式 …… 343

第五部分　国外视野 ………………………………………………………… 353
　　美国：运用博物馆艺术孵化器"NEW INC"扶持创业创意人才 …… 355
　　英国：以政府为主导推动创意产业发展和人才培养 ………………… 359
　　韩国：实施"从小学至就业"全程创意教育 …………………………… 366
　　新加坡：建立海外创意人才培养引进机制 …………………………… 371

第一部分 总报告[①]

[①] 该报告受文化部文化产业司资助,并吸收了中国人民大学创意产业技术研究院课题组《文化产业创业创意人才研究报告》的部分研究成果。

第一章 扶持文化产业创业创意人才的重要性

一、文化产业创业创意人才的界定

（一）文化产业创业人才

创业是创业者不拘泥于当前资源约束，寻找机会优化整合资源，从而创造价值、体现价值的过程。创业是一种劳动方式，是一种需要创业者运营、组织、运用服务、技术、器物作业的思考、推理和判断的行为。20世纪80年代，以比尔·盖茨为代表、以科技创新为核心的创业者掀起的"创业革命"，有力促进了美国高校创业教育的发展。[①] 与此同时，为应对受过教育的失业队伍越来越大的状况，世界高等教育调整人才培养观和培养模式，逐步树立起"就业者不仅是求职者，更是创造新的工作岗位或新的工作岗位的创造者"的创业教育理念。"创业"由此成为各行各业的个人或团队为开辟事业、创造价值，敢于承担风险而进行的开拓性活动。

创业人才一般具有冒险精神、百折不挠的韧劲与创造激情等突出特征。由于文化产业的行业特征，文化产业创业人才除具备一般创业人才的特征之外，还需具有如下特殊性：第一，主体身份的混合性特征。具备文化艺术专业知识、技能与市场头脑，既是艺术家，又是经理人；既是独特的艺术创造者，又是艺术增值创造者。第二，创业行为的创新性特征。具有把自己（或团队）所从事的文化艺术专业扩展为与社会、市场紧密相关的产业新业态的思路、能力和运作方式，从而带有鲜明的创造性和创新性。第三，创业形态上的小微特征。出于对成就导向、创业风险、经验积累、资金需求等因素的综合考虑，文化产业

---

① 曹胜利：《创新型国家的建设与创新创业人才的培养》，《创新与创业教育》2010年第1期。

创业人才大都采取工作室（坊）、小微企业等形态进行从业活动，同时寻找机会壮大发展。第四，流动性特征。由于文化产业创业环境、政策、社会氛围等原因，文化产业创业人才的流动性比较大。第五，年轻化特征。从文化产业创业人才结构来看，其中当然不乏转行在文化产业领域创业的企业家和投资人，也有一批具有崭新想法的文化艺术相关从业者（如数量不少的中老年人）被吸引到这一领域，但文化产业创业人才的主力军是相关专业的大中专学生，因此整体来看，文化产业创业人才呈现年轻化特征。

（二）文化产业创意人才

文化产业创意人才是指各行业部门以文化为基础、以创意为核心，综合运用科技成果和美学、心理学、经济学等多方面知识和技能，通过对产品、产业及其他经济活动进行整合优化并实现文化增加值的创新型人才。随着知识经济及文化产业的快速发展，创意经济正在成为发达国家的新经济业态，创意人才培养成为人才战略重心之一。据美国著名创意经济研究专家理查德·佛罗里达在其名著《创意阶层的崛起》中的分析，美国社会已经分化为四个主要的职业群体：农业阶层、工业阶层、服务业阶层和创意阶层。由创意阶层与服务业阶层共同构成的美国第三产业人口就业比重已占到美国就业人口的80%以上，其中有3800万人属于"创意阶层"，占就业总人口的30%。[①] "创意阶层"的崛起与"创意经济"的壮大成为美国等发达国家新经济发展的最重要标志。佛罗里达所说的"创意阶层"主要指两类人才：一是"超级创意核心"，由来自从事科学和工程学、建筑和设计、教育、艺术、音乐和娱乐的人们构成，这类人才的特征是创造新观念、新技术和（或）新的创造性内容；二是专业人才，即在商业、金融、法律、保健以及相关领域的创造性专业人员，这类人才的特征是具有高水平的教育和技能资本，能通过系列独立的判断解决复杂问题。

综合国内外各种关于文化创意人才的研究成果，概而言之，文化产业创意人才具有以下特征：一是复合型知识结构特征。创意人才的独特价值在于对文

---

① [美]理查德·佛罗里达：《创意阶层的崛起》，中信出版社2010年版，第85页。

化、技术、产品和市场进行贯通融合而贡献出的 idea，idea 的基础来自创意人才复合型知识和较高的文化素质支撑下的思维能力。二是跨界创新性特征。创意人才是典型的头脑经济劳动者，一方面在某一类产品的设计、生产与消费方面融入各种元素，使之成为创新性产品；另一方面以独特的创新性元素融入各类相关产品设计、生产与消费，使不同领域的产品成为创新性产品，以此促进跨界创新、引领产品升级。三是以知识产权交易为核心。从创意符号、创意要素到创意商标、创意专利和著作权，围绕创意产品形成的系列知识产权是创意人才的主要价值形式，其价值通过知识产权交易具体体现。四是工作环境的生活性特征。普遍认为，创意人才更需要不同于一般行业的工作环境，政策扶持、社区及周边生活条件比较便利、宽松的环境，更易于吸引创意人才集聚。像北京的798、纽约的SOHO、旧金山的SOMO、西雅图的先锋广场以及各国著名的文化创意中心、文化产业集聚区等，实际上形成了创意人才集聚性社区，他们工作于此，也生活于此，因此带有明显的生活性特征。

二、文化产业创业人才与创意人才的关系

（一）两类人才都具有创造性，但侧重点不同

文化产业创业人才以创新（innovation）或创意（creative）为基础实现创业，无论是从无到有的技术创新、管理创新、模式创新，还是在已有基础上进行的产品（服务）符号、要素等方面的创意，都带有明显的创造性特征。文化产业创意人才以目前产品、市场中的某些缺陷入手，快速作出市场反应，对既有产品（服务）提出改善、整合和提升的"新点子"（idea），以实现文化附加值，从而带有鲜明的创造性特征。两类人才的创造性侧重点不同，文化产业创业人才侧重于"业"，即重视市场开拓、企业机制创新及运营管理方面的创造性；而文化产业创意人才侧重于"意"，即以创新思维进行产品（服务）策划、设计等重构的创造性。

（二）两类人才的素质要求不同，但二者有交集

大多数文化产业创业人才的创业动机是就业需要，因而其素质要求主要表现在敢闯敢试的胆识、开拓市场的能力和坚忍不拔的毅力等方面。由于创业类型不同，因而并非所有创业人才均把创新创意作为创业基础。其中，创新型的文化产业创业人才往往以创意为基础，在市场运作中注重产品（服务）的创意价值，这类人才实际上是创意人才。文化产业创意人才的素质要求相对较高，需要具有良好的复合型知识结构、较高的文化素养、较强的创造性及具体产品或服务创意的动手能力。具体而言，首先要有专业素养，比如有动漫、网游设计等方面的技能；其次要会运用高科技数字技术；再次要懂得传播和市场营销。其中，一些文化产业创意人才在具备条件的情况下，也会组织团队进行以创意为核心的创业行为。因此，在从事以创新创意为基础的业务上，这两类人才有交集。

（三）两类人才都是知识产权生产者，但交易行为程度不同

由于文化产业的特殊性要求，两类人才都属于"头脑经济"的劳动者，因而其文化产品或创意产品归根结底都以产品的知识产权为基础进行创业或创意行为。但文化产业创业人才主要依靠挖掘市场资源及其市场运作来实现知识产权交易，除了自己拥有独立知识产权之外，更多的是运用知识产权市场进行创业。文化产业创意人才则主要依靠自己的创意产品（服务）的知识产权进行交易以实现价值转换。

三、扶持培养文化产业创业创意人才的重要意义

从世界范围来看，以文化产业为标志的创意新经济已经形成强劲的发展势头，美国等发达国家正在积极制定实施创意人才发展战略。近十几年来，我国文化产业快速发展，文化创意与其他实体经济融合程度逐步增强，创意人才瓶颈越来越突出，急需扶持培养一大批文化产业创业创意人才。具体而言，扶持

培养文化产业创业创意人才的重要意义表现为以下方面。

(一)创意是文化产业发展的源头并引领创业

文化产业是知识经济时代基于人的创意的诱致性产业业态,业态特点决定了创意既是文化产业发展的源头,又是引领文化产业创业的引擎。只有通过文化创意,才能把文化、技术、产品(服务)和市场有机结合起来,为人们提供文化含量较高的产品和服务,从而引领新的文化消费市场。文化创意与科技、金融等市场要素的有机结合,不断促进文化产业创新和结构优化,加深与其他产业融合发展,从而形成产业发展的引擎。创意引领创业,文化产业领域的创业行为以创意为基础,形成新业态、新项目或新产品,参与市场竞争。充分发挥创意对文化产业发展的重要作用,需要一大批文化创意人才源源不断地提供创意资源。

(二)创业是拓展文化产业市场的重要途径

首先,创业可以促进文化产业就业。扶持创业人才通过创业行为实现"自我就业",不仅有利于缓解就业压力,而且有利于带动就业。麻省理工学院1999年统计,1990年后师生平均每年创办150家新公司,仅1994年这些公司就提供了110万个就业岗位,销售额达2320亿元。硅谷60%以上的企业是斯坦福大学和教师创办的。[①] 如上海盛大网络集团下属盛大游戏有限公司近年来推出的"创业带动就业"项目,先后投资3亿多元扶持30多个网络游戏等创意产业创业团队,直接带动就业1400余人。其次,文化产业创业可以促进发展文化产业新业态。互联网文化产业、动漫游戏产业、3D电影产业等均是文化科技领域的创业者创造出的新业态。再次,文化产业创业可以培育文化企业新主体。如水晶石等公司通过创业逐步成长为国内知名的文化科技市场主体。开拓发展文化产业市场,急需一大批文化产业创业人才,通过多样化的创业活动来开拓新的、更加细分的行业形态,不断推动文化产业的可持续发展。

---

① 曹胜利:《创新型国家的建设与创新创业人才的培养》,《创新与创业教育》2010年第1期。

（三）创意人才是经济社会发展的核心人力资源

人力资源是经济社会发展的第一资源、能动资源，创意人才则是核心人力资源。如果把世界文化产业每一发展阶段的升级创新主体列一个名单，那将是一个由默多克、比尔·盖茨、乔布斯、麦克唐纳、哈兰德·桑德斯、卡梅隆……组成的世界创意人才名人榜。创意人才是知识经济时代头脑经济的代表性群体，是促进各产业交互融合、提升各产业整体素质的核心群体，是助推国民经济转型升级、推动"中国制造"向"中国创造"转变的重要力量。

第二章 我国文化产业创业创意人才发展现状

引 言

随着我国文化产业的较快发展，我国文化产业创业创意人才也呈现出逐步增长的趋势，对文化产业快速健康发展起到了不可替代的重要推动作用。但是与创意经济发达的西方国家相比，我国文化产业起步较晚，作为文化创意的最核心、最宝贵资源的文化创意人才的发展状况还远远不能适应创意产业迅速发展的需要，并在很大程度上制约了我国文化产业的可持续发展。准确把握文化产业创业创意人才的现状及其主要问题，是持续提高文化产业的创意水平和整体实力的重要前提和必然要求。

一、我国文化产业创业创意人才状况与特点

（一）国家出台多项政策力推文化创业创意人才发展

文化产业具有高知识性、高增值性和低能耗、低污染等特征，而且对于提升各行各业的产品和服务品质，增加附加值、塑造品牌、提升市场竞争力具有重要意义。近年来，国家出台多项政策文件力推处于产业链上游的文化产业发展，包括近期国务院发布《关于推进文化创意和设计服务与相关产业融合发展的若干意见》、文化部和财政部启动文化产业创业创意人才扶持计划等。总体来看，我国文化产业发展的整体环境得到进一步优化，在全国涌现出一批有实力的创意产业基地、集聚区及行业领先企业。在北京、上海、广州、深圳等发展较快、国际化程度较高的大都市，文化产业的发展已初具规模，形成了各具

特色的文化创意产业园区。作为文化产业发展的根本推动力和关键要素——文化产业创业创意人才队伍总量和竞争力也有较快发展。第三次全国经济普查数据显示：2013年，我国法人单位文化产业从业人员总数为1759.99万人，比2004年（法人单位文化产业从业人员总数873.26万人）增长了1倍。（见表1）

表1 中国文化产业主要指标变化

年份	2013年	2008年	2004年
法人单位（万个）	91.85	46.08	31.79
从业人员（万人）	1759.99	1008.22	873.26
增加值（亿元）	20081	7630	3440
主营业务收入（亿元）	82610.98	26802.20	16225.20
资产总计（亿元）	103407.1	27486.6	18316.6

资料来源：三次全国经济普查数据。

（二）文化创意人才总量明显低于西方发达国家

2013年，我国文化产业从业人员为1759.99万人，占全国就业人口的4.94%。2013年11月发布的法国文化创意产业经济观察研究报告显示，法国文化创意产业60多种职业共有120万从业人员，占全国总就业人数的5%。2010年下半年，英国创意产业人才总数接近230万[1]，与金融从业者大致相当，约占总人口数的12%。澳大利亚创意产业的从业人数已经由2006年的46.35万人增加至2011年的53.1万人，占整个就业人数的5.3%[2]。可见我国文化创意人才在全国就业人口中的比例还比较少。就国内城市而言，以人才优势较明显的北京为例，统计显示，北京文化创意人才不仅在很多领域呈现短缺状态，而且在总从业人员中所占的比例也远远不及纽约、伦敦、东京等文化创意产业繁荣城市。可见无论是从国家角度，还是从代表性城市的角度，我国文化创意人才总量规模都明显低于西方发达资本主义国家。

---

[1] 熊澄宇：《英国创意产业发展的启示》，《求是》2012年第7期。
[2] 程佳、郑苒、樊炜：《多国政府为文化创意产业人才提供定向支持》，《中国文化报》2014年2月20日。

从总量缺口来看，与美国相比，我国文化产业法人单位从业人员仅占全国从业人员总数（35602.3万人）的4.94%（2013年），而美国文化产业劳动力占比达8.26%。如达到美国的文化产业劳动力结构水平（约8%），我国文化产业还有500万以上的人才缺口。特别值得注意的是，美国文化产业人均贡献17.15万美元的产值，而我国文化产业人均仅贡献了4.31万美元的产值。（见表2）由此可以推测，我国文化产业人才队伍不仅规模总量偏少，更重要的是具有高产出的中高端人才缺乏。新媒体、动漫游戏、数字内容等新兴文化产业的人才数量远远不能达到行业发展需要。工艺美术领域的人才青黄不接困境尤为突出。

表2 2013年中美文化产业从业人员总量对比

项目	美国	中国
文化产业产值（亿美元）	19217	7588.97
文化产业劳动力（万人）	1120.68	1759.99
文化产业劳动力占比（%）	8.26	4.94
文化产业人均产值（万美元）	17.15	4.31

资料来源：Copyright Industries in the US Economy：The 2014 Report；《2014中国统计年鉴》和第三次全国经济普查数据。

（三）文化创业创意人才多分布在东部较发达地区

我国文化创业创意产业人才分布的重点区域是环渤海地区、长三角地区、珠三角地区，并且大多集中在北京、上海、深圳、广州等大城市，呈现由东部向中、西部递减，地区分布不均衡的特点。据北京市统计局数据，到2013年9月，全市规模以上文化创意从业人员达104.7万人。到2013年年底，上海文化创意产业从业人员约130万人[①]，占上海当年从业人员总数的11.4%。据2012年深圳创意人才资料显示，创意人才所属的多数企业为小、微型企业。其中规模为11—50人最多，占38.27%；其次是101—500人的中型企业，占20.39%；51—100人的占15.92%；10人以下的微型企业占13.97%；500人以上的大型

---

① 郑闻文：《上海文化创意产业从业人员约130万人》，东方网，http://sh.eastday.com/m/20140609/u1a8138131.html。

企业仅占11.45%。

(四)文化创意人才队伍年轻化、学历层次偏低

从学历结构来看,全国第六次人口普查数据显示,2010年我国文化、体育和娱乐业大专及以上学历的就业者仅占37.75%,与互联网信息服务业的59.07%、证券业的75.09%、计算机服务业的42.41%相比,相差较大。其中,研究生学历就业人员占1.85%,与互联网信息服务业的3.72%、证券业的9.08%、计算机服务业的2.36%相比,相差也较大。(详见表3)我国文化产业人才整体学历素质不高,一方面由于我国的文化行业长期实行的事业体制,因此文化体系内的人才往往都是文化艺术类的创作或者表演人才,缺乏相应的理论学习和实践训练;另一方面由于我国的文化体制事业化,导致各类经营管理人才难以进入文化体系内,而有能力的经营管理人才也不愿意进入文化单位。我国文化产业人才整体素质偏低导致从业人员原创能力十分欠缺,主要表现为:高端文化人才尤其是大师级文化创意人才匮乏,制约着中国文化原创能力的提升;我国文化企业中,多数创意人员属于复制型或模仿型,真正能够创新的还很少,具有创新想法和构思能力,并能将之转化为文化娱乐产品的人才更为短缺。文化产业从业人员文化视野狭窄,文化资源观念淡薄,原创能力低下,导致文化产品或服务附加值不高,难以符合群众文化生活需求和审美情趣,具有世界性影响的文化产品更是凤毛麟角,文化企业核心竞争力严重不足。

表3 中国文化及部分现代服务业就业人员学历结构情况

行业	初中及以下占比(%)	高中占比(%)	大学(专科、本科)占比(%)	研究生占比(%)
文化、体育和娱乐业	37.01	25.24	35.90	1.85
互联网信息服务业	18.69	22.23	55.35	3.72
证券业	9.96	14.95	66.01	9.08
计算机服务业	29.90	27.69	40.05	2.36

资料来源:第六次人口普查数据。

从职能结构来看，全国第三次经济普查数据显示，2013年，我国文化及相关产业法人单位91.85万家，比2004年增加了60.06万家，增长了1.89倍，增速远远高于文化产业从业人员规模1倍的增幅。文化企业数量的迅猛增长对文化产业中高端管理人才（如文化企业家、中高层管理人员）、创意人才和专业技术人才的需求不同程度增加。

从文化产业链来看，目前存在产业链前端高端原创内容不足、中端规模化集约化生产能力不足、末端营销能力不足和知名品牌匮乏，根源在于主要缺乏三类人才：一是具有较高的文化素养、谙熟市场经济规律，具有丰富的文化企业运作、项目策划、文化经纪及经营管理经验的复合型经营管理人才；二是从事文化产业上游的创新创意型人才；三是懂文化、懂高新技术、跨领域的高层次专业技术人才。这些高端人才非常稀缺，尤其缺乏的是中高端经营管理人才，如文化企业家、文化企业中高层管理人员，这一直是制约文化产业发展的掣肘性问题。文化产业是文化、知识和技术高度关联的产业，高度依赖劳动者个体人脑和心智的创造，客观上要求聚集大批的原创型人才，方能形成人才聚集效应。同时，文化产业需要建立完整的产业链，必须拥有畅通的产品营销和流通渠道，这对复合型管理人才产生了强大的需求。从工作岗位类型来看，文化产业从业人员中，创意、设计、策划类人员占主体，另外是经营管理类人员、营销类人员和服务类人员。目前，我国文化产业人才队伍中从事传统的文化产业生产经营的人数较多，而从事新兴的文化产业人数偏少，跨学科、跨领域、跨行业的复合型、应用型人才更少；从事文化产业下游生产或服务的人数较多，而从事文化产业上游的创新创意型人才，以及富有经验的经营管理人才、掌握高新技术的专业技术人才、跨领域和跨行业的复合型人才、具有国际视野的国际化人才严重不足；从事低附加值的服务和资源依赖性行业的人员较多，而能够运用高新技术和设备、创造高附加值的产品或服务的人才少。

（五）业绩考核和薪酬体系等仍沿袭传统模式

从业绩考核方面看，目前仍有许多文化创意企业并未结合创意企业内不同类型、不同层次创意人才的工作特点、成果形式选择绩效考核指标和考核方法，而是采用传统考核办法，简单用产出和投入等财务指标来考核创意人员绩效，导致整个企业充斥着短期行为，无法生成能够提高企业核心竞争力的创意产品。另外，富有竞争力的薪酬待遇是吸引创意人才和激发创意潜能的重要因素，调查显示，我国目前绝大多数文化创意员工认为应提高创意人才的薪酬水平，尤其是中高级创意人才的薪酬水平。实际上多数企业的薪酬设计并未充分考虑到创意人才的工作性质的特殊性及其工作成果和创造价值的贡献度的重要性而设计适合文化创意人才特点的薪酬激励等激励方式。以高物价、高房价著称的深圳为例，文化创意从业人员的年收入在10万元以下的占了75.48%，其中绝大多数集中在5万—10万元，占比44.72%。(见图1)[①] 总体上看，文化创意从业人员的薪资待遇并没有特别的吸引力，薪酬内容单一，缺乏权利激励、情感激励、参与管理激励、晋升激励、目标激励等非薪酬激励方式，这也是造成文化创意人才流失的重要原因。

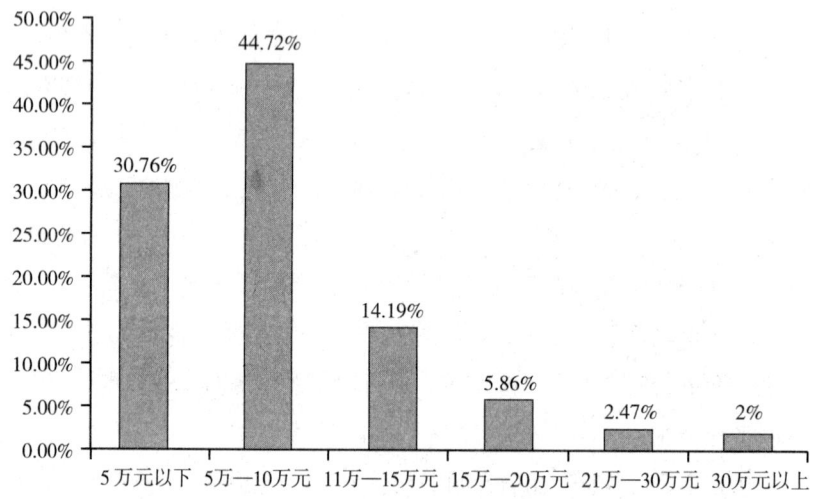

图1　2012年深圳文化创意从业人员年收入分布

---

① 深圳市文体旅游局、深圳大学文化产业研究院、深圳市万人市场调查股份有限公司：《深圳市文化创意产业人才研究报告》，2013年2月。

二、我国文化产业创业创意人才队伍存在的主要问题

通过课题组对文化创业创意人才的调查，目前我国文化创意人才工作存在的主要问题可归纳为以下方面。

（一）高端复合型人才匮乏，结构性短缺问题突出

创意人才匮乏是我国创意产业发展的瓶颈，尤其是缺乏高端原创人才、复合型经营管理人才。北京市文化创意产业促进中心主任梅松表示，北京内容创意人才相对比较充足，但十分缺少擅长将创意产品"产业化"和"市场化"的经营人才和营销人才，以及具有一定经验的文化资本经营、文化企业管理人才。据一份调研报告显示，在对深圳市1376位文化创意从业人员的问卷调查中，认定自身是文化产业创意人员的只占到受访人数的20%左右，且大多集中在普通技术和管理岗位的具体执行层面，产业链高端的人才空档格外突出。另外，传统的文化行业人员的饱和与新兴行业的人员匮乏形成较大的反差。[①] 北京市朝阳区人民政府三间房地区创意文化产业人才服务平台2012年发布的调查数据显示，中国数字娱乐产业总产值已经超过100亿元，而从业人员只有2万余人，其中高端人才只占5%，仅影视动画和影视特效人才缺口就达15万人。这种人才结构导致原创产品少、产品附加值不高、企业核心竞争力不足，严重制约了文化产业创意水平和整体实力的提高。

（二）人才教育培养与市场需求脱节现象比较严重

课题组调查发现，目前文化产业创意人才的学历教育存在以下问题：一是设置文化创意专业高等或职业院校相对较少，人才培育的数量不足，对市场需求不够敏感，新兴创意产业人才培育不能满足市场需求。二是由于文化创意专业的特殊要求，大多数高等或职业院校缺乏兼备多学科知识和技能的专业教师，

---

① 黄建：《文化创意人才供求结构分析：以深圳市为例》，《中国人力资源开发》2012年第2期。

其中很多是从相关专业转行而来，文化创意师资数量不足。三是课程设置存在"板结"现象，即课程体系大多由相关专业课程拼接而成，各门课程之间缺乏有机关联，理论系统性和现实应用性不强。四是在教学环节，存在重理论轻实践、重知识轻操作的现象，教学实习环节重视程度不够，没有与就业能力实现有效对接。从上述状况来看，高等或职业院校的文化创意人才教育培养目前还基本处于校内封闭式教育培养状态，除了少数院校比较重视产、学、研、用的结合之外，大多数院校与业界、社会、市场的联系不够紧密，与市场需求相脱节的现象比较严重。

（三）文化创意人才培养体系不健全

课题组对文化产业创业创意人才的社会培训和企事业单位内部培训进行了专题调研。近年来，各级政府及相关企业对文化创意人才队伍建设越来越重视，但整体来看，文化创意人才培养体系尚未形成，仍滞后于文化创意产业的发展。主要表现在以下四个方面。

第一，适合创意人才特征的在职培训方式存在方式单一、内容缺乏针对性等问题。一是缺乏全国层面的培训规划和计划，政府及其所属培训单位、企业、行业组织、高校、科研机构等培训主体的相关培训业务还没有严格、规范的培训标准及评估体系，导致创意人才扶持培养方式与一般文化管理人才培训方式雷同。培训经费难以落实到位，许多创意人才无法获得深造学习机会。二是培训方式比较单一，培训内容比较空泛，提供多样化的专业学习与培养较少，实际培训效果不理想。三是由于经费不足、培训成本高、培训模式缺乏创新等原因，高端、实用的培训机构数量不足，能够整合政、产、学、研、用各类资源，致力于培养培训高端复合型文化创意人才的培训平台还很缺乏。

第二，文化产业创业创意人才的培养开发途径亟待拓展。由于文化产业创意人才需要具备复合型知识结构和综合性能力，再加上目前的学历教育、在职培训的方式方法还比较单一，因此急需拓展扶持培养途径。目前我国文化产业创业创意人才的开发和培养渠道还比较狭窄，没有针对该类人才特殊性建立起多层次的培养途径。具体而言，目前文化产业创业创意人才的培养多数还被分割于学校教育、企业内部培训、系统内部培训，行业壁垒没有打破。产、学、研紧密结合的扶持培养方式还不多。按照产业链各环节进行不同类型的创意人才扶持培养的机构或平台付之阙如。各类行业、专业大赛每年多有举办，但致力于创意人才扶持培养的还很少。各类作为人才孵化器的培训培养基地常规培训多，适应扶持培养创意人才的少。通过资助各类大师工作室，采取名师带高徒、搭建业界交流平台等方式进行人才扶持培养的有效做法也很少。

第三，行业组织在文化产业创业创意人才扶持培养方面的作用没有充分发挥。文化创意人才遍布设计行业、信息行业、文化艺术行业、媒体行业等多种行业，人才扶持培养理应成为行业协会的重要工作。从国外经验来看，行业协会或同类非营利组织往往成为人才培训培养、经验交流学习、信息沟通的重要平台和载体。目前，我国的相关行业组织由于意识不强、缺乏经费、机制不畅等多种原因，在文化产业创业创意人才信息服务、培训渠道和桥梁搭建、促进人才学习交流等方面，尚未充分发挥作用。

第四，人才国际交流与合作机制尚未形成。由于我国文化产业发展尚处于起步阶段，文化产业创业创意人才扶持培养尚处于探索阶段，因此非常有必要通过加强国际交流与合作来扶持培养我国文化产业创意人才。新加坡通过在全球范围内招募人才发展文化产业，中国香港地区实施境外优秀人才入境计划，德国"红点奖"面向全世界征集创意设计作品等，均给我们警醒和启发：与世界文化产业创意人才扶持培养"接轨"，方有占据全球文化产业之一席地位的可能。近年来，我国知名文化创意企业及高端创意人才，无一不是在国际交流合作、国际文化市场竞争以及参与并获得多项国际奖项、专利的过程中成长起来的。与发达国家相比较，我国文化产业创意人才扶持培养大都局限于国内，缺乏与国外同行的交流平台，难以获得国际前沿资讯，参加国际培训课程、与国外同行接触和交流活动的条件和机会很少。

（四）人才发展环境亟待改善

在调查中，课题组发现当前我国文化产业创业创意人才的发展环境还存在诸多不足，在人才待遇、相关知识产权保护、人才发展机制等方面的问题比较突出。

第一，文化创意人才总体待遇水平偏低。通过对文化创意企业的调查发现，收入、福利、居住条件等是吸引人才的关键因素，也是造成文化创意企业人才流失的一个重要因素。从总体来看，我国文化产业创意人才薪酬水平偏低。虽然这几年薪酬待遇有所提高，但整体仍然偏低。除基本薪酬以外，由于文化创意企业多为小微企业，其员工的福利待遇也相对较低。

第二，文化创意人才激励机制不健全。调查显示，与传统行业不同，除了工薪待遇之外，文化产业创意人才从业人员对个人发展前景、宽松宽容的工作环境同样看重。目前，我国文化产业创意人才的发展平台和渠道较窄，参加培训和交流的机会较少。从企业来看，目前文化创意企业更重视绩效管理、人才招聘、培训、薪酬福利、人事档案与社会保险等五个方面。处于人力资源管理的中低端阶段对员工发展、企业文化、梯队建设等人力资源高端管理模块重视不足，同时人力资源管理和开发手段单一，缺少专业方面的交流与研究。在薪酬福利结构中，大部分企业更喜欢采用工资和奖金等直接激励的薪酬模式，只有极少数企业选择使用长期激励，而且有浮动工资者所占比例偏低，这些都不能形成有效的激励，难以为人才搭建良好的发展平台。另外，文化产业创意人才是通过创意、分析、判断、综合、设计给产品带来附加值的特殊人才，但是目前还没有相应的职称评定办法和实施细则，尚未被纳入专业技术人员职称评定范围，因此绝大多数文化产业创意人才没有相应技术职称，不利于人才队伍建设和文化产业持续、稳定发展。

第三，文化创意企业发展环境影响人才发展。企业的生存发展环境直接影响到人才的发展。当前我国文化创意企业以小微企业为主，在发展环境方面仍有待完善。一方面文化创意企业的知识产权数量不断增加，但是知识产权保护体制机制不健全，存在知识产权保护意识不强、执法力度不够、违法成本较低等诸多问题，直接影响了企业发展水平，进而影响到创意人才发展；另一方面文化创意企业相关产业配套政策不健全，产业集聚、投融资政策支持不足，影响到文化创意企业的壮大和发展，进而影响创意人才发展，特别是影响到创意人才的储备。据深圳文化创意从业人员调查显示，85.71%的文化创意人员认为文化创意园区目前入驻门槛较高，缺少完善的产业配套设施和服务，缺乏有特色定位以及学习交流的平台。

第三章 国内文化产业创业创意人才扶持状况

引 言

据课题组对文化产业创业创意人才扶持状况的多方了解，目前既有政府专门出台相关政策的扶持，又有企业创新评价激励机制的扶持，还有各种社会组织的培训培养扶持。本报告仅对目前可资借鉴的经验和做法作出梳理和总结。

一、北京：创新文化创意人才培养、奖励机制

早在2003年，北京市就开始加大对文化事业、文化产业人才引进力度，十几年来采取了一系列措施，形成了文化创意人才培养、奖励机制。概括起来讲，主要表现为以下三个方面。

一是人才认定。针对文化创意人才缺乏评价标准、难以被社会认可等实际情况，2003年，北京市建立文化创意人才认定委员会开始该类人才认定工作。起初包括文学艺术、新闻出版、文物、广播影视、体育五大行业。2012年增加了广告、会展、创意设计、文化旅游四个门类。在此基础上，北京市针对文化产业发展需求，把数字出版、游戏动漫、版权保护、网络信息服务等创意策划专业人才列为紧缺人才，并对这些人才给予扶持。如把动漫设计纳入职称评审体系。根据相关规定，动漫设计被列入"艺术类"，拟设置高、初、中三个等级，通过考试或者评审进行评价，颁发国家认可证书，纳入全市激励、表彰、资助体系。人才认定工作是培养扶持文化创意人才的基础，为北京市不断发现人才、

评价人才、培养人才奠定了基础。

二是鼓励建设文化创意产业人才培养基地。通过认定一批培养基地对文化创意人才进行培养是北京市的重要举措。2013年，北京市国有文化资产监督管理办公室（以下简称"北京文资办"）下发《北京市文化创意产业人才培养基地认定和管理办法（试行）》，对人才培训基地的认定原则、认定条件、认定程序、扶持办法、组织管理作出详细规定。经认定的产业人才培养基地，北京文资办择优向北京市人力资源和社会保障局推荐，申请认定"北京市专业技术人员继续教育基地"，通过认定的，由北京市人力资源和社会保障局统一颁发证书并授牌。目前，中国传媒大学、北京电影学院、北京服装学院、北京邮电大学、中央财经大学、北京洛可可科技有限公司、北京汇众益智科技有限公司、北京瀚海润泽科技孵化器有限公司、外语教学与研究出版社有限责任公司、北京朝阳传媒影视技术服务中心10个单位被北京文资办认定为第一批"北京市文化创意产业人才培养基地"。

三是扶持奖励机制。对文化创意企业聘用海外高层次管理人才、创意人才和营销经纪人才，按照北京市相关政策予以奖励。教育部门对文化创意人才海外培训、海外专家和大学生来京研习予以资助。人事部门对文化创意企业引进外国专家、留学人员或建立博士后科研工作站给予立项、经费资助等支持。设立"文化创意奖"，对发展文化创意产业作出突出贡献的集体和个人给予表彰和奖励，所得奖金免征个人所得税。文化创意企业以股权、期权等形式给予其高级管理人员的奖励，按现行税收政策规定在计征个人所得税时给予优惠等。

二、上海：实施文化创意产业领军人才后备梯队建设计划

《上海市文化创意产业发展"十二五"规划》（以下简称为《规划》）提出要实施文化创意产业领军人才后备梯队建设计划，建立以项目为导向的培养、资助机制。从规划内容及近年来的相关工作实际来看，这一人才计划包含三个主要步骤：第一步是制定紧缺文化创意人才认定标准，筛选评定人才；第二步是考核人才的贡献率，根据贡献率实施奖励；第三步是以项目为导向，对文化创

意人才进行培养、资助。

目前，上海市正以制定《上海市文化创意产业紧缺人才开发目录》（以下简称为《目录》）为主要抓手推行该人才计划。《目录》涵盖媒体业、艺术业、工业设计业、时尚产业、建筑设计业、网络信息业、咨询服务业、广告会展业以及旅游休闲业等行业，在人才培养、人才服务、人才奖励等方面作出明确规定。具体内容包括：在人才培养上，积极推荐符合《目录》的文化创意高层次人才参与各类人才选拔活动，实施文化创意产业领军人才后备梯队建设计划；政府用于人才培养、海外人才培训、留学人员创业资助、人才发展资金资助等各类资金，优先用于符合《目录》的各类人才培养。在人才服务上，符合《目录》的国内人才、海外人才等各类人才，在户籍、居住证、外国专家证办理、医疗保障、子女就学、住房等方面可享受相应的服务和便利。符合人才引进落户条件的，可以直接申办本市常住户口。符合条件的居住证持有人，可申请转办本市常住户口。在人才奖励上，为上海国际文化大都市和"设计之都"建设作出显著贡献，进入《目录》的各类文化创意人才将获得奖励，新型产业领域内具有"专、精、特、新"和核心技术、自主知识产权的文化创意企业和个体文化创业者将获得重点扶持。

三、深圳：创新文化创意人才扶持培养体系

从近年来人才培养举措来看，深圳文化创意人才培养体现出体系创新的鲜明特征，主要体现在如下四个方面。

一是探索创办文化创意学院。积极探索在创意设计等文化创意领域建立特色学院，鼓励高等院校、职业院校与企业联合创办文化创意学院，鼓励各类教育培训机构开设相关创意设计专业，根据文化创意产业的发展需要制订人才培养计划。支持建设大学生创业孵化基地，吸引全国高校人才来深圳进行文化创意创业孵化。

二是探索建立高端人才工作室。面向国内外重点引进文化创意产业的领军人物，积极探索建立各种类型的创意人才工作室。

三是制订实施文化创意人才推广计划。健全文化创意产业人才评价体系、资质认证和激励机制，建立文化创意人才信息库，加快培养和引进一批懂文化、会经营、善管理的高层次文化经营管理人才。

四是加强文化创意人才集聚。全力打造"国际知识创新村"和"大沙河创新走廊"，为文化产业创业创意人才提供安居乐业场所，实现文化产业创业创意人才聚集发展。"国际知识创新村"是大学校区、研发园区和居民小区相互融合，以人才带动科技与创意产业的创新聚集区。"大沙河创新走廊"将建30万平方米的创新型人才安居型商品房、30万平方米人才公寓。到2015年，这两类居所将各扩建至100万平方米。

四、文化产业创业创意人才扶持评价

当前，文化产业创业创意人才扶持已经体现出政府、企业、社会组织多方发展的态势，但文化产业创业创意人才扶持体系远未建立，各类扶持培养主体的模式、方法、途径创新不足，与文化产业发展对人才的迫切需求还不适应。具体来说，存在的主要问题有以下四个方面。

1. 扶持的力度小。从总体上看，当前我国对文化产业创业创意人才的扶持力度较小。从政策看，目前只有广西专门出台《关于培育20万创意创业人员的实施方案》，上海出台了《上海市文化创意产业紧缺人才开发目录》，缺乏国家层面的文化产业创业创意人才扶持政策。另外，也仅仅只有北京、上海、深圳、广西等地出台了较为成熟的文化产业创业创意人才扶持政策，其他地方对文化产业创业创意人才的扶持才刚刚起步。从资金看，虽然国家艺术基金等强调要拿出部分基金用于人才培养，但从全国看还没有成立文化产业创业创意人才发展基金。

2. 扶持的项目少。扶持创意创业项目是扶持文化产业创意创业人才的重要手段。"海峡两岸设计人才养成计划""上海青年高端创意人才促进计划""上海扶持青年艺术家计划"等人才计划比较重视通过扶持项目来扶持人才。上海国际电影节采取"项目创投"的方式，通过筛选青年导演或缺乏投资的优秀影

片并为其搭建投资平台，实现对电影人才的扶持培养，对文化产业创意人才扶持培养具有借鉴意义。但目前各地运用这一手段加强文化产业创业创意人才扶持的还很少。

3. 扶持的方式单一。总结各地各单位的做法，目前我国对文化产业创业创意人才的扶持主要有以下三种方式：一是提高待遇。为高级人才引进提供资金。为文化产业创业创意人才解决职称问题，提高文化产业创业创意人才的社会地位。二是培养培训。通过建立文化创意创业实践基地、海内外培训等方式，提高文化产业创业创意人才的技能。三是搭建平台。积极为文化创意创业人员搭建学习交流、宣传推广的平台。这些扶持方式应当说发挥了积极作用，但与文化产业创业创意人才的扶持需求相比，扶持方式还过于单一。比如，我们怎样利用新媒体，怎样搭建产学研平台，怎么利用艺术节、展览会等大型会展等，这些都可以探索。

4. 扶持的对象缺乏细分。文化产业创业创意人才涵盖广，并不是所有的文化产业创业创意人才都需要扶持。比如，一些知名的艺术家完全可以通过市场实现自身的发展。但我们目前的实际情况是，扶持政策并没有对文化产业创业创意人才进行细分，没有把艺术家和一般文化产业创业创意人才区分开，没有把创意策划人才和经营管理人才区分开。这就导致我们对一些该重点扶持的没有扶持，不该扶持的扶持了，造成资源的浪费。事实上，真正需要扶持的是那些尚未成名、有潜力又默默耕耘的文化创意创业从业者，这需要我们在扶持上有所倾斜。

第四章 国外文化产业创业创意人才扶持经验和做法

引 言

在世界范围内,大多数发达国家越来越重视创业创意人才在文化产业发展中的重要作用。政府及公共部门致力于提供人才的成长平台,通过基础教育、税收政策、版权保护、人才培训等系列手段,为人才创造良好的环境。本报告梳理了发达国家和地区的经验、做法,为我国文化产业创业创意人才扶持提供参考。

一、英国:培养创意公民,拟订创意产业就业计划

英国是最早提出"创意产业"概念的国家,1993—2003年,英国整体经济增长70%,创意产业增长93%,推动了英国从制造经济向创意服务经济转变。在文化产业创业创意人才扶持方面,英国培养创意公民、制订并实施创意产业就业计划的做法值得借鉴。

英国政府制订了引导大众发展和享受创意的计划。2000年,英国政府颁布 *The Next 10 Years*,通过发出倡议、全面培训和政策扶持等举措,帮助公民学习、发展及享受创意生活;同时,通过开放更多的博物馆及将所有数据档案数字化等方式,给公民提供更多与创意接触的机会,强调大众是文化艺术产品的主要服务对象,不断创造其参与文化活动的机会,大力提高公民创意能力和素质。[①]

---

① 王伟伟:《加快中国文化创意产业发展研究》,博士学位论文,辽宁大学,2012年,第98页。

与此同时，英国制订了创意产业就业计划，帮助更多的创意公民进入创意产业。2008年，"新经济下创意英国的新人才"措施促使14—25岁的个人接受创意产业学术中心技能培训，激发了个人创意才能，并实现了到2013年每年培养5000名学员的目标。2013年，英格兰艺术委员会正式启动了一项为期两年的"创意产业就业计划"，以帮助更多的年轻人进入创意产业。委员会拨款1500万英镑，为6500位16—24岁的年轻人（毕业生及在校生）提供在创意机构、企业带薪实习和在职培训的机会，帮助他们获得文化艺术方面的技能和经验；美术馆、博物馆、图书馆以及所有致力于音乐、舞蹈、戏剧、文学、视觉艺术、现代工艺、马戏、狂欢艺术等领域的创意企业均可向"创意产业就业计划"申请基金，用于支付向年轻人提供实习或学徒机会的费用；对年轻人的工资标准作了明确规定，如每周实习30小时、实习26周的最低工资标准为2500英镑；对于"创意产业就业计划"覆盖范围之外的费用，可以向政府申请合适的配比基金，而非完全由企业自行承担，如果一个企业的员工数量少于1000名，并且在上一年没有招收实习生，那么它能够向英国学徒服务局申请1500英镑的补助。①

二、德国：评选创意作品，多措并举服务创意人才

德国通过设立基金，举办大奖、大型节庆活动扶持培养文化产业创意人才的做法卓有成效，值得借鉴。在文化创意的重要领域，德国都设立了大奖，如"红点奖"、iF设计大奖、德国电影大奖、回声音乐奖等。事实证明，德国设立的大奖不仅在激励创新和促进产业发展方面发挥了重要作用，而且大大提升了文化创意人才的知名度。

"红点奖"是德国在文化产业创业创意人才扶持方面最具代表性的举措之一。"红点奖"创建于1955年，起初是为商业、政治、文化和公众的设计论坛的奖项，后范围逐步扩展到设计行业的商业推广机构，迄今已经成为国际著名创意设计大奖，被公认为国际性创意和设计的认可标志。它以"促进环境和人类

---

① 程佳、郑苒、樊炜：《安排教育培训 提供创业资金 释放就业利好——多国政府为文化创意产业人才提供定向支持》，《中国文化报》2014年2月20日。

和谐的设计"为理念，致力于将获奖的设计概念转化为商品，为获奖创意和商业化合作搭桥牵线。"红点奖"由产品设计奖、传播设计奖、设计概念奖三大奖项组成，其中"设计概念奖"奖励产品成型前的设计创意概念，使之成为未来设计方向和潮流的晴雨表。"红点奖"流程大致如下操作。

1. 提交作品。世界任何国家地区的设计师、设计工作室、设计公司、研究试验单位、发明者、设计专业人士及设计学生皆有参赛资格，按照（但不限于）提前公布的年度设计类别及作品提交要求，在红点官网注册登录提交作品。以2013年为例，红点设计概念奖收到57个国家109个设计院校、295家公司和设计工作室、863位设计师以及1280个设计团队提交的4394件作品。

2. 评选程序。各个评审团由德国各领域权威组成，坚持绝对的独立性，评委允许会聚一起对作品进行辩论和讨论，以实现知识和经验共享。按照革新度、美观性、实现的可能性、功能性和用途、生产效率/生产成本、人体工程学和与人之间的互动、情感内容等主要标准评选出优秀作品。在参赛者得知参赛结果和公布结果之间，将有三个月左右的时间由获奖者对获奖作品申请知识产权保护，在颁奖典礼和庆祝活动中揭晓具体设计。

3. 获奖服务。这是"红点奖"最有吸引力的部分，主要包括：每个年度在新加坡红点设计博物馆举行颁奖典礼；在红点设计博物馆对获奖作品进行年展，对获奖者及其作品（同时还包括获奖者所在单位组织）进行推介；定期在世界主要城市对获奖者及其作品进行巡回展和推介；常年在红点官网进行在线展览；在全球800多家新闻媒体进行报道、推介；编辑《红点年鉴》，对获奖者、所参与单位、获奖作品等进行宣传、推介；允许获奖者把"红点奖"标志运用于宣传和推广活动等。这一系列活动和服务把获奖成果进行了充分利用，为获奖者提供了全面营销服务。

三、澳大利亚：提供财税支持制订"艺术启动"计划

自1994年起，澳大利亚就在第一份文化政策报告中提出了以"创意国家"为目标的口号。2013年，澳大利亚政府推出名为"创意澳大利亚"的文化新政，

以推动澳大利亚文化产业发展,创造更多的就业机会,并促进新一代创意产业人才、艺术家的成长。澳大利亚在文化产业创业创意人才扶持方面最为突出的特点是注重政府注资与税收优惠相结合,以扶持中小企业的方式实现文化产业创业创意人才的培养和发展。

一是制订"艺术启动"计划。针对创意人才和企业在创业之初面临的缺乏启动资金的困难,通过澳大利亚艺术委员会,每年向从事创意产业的艺术专业毕业生、艺术家个人及专业机构提供创业资助,帮助其实现从学生到专业从业者的转变。该计划规定,在过去3年内完成或即将完成澳大利亚认可的艺术课程四级证书及以上者才有资格申请援助。该计划为每位申请者提供最高1万澳元的援助资金,用于支付创业初期产生的咨询、购买设备、成立工作室、培训、交通等各种费用,但不能用于创作个人作品或一次性的项目或表演,以及生活开销。[1]二是加大创意人才培养和就业方面的各项政策支持,鼓励澳大利亚国家音乐学院、澳大利亚国家戏剧艺术学院、澳大利亚芭蕾舞学院、澳大利亚电影电视广播学院等8家全国性专业艺术培训机构为文化创意产业培养更多、更好、更优秀的创意人才。[2]三是大力资助创意产业研究成果的推广与利用,成立"澳大利亚研究委员会创意产业创新研究中心",对创意产业研究成果进行推广与利用,为文化产业创业创意人才及相关企业提供各项帮助。[3]

四、新加坡:实施全球化战略吸引创意人才定居就业[4]

新加坡非常重视在全球范围内进行文化产业创业创意人才的引进。一是提供税收、薪资、住房、培训等方面的各种优厚待遇吸引文化产业创业创意人才。二是设立艺术设计和新媒体专业的奖学金、助学金,并举行诸如创意青年交流

---

[1] 程佳、郑苒、樊炜:《安排教育培训 提供创业资金 释放就业利好——多国政府为文化创意产业人才提供定向支持》,《中国文化报》2014年2月20日。
[2] 鲍枫:《中国文化创意产业集群发展研究》,博士学位论文,吉林大学,2013年,第64页。
[3] 鲍枫:《中国文化创意产业集群发展研究》,博士学位论文,吉林大学,2013年,第64页。
[4] 程佳、郑苒、樊炜:《安排教育培训 提供创业资金 释放就业利好——多国政府为文化创意产业人才提供定向支持》,《中国文化报》2014年2月20日。

比赛等多种多样的竞赛和奖项，吸引国外青年人到新加坡学习、创业。三是举办"新加坡季"、亚洲媒体节、新加坡设计节、新加坡双年展等一系列活动，邀请国际知名艺术人士参加，提高新加坡文化艺术的国际知名度，创造文化产业创业创意人才发展的良好环境。四是成立国际人才交流中心，并在世界各地建立9个分中心，以优惠的条件吸引本国重点产业发展急需的研究技术人才、管理人才、法律人才移居新加坡，同时通过"联系新加坡计划""国外人才居住计划"等，帮助每年约3万名各类拔尖人才成为新加坡永久公民。

五、中国香港：打造"创意智优"模式重视创意人才培养和引进

20世纪90年代末，香港首次提出"创意产业"概念，并引起社会广泛关注。香港在文化产业创业创意人才扶持方面的举措主要包括以下三点：一是2004年香港特别启动2.5亿港元成立基金，为创意人才进行设计研究、设计业/商界合作、设计专业等方面的持续进修提供资助，同时为设计文化的宣传等项目提供援助，鼓励各行业广泛进行设计与创新。[1] 二是推出"优秀人才入境计划"，实施设有配额的移民吸纳计划，吸引新入境而不具有进入香港和在香港逗留权利的高技术人才或优才来港定居。[2] 三是于2009年成立的创意香港专责办公室，致力推动香港创意产业的发展，管理"创意智优"计划，以资助有利于本地创意产业发展的项目，把创意人才培养成为本地文化创意产业的中流砥柱。[3]

---

[1] 王伟伟：《加快中国文化创意产业发展研究》，博士学位论文，辽宁大学，2012年，第102页。
[2] 同上。
[3] 《创意智优计划概要》，http://www.createhk.gov.hk/tc/services/files/CSI_overview_TC_Feb_2014.pdf，2014年3月24日。

第五章 加大文化产业创业创意人才扶持的政策建议

引 言

根据文化产业创业创意人才现状及存在的主要问题,结合该类人才扶持状况及各地经验做法,在文化部贯彻落实国务院《关于推进文化创意和设计服务与相关产业融合发展的若干意见》(国发〔2014〕10号)(以下简称《意见》)过程中,特提出如下政策建议。

一、从战略层面制定国家文化创意人才扶持规划

在我国这样的人力资源大国,任何新兴产业发展的战略举措均离不开人才战略,同时也必须打破人才瓶颈。《意见》提出"推动实施文化创意和设计服务人才扶持计划"的政策措施,强调"着力提升文化产业各门类创意和设计水平及文化内涵,加快构建结构合理、门类齐全、科技含量高、富有创意、竞争力强的现代文化产业体系,推动文化产业快速发展"。课题组认为,在国家推进文化创意和设计服务与相关产业融合发展工作过程中,制定"文化创意人才扶持规划"是首要战略;在以"文化创意"为创新驱动的该项工作中,文化部制定人才扶持专项规划,是深化行政体制改革、转变政府职能、发挥主管部门宏观管理的重要举措。在建设社会主义文化强国、争取把文化产业发展成为国民经济支柱性产业的国家战略要求下,在党和国家提出的"建设宏大文化人才队伍"举措中,文化部从战略层面制订文化创意人才扶持计划,对造就一大批创意人才,形成鼓励原创文化产品和服务社会氛围,开拓新的文化艺术样式及文化服

务模式，提升文化产业各门类创意和设计水平及文化内涵，从而培育国民经济新的增长点、提升国家文化软实力和产业竞争力，具有重要意义；对充分发挥文化部作为国家文化主管部门的职能，以文化人才队伍建设为抓手，深化文化体制改革、打破行业和地区壁垒、充分调动社会各方面积极性，促进文化遗产资源在产业和市场的结合中实现传承和可持续发展，加强文化与科技融合、促进创意和设计产品服务的生产交易和成果转化，具有重要意义。

二、采取多种方式培育文化产业创业创意人才

在全面深化改革开放的背景下，扶持文化创意人才要正确处理政府和市场的关系。市场是集聚、淘洗、推介人才效率极强的机制。文化创意人才只有在市场运作中才能真正检验创意智慧和创意才华，只有在市场中才能真正成长、成熟。财政对文化创意人才的扶持要遵循市场规律，以引导为主，重点在"市场失灵"的公共领域、人才扶持培养链条断裂的重要环节发挥作用；在营造良好制度环境、改革人才培养机制、完善政府奖励、健全人才评价体系等方面用力。政府要善于借力市场中相对成熟、具有一定影响力和品牌号召力的优质资源和有效机制，采用支持搭建人才培养平台、扶持文化创意项目、表彰奖励优秀人才、建设人才库等多种方式，引导、推动市场扶持人才发展。

（一）充分利用市场机制搭建人才扶持新平台

1.利用知名网站搭建平台。知名网站充分利用互联网即时交流等优势，形成了线上提供创意服务的不同特色。如猪八戒网根据注册该网站的设计师线上提供创意设计服务的数量和质量，对其进行等级划分，通过创意人才与客户互动形成动态评价机制，以此为特色形成独特的营销模式。这一营销模式的人才筛选机制实际上为搭建创意人才平台提供了便利。据课题组调研分析，不同的文化创意类网站鉴于市场竞争的需要，其生存发展必须具有不同的营销模式，有的以提供文化创意信息为特色，有的以提供各类文化创意类竞赛服务为特色，有的以线上创业工作室推介为特色等。无论具有怎样独特的营销方式，均以创

业创意人才为核心资源。政府可以充分利用知名网站已经拥有的资源或机制，确定知名网站搭建人才培养平台的申报条件、管理办法，给予一定的资金补贴，从而建立起一定数量的网络培养人才平台。通过该平台筛选出的人才，再按照人才培养规划的相关措施，纳入培养计划。

2. 利用知名会展搭建平台。以深圳文博会、北京国际设计周、北京国家文化创意产业博览会、中国西部文化产业博览会、中国—东盟博览会、中国—亚欧博览会等为代表的国际国内及区域性博览会，以中国艺术节、北京国际电影节、上海国际电影节等为代表的全国性或行业性文化艺术节，以定期、持续举办的方式形成了人才会聚、项目交易的优势和特点，实际上也为文化产业创业创意人才培养提供了良好的基础和条件。政府可以充分利用知名会展已经拥有的资源或机制，给予一定的财政补贴，制定知名会展人才培养平台的申报条件、管理办法，从而建立起一定数量的会展培养人才平台。通过该平台筛选出的人才或者项目，再按照人才培养规划的相关措施，纳入培养计划。

3. 利用文化创意学院、机构及知名工作室搭建平台。课题组在调研中发现，上海视觉艺术学校借鉴发达国家办学经验形成创意人才培养新机制，其先进设施、高端师资、人才培养机制堪称国内一流。贾伟领导的洛可可设计公司屡获国际创意设计大奖，自身形成了鼓励创业、培养人才的良好机制。王志刚工作室在全国建有数十个分部，每个分部均由"志刚会"骨干人才担任总经理，在全国重要产业领域或区域文化产业的策划、创意设计形成了巨大品牌效应。北京工艺美术集团邀请日本著名设计师在该集团建立工作室，采取候鸟式工作机制，每年定期到集团公司来指导、培养设计专业人才。上述实例代表了国内学历教育、创意企业、创意个人在创新人才培养、开发和利用方面的新趋势和新特点，同时也体现出市场淘洗创业创意人才的巨大力量。政府可以选择目前国内一部分具有一定影响力的学历培养单位、创意企业或知名工作室作为培养平台，给予一定的资金补贴，让符合条件的文化产业创业创意人才进入这一平台，通过参与项目等方式获得学习、锻炼机会。

(二)通过扶持创意项目，扶持文化创意人才

文化产业附加值的增加主要依靠原创，文化创意的方案、图纸只有通过项目进入市场，才能检验出创意者的智慧、才华和价值。因此，扶持创意项目是发现、筛选、培养创意人才的重要手段。创立于2007年的"中国电影项目创投"（CFPC）是上海国际电影节电影市场的核心组成部分。该项目以支持多元化创作、支持电影业界新生力量、支持有明确市场和营销战略的项目为原则，以在世界范围内推广中国年轻电影力量为主，每届组织评审专家从报选项目中选取8个最具国际市场潜力的中国导演及其项目。组委会为8位导演和他们的制片人提供专业培训，并为8个项目设置特别推荐专场，为他们提供向中外投资方、制作公司及专业媒体等进行公开陈述的平台，经国际评委现场评审，产生"最具创意项目"，并给予相当数额的启动资金作为鼓励。此外，这8个中国电影项目还可以参加"合拍片项目洽谈"，直接与国际买家、投资商、发行商等进行洽谈，以期促成项目合作意向。同时，这8个项目也可以参与"最具市场投资潜力项目"的竞争，以买家预约率为标准，产生赢家，并将获得一定数额的等值资金鼓励。借鉴这一创新做法，可以依托上文提出的各类人才培养平台，筛选出一批优秀项目及作者或团队，然后采取专业培训、媒体推荐、巡回展览、对接投资方等系列服务，产生"最具创意项目"，给予相当数额的启动资金作为鼓励。

(三)通过建设扶持实践基地培育文化创意人才

鉴于目前我国文化产业高端复合型创业创意人才严重匮乏的现状，创意人才培养的特殊性，以及国内高端培养平台或机构的缺乏等实际情况，配合"文化创意人才扶持规划"的落实，非常有必要推动建设"文化创意人才扶持实践基地"，形成文化部推动全国开展文化产业创业创意人才扶持培养的有力抓手，使之成为文化产业创业创意人才的孵化器。建议采取高等院校、文化产业园区或集聚区、行业协会、知名创意企业等按照文化部制定的实践基地建设标准进行申报的办法，评审出5个左右实践基地进行建设；创新实践基地建设机制，采

取基地按规定标准、利用现有物理空间、自筹资金建设并进行市场化运作，文化部验收挂牌、对基地培养人才库入选人才给予财政补贴的方式，一方面不过多干预实践基地自我经营、自我发展，使其在市场发展中发挥人才培养平台作用，另一方面发挥财政资金对人才培养的支持和政府意志的落实。

（四）在中国文化艺术政府奖中增设"文化创意和设计服务奖"

国际文化产业发展的成功经验表明，一个国家的文化产业人才战略必须着眼于全球竞争。作为选拔、推介、表彰一流文化产业人才的国家评奖，在人才战略实施中具有相当重要的作用。美国电影行业的奥斯卡奖、电视剧行业的艾美奖、唱片行业的格莱美奖、音乐剧行业的托尼奖，均已发展成为国际性奖项，对于文化产业来说，这些奖项通过"选拔"晚会让专业人士齐聚一堂，既是超越个人和艺术类别的伟大时刻，又是向全世界推销美国艺人的强有力手段。德国的"红点奖"之所以被称为设计领域的奥斯卡，是因为德国强力推介获奖者及其作品，使其获得了世界声誉和影响力。因此，借鉴发达国家在文化产业领域围绕大奖对创意人才进行系列配套服务的成功经验，建议在中国文化艺术政府奖中增设"文化创意和设计服务奖"，向国务院全国评比达标表彰工作协调小组申报首届"文化创意和设计服务奖"项目。主要工作如下：首先，推动成立扶持文化创意和设计服务发展部际联席会议。其次，设立"文化创意和设计服务奖"奖项。最后，对获奖者进行系列推介、宣传和服务，将一批创意人才推向世界。

三、建设"国家文化产业创业创意人才（项目）库"

建设"国家文化产业创业创意人才（项目）库"是贯彻落实中央关于"建设宏大文化队伍"的要求，是我国文化产业发展人才储备和人才梯队建设的需要，是实施国家文化产业创业创意人才扶持战略的重要举措，是文化主管部门宏观管理文化产业人才队伍的重要手段。建设"国家文化产业创业创意人才（项目）库"可采取如下步骤：

第一，建立入库人才筛选机制。建立国家文化产业创业创意人才库专家评审委员会，以上文提出的各类人才培养平台筛选机制为基础，以符合条件的人才自由申报、专家评审为补充，经过评审委员会同意评审后，进入人才库。

第二，建立入库人才（项目）跟踪培养机制。积极探索，采取名师带培制、工作室制、项目委托制、项目参与制、国内外交流等多种方式和渠道，提升人才业务素质和设计水平。为优秀人才及其项目提供免费或优惠进入各级各类博览会、展销会、产品交易会的机会和条件，提供成果转化、产品推介、作品展示和宣传推广以及项目孵化等平台服务。强化媒体平台作用，通过各级新闻媒体和互联网络平台，对优秀人才及项目进行广泛宣传和推介。

第三，建立人才库动态管理制度。根据文化产业创业创意人才培养规律和周期特点，建立完善人才库准入退出机制。每批入库人员的培养期为5年，5年之内符合人才发展条件的，享受财政支持的培养服务；不符合人才发展条件的，退出人才库；5年之后均不再享受财政资金扶持。

第二部分　专家视角

实施创新驱动发展战略与创新设计人才培养

宋慰祖[①]

引 言

2014年中央经济工作会议全面分析了我国经济发展的趋势变化，指出要素规模驱动力减弱，经济增长将更多依靠人力资本质量和技术进步，必须让创新成为驱动发展新引擎。创新驱动成为中国未来经济发展的核心手段。

那么创新驱动的关键是什么？科技创新、技术进步固然十分重要，但不是创新驱动的唯一内容。将创新驱动认为就是科技创新有失偏颇。实现创新驱动应当是以科技创新为基础支撑，以文化创新为引导，以设计创新为方法。关键是通过集成科学、技术、文化、艺术、社会、经济等诸多知识要素，以需求为导向，发挥人的创新、创造、创意能力，达到推动企业自主创新能力提升，促进消费，发展经济之目的。

党的十八届三中全会以来，为促进发展、深化改革、实现"四个全面"的战略布局，中共中央、国务院先后颁布了《关于深化体制机制改革加快实施创新驱动发展战略的若干意见》《关于大力推进大众创业万众创新若干政策措施的意见》《关于推进文化创意和设计服务与相关产业融合发展的若干意见》《关于加快科技服务业发展的若干意见》《关于加快发展生产性服务业促进产业结构调整升级的指导意见》《中国制造2025》等一系列文件。从学习、归纳系列相关

---

① 北京设计学会战略顾问、工业设计高级工程师、中国工业设计协会副秘书长。

文件的总体思路和脉络，我们不难看清这是中国未来可持续发展的大谋略、大思维、大目标。

一、正确理解，认真实施

深化体制机制改革，加快实施创新驱动发展战略是灵魂和指导思想。阐明了世界未来的发展趋势和中国发展的方向所在：创新是推动一个国家和民族向前发展的重要力量，也是推动整个人类社会向前发展的重要力量。面对全球新一轮科技革命与产业变革的重大机遇和挑战，面对经济发展新常态下的趋势变化和特点，面对实现"两个一百年"奋斗目标的历史任务和要求，必须深化体制机制改革，加快实施创新驱动发展战略；"加快实施创新驱动发展战略，就是要使市场在资源配置中起决定性作用和更好发挥政府作用，破除一切制约创新的思想障碍和制度藩篱，激发全社会创新活力和创造潜能，提升劳动、信息、知识、技术、管理、资本的效率和效益"。"大众创业、万众创新"是实施创新驱动发展的路径。国务院在指导意见中指出："推进大众创业、万众创新，是发展的动力之源，也是富民之道、公平之计、强国之策，对于推动经济结构调整、打造发展新引擎、增强发展新动力、走创新驱动发展道路具有重要意义。"如何开展创业创新？"文化创意和设计服务与相关产业融合发展"就是实现的方法和手段。这源于设计是集成科学技术、文化艺术、社会经济等知识要素，创造满足使用者需求的商品和服务的科学创新方法。正如国务院〔2014〕10号文件所指出的"文化创意和设计服务具有高知识性、高增值性和低能耗、低污染等特征。推进文化创意和设计服务等新型、高端服务业发展，促进与实体经济深度融合，是培育国民经济新的增长点、提升国家文化软实力和产业竞争力的重大举措，是发展创新型经济、促进经济结构调整和发展方式转变、加快实现由'中国制造'向'中国创造'转变的内在要求"。创新要集成知识，科技创新是基础，为此，国务院在《关于加快科技服务业发展的若干意见》中提出"加快科技服务业发展，是推动科技创新和科技成果转化、促进科技经济深度融合的客观要求，是调整优化产业结构、培育新经济增长点的重要举措，是实现科技创新引领产业升级、推动经济向中高端水平迈进的关键一环，对于深入实施创新驱动发展战略、推动经济提质增效升级具有重要意义"。科技创新是创新发展的推动力和设计创造的基础支撑，发展生产性服务业是实现"大众创业、万众创新"的产业发展方向和内容，在国务院印发的《关于加快发展生产性服务业促进产业结构调整升级的指导意见》中提到"加快发展生产性服务业关键是要全面落实党中央、国务院各项决策部署，进一步科学规划布局、放宽市场准入、完善行业标准、创造环境条件，加快生产性服务业创新发展，实现服务业与农业、工业等在更高水平上有机融合，推动中国产业结构优化调整，促进经济提质增效升级。加快发展生产性服务业要坚持市场主导、突出重点、创新驱动、集聚发展的基本原则"。创新驱动发展，经济提质增效实现的目标和结果是《中国制造2025》所提出的"到新中国成立一百年时，制造业大国地位更加巩固，综合实力进入世界制造强国前列。制造业主要领域具有创新引领能力和明显竞争优势，建成全球领先的技术体系和产业体系"。实现中国制造由大到强的转变，实现中国加工制造向中国设计创造的提升，目的在于服务人类的幸福美好生活，承担起大国的责任。"推进'一带一路'建设既是中国扩大和深化对外开放的需要，也是加强和亚欧非及世界各国互利合作的需要，中国愿意在力所能及的范围内承担更多责任义务，为人类和平发展作出更大的贡献。"合作的重点之一就是"优化产业链分工布局，推动上下游产业链和关联产业协同发展，鼓励建立研发、生产和营销体系，提升区域产业配套能力和综合竞争力。扩大服务业相互开放，推动区域服务业加快发展。探索投资合作新模式，鼓励合作建设境外经贸合作区、跨境经济合作区等各类产业园区，促进产业集群发展"，从而我们看到了一幅创新驱动发展战略布局下的宏伟蓝图。科技创新是基础，文化需求是引领，创新创业是路径，设计创意是方法，服务产业是方向，经济发展是成果，国际贸易拓市场。

在这样的一个战略布局之下，依托设计方法，通过"大众创业、万众创新"，推动产业结构转型升级，实现可持续发展。这是摆在党中央、国务院和全国人民面前要去破解的大题目。设计作为全球创新驱动发展时代，各国都高度重视的创新方法，作为当今社会经济发展的新的推动力，应如何承担起时代的责任，让"大众创业、万众创新"成为中华民族实现伟大复兴"中国梦"的基石。有两个方面是不可或缺的因素：一是创造环境，二是人才培养。

二、创造环境，产业提质

在当今科学技术日臻普及、走向成熟之时，个性化需求、柔性制造成为趋势。创新已从围绕核心技术创造，大规模生产，向集成知识、跨界融合的设计创造和定制化生产转化。这里我们必须搞懂设计服务业的发展规律。当今世界服务业高速发展，设计服务更是位居前列。然而设计服务业并非人们普遍认为的只是提供委托设计服务的创意设计公司，在中国，设计服务的主力军是国有设计院所。全球发展趋势是发展设计服务型制造业企业，如苹果、飞利浦、宝洁、IBM、三星等一批从传统制造业转型提质的企业。还有一批如华为、特斯拉、小米、幻响神州等新兴企业，从创业伊始就是以研发设计和构建市场渠道为主，生产加工制造为辅，是产品支撑服务的具有自主品牌的设计服务型制造业。这类设计服务业的特征是：企业主体是专业化的设计研发和依托互联网、大数据的营销体系，加工制造多是通过建立产业链联盟委托加工。形成的是设计服务带动实体产业产品创新的服务业运行模式，中国中车股份有限公司就是这类的典型。

如何通过"大众创业、万众创新"在我国培育一批设计服务型制造业，使之成为创新驱动发展的擎天柱。

第一，激励企业自主创新，培育设计服务性制造业。支持企业建立研发设计中心和与高校、科研、设计服务机构合作开展自主创新产品的开发、研制。强化品牌意识，要树立百年传承思想，不断以创新产品来延续企业发展。政府要坚决打击侵犯知识产权的违法行为。改革高新技术企业认定标准，高科技企业应授予自主创新企业，而不只是那些现代科技产品的生产加工企业。加工电子、新能源产品的并非都是高科技，而生产生活消费品也并非都是低技术，不以时髦和传统评判企业，而以是否有创新能力来评判。

第二，鼓励基础性研究。为创新创业企业自主创新提供支撑。大力支持科研院所、设计机构、大专院校开展社会经济、国际趋势、人的生活需求和行为方式研究，开展技术应用研究、生产标准研究、工艺过程研究。这些是企业创新产品设计开发的基础。还有要加强人类文化发展的社会科学研究，强化人文、宗教、生产、生活方式的研究，为"大众创业、万众创新"企业产品研发设计指明方向，提供咨询。

第三，加强科技研发、测试分析、质量监督、服务交易、设计贸易、知识产权、金融服务、中试基地、原型制造等公共服务平台的建设。强化其共用性、公共性，改变现有的机构、部门所有带来的服务瓶颈。鼓励平台建设市场化、公用化，让资源社会化，通过"互联网+"、大数据等信息化平台，形成公共的共用社会服务体系。认真研究、科学建设创新创业产业园区和孵化器。转变传统工业园区和经济开发区的建设模式与理念，即简单的土地开发和房东管理机制。要从创新创业的特点出发，充分认识到运用设计方法的创新创业是智慧产业，要尊重其规律，产业园区建设应具有"八大要素"：一是专业化的园区运营团队，而不是政府的管委会；二是具有人性化风格的创业空间，而不是"九通一平"的厂房；三是设计服务交易市场，而非"科技成果交易中心"；四是展示推广中心，而非展览大厅；五是公共技术支撑平台，而非"大型仪器协作中心"；六是人才培训基地，而非设计学校；七是知识产权、金融等服务体系，而非官僚机构；八是基本生活空间，而非宾馆、饭店。在国务院日前印发的《关于加快构建大众创业万众创新支撑平台的指导意见》中明确指出：全球分享经济快速增长，基于互联网等方式的创业创新蓬勃兴起，众创、众包、众扶、众筹（以下统称"四众"）等"大众创业、万众创新"支撑平台快速发展，动力强劲，潜力巨大。要加快构建"大众创业、万众创新"支撑平台，推进"四众"持续健康发展。构建"大众创业、万众创新"的公共支撑平台已成为国家战略发展的重点。

三、北京实践，带来启示

多年来，北京市委、市政府高度重视工业设计在工业企业中的应用和设计产业中的培育。早在1995年，在市政府的支持下，北京市科学技术委员会创立了北京工业设计促进会，组建了北京工业设计促进中心，实施了国内第一个支持工业设计应用的科技计划——"九五"北京工业设计示范工程，此工程被列为国家"九五"重大科技攻关项目，它完成了联想第一款自主设计的家庭电脑——天琴计算机，还有应用至今的王致和品牌形象设计、百花蜂产品VI系统设计等。2001年，北京市政府批准创建了中国第一个设计企业科技孵化器——北京时代创新设计企业孵化器，天图、立方等一批设计公司从这里成长起来。2004年，全国第一个设计图书馆在原崇文区图书馆建立。2005年，北京文化创意产业集聚区中的唯一的工业设计集聚区——北京DRC工业设计创意产业基地开业。2006年，在北京市政府的支持下，中国设计的"奥斯卡奖"——中国创新设计"红星奖"在北京创办。2007年，北京市科委实施"设计创新提升计划"，以政府扶持资金培育设计产业的创新能力，提升企业应用设计水平，促进经济发展方式的转变。2009年，北京市科学技术委员会组织了设计专家进亦庄技术经济开发区、设计大师进通州、工业设计进顺义等活动，促进了设计产业与制造企业的对接，促进了设计在制造企业集聚区的应用。2009年，民盟北京市委以建言专报的形式，提交"利用世界设计大会机遇，举办北京设计节活动"的建议得到了中共北京市委、市政府的高度重视。该建议最终以"北京设计周"的形式得以落实。同年10月，由北京市政府、文化部、教育部等主办的"2009世界设计大会暨首届北京国际设计周"在京举办，此举增强了北京在大力发展文化创意产业和生产性服务业方面的宣传，促进企业以设计提高自主创新能力的成果的推广，扩大了国际交流，促进了设计服务交易。北京在发展设计产业，促进工业企业应用设计方面居全国领先地位，北京已成为了中国的设计之都，也成为了全球关注的设计创新的重要城市。

2010年，民盟北京市委提出"关于加速首都设计产业发展，大力发挥设计在产业结构调整中作用"的党派团体提案，并提出了"北京申请联合国教科文组织创意网络城市设计之都和世界设计之都的建议"。市委、市政府领导高度重视提案，时任中央政治局委员、北京市委书记的刘淇同志亲自作出批示，赵凤桐、苟仲文同志召开提案办理专题会进行部署，责成市科委牵头，会同市委宣传部、市发展改革委、市经济信息化委等部门认真研究，提出意见，有效推动全市设计工作的进一步深化。

北京探索"以科技创新促进设计产业发展，以设计促进首都经济发展"的"科技＋设计"为核心特征的发展模式，力争在中国走出一条从"中国制造"向"中国创造""中国设计"的转型之路。

一是提前布局、完善制度，加强产业顶层设计。在提案建议的基础上，市科委对设计产业进行了深入研究，形成了《全面推进北京设计产业发展的工作方案》，通过市政府专题会与市委常委会审议。2010年，北京市政府发布《北京市促进设计产业发展的指导意见》，首次提出了北京设计产业发展的目标、路径与切入点，成为促进北京设计产业发展的指导方针。2013年，市科委会同市统计局进一步完善统计制度，初步建立北京市设计产业分类标准。2015年，结合第三次经济普查数据，进一步完善统计制度，建立设计产业企业名录库。据初步统计，2014年，北京设计产业收入超过1800亿元，在全市经济增速放缓的背景下，2011—2014年，设计产业收入年均增长13.8%，快于第三产业年均增速2.2个百分点，产业实力不断壮大。2015年5月，《北京市推进文化创意和设计服务与相关产业融合发展行动计划（2015—2020年）》正式颁布。

二是搭建平台、聚拢资源，推动设计产业国际化发展。2010年，北京市成立了由时任北京市市长郭金龙任主席的"设计之都"申办委员会。经过两年努力，2012年，北京以科技创新的鲜明特征，成功加入联合国教科文组织创意城市网络设计之都。成立了由王安顺市长为主任的北京"设计之都"协调推进委员会，市科委、市委宣传部、市发展改革委等15家相关部门联动，建立保障机制。发布了《北京"设计之都"建设发展规划纲要》，全面推进"设计之都"建设。2013年，联合国教科文组织创意城市北京峰会成功召开，是北京首次与教科文组织合作，将教育、科技、文化三项重要内容作为共同主题举办的重要国际活动，会议签署《北京议程》《北京宣言》《北京共识》三项重要成果文件，将进一步加强北京与国外城市在教育、科技、文化方面的深入合作。2014年，首次在联合国教科文组织总部举办"感知中国"设计北京展，成为北京设计走向全球新的里程碑。2014年，市领导批示同意市科委《关于启动联合国教科文组织全面合作的请示》，深化与教科文组织的全面合作。

三是加强引导、鼓励创新，促进设计与产业深度融合。自2011年以来，首都设计提升计划支持约400个设计创新项目，带动企业产品销售收入近1000亿元，引导雅昌、新奥特等一批生产制造业领域龙头企业加强设计创新。认定培育161家北京市设计创新中心，包括联想、小米、洛可可等一批设计创新能力较强的龙头企业。推出联想创新设计中心的联想集团副总裁姚映佳、小米公司副总裁刘德等一批设计领军人才。北京DRC工业设计创意产业基地形成4万平方米的产业集聚区，在孵企业超过200家，年产值超过20亿元，孵化出"视觉中国""洛可可设计"等一批设计龙头企业。形成了西城服务设计、东城工艺美术设计、海淀集成电路设计和电子产品设计、朝阳区艺术时尚与展示设计、石景山动漫游戏设计等各具特色的设计产业集群。

四是树立品牌、营造环境，形成全民参与的设计氛围。北京国际设计周持续举办，已成为具有国际影响力的著名设计活动。每年通过设计之旅组织各类设计展览、设计服务交易、论坛、研讨会、推介会、对话、讲座等设计活动300余项，开放的设计院校、企业、项目400余个，吸引了全球上千名设计师与上百万观众参与，"国庆北京看设计"已成为了北京国际设计周的名牌。通过各类宣传、体验互动，进一步提升了市民对设计的认知。2014年，设计交易成果突破百亿元。2014年，中国设计"红星奖"参评企业包括韩国三星、美国科勒、英国戴森等16个国家的1561家企业，共计6037件产品参评，成为全球首个年参评产品数量超过6000件的设计专业奖项。全国首个设计学会——北京设计学会于2005年正式成立，通过举办学术研讨、开展人才培养、进行战略研究，对设计理论、设计标准、设计评价等国内设计研究的方向和前瞻性、战略性的问题进行探讨。如2015冬奥运设计研讨会认真总结了2008年奥运设计的成功与不足，研究了奥运机遇与国家设计创新百年发展问题，提出了具有学术高度的务实可行建议。

四、实战案例，对接融合

设计作为集成科学、技术、文化、艺术、社会、经济等知识要素，创造满足使用者需求的商品和服务的科学创新方法，已被历史所证明，已被全球各国家、行业、领域所认知。设计已成为当今世界社会经济发展的主驱动力。

设计与农村发展相融合，对推动城乡一体化，全面建成小康社会，作用重大，意义深远。中国共产党第十八次代表大会报告提出了经济建设、政治、文化、社会、生态文明建设五位一体总布局。实现五位一体发展，必须城乡一体化发展，而城乡一体化发展，重点是提升农村的发展水平。习总书记说得好："一定要看到，农业还是'四化同步'的短腿，农村还是全面建成小康社会的短板。中国要强，农业必须强；中国要美，农村必须美；中国要富，农民必须富。"如何实现这一目标？实施创新驱动战略是关键，落实"文化创意和设计服务与相关产业融合发展"是路径，实现"设计走进美丽乡村"是方法和手段。

2012年以来，我们通过开展"设计走进美丽乡村"项目，旨在针对村域环境、民居品质、产业结构调整进行广泛的调研和实践。3年走访了密云、怀柔、门头沟、房山、朝阳、平谷、延庆、大兴、顺义等11个区县，50余个村子，调研了村子的发展现状、村域经济和产业结构调整、村民生活改善等，并通过调研和实践探索了乡村城乡一体化发展的内涵和方向。

乡村设计的基本需求包括三大方面：一是村域环境，二是民居品质，三是产业商品。城乡一体化发展不是盖一样的洋楼、修一样的道路、建一样的道路指示系统，而是村域的公共设施，如上下水系统、水电气暖工程要一致，不能两个标准；农民的民居要实现生活品质城市化，不是贴个瓷砖、安部电梯、铺上木地板就是城市化，而是生活方式、生活用具的现代化、时尚化。如家电产品、卫生洁具、厨房用品是否有符合农民生活特点的消费需求设计产品；乡村还承担了保护生态、恢复生态、保障环境之责任。如何做到付出与收益相符，乡村要可持续绿色发展，产业怎么办？在设计走进美丽乡村中做了一系列的探索。

围绕"设计走进美丽乡村"的总体思路，强化理论与实践相结合，注重科技与文化融合的创新设计方法的运用，在门头沟斋堂镇马栏村开展村域规划、民居设计和产业发展的研究，对村域进行整体规划，打造生态服务发展产业链，初步探索了生态涵养区村落建设的设计工作，并在马栏村挂牌建立了"民盟新农村建设实践基地"，组建了设计专家团队，开展学术理论研究和设计实践工作，提出了"古村、红村、新村"的总体发展思路和理念。

一是村域环境设计。围绕古村的历史积淀、红色村庄的文化内涵和新农村建设的目标。在村里开展景观布局、导视设计的基础上，对村子的环境、整体形象提出了建筑规范，制定了就地取材，保留传统，应用新技术，增加配套设施的原则。设计建设村口的风雨亭和沿山的步道、村委会前的文化墙、村内道路水道的复原设计和报告厅、餐厅的外墙装饰设计，提出了公共家具的设计原则，如垃圾箱、休闲桌椅、导向指示牌等，要具有农村文化气息，采用了就地取材。

二是民居设计。依据本地传统民居的造型外观，结合高科技的采暖、燃料和现代化的生活方式，围绕2015年后村内民居的改造升级，开展了"乡村12间"的创意设计，针对村子广场旁边的乡村旅游接待中心，做了示范样板间设计，并计划开展村民参与设计民居建设的建议活动，让全体使用者对设计方案发表意见，为未来的马栏村民居规划设计完善内涵，提出符合村民生活方式的设计方案。在设计中整合了新的建筑工艺、生物质能源燃料的技术。

三是产业规划。结合课题调研和马栏村的实际情况，提出了大力发展生态休闲旅游产业的目标，将围绕生态休闲旅游产业建设，配合村内成立旅游合作社，做好旅游环境设计。按照"吃、住、行、游、购、娱"旅游六要素，完善住宿体系设计、绿色餐饮设计、马栏黄土的产业化开发规划、道路景观设计、生态产品的旅游商品设计，建设融生态休闲、红色文化、自然科普、商品销售于一体的产业业态。促进生态保护、产业转型、农民致富、和谐发展。

通过马栏村的设计规范，进一步总结规律，探索出城乡一体化发展，美丽乡村建设的经验和方法。

（一）完善生态旅游休闲产业发展模式

一是对村域环境的设计、改造。在调研中，我们发现新农村改造、建设中，缺乏对建筑设计的规划、提升，协调性差、美感不足，我们依据本地传统民居的造型外观，结合高科技的采暖、燃料和现代化的生活方式，帮助村内民居的改造升级，如在顺义区石家营村，我们组织了三个设计师团队分别为村内民居的装饰工程提供了方案设计，体现美丽乡村的设计价值。

二是导视系统的开发、设计。在阶段性调研的基础上，乡村在实施旅游产业开发的过程中，导视系统缺失、设计不到位、功能不完善是主要的问题。如在怀柔区北沟村，我们在考察中就导视系统的问题与村书记沟通，推动完成了村内导视系统的设计改造等，并在此基础上，我们组织专家开发、完成了乡村导视系统的标准设计。

三是旅游服务设施的设计、建设。围绕发展生态旅游的目标，我们组织专家为文化墙、公共家具、旅游景观和登山步道的设计建设提供了咨询；在北京国际设计周期间，我们组织相关专家对旅游接待中心进行了创意设计，帮助多个村镇提升旅游服务的内涵与品质。

四是旅游产业发展方式的研究与探索。针对旅游产业发展中的问题，我们组织专家以规划设计为切入点，来提升旅游产业的发展水平。如充分利用乡村生态资源，以青少年科普教育为依托，完成了密云县乡村"绿之旅"项目规划设计。

（二）创新旅游商品开发产业发展模式

乡村旅游产品开发力量薄弱、设计理念落后、商品增值不足是调研中发现的普遍问题，也是长期存在的问题，我们组织专家团队在多个区县开展设计活动，如帮助怀柔项栅子村进行民族特色食品的旅游商品开发设计；为渤海所村聚源德农业合作社板栗特色农产品进行包装设计；为昌平康陵村、门头沟八亩堰村、大兴梨花村、海淀永丰村等设计了具有当地特产、特色、特点的旅游商品等。

在旅游商品开发中，我们更关注旅游商品链的创新，如在房山红酒酒庄的开发建设中，葡萄的种植既解决了生态修复的问题，与旅游的结合也推动了酒庄的产业化，通过旅游服务与商品实现旅游链上不同环节的经济效益，进行了设计、研究与探索。

在密云依托企业规划设计了"绿之旅"密云三烧青少年社会大课堂，建立了体验馆、农业科技基地、休闲生活基地、农耕文化和农产品营销平台，让旅游者在体验感受密云生态涵养区的优美环境的同时，也让学生在体验中学习课堂上学不到的知识。带动了密云的乡村休闲游，促进了密云特色产品的旅游市场销售，提高了乡村农民的收入。设计的融合是产业经济向互联网、休闲旅游、生态农业、服务经济转化，产业结构得以调整。

五、人才培养，增强能力

围绕创新驱动发展战略，从"大众创业、万众创新"的特征出发，设计作为实现的手段和方法。2014年1月，国务院常务会议专门部署了"文化创意和设计服务与相关产业融合发展"工作。3月，颁布了国务院〔2014〕10号文件《关于文化创意和设计服务与相关产业融合发展的若干指导意见》。7月，发布了国务院〔2014〕26号文件《关于促进生产性服务业发展的若干指导意见》。这一系列文件的出台都指出了一个核心的目标，以设计为方法和手段，引领创新驱动发展。

什么是设计？就是基于个人对科技、文化、艺术、社会、经济知识的广泛掌握和集成应用的能力，是以人为本，创造满足使用者需求的商品和服务的科学创新方法。创意设计的发展重在全面掌握人类知识，具有跨界创造力的人。培养优秀的设计创新人才是一个国家在当今世界竞争力的体现，也是"大众创业、万众创新"对人才能力水平的要求。要想培养出具有国际领先水平和能力的创新设计人才，关键在教育。

教育是培养人才的基础，教育的指导方针决定了一个国家人才培养的方向和结果。中国几千年来的教育始终坚持以人为本的原则，从培养治国平天下的人才，到专业化、科学化、社会化的研究型人才和技能型人才培养的发展过程，在农耕时代、工业时代和科技时代发挥了巨大的作用。然而进入信息化时代，创意设计成为了引领社会经济发展的核心动力，创新驱动及跨界集成知识的"大众创业、万众创新"时代，人才的教育培养已从专业知识的纵向解决问题的能力培养，向多学科、多知识、多领域的集成创新人才的培养转化。创新创业的设计人才所需掌握的是集成科学、技术、文化、艺术、社会和经济等广泛知识，创造满足使用者需求的商品和服务的创新方法的人。这是一个与任何时代所不同的人才培育方向，对我国的教育体制机制和教学方式方法都是一次挑战，需要教育发生根本性的转变。这一问题早在2009年著名的"钱学森之问"中已经提出来了——"中国为什么培养不出创新型人才？"同时，钱老自己回答了这个问题，"科学与艺术的结合"。这就是我们应当树立的创意设计人才教育的指导思想。这一指导思想就要求我们在教学内容和教学方式上有重大的改革，以适应人类社会发展的趋势。

我国长期以来的教学方法、模式和内容是按照专业学习的纵向模式建立的，在工业时代和科学技术引领发展的时代，需要培养的是专业性强、专业纵向研究能力强的人才，如物理、化学、文学、艺术、机械、建筑的专门研究和工程技术人才。教学方法是给予受教育者以专业的理论知识和研究方法，这一教育的模式是知识的灌输，前人知识的普及，是以教师的传授为主导，受教育者是以听、记为主。而今天创意设计人才的培养，是一个跨学科、跨知识领域，需要横向集成进而创新的教育方法，重在创新能力培养。要培养人才打破前人的框框，去创造以需求为导向的新事物的教育模式。因此教育的内容、教学的模式必须颠覆，建立全新的教学方式。在"2014中法深圳蛇口创意论坛"上，法国著名科学家、天体物理学家让·欧杜斯（Jeon Audouze）先生在演讲中讲道："创意教育在数字信息化时代，要注重对受教育人的跨界知识的学习；要注重实践能力的培养，不再是简单学习前人已总结的知识，书本知识不再是重点教育的内容，而让受教育者在实践中去自我总结，掌握方法，学会创新，解决问题。要让受教育者掌握数字化的搜索查询集成知识用于创意的能力。"他用四个象限分析阐述了传统教育学习方法和创意设计教育培养方法的差异。

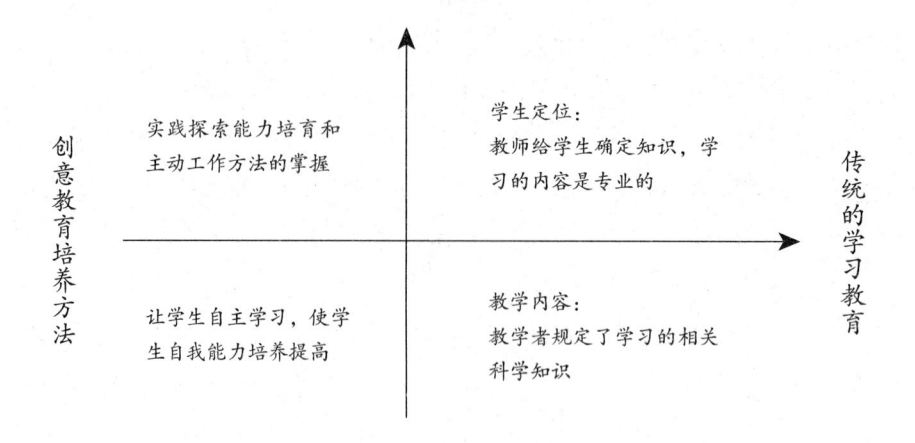

```
                        ↑
创              实践探索能力培育和        学生定位：
意              主动工作方法的掌握        教师给学生确定知识，        传
教                                     学习的内容是专业的         统
育                                                             的
培         ─────────────────────────┼─────────────────────────→  学
养                                                              习
方              让学生自主学习，使         教学内容：                教
法              学生自我能力培养提高      教学者规定了学习的相关      育
                                       科学知识
```

图1　传统教育和创意教育学习方法象限分析

以实践性教学，培养受教育者的自主学习能力和自我创造能力，活跃创新性思维，是创意设计人才培养的基本教学方式，是与传统教育方法最根本的差别。这一教学方法的诞生对传统教育体制、机制和教学内容是颠覆性的，对教育的评价标准是革命性的。

要认真贯彻国务院办公厅《关于深化高等学校创新创业教育改革的实施意见》中所要求的改革教学方法和考核方式，以解决大学专业教育与创业教育"两张皮"的现象。要强化跨界知识的教育，培养集成知识创新能力；要加强职业教育的力度，大学生要开展职业能力、技术的培养；培育创意设计人才，教学内容必须符合其需求和方向，就是要在传统数、理、化、语、外等基础知识教学的基础上，需要加入创意实践能力培养的课程和众多与之相关的知识产权、技术工艺、美学艺术、社会经济的知识教学内容，而且要从青少年、中小学教育阶段就开始培养。英国是全世界提出创意产业发展最早的国家，早在20世纪的60年代末就制定了"中小学设计与技术"教学课程和考核办法，由英国设计委员会制定的这套教学大纲内容丰富科学，详细制订了从儿童3岁到高中毕业的循序渐进的教学方案，很好地实现了青少年创意思维和意识培养与大学、研究生专业学历教育的创意设计人才培养的衔接。30余年的努力，培育了全体国民的创意认识，奠定了英国创意设计的国际地位。类似的教育在美国、德国、意大利和日本都有相应的建立，韩国、印度等国在20世纪90年代开始，也制定

了相应的教育规划，青少年创意意识的培养为大学专业教育奠定了基础，而大学的创意设计教育在全世界已普遍采用了以实践教学为主要方法的创意设计人才教育模式，设计专业大学生的教学内容已从传统的课堂知识讲解转而以学生分组研讨实践为主的教学模式。教师从传统的知识传播者转变成为了实践教学的引导者、组织者和参与者。教室的布置不再是讲台与课桌，而是圆桌与方桌，学习也不再是教师在台上，学生坐台下，教学的方法不再是课本的宣讲，而是一个个 Workshop 活动，这就是大学的创意设计教育的国际现状。这种模式无论是在英国、美国、德国、法国、荷兰、丹麦、芬兰，还是在日本、韩国、新加坡和我国香港、台湾地区，尽皆如此。学生30%的时间在教室，70%的时间在实验室、设计室和车间。英国皇家艺术学院创意设计专业的学生从进校第一堂课开始，就已确定了毕业设计的作品内容，随着课程的深入，各种知识的学习，将这个作品从创意设计图到功能的完善设计，再到融入材料选择、技术的应用，制定制造工艺流程，最终在毕业加工出成品，写出毕业论文，四年的大学学习实践性地完成了一个产品的全设计创意流程。锻炼培养了自我学习、自我创造的能力。在韩国国民大学、日本神户工业学院和我国的香港理工大学，其基本的教学方法和指导方针都是基于实践的教学模式。这是我国亟待破解和急迫改革的问题。教学内容和方式的改革，要建立以实践为主体，以培养学生的自主学习和创意理念为目标，提升自主创意设计能力及水平为目的，与创意设计学习要求相适应的教学体系和内容。

教学内容的改变将带来的是教育体制机制的改革转型。首先是教师队伍的架构、来源要转变，人事制度要改革。实践型的创意设计教学模式要求教师要有高度的实践经验，知识面要广，专业性要深，创意活力要强。传统的按学科、专业、课程设岗定人的教师队伍建设模式过于死板、僵化，不利于创新思想的发展和创意实践能力的培养，备一次课可以讲10年不变的日子已经一去不复返了。在这一前提下，教师队伍的建设和制度的完善迫在眉睫，引入体制外有实践经验的教师人才队伍，实现教师的聘任和流动是实现实践型创意设计教学的关键。荷兰的埃因霍温设计学院采取的是学院只有固定的行政管理人员，而一线创意设计的教师团队从有实践经验的设计公司聘请，以专业化设计公司为教学团队，提出教学计划、教学内容和培养方案，针对性地按照教学团队提出的招生计划，培养专业化的创意设计人才，如服装、玩具、生活用品等。在设计公司教学团队带领下完成四年的本科学习，在国际上培养了一批又一批具有实战水平的专业化设计创意人才。其次是专业设置模式亟待转变。创意设计是一个集成创新的方法，涉及社会经济发展的各个领域，创意设计所形成的产业体系已不再是一个两个设计大师统治的天下，而是团队体系和跨界协同创新。因此高校创意设计教育的专业设置不再是传统的按领域条块分割的专业设置模式，如最早的细分模式，机械被划分成全锻压、铸造、焊接、热处理等，后来的笼统化划分机械工程。而创意设计的专业划分应该按过程的系统划分，如荷兰德尔福德大学将设计专业按创意设计过程分成三个专业：第一个是流行趋势研究专业，专门研究生活需求和行业的发展趋势，提出设计的需求；第二个是科技整合专业，学习如何把握行业科技的前沿知识和先进技术，以保障创意设计的技术、工艺可实现性；第三个是创意设计专业，学习掌握形象创意设计的实现办法，完成技术与艺术、科学与文化、创意与制造的统筹设计转化。三个专业的毕业生组合在一起就是一个完整的创意设计公司。而这种基于创意设计系统的专业体系设置正是创意设计人才培养的专业设置的必然发展方向，也是我国创意设计教育体制改革的方向。

　　教学内容的改革，教育机构的体制、制度转型，创意设计人才培养的新要求，必将影响的是教育的评价体系和评估标准、考核、考试内容方式的彻底改革。长期以来，以应试为目的的教学内容是背诵式教学，考标准答案是考试的基本原则，比的是谁对知识点记得牢，是按照前人的路径来答题。而创意设计人才培养要求的是会运用，有创新创造力，而非记忆力。因此考试的内容，考题的设置，考核的方式都将发生翻天覆地的变化，以讲什么考什么的方式将人培养成应考的机器人，这种考试方式必须结束，进而应当建立的是知识考试与应用实践创意能力的考核相结合的考试新标准。升学考试不能继续仅以标准答案的对错来判断一个人的水平高低，还需要考核其有无创意、创新思维和创造力。以英国设计与技术的考核为例，每个学生在学习过程中都要对其创意能力进行考核，由国家建立的教学督导组对其创意实践的参与度水平进行评价，给出考核的成绩，作为升学的标准，考核不在于一次考试，而是对其平时的创意能力进行考核，给出评价。避免了我们现行的以分取人、高分低能的问题，形成了培养创意设计人才的平衡，综合能力测试，创意实践能力的考核标准。知识考试、记忆背诵能力的考核，不能代表一个人的动脑能力，而创意实践的考核才是对一个人动脑集成知识和动手实现创意想法的综合考量，这是对创意设计人才评价体系的重新建立。对创新设计人才的培养，必须进行考试制度和考评标准的改革。如果不实现这一改革，我们就无法实现钱学森先生提出的创新创业人才教育的"科学与艺术"的结合，也就永远停留在万千不同类型的学生经过我们的教育机器的加工，制造出了尺寸一样、类型相同的失去创意能力的机器人，也就必将制约了创意设计人才的培养，进而阻滞了我国创意设计竞争力的提升。因此，创新创业人才的培育、选拔，必须改革现行的考试评价体系。

创新创业的设计人才培养，考试评价制度的改革，就是要实现因材施教，实现整个教育的改革。创意设计人才培养是需要不断完善人掌握知识体系的能力，提高学习掌握新知识的水平，要建立终身教育体系，建立梯次教育体系，也就是教育不仅在学校，还有社会的实训教育体系。不仅有普通教育体系，还要完善职业教育体系，要形成创新创业设计人才的不断教育和知识的补充。因此，发挥社会办学力量，建立创新设计的继续教育机制，让设计人才在实践中学习提高，也是教育改革的重要组成。强化创新创业设计人才的实训教育，让企业、设计公司、设计院所、社会组织和行业协会成为实践教学和实战学习的主战场。通过教育改革，实现创意设计人才不断在实践中学习提高的全民意识，才能建设创新型国家，实现创新驱动战略，为全面提高我国的创意设计竞争力，奠定雄厚的人才基础。

创意设计与城市、产业、科技融合下的思考

曾 辉[①]

引 言

创意设计业作为创意文化产业中最能丰富和提升生活品质的新型业态，不仅能提供优秀的设计产品，也能为公众提供具备创意设计品质的公共服务。在"大设计"观念下，文化创意和设计服务与相关产业形成深度融合，包括与制造业、装备业、农业、科技、旅游、体育、文化艺术、影视、休闲娱乐等产业的融合发展趋势明显，创意设计作为促进中国产业转型升级的核心价值作用日益凸显。

创意设计业作为创意文化产业中最具发展潜力的行业，在国家创新政策扶持下，设计服务产值不断增加，中国创意设计业的国际化步伐也明显加速。中国经济发展进入新常态，产业转型升级、发展提质增效都需要创意设计的引导和推动，"大众创业、万众创新"的导向为发展创意设计业提供了重要平台和机遇。在创意设计业的政策执行、资金扶持、融资服务、交易平台和人才保障等政策支持方面，已经逐步搭建起创意设计业综合性的政策支撑保障体系。相关产业领域积极培育形成创意设计与相关产业深度融合的公共服务平台，为创新、创业提供设计版权认证保护、设计金融、设计管理、设计人才培训、设计营销、设计加速器等公共服务功能，推动创意设计成果的产业转化与应用。

---

① 北京国际设计周组委会办公室副主任、歌华创意设计中心主任。

许多国家把设计作为国家振兴产业的核心价值，韩国明确提出"设计立国"的国家策略。在经济的新常态发展下，创意设计与相关产业深度融合的大设计观将成为非常重要的发展思考。什么是大设计？大设计就是指创意设计与相关产业的深度融合。大设计不是一个无所不包的泛化概念，不仅有传统的专业设计，比如视觉传达设计、服装设计、产品设计等，现在强调的"大设计"概念，实际是让创意设计与制造业、旅游、体育等各方面融合，更多强调的是一种基于设计思维的跨界思考。

现代的创意设计已经不是过去理解的只能解决产品的功能问题或审美问题，譬如国际上创立的"服务设计"也改变了人们对传统设计的理解。我们经常讲，一个工业产品的设计是解决造型、功能以及人的使用问题，更多的是解决人与物的关系，而"服务设计"已经在解决人与人的关系，通过服务设计解决社会秩序问题。最典型的例子就是"一米线"的设计，它没有采用强制性的隔离设施规范限制人的行为，而是通过满足人的心理的设计方式带来新的社会秩序解决方案。

创意设计已经作为产品和产业的核心价值，而不仅仅是作为一种产品附加值而存在。在过去，许多产品的价值并没有通过设计给予创新性的提升。到了现在，设计不再是也不应该是只做"涂脂抹粉"的事，而是要成为产品的核心价值。很多企业把资金用在产品的包装、广告上，似乎只要广而告之的产品就好销，但当产品的创新力不够时，这种广而告之恰恰是徒劳的。特别是如果我们不能在原创设计上获得设计版权的价值，而是习惯于抄袭，那么在这样一个普遍性山寨模式下，中国制造的设计品质和原创价值就不可能得到提升，更不可能成就中国创造。把创意设计提升为产业的核心价值，对于国家来讲，具有非常重要的经济、社会和文化意义。

一、加快对创意设计经纪人的培养

在创意设计业发展中，建立设计经纪体系是关键，让优秀的设计师将更多的精力用于设计研发创新方面，而优秀的设计经纪人则在设计经营与管理方面，促进创意设计向商品和服务的转化。从设计创新策略、设计方向控制、设计风格把握、设计人力资源协作、设计知识产权、设计执行程序、设计资金投入至设计与制造方式、推广方式等各个方面、各个环节进行系统的设计管理，形成设计经营生态链，促进设计价值的市场转化。

实施创意设计经纪服务和管理的人才计划。加快培养具备面向设计市场服务的高层次、复合型经纪人才，如兼具创意设计经营管理、品牌创新、版权认证服务、法律服务、营销策划、媒体传播、金融服务、贸易服务等专业能力和实战经验相结合的设计经纪型人才。建立多层次创意设计经纪人才的教育培训体系，面向相关产业、相关服务领域的经营管理人才，开展设计管理、设计金融和跨界设计等重点领域教育培训。开展创意设计领域双向国际教育培训，提升设计产业与国际对话接轨的能力。

设计经纪体系可以帮助设计的市场转化，但设计经纪人紧缺，不利于设计生产要素市场化流通。当前，中国设计行业普遍存在的问题在于很多好的设计师并不是好的设计营销师。政府的扶持政策只是为了创造一个有利于创意设计生长的市场和文化环境，最终还是要实现以市场为主导的设计产业化运营机制。仅靠政府扶持虽有帮助但局限仍然存在，怎样更好地发挥设计产业的市场主体作用，如何让更多的人了解设计，形成设计消费习惯仍需思考。需要通过围绕好设计与好生活来全面打造一个版权确权、营销传播、销售交易的设计产业一体化路径，通过线上与线下的推广营销相结合，充分发挥线上微博、微信、网络新媒体和线下会展、发布、推介等多种方式，随时随地推广好用易用的创意设计。要想真正实现这个交易路径，需调动各种社会资源，包括设计版权、设计经纪、设计金融等设计市场服务要素。当前，中国急需培养一批真正懂设计的经纪人，包括相关的法律、金融、传播、营销等专业人才进入设计产业的领域中，来帮助设计师实现市场化、国际化推广营销，让创意设计卖出去。建立"设计商学院"，通过培养一批懂设计的职业经纪人来加快设计师产品的市场转化与应用。通过设计版权认证、设计项目推介、设计资源交流等公共服务体系，帮助具有市场转化价值的设计产品进行推广，有效地促进创意人才设计产品和项目的市场转化。

在设计人才培育中，按照文化部"双创"人才扶持计划，如何能够形成从发现、选拔、培训到设计复合型人才的经纪服务体系，不只是技能型的培训，更着重于设计思维和设计管理培训，让这种设计思维能够不仅仅在设计专业人才体系中得到培训，还要让各个相关产业的人才能够得到设计思维的培训，包括企业管理、金融服务、城市管理、营销传播、公共服务、交通、医疗、教育等领域，能够把设计思维贯穿到提升经济运行品质与文化产业品质运行中来，逐步形成适合大设计体系的设计人才队伍。复合型创意设计人才和设计经纪人才的产生，需要政府、产业和社会提供良好的土壤，好的政策是给予了阳光、空气、水，能够让土壤进一步改良，能够让优秀创意设计人才有适合生长的土壤。设计人才服务目标就是要形成中国设计人才市场，就是实现设计人才的社会化经纪服务。

二、提升创意设计的融合能力

全国创意设计业的从业人数呈增长趋势，其中北京创意设计业的从业人数接近世界城市水平，与伦敦、东京、纽约等基本持平。2011年，北京市文化创意产业就业人数就高达140.9万人，其中北京创意设计业的从业人数增长趋势显著，设计机构数量的增加带来了一定的市场活跃和行业繁荣。北京有3万多家设计企业机构，从业人数超过30万人，其中设计师超过12万人，产业资产总数超过1万亿元。

按照国务院和北京市发展创意设计的战略要求和行动计划，北京国际设计周积极推动创意设计与相关产业融合发展，已在国际A类设计活动中占有重要地位，被国际权威专业媒体纳入"全球设计地图"，成为亚洲规模最大、最具影响力的创意设计展示、推介、交流、交易的服务平台和品牌活动。经过6届积累，北京国际设计周的国内外影响力日渐增强，行业引领、整合作用日益凸显，成为国家和首都推动科学发展、产业融合、创业创新的重要平台。在经济效益方面，自2011年以来，设计周已累计实现设计交易额225.38亿元，拉动相关设计消费累计13.8亿元，带动国际与社会市场资金资源投入累计13.5亿元。在社会效益方面，举办设计周对北京成功申办设计之都起到关键的作用，并为全国文化中心和设计之都的建设提供了丰富内容。在惠及民生方面，设计周举办了一系列"推动设计走进生活"的项目，让好设计成为好生活，成为好生意，为新型消费注入活力。在国际交流方面，设计周对提升首都国际形象及建设国际交往中心起到了重要作用。

2015年的北京国际设计周以设计会展、设计服务、设计贸易等创意设计公共服务平台建设为核心，以设计市场为导向，通过设计之夜、智慧城市、设计贸易、设计服务、设计大奖、主宾城市和设计之旅等主体板块内容，集中展示、推介国内外文化创意和设计服务与相关产业融合发展的创新成果，促进设计市场要素的交流与交易。在北京天竺综合保税区（文化保税园）推出的北京国际设计贸易交易会，将积极推动国际设计贸易资源与设计产品、设计服务和设计版权的市场对接，为国际设计机构、品牌提供更加快捷便利的渠道和贸易口岸服务。"经典设计奖"作为北京国际设计周的最高奖项，对中国社会进步、文化发展、产业促进、城市建设产生了积极的影响树立了中国大设计的"风向标"。天安门观礼台、青藏铁路、红旗渠、大运河保护性修复设计等项目曾获得该奖项，这些项目不仅反映了中国人的创新意识和审美文化品位，而且彰显了中国设计的价值导向和精神追求。

北京国际设计周作为在中国举办的国际著名的设计展示、交流、交易的服务平台。在这个平台上，如何做好创意设计和相关产业的融合发展，就需要搭建设计市场服务体系。北京国际设计周旨在培育常态化的设计市场服务平台，培育形成设计要素市场，这也是北京文化要素市场的重要内容。而设计要素市场又如何能够形成，从整个设计市场服务链条来看，首先是设计版权问题，设计版权如何来解决？例如推出设计版权的时间戳服务，为设计师提供设计版权24小时内的快速认证。其次是在设计金融服务方面，一方面争取国家在文化金融方面的政策支持，另一方面按照市场化方式做，推出设计众筹金融服务产品，这可以让设计品牌、设计师能够通过众筹的方式得到金融支持。还可以与阿里巴巴共同推出"设计猫"的设计电商平台，形成设计电商的消费渠道服务体系。依托北京国际设计周的设计营销、设计会展、设计传播、设计贸易等相关领域的设计服务要素，完善全服务链的设计要素，为创意设计的转化应用提供系统性的支撑，由此构成设计要素市场的服务体系。

北京国际设计周智慧城市板块，包括政府采购城市公共设计的交易服务平台，不仅仅是围绕大数据的智慧城市建设，更是如何建立经济生态、人居生态的智慧城市设计，这是设计服务于城市，能够让城市公共设计成为城市发展的推动力。

三、创意设计市场化的公共服务要素

发展设计产业，形成设计市场，形成创意设计的公共服务体系，离不开三个关键环节和平台：一是为设计师、设计机构以及企业的设计研发、产业转化提供公共服务平台；二是提供设计产品、设计理念的展示、交流、普及教育平台；三是为设计产品、设计版权、设计服务的推介交易贸易平台。三个环节互联互通、有机协作。设计服务平台是为设计师、设计机构以及企业设计研发提供政策咨询、设计孵化、设计管理、金融创投、设计版权认证与保护以及专业设备、软件、技术等全方位的线上线下系统服务，促进创意设计成果转化。包括相关产业法规及政策辅导、设计产业促进办法、创新创业扶持奖励政策等咨询服务，以及工商注册、版权保护、会计、税务、人力资源和法务服务等"一站式"集成服务和融资路演、商业洽谈、上市辅导等深度合作服务。

重点培育设计版权电子认证和设计知识产权纠纷调解等版权保护特色服务。加强完善创意设计业以版权为主体的设计立法，让创意设计业的知识产权成为激励创新的制度。加大对侵权行为的惩处力度，形成创意设计维权援助机制，优化创意设计的知识产权申请与审查制度，建立创意设计作品知识产权的快速登记通道，培养创意设计业知识产权保护与维权的专业化法律人才，形成有利于创意设计业的知识产权交易制度，活跃创意设计的知识产权交易，促进创意设计知识产权的有效流通。

以设计带动新型消费概念的形成，推动多层次的文化消费体验活动，进而培育消费者的设计消费观念，成为新型消费的重要组成部分。鼓励具有原创设计、生态理念的设计产品及品牌推向消费市场，为新型消费注入活力，促进产业优化升级。加大"设计为民生"的服务力度，着力推动公益设计服务项目落地，支持开展设计为生活、设计为社区、设计为乡村等设计惠民项目。

2011—2013年，北京国际设计周连续三届累计拉动设计消费8.8亿元。2013年，引进荷兰设计师霍夫曼的"大黄鸭"在园博园和颐和园展出，直接实现1.6亿元的门票、旅游服务收入以及700万元的旅游衍生品销售额，创意设计催生了"大黄鸭经济"。2014北京国际设计周设计之旅的196个活动站点分布在海淀、朝阳、东城、西城、石景山等各个城区，举办206项设计展览和110多项论坛、沙龙、讲座等活动，带动首都文化旅游收入、拉动各个商圈及各类设计消费活动而形成的设计消费额5亿多元。

四、创意设计的生活价值导向

设计应以生活价值观为导向，我们更鼓励创意设计的生活价值和生态价值导向。比如青藏铁路在建设过程中，对生态设计的投入，为藏羚羊留出生命通道和对生态的零破坏建设方式就体现出大设计的智慧思考。要倡导更加符合人的需要、更加贴近生活、更有可持续的设计价值观导向，未来的创意设计必然是朝着这个方向发展的。设计的天性是文化与科技的创新融合，并以此来促进产业转型升级的进步，使创意设计不是停留在表面，而是真正成为产业创新的核心价值。

如何让产品得到更多的消费者的喜欢才是吸引投资的关键，资本天生是逐利的，如果一个产品有很多人喜欢，这就意味着它有很大的消费市场，那么资本就愿意投资。一般情况下，大众的消费观念是"物尽其用"，而当物质条件丰富到一定程度的时候，"物尽其美"，甚至于情感，以及其他社会附属的价值需求就成为人们新的关注点。目前设计领域过多倾向于用技术方式解决问题，通过对物的过度诉求来满足其自身的欲望。对物的过于依赖已经造成资源与能源过度利用中的浪费。现代设计和服务设计的核心目标在于解决人和物、人和人之间的关系，进而创新建立良性运作的社会秩序关系。设计应该是为生活服务的，我们的设计就必须从根本上解决功能、审美、情感，以及生活格调等问题，好设计让物尽其用、物尽其美，从而让好设计成为好生活。

当前互联网众筹远远超出普通金融存贷生息循环的单一模式，已将把触角伸向社会及经济的方方面面，并开始为科技、工业化、文化甚至传统的诸多领域提供了无穷的可能和创意。众筹创意、众筹消费就已成为创意设计领域的一道特色风景。众筹，从本质上讲，筹的不仅是钱，而是一种消费导向，是人的生活需求。如果一个好的创意设计没有消费需求，那么它就没有采购订单，也就不可能会吸引投资方。通过众筹方式，好的设计理念能够通过预购订单的期权模式，吸引资本的注意力和想象力，实现创意设计从"轻资产"到"重资产"的转变，最终创意设计产品的量产与市场化也就顺理成章，未来的设计方式与消费导向，在一定程度上将通过众筹来解决。借助"互联网＋商业体系"的这种路径，通过市场分析、判断、预估，来建立一种设计预售的模式，让创意设计版权变现，真正实现好设计向好生活的市场转化。通过设计版权和预售订单可以实现资本预期，从而能够规避盲目投资，或将改变未来设计行业的投资模式。

如何让创意设计与产业进行转化？首先机制体制要打破行业间的障碍，融合发展才能获取真正的产业价值。在整个创意设计服务体系中，设计版权是第一位要解决的问题，如果原创设计不被人所理解，不被人尊重，一味地被山寨，就不能形成设计版权交易模式，那没有人真正愿意投入和投资到设计版权的研发创新。推出设计版权"时间戳"的第三方公证体系，即时帮助设计者得到设计版权的确权认证。当然，专利、著作权等知识产权体系如何支撑设计版权的认证，更需要在强制性法律体系进行重视，改善创意设计知识产权的法务服务。

五、促进设计与科技融合的产业创新

设计作为人类创造性劳动的新兴业态，在调整产业结构、促进科技成果转化应用和产业化，提高人民生活品质等方面将发挥巨大的作用。作为科技与文化结合、技术与艺术统一的设计，也将伴随着科技进步和文化发展，不断改写和丰富着自身的定义、内涵和外延。石器时代的石器工具就是人类最早关于生产和生活方式的设计，农耕时代的人们用泥土烧制陶瓷，用桑蚕创造织物，手工业体系从一开始就将设计和制作技术融为一体，不可分离，不断融合地改变着人类的生产方式和生活方式。18世纪第一次工业革命，机械化、批量化、标准化使得生产方式发生改变，由此催生了设计的革命性进程，设计与制造细化分工，设计获得了相对独立的地位，成为了一种创造技能，设计师成为一种创新职业。19世纪最后30年至20世纪初的第二次工业革命，科学技术的进步和工业生产的高涨使得世界由"蒸汽时代"进入"电气时代"，工业设计以专业化、职业化属性更加广泛地介入工业制造体系，诸如奔驰汽车、通用电气、波音飞机、贝尔电话等，设计通过产品结构、外观、色彩等形式与功能的有机结合，在推动制造业发展方面发挥着更大的作用。20世纪下半叶，设计逐步成为了一个创新系统，进一步延伸到产品造型、视觉传达、包装广告、环境营造、商业营销的产业全过程，并通过与信息业的融合，诞生了以苹果公司为代表的"设计驱动型制造业"企业。

云计算、大数据、智能技术、3D打印等新技术的出现，都将彻底改变设计研发、制造和服务的过程，它是信息革命与能源革命、制造革命结合起来的一场新的产业革命和思维创新。设计的对象不再只是有形固化的产品，而是在网络空间中的全球资源共享和协同创新，"设计云"服务体系也将成为现实。设计从研发开始，交易与交互同时进行，促使生产方式和生活方式发生变革，生产者和消费者的角色由此互换，设计开始注重互动、参与、体验，成为一种设计思维和创意情结。Google、百度等的诞生是让网民快速检索到自己想要的信息；微信的强大，是它提供了一个更加方便的交流工具。传统的工业设计理念和商业模式被信息化、新材料、新技术等科技进步彻底地颠覆了，设计与相关产业融合、设计与科技文化融合的大设计观念和新设计思维应运而生。

在信息时代，科技与设计的深度融合，使得两者之间的界限不断被打破。与此同时，高新技术企业充分认识到设计的核心价值和引擎作用，运用创意设计提升产品创新能力和内在品质，开拓市场。在互联网思维的驱动下，小米创新地引入"服务设计"理念，将软件开发、硬件设计与互联网营销相结合，形成了有别于传统科技公司的发展模式，为用户创造出独特的消费体验。创立不到5年就培养了庞大的"粉丝"群体，产品市场销售额突破300亿元，企业估值达百亿美元。

科技提升设计创新能力，设计促进科技成果转化，数字技术和网络信息技术掀起的新科技浪潮在改造传统产业、创造新经济活力的同时，也为设计产业和设计市场的发展带来新的机遇。今天的设计已不再是孤立的设计，技术也不再是孤立的技术，更多企业开始有了设计管理能力，出现了企业总设计师、设计总监、首席设计管理CDO等管理角色，解决设计研发管理、设计流程管理、设计资源整合问题成为其工作的核心宗旨。探讨设计与相关产业融合、设计与科技融合创新、设计与金融服务等成为企业经营与设计管理的新话题。

六、结论

整合设计资源，促进创意设计与相关产业融合发展，需要搭建起不同的设计交流、交易、贸易服务平台，让设计师和设计机构，能够和产业对接，让更多的企业采购设计、交易设计，让消费者来消费设计，政府也鼓励采购设计公共服务。因为搭建起这样的平台，创意设计就可以更好地进行生活的转化，反过来我们的生活就有更多的设计需求。让好设计成为产业发展新动力，让好的设计成为好的产品、好的生活，而好的设计就应该让我们在适度的物的消费下能够更多地感受到精神品位的满足。未来在消费体系上不再是以物的消费为核心，鼓励适度、理性、环保的消费意识，鼓励设计消费意识。

创意设计已经成为产业的核心价值，是产品的核心价值而不是附加值，不是把外观、包装做好了，就认为设计好了。其实有很多设计不佳、品质不好的产品，如果仅仅包装很漂亮，对于消费者来说恰恰是适得其反的。从衣、食、住、行生活体系做起，从整个产业服务链做起，让好的设计融入其中，要让创意设计与不同的产业做深度融合，与制造业融合，要提升我们的中国制造品质和水平，将其变成中国创造。创意设计与农业融合，让农业有创意农业的价值和分量，让创意设计与旅游业、体育产业和文化产业的各个门类去融合，融合就会产生创新，形成优势，创意设计对于产业转型升级的核心价值才能呈现，成为创新型国家建设的重要内容。

"互联网+"背景下文化产业发展的创意创新

陈少峰[①] 黄向军[②]

引 言

2015年3月5日,李克强总理在政府工作报告中首次提出"互联网+"行动计划。"互联网+"已经成为互联网发展的新形态、新业态。在这种形势下,只有站在文化产业的角度专门研究"互联网+",透视互联网文化产业的商业模式,反思互联网思维的本质,总结互联网的特征与特点,才能更好地立足于知识社会优势,以创意创新去促进甚至催生文化产业的良性发展。

一、互联网文化产业的发展内核分析

在互联网环境下,文化产业基本产业链环节已经与传统情况相比发生了结构性的改变,因此,创新互联网文化产业发展,需要调整基本的产业视角。

(一)透视互联网文化产业生态

第一,基本产业链构成的调整。在互联网环境下,文化产业链由八个字四部分构成"内容、平台、延伸、服务"。第一部分是内容产业。第二部分是平台+传播,传统产业链需要在传播基础上考虑渠道要素,而在互联网的平台下,平

---

① 北京大学哲学院教授、北京大学文化产业研究院副院长。
② 《文化产业导刊》副主编。

台、传播、渠道是一体的。第三部分是延伸产品，以动漫为例，动漫衍生产品是典型的延伸产品。内容、平台、延伸三个环节构成一个产业发展的关联关系。第四部分是服务。在动态的产业活动中，文化产业的经济行为有两类：一是直接参与产业链中的某一环节；二是立足自身现有实力延长产业链。以内容为例，除了衍生产品之外，还可以制作游戏、企业上市、资本运作、艺术投资等，为此，需要提供包括广告制作、定制、植入产品、文化金融等在内的相关特定经济服务，帮助实现产业链的延长，这就是服务。

第二，立足于移动互联网技术现实。互联网有两个概念：一是因特网，是传统的计算机的平台上的互联网；二是移动互联网，是基于电信和互联网的全方位链接。文化产业必须考虑移动互联的根本性特征。根据现有发展趋势，过时到2015年年底，互联网的文化产业大概占中国文化产业的70%的市场价值，其中的70%由移动端占据。传统的传媒，包括报刊、出版和广播、电视大概只能占10%，这是互联网文化产业的整体趋势。这种移动终端带来互联网娱乐无边界的总趋势，不受时间、空间的影响。

第三，机遇和挑战并存。互联网文化产业的优势是集中度很强，例如预售单价100万元的宝贝100个，需要全中国找到100位消费者，按照传统的经营模式难以实现，但现在通过互联网众筹，一夜之间就可以实现。与此同时，互联网科技的发展把传统模式全部推翻，对很多人造成冲击，导致失业等社会问题，传统文化产业处在一种最艰难的转型阶段。

（二）"互联网+"的观念前提

互联网科技的发展，推动着整个时代的变化。只有转变观念，才能形成真正把握"互联网+"的时代精神。

第一，互联网时代，包括文化产业在内的传统行业都需要实现转型。随着IT技术的发展，部分传统的IT公司率先成功转型为互联网公司。例如亚马逊公司的技术适用于解决跟互联网有关的任何工作，其基于云计算、大数据开发平板电脑、手机、硬件、购物、图书、互联网信息技术、无人机、太空飞船，实现随需应变。"互联网+"不仅代表一个城市，代表一个产业，还代表一个时代趋势。

第二，互联网已经成为一种生活方式，"互联网+"不是"+互联网"。互联网不仅仅是一个工具，互联网生活已经成为我们的生活方式。微课堂、自媒体等，代表着未来的一种趋势，"互联网+"并不仅仅是"+互联网"，例如在互联网时代发展音乐，不仅仅是用"音乐+互联网"。没有互联网思维，不把握互联网的生活方式，不立足互联网生活方式重新创新，所谓"互联网+"是不成立的。

（三）商业模式是创意创新的基础

在互联网时代，企业根本的任务是寻找并确立自己的商业模式，在这种商业模式的引领下创意创新。如果没有商业模式，创意创新是无本之木。例如乔布斯最早在互联网做音乐，开创数字音乐下载商业模式，进而创新衍生产品，生产数码播放器，后来激发 iPad 和 iPhone 的诞生，之后苹果进入互联网领域，"互联网+文化产业"的模式得以实现。目前苹果既是硬件公司又是一个平台公司，还是一个互联网的平台公司、娱乐公司、设计公司，"互联网+文化产业"，再加各种植入产品，各种创意创新不断。

二、发展文化产业需要立足互联网思维

完成文化产业互联网商业模式的转型，要立足于互联网思维。

（一）对互联网思维的正确理解

第一，把握互联网思维，要冷静客观、理性中立地对待现有的种种社会现象。

现在对互联网思维的解读存在着许多误区。比如对互联网思维"专注、极致、口碑"的解读，这种精神在许多传统技艺中都存在，并不是互联网思维。如前所述，互联网不是一项技术，也不是一种产品，互联网是一种思维。只有进入这种思维，才能够真正把握互联网。

第二，互联网领域的商业模式探索，并不是标新立异，而是在尊重客观规

律的基础上良性竞争。

两千年前的韩非子曾经有过徒弟跟师傅学赛马车的故事,徒弟出师要跟老师比赛,无论怎么换马换车都是输,就认为是师傅留了一手,师傅说,真本事是真的传了,但徒弟只学了本事,却没有学心态,驾马车要自己和马及车三合一,不能老是想着对手。管理学中的比较优势不是搞独特性,并不是"人无我有,人有我优,人优我特",优秀的商业模式数量有限,努力做好正确的事情才是基础。

总体来说,互联网的基本规律和本质只有两个:无边界、大平台。

(二)把握无边界思维的创意空间

第一,无边界是互联网的规律和本质。在无边界的互联网上要有一定的规模效应。因此,互联网时代要想办法进行企业之间的联合。互联网改变了两个经济现实:其一是竞争为主变成了联合为主,其二是商业模式不一定盈利。比如京东连着亏了10年,现在市值却达到3000亿元,过去公司必须盈利,现在不盈利也没有关系,只要能证明公司越来越好就行。互联网思维跟以前不一样,这就是"互联网+"。

第二,立足无边界的组合中寻找自身的独特性。在无边界的互联网中立足,其一,应当追求规模,规模越大越好。不同于传统经济,在互联网上边际成本是一直下降的,如果实在不能做大的平台,那么就做一个独家的东西。其二,互联网不能只卖一件东西,一旦拥有互联网平台,原则上什么都可以卖,并没有传统经济的限制,互联网是综合的,不是单一的。其三,传统的产业要与互联网发生联系,这不是简单的传统产业+互联网,也不是让互联网+传统产业,要找到合适的商业模式。

概言之,互联网思维不是一成不变的思维,是一个组合的思维。比如微电影组合,可以考虑用400个公众号或者300个公众号同一天来推送微电影,这就是互联网的频道组合制,无限组合才是互联网。

(三)平台建设是根本的发展架构

第一,"互联网+"一定要形成平台,平台为王。只有平台+内容、平台+娱乐、平台+设计,才能让无边界的互联网成为经济诉求转化的平台。互联网思维下可以形成巨大的创意创新效应。比如设计公司可以在互联网上借鉴别人的创意和组织活动,然后自己生产。以洛可可公司为例,以前是赚取服务费,现在是销售终端产品,与故宫合作,设计和产品一起卖;与电影《大圣归来》合作,衍生品和产品一起卖。互联网让设计公司有机会整合所有设计师,集设计和销售于一体。

第二,互联网是一个跨界的纽带,把很多东西联系在一起。互联网业需要跟传统产业结合,这种方式是以互联网为主,但是互联网也要结合实业,这种跨界让产业之间的距离缩短。传统商业需要渠道,现在互联网就是渠道。传统的渠道要递推,要建立实体店,成本很高,互联网上只需要一个微信群。

当然,跨界并不是取代线下,比如互联网上的电商解决不了4S店的问题,互联网上买车对汽车4S店产生了巨大的冲击,其实在互联网上买车仍然需要线下的服务,只要对线下服务进行重组仍然可以。

只要把握住互联网思维,我们就会发现"互联网+"为文化产业的发展带来巨大的发展机遇。

三、"互联网+"文化产业的动态走向

当前国内互联网文化产业的最重要的趋势是百度、阿里巴巴、腾讯(简称"BAT")三家公司已经成长为无边界的大平台,已经成长为"互联网+"的风向标,它们的发展动态为当前"互联网+"创意创新方向提供了重要的参照。

(一)文化产业成为"互联网+"的盈利来源

BAT当前收入的来源主要是提供广告和提供平台,而不是销售自己的产品。目前盈利的互联网企业都跟文化产业有关,而亏损的企业大多数是销售实

体产品的。当前互联网文化产业催生了 IP 热，IP 是 Intellectual Property 的缩写，直译为"知识产权"，互联网 IP 则指的是网络文学的改编权或者相近作品的改编权。由此可见，文化产业是一个行业集合，IP 的火爆说明了文化产业跨界融合的重要性。互联网领域的游戏、广告、网络文学、音乐、视频、主播，成为盈利生力军。这标志着文化产业真正的火爆，而不是仅仅体现在具体的某一个细分行业。

（二）并购取代竞争成为快速扩张的趋势

互联网的无边界特征，使 BAT 的经济行为更多通过企业并购来壮大。BAT 的很多文化公司都是通过投资、收购形成的。"互联网 + 企业"的第一笔投资往往来自 BAT，而且都不谋求控股，只谋求联合，是用企业兼并和收购的思维与行动快速扩大平台。

（三）云计算与大数据的应用持续强化

BAT 很重视数据的收集，各种会员的数据构成分析用户行为的基础。分析消费者行为的"大数据"用于了解消费者，这种分析立足于用户行为数据的真实性。BAT 均拥有自己独立的真实数据来源，从而可以生成新的自动反馈的集成，提升行为数据，进而引导做精准的广告营销。互联网的概念已经不再看重点击率，而是看重"黏性"，通过精准停留时间的记录分析，搜索、购物等数据，进行精准营销，从而进入良性循环。平台越来越大，数据越来越多，技术也越来越领先。

（四）虚拟产业集聚园显露头角

随着传统文化企业经营的不善，传统的产业集聚园占据的空间逐步腾空，用于支撑升级版的、全部智能化的、互联网化的互联网文化产业集聚园。互联网文化产业集聚园既可以变成传统文化产业园的升级版本，也可以在传统文化产业园里发展，但是原来几十家、几百家的街区在互联网上只需要一家就够了。互联网文化产业将成为产业园的主流形态，公司本身是互联网，但是整个设备、公司的网络都达到互联网所需要的相关智能化的条件。互联网文化产业园有两个：一是产业集聚；二是通过投资做互联网企业和做其他企业的创业、创意、创新基地。

（五）基本的互联网+商业模式逐步明朗

"互联网+"最好的商业趋势是坚持平台为王，四种平台商业模式已经明朗：其一，无边界平台，像 BAT 一样什么都能做；其二，垂直平台，细分领域深化性的像京东、360 和苏宁、美团网等，属于次级大平台；其三，组合平台，比如盛大网络文学形成的主流网络文学平台；其四，有独家产品的小店平台。需要指出的是，互联网一定是平台越大市值越高。同时平台搭建好后，还需要内容，应当以平台为王加部分内容进行产业链的布局。比如《中国好声音》跟浙江卫视分成，联合经营，这就是跟平台合作。

当前，文化产业的平台加上一部分内容，被证明是行之有效的、成功的基本商业模式。只要抓住这种基本模式，进一步把握"互联网+"的自身特征，就能够建立起适合自身的具体商业模式。

四、基于互联网特点的文化产业创意创新

立足无边界的基本规律，坚持平台为王的基本架构，引入文化产业的优秀内容，还需要结合互联网的运行特点，才能让"互联网+"创意创新落到实处。互联网有十大特点值得关注。

（一）平台为王

"互联网+"时代的企业创意创新，务必立足于互联网的无边界平台规律。这种无边界指不受时间和空间的限制，除了现场体验之外的任何传统事件，都可能发生在互联网上。

多样化经营是"互联网+"的基本生存之道，文化产业与非文化产业是相互融合的。只做一件事情是违背互联网精神的，比如媒体公司，除非独家，那么

在互联网上绝不能只靠新闻存活。互联网并不简单等于新媒体，新媒体不是互联网，新媒体只是互联网的一种功能。传统媒体最大的特点就是独家的，专注的，而在互联网上，传媒形式完全融合。例如，如果淘宝要做新闻，就会全部免费赠送，同理，医疗、远程教育都可以在互联网领域里展开。

多样化经营、平台型整合型企业是"互联网+"创新创意的根本。

（二）文化产业融合链接一切

围绕"互联网+"或互联网+文化产业，从企业的角度来讲，就是链接一切。链接一切是互联网内在的特点，这是创意创新的出发点。

手机作为硬件终端，让手机使用者成为互联网的入口，将消费者和硬件链接在一起。为了保持"黏"性，硬件就需要优秀的内容，文化产业就有嫁接的基础。最终，"互联网+"还是要用内容也就是文化产业产品来吸引保持链接，互联网社交、互联网娱乐、互联网生活成为经济发展的基础。

在未来，物联网的发展让所有东西全部能链接在一起。互联网化的物联网是第一步，再进一步是物联网专业化，比如物联网与医疗或教育相结合，这是创意创新的巨大机遇。因此对于大公司而言，目标是链接一切，对于小公司，则应当切入链接当中的一环，这就是商业模式。

（三）企业发展横向联盟扩张

为了应对互联网的无边界特征，即使是当前的领军型企业，也在不断加强自身的横向联盟关系。传统的中国企业发展是垂直的上下成长壮大，互联网时代企业都是横向的联合扩展。比如阿里巴巴跟腾讯已经开展全面合作，走企业集团化发展的方向。联合发展是当前大企业成长的结构方向，而对于小型公司，组合联盟也应当是发展的趋势。

（四）整合需要从线上朝向线下

互联网时代因为同业竞争的原因，一般线上与线下进行结盟的意愿更强。但是线上与线下的结盟也并不是任何情况下都具备成功性。比如大连万达希望结合 O2O 平台进一步发展，但他们的方式是从线下的万达百货为出发核心，尝试与线上结合构成 O2O 合作，进行线上线下一体化，但是这个转型迄今为止没有成功。原因就是，O2O 一体化是正确的，但是 O2O 平台是不现实的。阿里巴巴、腾讯、百度都是从互联网向线下延伸，而 O2O 平台理论上是双重成本，商业上一定不可行。O2O 可以有互联网线下的物流中心和体验中心，但是一般规模很小，万达规模太大，因此不可能转型 O2O。

线上与线下的一体化是线上对线下资源的整合，而不是相反。如果拥有独家产品，可以尝试同时做线上和线下。但若非如此，而线下的体量又很大，那么失败的概率很大。只有从互联网出发，从线上整合线下，才是真正的"互联网+"。

（五）互联网信息交互的视频化

随着技术的发展，互联网的信息流的主要构成已经由文字变成视频。在视频化的驱使下，平台加一部分自制内容是非常好的商业模式，现在所有视频都在往这个方向发展，如，光线传媒正在跟 360 合作网络院线；英国的 BBC 已经全频联通。全视频联动，指的是将所有的，不管是哪里的视频全部连起来，实现全屏化。

（六）植入产品比植入广告更重要

当前互联网的重要收入来源是借助文化产业方式进行广告植入。但是随着技术的发展和视频化的扩展，互联网广告与内容已经很难以区分。特别是在微电影环境下，影视艺术作品与广告作品的界限已经越来越模糊。无处不植入是未来的发展趋势。未来的广告都是讲故事的广告，就像是在电影里面植入广告。产品的植入才是未来，成功的产品植入是让受众感觉不到植入，这是未来的方向。

需要强调的是，为自己的产品进行自主的植入，才是真正的商业方向。与其在互联网中争夺有限的广告，不如在自己的互联网视频中植入自己的产品。"互联网+"创意创新的实现，需要遵循这种趋势。互联网世界中无边界大平台与垂直性次大平台，以及其他的组合平台，都应当拥有独家的产品，并依靠产品植入广告这种商业模式来发展。

（七）借力明星时尚的潮流

推广并凸显自有独家产品的最佳方式是借助文化产业早已探索实践多年的明星制的发展模式。但是只有明星也不行，只有进一步研发独家产品，通过自家的明星推广自家的独家产品，才是利润最大化之路。独家产品包括衍生产品、独特设计、自有商标、明星代言、"粉丝"消费，形成自有的商业盈利闭环系统，才会最大化地稳定盈利。比如迪士尼服装的销量比玩具还大。这样才是真正的文化产业创意创新的典范。

（八）源源不断地创新才能进步

"互联网+文化产业"的基本特质就是娱乐化。娱乐化并不反对经典、精品、传统、高雅，但是娱乐化只有确保大众化，才能确保创意创新的商业转化基础。因此在遵循规律的前提下，只有不断地创新，才是"互联网+"的生命力保障。比如阿里巴巴创新远程医疗、远程教育。小微企业更需要不断创新，包括体育比赛在内的各种文化娱乐领域的创新，都是未来的方向。

（九）通过会员制直通消费

今后中国会出现形形色色的会员制，各种各样的三百六十行，每一行都会建成会员制俱乐部。传统的俱乐部因为维护成本问题，因此很难确保消费规模，但是在互联网的平台上，无边界的特征将让俱乐部的规模和市场潜力无限放大。比如在互联网上拍卖都教授的一副墨镜，有可能有100万甚至1000万的人来参加拍卖，这200元的墨镜最后可能拍到20万元，如果规定凡是参加拍卖的人交10元钱的手续费，那么只是手续费就有1000万元。这也就是说，在互联网上200元的东西通过收手续费可以赚取1000万元。当前互联网上存在非常多的会员集合和众筹等形式，将来会有各种各样的会员制，可能形成多种创新的众筹形式，这就构成了拥有独特产品的潜力市场。

（十）创业不是做电商

相当多的人认为，"互联网+"就是电商创业。事实上，在自己的平台上做电商是可行的，所有创业者都可以开辟平台，但在别人的平台上做电商，仅仅是加强了别人平台的实力。

开创互联网公司是创业者的起点，电商是创业的最后一个环节。电商是结果，不是源头，源头是创业和互联网的创业。地方政府应该鼓励推动当地的互联网创业，而不是把电商开到京东、淘宝等平台上。这是由于在互联网平台上发展电商，税收最后都转移到平台所在地的北京、上海、广州等地。如果简单推动电商，这将成为东西部第二次贫富差距拉大或者是经济差距拉大的一个原因。

在这个"互联网+"的时代，只有充分领悟十大互联网动态特征，结合自身的实际情况，才能开创出适合自身的商业模式，以创意创新为动力，走向未来。

五、小结

概括互联网的趋势，要特别注意以下的问题：第一，互联网无边界，大到无所不覆盖。第二，互联网移动化，移动端占的比重越来越大。第三，视频化，现在视频多种多样，电影、动画、MV、随意拍、广告换视频、网络剧、电视剧等。第四，自媒体前景看好，自媒体相当于一个电商。最后，难以搭建大平台，就要努力促成跟平台合作。

更精确地说，互联网+文化产业的切入点是无边界加上结盟。"互联网+"就是无边界地结盟，组合再组合，形成联盟，这是互联网的精神，也是创意创新得以实现的保障。生存之道就是跟谁合作，这是始终要思考的问题。

创客时代：一个创新—创意集群的成长

金元浦[①]

引 言

党的十八届五中全会将创新、协调、绿色、开放、共享作为实现"十三五"时期的发展目标，破解发展难题，厚植发展优势，必须牢固树立并切实贯彻这五大发展理念。新的发展理念为新时期的发展勾勒了清晰路径，勾画了推动发展全局深刻变革的全新蓝图。而在五大理念中，"创新"居于重要的先导地位。

创新的关键在于人才，创新的成功依赖人才。对于文化创意产业来说，创新—创意人才是推动产业发展的原动力。如何发现和培养创意产业实践迫切需要的创意人才，满足产业发展的源源不断的需求，是当下现实给我们提出的重大课题。

一

作为高度推崇个体创造性的创意产业来说，创意人才，特别是一个庞大的创客群体，具有举足轻重的意义。2015年李克强总理在《政府工作报告》中，提到了"创客"，并有13处提及"创业"。报告将"大众创业、万众创新"（"双创"）作为我国经济社会深化改革的重要战略，作为我国经济转型和保增长"双

[①] 中国人民大学文化创意产业研究所所长。

引擎"之一。"双创"战略的提出，将推动形成继20世纪80年代"个体户"创业潮、20世纪90年代"网络精英"创业潮之后我国改革开放以来的第三次创业潮。而文化科技的创新、创意与创业在此轮高潮中具有举足轻重的作用，通过新的创业潮，我国也将成长起一大批创新型人才集群，最终将我国真正建设成一个具有不竭原创动力的创新型国家。

什么是创客？创客最初是指专注于利用互联网数字技术设计产品原型的具有创新天赋和爱好的群体，后扩展为所有热衷动手实践、以分享技术和交流思想为乐的创新群体。他们的另一个相近的名字叫"极客"（美国俚语Geek），而其中最为痴迷于寻找一切网络系统的Bug的人，成了黑客（骇客），他们都很年轻，好奇和逞能是他们本质特征。2007年以来，全球掀起了创客文化浪潮。2014年，美国总统奥巴马把创客提升到打造新一轮国家创新竞争力的高度，并宣布每年6月18日为"美国国家创客日"。有人认为，创客运动是新时代颠覆现实世界的助推器，是一轮具有时代意义的新浪潮。

《创客：新工业革命》作者安德森预测，在接下来的10年里，人们会将网络的智慧用于现实世界之中。未来不仅属于建立在虚拟原则之上的网络公司，也属于那些深深扎根于现实世界的产业。"创客运动"是让数字世界真正颠覆现实世界的助推器，是一种具有划时代意义的新浪潮，全球将实现全民创造，掀起新一轮工业革命。在《创客：新工业革命》中，克里斯·安德森深入新工业革命的前沿阵地，深入考察了创业者是如何使用开源设计和3D打印，将制造业搬上自家桌面的。在这个定制制造、"自己动手"设计产品、创新的时代，数以百万计发明家和爱好者的集体潜力即将喷薄而出，全球制造业将由此而掀开新的一页。

安德森惊人地预测，随着数字设计与快速成型技术赋予每个人发明的能力，"创客"一代使用互联网的创新模式，必将成为下一次全球经济大潮的弄潮儿。

由个别创新性人才零星出现，到培养千千万万个创客的创意集群，直至创意阶层的形成，需要我们做好一系列培育提升的"功课"。美国学者佛罗里达在他的《创意阶层的崛起》一书中强调创意阶层对于创意产业的极端重要性。他认为，从根本上看，文化创意产业的高速发展依靠文化创意人力资本的投入产出和文化创意阶层的崛起。今天的创意产业越来越多地被用来表述国民经济中从事于利用人们的"智力资本"进行的文化服务和文化产品的生产与流通的新兴产业。事实上，几乎所有保持了长久生命力的世界著名企业都是创意高度发达的企业，而多数世界著名企业家都是富有创意、推崇创意的企业家。研究表明，从事于诸如广告、建筑、交互休闲软件、音乐、电视和电影等创造性产业职位的人们，都是受过多重教育的复合型高级人才。可见，智力资本、创新和新的信息技术之间已经建立起复杂的深刻的联系。

的确，创意产业对人才构成有很高的要求。一是创意产业需要大量复合型人才，受过三级以上复合教育，如文化艺术的创作与理论教育，网络设计或相关专业技术教育与训练，工商管理或金融经贸教育与实践，这既对未来创意人才教育提出了新的要求，也是文化创意实践需求对人才品质的要求。二是这种高度融合的人才可遇不可求，数量也很少，因此就需要组建多专业合作的创意团队来达到这一要求。这就是在企业内、行业内、创意产业集聚区内配置不同的专业人才，形成多种创意人才的互补聚合优势，相互启迪激荡，以期获得灵感的迸发。第一，创意产业无疑需要硬手：优秀的科学家、设计家、工程师、建筑师、投资人、金融家。第二，创意产品的一个重要特征是无形化、文化化和艺术化，所以创意产业需要"波西米亚人"：富于灵感的艺术家（包括先锋艺术家）、民间艺人、自由撰稿人、文化学者，甚至哲学家。第三，创意产业还需要管理人、广告人、媒介工作者等中介人。这是文化与经济、艺术与技术、人文与科学、形而上与形而下的冲突、较量、碰撞与融合。其实，无论是科学技术的创意，还是文学艺术的创意，在创造的境界上是完全可以相通的。三是创意产业是建立在教育的高度发展基础之上的。创意产业的发展依托于国民素质的普遍提高和国民创造力的激励发扬。1998年，英国国会在一个报告中指出，"人民的想象力是国家的最大资源。想象力孕育着发明、经济效益、科学发现、科技改良、优越的管理、就业机会、社群与更安稳的社会。想象力主要源于文学熏陶。文艺可以使数学、科学与技术更加多彩，而不会取代它。整个社会的兴旺繁荣也因此应运而生"。创造性的教育与开发是创意产业可持续发展的深厚基础。创意人才的崛起需要日益深厚的社会和教育基础，它是金字塔的底座。

而我国当前的文化创意产业发展，却总是拔苗助长，总是急功近利，总是急于求成，往往适得其反。

过去，我们一般总是从行业和部门来划分社会经济的各个产业门类，现在当创意成为经济发展的重要推动力，创意人才和人力资本就具有了重要的意义。文化经济学家理查德·佛罗里达在《创意阶层的崛起》（The Rise of the Creative Class）一书中从职业的分类而不是从部门和行业的分类来分析和定位创意产业。他认为我们不能把创意简单视为一个部门或行业的分类，创意在当代经济中的异军突起表明了一个职业阶层的崛起。佛罗里达认为，在美国，社会分化成四个主要的职业群体：农业阶层、工业阶层、服务业阶层和创意阶层。创意阶层包括一个"超级创意核心"（super-creative core），这个核心由来自"从事科学和工程学、建筑与设计、教育、艺术、音乐和娱乐的人们"构成……他们的工作是"创造新观念、新技术和（或）新的创造性内容"。除了这个核心外，创意阶层还包括"更广泛的群体，即在商业和金融、法律、保健，以及相关领域的创造性专业人才。这些人从事复杂问题的解决，而这包括许多独立的判断，需要高水平的教育和技能资本"。创意人才是遍布于许多部门或行业的。

二

目前，从全球来看，创意阶层在世界经济中的数量和地位不断上升。美国工业阶层的人数从1960年到2000年下降了15%。到20世纪末，非制造业在所有职业中所占比重增长至约80%（Morris and Western，1999）。佛罗里达从这些非制造业中挑选出最好的部分，将之合并成创意阶层。即使将超级创造性核心和创造性专门人才去除，剩下的服务阶层仍是最大的职业团体，占整个劳动力约45%。创意阶层约占30%。约12%的劳动者属于"超级创造性核心"。

在美国，漂泊性的工作（软件设计师和阁楼艺术家等）占据了劳力总数的12%，一个世纪前只有5%。在英国，文化方面的专家认为"创意产业在英国价值1125亿英镑"。1994年，61个申请读大学的人中有一个寻求艺术家或者设计师的职业，5年后，这个比例已经是1∶19。现在这个比例更高了。这些数据让政策制定者们把目光从那些经济学家愉快地称为"从事单调工作的人"转向"艺术的工作者",假定这两者之间的区别是单调工作追求的是最大化他们的收入,而艺术化的工作追求的是最大化他们的创造力。

在当今世界全球化的环境中,创意人才开始在全世界城市间频繁流动,英语世界的流动更甚。因为不仅市场在寻求创意人才,创意人才也在寻找和选择最能够实现其价值和抱负的市场和环境。这是一个双向选择的过程。《指环王》总设计者约翰·豪在新西兰创作完成这部作品以后回到欧洲,到瑞士从事新的创作,笔者曾问他,如果中国邀请他来工作,他是否愿意。他表示,一个艺术家,只要能实现他的艺术抱负,有更好的创作和制作环境,他为什么不来呢?

除了要考虑工作环境外,还要考虑创意人才的生活场所。要对创造性阶层的生活进行更全面的观察。创意团队创意能力的培养和发展需要一种适合他成长的语境和氛围,需要一种环境和组织。当然,并不是所有的创造性都需要背景,创造、创意和发明总是"不择地而出"的"神来之笔",但毕竟宽松、惬意、自由、舒展的环境更宜于创新、创意的发生发展。创意是一种过程,是从内在的精神活动、知识聚敛发散,到技术操作实践的一个复杂过程,它依据于创造者灵感的触发,独异性的张扬,和与环境间的相互作用。佛罗里达认为,创意阶层的成员"有一种共同的创造性气质,即对创造性、个性、差异和价值的重视。每一个方面和每一创造性的显现——科技的、文化的、经济的——是相互联系、不可分割的"。笔者称这种精神气质为"波西米亚性",自由、无拘无束、狂放不羁、长发飘飘或不修边幅、特立独行,这种性格特征影响着创意阶层对工作的选择,影响到他们对工作地、所在工作城市的选择,对在哪里居住的选择,乃至乐于购买哪类物品,怎样将工作时间与休闲时间分开等。

因为创意阶层的精神气质表现于他们生活的各个方面,他们偏爱能提供多种选择富有活力的城市和社区。那些"在技术、人才群和宽容"的程度上排在前列的城市将吸引大批创意阶层的成员,形成自我促进的良性循环。反过来,"创意阶层"也培植了艺术、音乐、夜生活,创建了新的名胜,比如纽约的"硅港",伦敦的切尔西(伦敦的自治城市,文艺界人士聚居地),那里的房屋租金自1996年始增长了很多倍。美国国家管理者协会声称"创新产业,非营利机构和独立艺术家都是一个成功的地区居住环境的不可缺少部分"。而上海的"新天地"、八号桥，北京的"798"、宋庄、三里屯的情形也完全类似。

当然，最好的创意社区，你在这里拥有简单舒适的生活环境，宽松自由的创作氛围，精神交流的便利平台，艺术理念的实践场域。一个社区的生活质量越好，在吸引和挽留创造性人才方面成功的可能性就越大。佛罗里达对创意阶层的界定十分宽泛，其范围要比艺术家、文化企业家广泛得多。在他对创意阶层的界定中也包括了建筑师、工程师和科学家——简而言之，在佛罗里达看来，所有产生新观念、新技术和创意内容的人都属于创意阶层。佛罗里达认为，这一创意阶层构成了美国经济发展的新动力。

三

从我国目前的现实来看，文化创意产业的发展还处在起步阶段，其基础至今仍不是十分雄厚，市场程度仍有待提升，体制弊端依然存在。但是，作为改革开放前沿阵地的广东，在经济改革和高科技产业的发展却是成就喜人，举世瞩目。所以发展文化创意产业需借鉴和引进经济改革的成功经验，转变文化发展方式。

我国经济改革30年来，从观念、形态、体制、管理到实践操作，均积累了丰富的经验，也不乏教训。特别是在现代企业制度、股份制改造、上市金融运营、投融资、产业管理、对外贸易、相关金融、会计、法律、咨询乃至广告运营和品牌构建等方面尤著。转变文化发展方式，就要全面学习我国经济改革的成功经验，把它运用到当前文化创意产业发展的现实实践中来。

转变文化发展方式，发展文化创意产业，充分借鉴和引进经济改革的成功经验，最重要的是要引进经济领域、科技领域的先进人才——战略策划人才、产业运营人才、企业管理人才、金融（上市）人才、投融资人才、科技创新人才，特别是原创设计人才，培养每一专业的专门人才。由于历史原因，我国相关文化部门长期在计划经济的体制下工作，吃惯了大锅饭，市场意识和产业意识薄弱，这一领域的干部在思想观念、理论准备，尤其是实践操作等前设框架上,都缺乏准备、缺少经验。因此,转变文化发展方式,要引进一批懂得市场、懂得产业经营的管理人才,全面提高我国文化产业运营的水平,缩小与经济改革的较大差距。另外,文化产业文化市场又有自己产业的、行业的、企业的特点,又需要在实践中培养既懂经济运营,又精通文化产业的复合型专业人才。

最富创造性的高端创意人才是文化创意产业发展的核心。据统计,现代财富的创造更多集中在像比尔·盖茨这样的一批最优秀的创意天才上。这样,创意就成了当代产业组结结构中的一种特殊的设置,它决定了产业的性质,并由此决定了产业的管理与操作。生产的发展靠机器、厂房、资源和劳动力,文化创意产业不同于制造业的汗水产业、劳动力密集产业,创意产业的发展靠创意阶层,靠创意群体的高文化、高技术、高管理和新经济的"杂交"优势。

组建创意学院,建立创意人才孵化器,是培养创意人才的重要方式。目前,一批企业运营的创意学院规模很大,运行良好,如水晶石动漫学校,一批民营创意学院发展势头很好,如吉林动画学院等独立学院。创意产业孵化区经过新的发展,其功能得到进一步拓展,如归国留学生创意园等,将孵化中小企业与孵化创意人才结合起来,展现了良好的前景。

还有一种方式是实行项目招标集聚公关孵化的方式。这种方式是一些跨国企业采用的十分实用的项目和人才孵化方式:将企业发展中的大量问题一一列出,选出攻关项目,通过网络与社会招标,选择一批青年创意人才集中到孵化区工作,按难易程度确定工作时间长度,3个月、半年或一年。可以解决众多难题,并发现和培养杰出人才。

"威客"等网络创意交易平台,将实物领域的交易推展到创意设计的招投标和交易,成为最活跃的创意网络虚拟集聚区,打破了地域集聚的陈规,全面改变创意人才的集聚方式,对于创意人才的培养和选拔,产生重要启示意义。"威客"的低门槛、无障碍、无国界传输联系的特点,通过"威客"(未来可采用多语言网络)世界各地的人才都将为我所用,改变过去为我所有的方式,建立了新的"订单式创意招投与交易"。"威客"的展开形态,将改变市场贸易由厂家既定产品销售的单向出售模式,变成买家成为卖家,需求成为厂家选购对象的双向交互买卖的新形态。而其中发现和培养人才,也将成为它的重要功能。"威客"也将突破简单单一的家庭装饰设计等内容，成长为订单式数字交易竞争市场，需求将成为众家争夺的热门商品。

　　文化部《全国文化系统人才发展规划(2010—2020年)》(以下简称《规划》)是文化系统第一部人才发展规划，也是《国家中长期人才发展规划纲要(2010—2020年)》颁布实施后，首个行业人才发展规划。《规划》呈现了开放的文化人才政策，提供了科学的人才培养方式，对于改变文化发展人才匮乏的现状具有重要意义。

人才培养是"一带一路"倡议的重要支点

范 周[①]

引 言

2015年是"十二五"的收官之年,也是"十三五"的筹备之年。作为中国社会实现第一个百年奋斗目标的关键时期,"十三五"规划的制定备受瞩目。2016年10月,亚洲政党丝绸之路专题会议在北京召开,习近平总书记在会见外方代表时指出,稳步推进"一带一路"建设合作将会是中国"十三五"规划的重要内容。2013年起,习近平总书记出访中亚和东南亚期间,先后提出共建"丝绸之路经济带"和"21世纪海上丝绸之路"的倡议;同年11月,十八届三中全会将"一带一路"倡议写入全会《决定》,上升为国家战略;2015年中央经济工作会议,中央再次明确"一带一路"倡议是区域发展的首要战略。

纵观"一带一路"从倡议到推进的过程,这一横跨亚欧非大陆、涉及44亿人口、经济总量占全球30%的战略构想正在世界的版图上逐步展开,可谓是中国自1979年以来的"第二次开放"[②]。有学者认为,"一带一路"战略是近200年来,中国首次提出的以本国为主导的洲际开发合作框架,将彻底摆脱近代以来依附大国被动跟随的地缘政治局面,是实现中华民族伟大复兴"中国梦"的重

[①] 中国传媒大学文化发展研究院院长、首席研究员。
[②] European Council on Foreign Relations, "One Belt, One Road": China's Great Leap Outward, London: European Council on Foreign Relations, 2015, p.2.

要战略举措。①

"一带一路"战略的一个重要支点是高端的人才资源储备与培养,只有符合国际化需求的各行各业的优秀人才,才能够真正地将"一带一路"战略不断深化、做大做强。本文以"一带一路"战略实施的重点要求——民心相通为着眼点,探讨了"一带一路"建设中的人才需求与人才培养问题。本文指出,我国高端复合型人才严重稀缺,因此必须要有计划、有准备地培养和储备人才资源,并把人才培养与"一带一路"战略实施进行有机的配套与整合,在顶层设计的高度对这一问题予以全面审视。"一带一路"的人才培养是一个长期的系统性工程,人才的进步与升级将增进各国文化交流、打破文化壁垒、加速文化贸易,最终为中华民族和沿线各国的和谐发展作出重要贡献。

一、文化交流是实现民心相通的重要途径

作为世界上跨度最长的经济走廊,"一带一路"是沟通东方文明、西方文明、阿拉伯文明、恒河文明的重要纽带。2000多年前,往来于丝绸之路的商品交换催生了我国与中亚、西亚、东南亚、欧洲和非洲等国在人文领域的繁盛交流。历史演变到今天,"一带一路"的战略构想的实施,既是对古丝绸之路"和平合作、开放包容、互学互鉴、互利共赢"精神的薪火相传,又开创了各国间文化交流合作新的空间,同时也唤醒了"一带一路"沿线遗存的中华文化基因②。2015年3月,"一带一路"的纲领性文件《推动共建丝绸之路经济带和21世纪海上丝绸之路的愿景与行动》(下文简称《愿景与行动》)正式发布,文件明确提出要以政策沟通、设施联通、贸易畅通、资金融通、民心相通为五大合作重点,共同打造政治互信、经济融合、文化包容的利益共同体、命运共同体和责任共同体。作为五大合作重点之一,"民心相通"是实现其他领域交流合作的情感纽带和民意基础。

---

① 华夏国际人才智库:《为实施"一带一路"国家战略提供人才支撑》,http://www.rcsd.gov.cn/zixun/chanyefazhan/201507/t20150716_3393.html,2015年7月15日。
② 范周、刘京晶:《为"一带一路"文化建设谋篇布局》,《中外文化交流》2015年第7期。

国之交在于民相亲，民相亲在于心相通。"一带一路"沿线64个国家历史传统各异，各国国情悬殊，社会制度多样，宗教派别复杂，如何跨越沿线国家民众之间的心理隔阂，妥善处理不同民族之间的利益冲突、文化摩擦和宗教壁垒，是关乎政治、经济、社会、生态等其他领域合作的首要问题。在此背景下，人文交流与合作是沟通民心、增强互信的重要途径。目前，关于"一带一路"的解读多是从经济研究的角度出发，强调加强基础设施建设、解决产能过剩、促进贸易和消费，创造需求和就业等。而站在文化的角度来看，面对复苏乏力的全球经济形势，纷繁复杂的国际和地区局面，传承和弘扬丝绸之路精神则显得更为重要和珍贵[①]。

近年来，借助丝绸之路形成的传统友谊，我国已经与"一带一路"沿线59个国家签订了文化合作协定，逐步建立人文合作委员会、各级文化对话与会议、文化联委会等机制。2014年，由中、哈、吉三国联合申报的丝绸之路成功入选世界文化遗产，成为世界上首例跨国合作的项目，成功建立起文化遗产跨国保护机制。此外，海外文化中心的建设也在对外文化交流中发挥了重要作用。按照文化部海外文化中心的发展规划，在"一带一路"沿线64个国家中，蒙古、俄罗斯、埃及、斯里兰卡、老挝、泰国、尼泊尔、巴基斯坦、柬埔寨9个国家的中国文化中心已建成，印度尼西亚、新加坡、土耳其、哈萨克斯坦等24个国家已列入发展计划。同时，通过与沿线国家互办文化年、艺术节、电影周、博览会和旅游推介等形式的活动，形成了一批以"丝绸之路"为主题的品牌文化交流项目和重点文化工程。而在文化贸易方面，依托北京、上海、深圳三地的国家对外文化贸易基地，我国与沿线国家在演艺、文化遗产、民族传统工艺、动漫网游等领域的往来也愈加频繁。

总体来看，目前我国与"一带一路"沿线的人文合作呈现文化交流、文化贸易、文化传播互促互助的发展态势。笔者认为，在"一带一路"的总体建设中，文化领域的渗透将会是其实现民心相通最为核心的部分，如何发挥文化在国际关系构建中的巧实力，既是"一带一路"战略构想实现的基本底色，更是我国在

---

① 范周：《"十三五"时期，如何用国家思维引领文化建设》，求是网（http://www.qstheory.cn/laigao/2015—09/08/c_1116501224.htm），2015年9月8日。

"十三五"时期文化外交的又一重大命题。

二、人才培养是实现民心相通的战略支点

百年基业，人才为本。在推进"一带一路"倡议实施的过程中，需要来自各行各业人才的参与。无论是进行顶层设计等理论研究，还是解决实践问题，关键都是要发挥人的作用。然而，由于巨大的人才缺口，"一带一路"倡议快速推进受到掣肘。根据国务院国资委发布的《"一带一路"中国企业路线图》的数据显示，截至2014年底，在国资委监管的110余家央企中，已有80多家在"一带一路"沿线国设立分支机构[1]。由于沿线国家国情差异较为突出，投资项目的执行效果很大程度上取决于"走出去"的企业是否有既熟悉落地国国情，又了解"一带一路"政策的高端人才，调查发现高端人才队伍建设的迫切性甚至超过资金和技术需求[2]。以非通用语言人才为例，根据《中国留学发展报告（2015）》的统计，随着"一带一路"战略和亚投行的推进，市场对西班牙语人才的需求不断上升。全球共有4亿人以西班牙语为母语，而中国学习西班牙语者不足2.5万人，远远不能满足经贸交往对西班牙语言人才的需求[3]。这些数字都说明了人才对于跨国企业在沿线国家成长壮大起着极为重要的作用。

此外，跨文化背景也是影响"一带一路"倡议顺利推进的又一挑战。美国管理学家戴维·A.克里斯认为，"凡是跨国公司的失败，几乎都是因为忽略了文化差异所招致的结果"。作为一项跨国共建的复杂工程，"一带一路"战略的时间跨度长、涉及范围广、资金规模大、内容复杂多元。这在客观上要求从业者既要具有过硬的专业技术，又要通晓国外语言、经贸规则、法律政策、文化禁忌等多领域的知识，同时要求落地国的从业者对中华文化有着较高的理解力和接受度，从而实现国内人才资源与国外人才资源的充分对接。研究发现，在

---

[1] 华晔迪：《央企"一带一路"路线图发布》，《经济日报》2015年7月15日。
[2] 周谷平、阚阅：《"一带一路"倡议的人才支撑与教育路径》，《教育研究》2015年第10期。
[3] 《智库建议中国加强"一带一路"人才培养》，中新网（http://mil.chinanews.com/gn/2015/10—21/7582282.shtml），2015年10月21日。

经营失败的跨国公司中，由于缺乏有效跨文化管理经验而导致的失败占70%[①]。"一带一路"沿线国家宗教信仰比较多元，文化传统差异较大，民族问题由来已久。因此，参与"一带一路"建设的文化企业，要想推出被当地人接受的文化产品，就应当高度重视文化差异的因素，加强对沿线国家文化的研究，增进理解和交流，减少文化折扣的现象，避免由于文化背景不同而产生的摩擦甚至争端，夯实"一带一路"建设的民意基础。

以上种种问题提醒我们应当把"一带一路"专门人才的培养纳入与"一带一路"倡议实施相配套的保障措施当中来，站在顶层设计的高度对这一问题予以全面审视。不同于一般性的学科人才培养，"一带一路"文化建设远比想象中的复杂，对人才的要求也不仅仅是地理、民族、历史、文化、宗教、政治等单个学科门类的简单相加。作为一项持续几十年的国家级战略，在推进这一战略时，不是盲目"走出去"，更要知己知彼。为更好地推进"一带一路"倡议的实施，需要培养大批熟悉"一带一路"沿线国家与地区的高端复合型人才。

三、专门人才队伍建设是一项长期的系统工程

十年树木，百年树人。"一带一路"倡议的持续推进，需要有步骤、有计划地培养和储备人才资源，其目标就是要服务国内和国外两个市场。因此，笔者认为，在完善学科体系、理顺培养思路的前提下，"一带一路"专门人才的培养应当树立"走出去"和"引进来"相结合的理念。

首先，构建"一带一路"专门人才的培养体系。传统的通识教育不足以应对"一带一路"专门人才的培养，目前，与"一带一路"相关的学科大多分布在语言文学中的小语种、世界史中的国别史、政治学中的国际政治等。在传统的培养模式下，这些学科相距甚远，评价体系各不相同，且大多数处于各学科的

[①] 朱国仁：《落实"一带一路"倡议要优先投资于人》，中国共产党新闻网（http://theory.people.com.cn/n/2015/0708/c207270—27272666.html），2015年7月8日。

边缘地位[1]。然而,"一带一路"的专门人才恰恰需要对以上专业知识均具备一定程度的了解。这就要求在顶层设计上着力协调高校资源,打破现有的学科门类划分,鼓励跨学科研究,特别要倡导综合性大学发挥优势,将经济、语言、文学、历史、地理、政治、宗教等专业进行整合创新,积极探索不同类型大学之间的合作以及不同学科的融合,建立跨专业、跨学校、跨区域的人才教育平台[2],从而构建"一带一路"专门人才的培养体系。

其次,"一带一路"专门人才的培养,也要坚持"走出去"与"引进来"相结合。所谓"引进来",指的是加大外国留学生来华学习的规模。在《愿景与行动》这一纲领性文件中就曾明确提出我国将"扩大相互间留学生规模,开展合作办学,每年向沿线国家提供1万个政府奖学金名额"。此外,在2015年4月举行的亚非领导人会议上,习近平总书记还宣布"中国未来5年内将向亚非发展中国家提供10万名培训名额"。根据《2014年度来华留学调查报告》发布的数据显示,2014年我国成为继美国和英国后的世界第三大留学生输入国。"一带一路"沿线国家具有巨大的来华留学需求——仅2014年,在来华留学生生源地排前十位的国家中,就有泰国、俄罗斯、印度尼西亚、印度、巴基斯坦和哈萨克斯坦六个"一带一路"沿线国家[3]。另一方面,由于"一带一路"沿线国家的国情较为复杂,历史传统各异,宗教信仰和文化习俗多元,组织和派遣留学生、访问学者、青年志愿者赴"一带一路"沿线国家和地区进行考察有助于深入了解当地的风土人情,同时长期的海外实践也有助于青年人才了解沿线国家的经济运行规则、当地法律政策,更好地为"一带一路"倡议的实施作出贡献。在这方面要充分利用已经打造的文化交流基础,发挥孔子学院、海外文化中心等平台优势,建立长期的培养机制,解决"一带一路"倡议实施中国际人才的缺口问题。

总之,"一带一路"是长期战略,其面临的形势也将不断产生新的变化。

---

[1] 侯杨方:《"一带一路"倡议亟须建立人才培养体系》,《文汇报》2015年5月11日。
[2] 根据清华大学2015年5月28日主办的2015"一带一路"人才战略论坛发言整理。
[3] 《2014年度来华留学调查报告》,中国教育在线(http://www.eol.cn/html/lhlx/content.html),2015年8月18日。

因此,"一带一路"专门人才的培养绝不是权宜之计,而应当是一个长期的系统工程。随着"一带一路"战略的步步深化,根据沿线国家不同的国情和文化贸易特点,既着眼于沿线60多个国家共性特点,又照顾到特殊地区的个性需求,摸索建立出一套跨部门培养、跨部门流动的人才培养机制,拓展人才培养的方式和内容,将是切实推进"一带一路"战略过程中亟待解决的问题。

北京市文化创意工作室现状分析及政策建议

中央财经大学文化经济研究院

引 言

近年来，北京市文化创意产业快速发展，已成为带动首都经济发展的新引擎，为首都经济和社会发展作出了重要贡献。2012年，北京市实现地区生产总值17801亿元，比上年增长7.7%，其中文化创意产业实现增加值2189.2亿元，比上年增长10%；全年占地区生产总值的比重为12.3%，比上年提高0.1个百分点，比2006年提高2.2个百分点。

文化创意产业的发展离不开形式多样、运作灵活的组织载体。据了解，北京市目前拥有文化产业市级一级集聚区30家，区县街区、文化街区120家，文化出口重点企业占全国的26.5%。

一方面北京市文化创意产业各行业中涌现出了一大批工作室，包括演出创作工作室、名人工作室、导演工作室、设计师工作室等；另一方面文化创意工作室（studio）作为个体虽然规模不大，但从行业发展而言，工作室在调整区域产业结构、创造就业机会、转变经济增长方式上发挥着重要的作用。

2013年7月，北京市文化创意产业促进中心开展了北京市文化创意产业工作室情况调查工作，为了解全市文化创意产业工作室情况，更好地制定政策，引导工作室合理布局、健康发展奠定了初步基础。

文化创意工作室作为文化创意产业独特的产业组织形态之一，是文化创意产业组织体系中最小、最基础、最灵活也是最具活力的结构单元之一，因此进一步对北京市文化创意工作室进行深入研究，把握文化创意工作室的本质特征和发展状况，对于制定有效的扶持政策，激发工作室创意动力，促进文化创意小微企业健康发展，完善北京市文化创意产业体系具有重大意义。

一、文化创意工作室的属性

经典的经济学理论认为，技术进步是经济增长的源泉，而作为技术进步源泉的实验室在20世纪得到了前所未有的发展。进入创意经济的21世纪，技术仍然是经济增长的重要驱动力和生产力，但是创意才是经济增长的第一生产力，而作为创意孵化器的工作室无疑是创意经济中的最为重要的组织载体。

尽管文化创意产业已成为北京经济的重要支柱产业和新的经济增长点，但是工作室在文化创意产业中的地位和作用还未能够得到足够的重视。可以说，如何激发工作室的活力，释放工作室的创意能量，是本专题研究的重点和核心要旨。

无论是在学术研究中，还是在产业实践中，目前对于文化创意工作室还没有统一的定义。工作室作为一种有机、灵活、多样的组织形式，需要从行业属性、人才类型及组织特征三个角度加以拓展。但是对于文化创意工作室既不能以工作室的规模（如人员数量）来加以界定，也不能以具体的行业或产业来加以限定。

根据文化创意理论以及文化创意产业实践，本专题研究认为文化创意工作室的基本含义为：以创意为核心竞争力，以创意领军人才为先导，以创意团队为支撑，涵盖教育出版、工业设计、民间艺术、影视动漫、旅游娱乐等各个产业及细分行业的文化创意工作机构或团体。

随着工作室逐渐融入经济社会的方方面面，工作室作为一种旧有的组织形式逐渐焕发出新的生命力。我们可以细数科学家工作室、名师工作室、画家工作室、教授工作室、律师工作室、设计师工作室等，可以毫不夸张地说，工作室是当前社会经济变革中的一种潜在却巨大的社会力量。

（一）工作室是实验室的创意形式

从组织形式发展角度来说，文化创意工作室一方面超越了以前工作坊的简单类型，同时也深化了实验室的复杂类型，是一种兼容并蓄的组织形式。为了更好地认识文化创意工作室，有必要对这三者进行简单的比较。

第一，虽然我们可以将工作坊、实验室看作特殊形式的工作室，但是工作坊偏重于技艺，同时实验室偏重于技术，而工作室则更加注重于创意。

第二，从某种程度上来说，工作室介于工作坊和实验室两者之间。从组织形式上，工作室具有工作坊的灵活性，同时避免了实验室的高成本。从创意程度来看，工作室具备实验室的高创意，避免了工作坊的机械劳动。

表1 工作室与工作坊、实验室比较

不同之处	工作坊	工作室	实验室
核心竞争力	技艺	创意	技术
组织特点	以专业技术人员（如师傅）为核心，以"师傅"+"徒弟"形式重复大量简单劳动	以创意领袖为核心，集聚大批创意人才，以项目团队形式开展创意课题、业务等	以科学家为核心，带领研究人员进行科研设计、项目开发等
产业化程度	高	高	低
运作管理	设备要求简单，运作成本相对较低	设备要求较低，组织形式灵活，工作氛围极其开放，创意成果见效快	实验设备投入较高，研发周期较长，产业化相对比较困难，风险比较高
产业链位置	低端	顶端	顶端

需要指出的是，上面对三者的区分不是要强调三者之间的差异，而是重点在于解释随着社会经济的发展，一种以特殊人才为核心的组织形式的演进，也就是从工作坊、实验室向工作室的趋同（见图1）。

```
工作坊  ———————→  工作室  ←———————  实验室
```

图1　工作室的组织演进

从社会变革角度来看，随着社会科学在社会、经济、文化、生活中发挥着越来越重要的作用，与自然科学家大多采用实验室相比较，社会科学者更加偏向于工作室。同时，社会科学对于社会经济的影响更加直接、更加全面、更加深远，从而使得工作室这种组织形式将会得到越来越多的认可和发展。

（二）工作室是创意阶层的根据地

从文化创意工作室发展的时代背景来看，工作室的发展离不开创意阶层的兴起。随着创意经济、知识经济时代的到来，以及教育水平的普遍提高，在经济社会中逐渐形成了以高级知识分子为主力的创意阶层。一方面创意阶层为工作室的发展提供了人才支撑。创意阶层具有崇尚竞争，注重个人价值的实现及自我认同，喜欢开放与多样化的环境等特点，从而愿意采取工作室类型的组织形式；另一方面工作室为创意阶层提供了组织保障。工作室的核心在于创意人才，创意领军人才和创意团队是工作室的两大核心人才要素，二者缺一不可。

可以说，创意工作室与创意阶层相依而生。在本质上而言，创意工作室是创意阶层的重要的组织依托，而创意阶层是创意工作室的本质特征。一方面创意阶层可能会采取其他组织形式，但工作室是重要的一种；另一方面工作室必定是创意阶层的聚集，离开了创意阶层，工作室将很难发挥其优势。

简而言之，创意阶层是工作室的必要条件，工作室是创意阶层的充分条件。因此，制定工作室支持政策，针对创意阶层的政策必须是政策核心之一。所以，在本政策研究之中，将以创意阶层作为研究重点之一。

（三）工作室是一种新的产学研平台

工作室既有实验室的创意研发功能，又有工作坊的经济生产功能，可以说工作室是一种天然的产学研一体化的平台。尽管从单个组织来看，工作室通常而言规模不大，但是从一种社会组织形式来看，其具体形式多样，在经济社会中发挥着极大作用。

作为一种新型的产学研平台，工作室是创意、智力、技术的高度集合器。因此，创意人才是工作室的核心资源，而作为培养高级知识人才的大学院校无疑是文化创意工作室的重要人才来源。

从文化创意工作室发展需要来看，大学院校是文化创意工作室的人才资源宝库。从教育制度改革角度来看，工作室制度是当前以及今后大学院校的一种重要的人才培养模式。

因此，制定文化创意工作室扶持政策，不仅仅是局限于工作室本身，而应该从社会发展演变角度、产业经济角度以及教育制度改革角度等出发，在有必要的情况下，需要联合多个政府部门，甚至联合地方政府部门和中央政府部门，共同出台相关政策细则。

二、北京市文化创意工作室的现状分析

创意人才或者创意阶层是文化创意工作室的核心内涵，因此基于人才不同类别对文化创意工作室进行划分较为恰当。同时结合北京市文化创意产业发展实际，文化创意工作室呈现明显的地域分布特征。因此，综合人才要素和地域要素，本专题研究以创意人才的地域分布作为文化创意工作室的划分标准。

按照创意人才在北京市的区域分布，文化创意工作室可以大致分为以下四类：

第一类，位于功能区或者集聚区里的文化创意工作室。从目前北京市文化创意工作室发展状况来看，大多文化创意工作室都在功能区或者集聚区里。这些文化创意工作室也是当前政策所关注的重点。整体上来说，这些工作室一方面受以前的文化创意产业政策引导而集聚，也有部分依靠自发集聚而成为政策重点扶持区域。因此，针对这些工作室，在本政策设计中，既依托已有政策，同时也需要制定更加具有针对性的差异化政策。

第二类，位于大学院校及社会团体周边的文化创意工作室。目前，大学院校、科研机构、社会团体等周边的文化创意工作室并没有得到充分的发展。总体来看，艺术院校类工作室相对比较丰富，而综合大学、理工院校、农业院校等工作室严重不足。因此，在本政策研究来看，这类文化创意工作室是政策支持的重点。一方面大学院校周边聚集了大量创意人才，提供扶持此类工作室能够通过较小的政策投入，就可以激活大量的创意人才，也就是说，投入—产出比较高；另一方面大学院校周边的创意人才迫切需要一种好的承载形式。因此，针对此类工作室的政策风险性更小。同时目前大学周边的创意人才亟待转化为创意领军人才，所以政策潜力更大。

第三类，自发集聚的文化创意工作室。

第四类，零散分布的文化创意工作室。无论是自发集聚的，且没有纳入政策集聚区里的文化创意工作室，还是零散分布的工作室，由于其规模总体较小，分布相对零散，因而政策支持难度比较高。针对此类工作室可以通过一般性的政策进行扶持。

表2 不同文化创意工作室比较

类别	特点	典型代表	政策级别	政策效果
集聚区类	相对比较成熟，但是发展不均衡	画廊：画家工作室；工艺：手艺工作室	差异化重点政策	政策滞后
院校社团类	发展比较滞后，大多处于潜伏状态	艺术院校：艺术家工作室；剧团：编剧工作室	重点政策	政策效益快
自发集聚类	规模较小，缺乏统一性	—	一般性政策	政策效益一般
零散分布类		—	一般性政策	政策效益差

2013年7月，北京市文化创意产业促进中心对北京市文化创意工作室的发展进行了调研采样，采样点主要是在集聚区，但是仅有东城区和海淀区反馈结

果较好。东城区有27家文化创意工作室，海淀区有33家文化创意工作室。我们认为这个调查数据仍然存在低估的可能，一方面在调研中遗漏了大学院校及社会团体等工作室，也可能没有统计零散分布的工作室；另一方面东城区仅有两个集聚区，海淀区则有三个集聚区，如果对集聚区内的工作室数量采样数据准确的话，可以简单推断每个集聚区文化创意工作室数量在11—15家。但是从昌平区反馈的调查数据来看，一个集聚区的工作室数量就有70家。因此，平均来看集聚区文化工作室的数量估计为30家左右比较符合现实情况。那么按照总的集聚区数量计算，集聚区文化创意工作室大致有900家左右。

由于大学院校工作室在统计上存在困难，并且很多只是潜在形式。从目前来看，其规模不及集聚区文化创意工作室，但是由于北京高等院校、剧团剧院、艺术协会等机构团体众多，所以我们认为这类工作室的数量应该有集聚区的规模的一半多，可以估算为500家。

自发集聚类和零散分布的工作室相对较少，以集聚区规模数量作为参照，大致为其10%，估算为100家。

我们估算北京市目前文化创意工作室超过1500家，同时还有大量潜在的可能成立的工作室。然而，据北京市文化创意产业促进中心相关调研报告分析，北京市目前至少有1万家创意和设计工作室。所以从这个意义上来看，北京市总的文化创意工作室数量和规模将以万计。因此，制定文化创意工作室相关政策势在必行。

（一）工作室政策环境逐渐改善

随着《北京市"十二五"时期文化创意产业发展规划》《北京市"十二五"时期"人文北京"建设工作规划》《北京"设计之都"建设发展规划》《北京市促进文化创意产业发展的若干政策》《首都中长期人才发展规划纲要（2010—2020年）》等政策文件的出台，极大地改善了文化创意工作室的宏观政策环境。

（二）工作室市场竞争激烈

以北京市的设计工作室为例，据北京市统计局统计，2011年的设计服务业收入超过300亿元，设计服务业从业人员超过25万人。不难看出，无论是从产业收入方面，还是从业人员方面，北京的设计产业都初具规模。虽然北京的设计类企业已有上万家之巨，但是80%的企业销售收入不足百万元，除去人力、房屋、运营等成本，这些企业的纯利润所剩无几。以服装服饰领域为例，只有10家左右的工作室能够从事高端的专属"高级定制"服务，其余的工作室都被淹没在低端的、单纯的设计或制版服务方面。

透过设计工作室的发展状况可以对北京市的文化创意工作室窥见一斑，一是大量的工作室自身核心竞争力较差，二是外部市场环境竞争激烈，从而导致文化创意工作室生存环境和发展状况较差。

（三）工作室分布趋向集中

目前，北京市拥有30个文化创意产业功能区或称集聚区，集聚了数以万计的文化创意工作室。同时，大学院校、科研机构、社会团体等周围也是文化创意工作室的理想环境，集聚了大量半产业化的工作室。

通过调研我们也注意到，北京市的文化创意工作室的发展所面临的问题也是显而易见的。

1. 工作室规模普遍偏小，缺乏具有影响力的文化创意工作室

虽然文化创意工作室有集聚化的趋势，但总体规模不大。一方面工作室的组织形式对于创意领军人才的吸引力不够，另一方面大学院校工作室发展潜力没能够得到释放，从而使得文化创意工作室并未有得到充分发展，并且大部分工作室规模偏小，具有行业影响力的工作室数量偏少，导致文化创意工作室整体实力不强，缺乏竞争力。

2. 创意成果产业化转换不足，盈利能力有限

文化创意工作室的规模普遍偏小，竞争力有限，盈利能力不足。以服装服饰设计工作室为例，为中小服装企业提供设计、制版业务和"工服工装"设计等服务的工作室占到80%左右；10%主要从事流行趋势研究、品牌产品设计、纹样设计、形象设计等；主要给名人提供单件高级定制的设计服务，为影视剧装及成功人士服务的"高级定制"工作室占到5%；服装设计师自创品牌，自主设

计、自主经营的占到5%。然而行业利润的分配却正好相反。后两项占10%高智力附加值为主的工作室，掌握了行业内大部分的利润；80%以低智力附加值为主的工作室只有微薄的利润。

3. 工作室创意人才流失严重

一方面大部分工作室存在内部培训制度缺失，在职人才的再深造、再学习的途径不畅通，高端人才外流，工作室陷入难以留住人才的困境。特别是许多工作室由于规模较小，盈利能力有限，在生存条件压抑甚至恶劣的环境下，无法从财力或是制度上考虑内部员工培训和再深造的问题。

另一方面大型企业、国有单位以及政府单位仍然对于人才具有极大的吸引力，在与工作室进行人才竞争中具有明显优势。外部人才竞争环境也是导致工作室创意人才流失的重要原因。

4. 缺乏创意导师及创意领军人才

创意领军人才是工作室能力强弱的决定性因素。对于文化创意产业而言，价值创造的核心是软实力，是品牌，而支持品牌最重要的是文化积淀。当前文化创意导师由行业自发形成，而通过市场的手段，其孵化过程往往比较漫长，从而使得创意领军人才在工作室中显得极其稀缺。换言之，在市场乏力的情况下，通过政策引导扶持创意领军人才无疑是重要的选择。

5. 工作室融资困难仍然突出

创意和设计工作室大多规模较小，属于小微企业，难于获得发展中所需要的资金注入。一方面工作室由于发展规模的限制，普遍缺乏长期稳定的资金来源。基本上自筹的资金和承担设计项目的付款成为了维持运营的主要资金来源。另一方面，由于工作室缺乏抵押和担保渠道，在外源融资中，商业银行能为工作室提供的信用贷款很少，难于满足其发展对银行融资的需求。调研数据表明，90%以上的工作室认为融资难的主要原因是没有足够的抵押物。另外，政府为支持中小企业发展设立的有关担保服务政策难于实现对接。

6. 创意成果的知识产权保护面临挑战

知识产权保护是创意和创新的基础，也是文化创意产业健康发展的根本保证。知识产权保护缺失是当前文化产业的一个普遍性问题，而工作室由于规模小、资金和精力有限，无法应对被侵权后相对较高的诉讼费和长时间的司法程序，使得许多工作室被侵权后，往往不了了之。因此，工作室自身知识产权保护能力差抑制了工作室的创新动力。

三、文化创意工作室扶持政策

通过以上的分析，我们提出针对北京市文化创意工作室，需要从以下四个方面进行政策扶持：第一，鼓励各类人才、各种资本投资创办文化创意工作室。第二，保障文化创意工作室健康发展。第三，推动文化创意工作室做优做强。第四，优化文化创意工作室的发展环境。

（一）积极引导工作室创办

1. 联合北京市财政局，设立文化创意工作室扶持引导资金，用于支持北京市文化创意工作室创办、健康发展和做优做强。

2. 资助和奖励北京市文化艺术创作、非物质文化遗产传承、创意产业投资等文化创意人才设立文化创意工作室，开展项目活动等，举办"北京好创意"创意导师活动，支持和鼓励创意导师成立工作室。

3. 给予工作室注册登记补贴。工作室注册登记后，可凭营业执照、税务登记证、组织机构代码证原件、复印件及签订的相关服务合同等凭证，领取面值5000元的创业服务补贴券，用于支付签约中介机构财税代理等相关费用。

4. 积极促进文化创意工作室融资方式创新和平台建设。

（1）鼓励发展互联网金融，搭建众筹融资等网络平台，支持文化创意工作室通过各类新渠道进行融资。

（2）建立组织平台、融资平台、担保平台、社会公示平台和信用协会"四台一会"统贷模式，采用"平台统借、分散使用、集中归还"的方式，简化和有效畅通市内文化创意企业融资流程，特别是创新型融资方式审批流程。

5. 积极提供针对文化创意工作室的创业中介服务。

（1）积极开展和定期组织安排文化创意工作室创业者、经营者等参加免费创业培训。大力扶持高校毕业生创办文化创意工作室，对有创业意愿的高校学生，开展有针对性的创业指导、提供创业信息。

（2）联合北京市财政局，设立北京市"工作室文化创意创业奖"，从成立1年以上的优秀文化创意工作室中，每年遴选10个成绩突出的企业带头人，予以个人创业表彰，每人提供10万元创业资金。

（二）强化工作室发展支撑

1. 对注册登记3年以上、连续2年营业收入达到50万元、用工人数达到10人的文化创意工作室，经审查，给予5万元资本金补贴。

2. 支持融资担保体系建设完善。

（1）以《北京市文化创意产业担保资金管理办法》为基础，联合商业银行、中介机构等部门共同建立文化创意产业融资价值评估服务平台，为文化创意工作室提供融资价值评估服务，引导融资性担保机构为文化创意工作室提供担保贷款。

（2）鼓励和引导各类创业投资机构（VC）投资优秀文化创意工作室。支持民营担保机构为文化创意工作室提供融资担保。

（3）设立文化创意工作室贷款风险补偿资金和融资性担保风险补偿资金，支持土地使用权和经营权、商标权、专利权、著作权、股权等权利类抵质押物贷款和不动产等资产类抵质押物贷款，支持金融机构为文化创意工作室提供集合票据、委托贷款、融资租赁、保险资金、企业债等融资服务。

（三）推动工作室做优做强

1. 配比社会资本设立文化创意工作室优选基金，用于扶持文化创意工作室做优做强。

2. 支持文化创意工作室采用新型融资担保方式筹集资本。

（1）引导和帮助文化创意工作室采用中短期集合债券、知识产权质押贷款、供应链融资、股权信托等方式融资，促进发展升级。

（2）鼓励和支持一批发展前景好、有创新能力的文化创意工作室通过"新三板"市场融资。

（3）积极稳妥地发展小额贷款公司、融资性担保公司，对以文化创意工作室为服务对象的融资性担保机构、小额贷款公司，优先接入人行征信系统。

3. 制定文化创意工作室评优办法和奖励标准。每年评选并表彰成立3年内的在商业模式、技术水平、创新能力、创业团队和治理结构等方面表现出较强发展潜力的初创期优秀文化创意工作室为"创意先锋工作室"，比例占该阶段文化创意工作室的5%。评选出的"创意工作室"享受获评当年企业所得税全额补贴的优惠政策。

4. 设立外向型文化创意工作室知识产权国际输出奖励基金，由市财政一次性提供不低于10万元的奖励资金，定期申报审核。

（四）优化工作室发展环境

1. 在北京市文化创意促进中心设立文化创意工作室办事组，负责制定文化创意工作室发展规划、政策扶持、人才培养与引进、报批审核、监督管理等日常工作，牵头制定和落实相关工作措施和办法。

2. 支持协会组织、服务平台和中介服务主体建设。成立北京市文化创意工作室协会，推动文化创意工作室健康、快速发展，为文化创意工作室提供创业辅导、管理咨询、财税代理、投资融资、人员培训、人才引进、对外合作、展览展销、法律咨询、企业孵化、文化科技创新等服务。

3. 支持文化创意工作室信息发布和公共服务平台建设。及时发布创业辅导、管理咨询、财税代理、投资融资、人员培训、人才引进、对外合作、展览展销、法律咨询、企业孵化、文化科技创新等服务信息，促进市内文化创意工作室产品展示和沟通交流。

4. 积极吸引国内外知名创业辅导、管理咨询、财税代理、投资融资、人员培训、人才引进、对外合作、展览展销、法律咨询、企业孵化等中介机构在北京设立分支机构或区域性总部，为文化创意工作室提供服务支持。

（1）由北京市文化创意产业促进中心牵头，成立北京市文化创意创业辅导导师团，吸引大型文化创意企业管理人员、知名专家学者担任创业辅导导师，指导文化创意工作室开展创业活动。

（2）积极鼓励财税代理机构开展代理业务。

（3）支持投资评估机构、投资银行、投融资管理顾问公司、专业融资担保公司开展针对文化创意工作室的投融资业务。

（4）支持高等院校、科研院所等与文化创意工作室合作，促进科研成果产业化。

（5）鼓励利用楼宇经济孵化文化创意工作室。

5.鼓励文化创意工作室利用电子商务从事经营活动，利用信息网络销售和推广产品。

6.降低文化创意工作室注册登记门槛。

（1）允许文化创意工作室实行注册资本"零首付"登记，企业成立3个月内缴付不低于20%的注册资本，剩余部分2年内缴足。

（2）文化创意工作室设立、变更注册资本和实收资本使用货币出资，可凭银行出具的资信证明办理工商登记，无须凭验资中介机构验资报告。

7.利用各类新闻媒体大力宣传扶持文化创意工作室发展实施办法，营造良好政策氛围，增强文化创意工作室发展信心。

基因不变　薪火不断　传承创新
——对工艺美术发展及人才培养的几点思考

廖　军[1]　许　星[2]

引　言

我国的工艺美术发展历史悠久漫长，技艺精湛，品类繁多，有青铜器、陶瓷、丝绸、刺绣、漆器、玉器、珐琅、金银制品和各种雕塑工艺品等11个大类，65个种类，1881个品种。[3] 在漫长的历史发展过程中，工艺美术历经兴衰起落，形成了特有的丰富多彩的艺术形象。它凝聚着人民的智慧，渗透出中华民族的气质和精神。除了其本身所具有的社会、历史、经济、文化和艺术价值外，还成为沟通东西方各国之间商业贸易的重要桥梁。

随着社会经济的发展，人们在物质水平不断提高之后，在精神生活和审美需求等方面也有了一定的追求，工艺品进入了寻常百姓家，工艺美术的文化附加值也逐渐得到了重视，成为不少地方区域经济转型的重要依托。在一些基础较好的地区，工艺美术已经成为那里的支柱性产业。比如苏州镇湖的苏绣不仅拉动了经济，改变了那里的面貌，还让昔日的农家女成为了刺绣艺术大师，她们的作品有的成为国礼，有的进入了中南海和人民大会堂。

近年来，各级政府对工艺美术的发展高度重视，民众保护意识也不断增强，

---

[1] 苏州工艺美术职业技术学院院长、教授。
[2] 苏州大学艺术学院教授、博士生研究生导师。
[3] 周郑生：《新常态下全国工艺美术行业发展的几点思考》，中国轻工业网，2015年3月16日。

收藏和旅游热带动了市场的需求和变化。许多工艺美术还申报了"非遗"项目，受到保护和关注。"发展工艺美术产业已经成为中央提升文化软实力的国家重要战略……过去十年，中国工艺美术文化经历了大发展的黄金时期。"

一、工艺美术在发展中遇到的问题和困惑

工艺美术因其"手工业"和行业的特殊性，在发展过程中形成了冷热不均的态势，一部分艺术性强、经济价值高的工艺美术品类较早得到重视，在保护、传承与创新方面先行一步，走出了自己特色发展之路，带动了行业创新发展的步伐，但不少品类都还存在着或多或少的问题和困惑。

当今工艺美术行业发展中遭遇的问题主要为三个方面：一是缺乏创新，二是传承保守，三是后继无人。

（一）部分品类缺乏新意，不符合现代人的审美需求

一些工艺美术品类在装饰形式、题材内容、销售模式等方面比较陈旧，或缺乏特色语言，不能顺应社会发展和现代人审美的需求。比如一度辉煌的苏州缂丝业，由于外贸出口的骤减、缺乏时代感和社会需求减少，以及一些其他方面的因素，20世纪90年代至今逐渐趋于萎缩状态。一些缂丝厂家或停产关门或转而生产其他产品，所剩几位技艺高超的缂丝大师也只能勉强经营着自己的工作室。

（二）部分技艺传承方式保守，受众面窄

我国手工技艺的传承方式主要以"父子相传""母女相传""师徒相传""传男不传女"等方式传授下来，这种特有的传承方式主要源于历史上小手工业者比较狭隘、保守的观念；同时传统技艺的精髓往往没有文字记录，主要通过口传心授的方式来传授，在传承的过程中也会随着传授者知识结构和能力的差别有所流失。目前许多制作难度大、工艺复杂，形成"绝技绝活"的工艺美术门类由于传承面窄，不少都出现了后继乏人的现象，生存状况令人担忧。笔者曾

经让研究生去对多位工艺美术大师进行采访,帮助他们总结技艺,形成文字,以便保护和传承。结果他们的态度不大相同,有的人很支持,也有一些人不愿意,担心一旦形成文字会被别人学去。

(三)部分品类工艺繁复,劳动强度大,不能吸引年轻人

一些有特色的传统工艺美术品类往往工艺复杂、劳动强度大,制作环境简陋,工作待遇也不高。如今的年轻人很少愿意去学,即便从业人员的后代,也多不愿意"子承父业",拜师学艺。比如云锦,这是一项手工操作,技术要求高、工序繁复的品类,一位技艺熟练的师傅一天也只能织几寸锦,民间有"寸锦寸金"的说法,艺人的待遇也比较低。因此在当今快节奏高速度发展的社会中,很难吸引年轻人去学习这门古老的技艺。

二、发展工艺美术关键靠人才

虽然目前从整体上看工艺美术形势还不错,但其中潜在的危机还是很大的。笔者认为在诸多的危机之中,最大的危机是人才危机。

(一)重视老艺人,培养传承人和接班人

要让老艺人数十年练就的"绝技绝活"原汁原味、高质量地保留下来并发扬光大,就应该为他们提供良好的环境和条件,如设立大师、传承人工作室,让其无后顾之忧地将他们继承和总结的技艺传授给年青一代,否则他们一旦离世,将会导致人去艺绝,使其中一些古老的技艺完全消失。笔者曾去山乡对一种织带图案和手工织法进行专门调研,研究资料中记载了10多年前60多种织带图案名称、寓意以及编织方法,此时在同一地点只寻找到两位会编织的老者,编织出10多种图案,描述出其中七八种名称和寓意。走遍村寨,无一年轻人会编织。短短的10多年,40余种图案及编织方法已随老艺人的离去而消失,只能在当地博物馆里见到其踪迹。

工艺美术是不同于机器制造的手工劳动,它在"做东西"的过程中凸显出

经验积累和动手能力的复合，甚至包含了不言示人的核心技术和秘诀。这种特性决定了培养工艺美术人才与单纯以熟练为目标的高技能人才培养是完全不同的。

工艺美术人才的培养模式主要有家传、师承和现代教育三种，其各有长处与不足。笔者认为将这三种形式结合起来，可扬长避短。现在许多高校与工艺美术行业协会共建工艺美术传承与创新人才培养试验区，以大师工作室制改革创新人才培养模式和课程体系，努力培养具有较深艺术修养、较宽艺术视野、较高动手能力和较强创意意识的新一代工艺美术传人。这些高校为一批有影响的工艺美术大师建立了工作室，让其到学校来传技授艺，以经验传授、技能训练和现代教育理念相结合，演绎"工作室制"的创新人才培养模式。这种以项目任务为驱动，专兼结合、异质互补教学团队合作的教学模式，具有互动性和开放性，既让学生学到原汁原味的传统技艺，又让学生可以掌握宽泛的相关知识。这对于培养新一代工艺美术传人无疑是一个好路子。

（二）加大扶持力度，鼓励年轻从业者学习传统技艺

年轻的从业人员是工艺美术创新发展的生力军和希望所在。要让年轻人认识到，这些传统手工技艺在现代文明高度发展的今天并不是夕阳产业，仍然有着广阔的前景。要让他们发自内心地热爱这项事业，全身心地投入工艺美术的创作行列。以国外传统工艺美术传承保护为例，在欧洲大部分国家，古老的手工艺品受到大众喜爱，其传统手工、艺术价值和品牌效应被广泛认可，且大多为家族传承，家族中的年轻后代会尽心尽力地继承父业，守护着古老的手艺，并传承下去。而在日本和韩国，政府发挥主导作用，制定了相应的法规或奖励政策，给予一定资助和很高的荣誉，保护传承人，培养接班人。让年轻人看到传统手工艺发展的前景，从而愿意从事古老的传统技艺。

因此，我们建议政府部门也要出台相关的扶持和激励政策，制定一些行之有效的制度保障，用机制的形式促使传统的手工技艺后继有人，薪火不断。

(三)注重领军人才的培养和从业人员综合素质的提升

要发展工艺美术，关键是人才培养，特别是各个门类具备创新能力的领军人才的培养。要让他们知道仅有技艺是不够的，必须加强学习，提升综合实力，掌握好"四个度"——修养的深度、眼界的宽度、知识的广度和技艺的精度。从业人员不仅要研究本行业的技艺和理论，也要向其他姊妹艺术学习，对诗词歌赋、音乐舞蹈、国际时尚、流行心理、消费心理、市场经济等方面的知识都应该有所了解，单是技艺娴熟只能是个好匠人。不了解市场，不了解消费者的心理，只顾埋头做，也不可能有所发展。同时，千万不能以干代学，更不能只顾眼前的利益而放弃学习。不管哪个艺术门类的大师，都是善于学习的，如张大千早年曾遍临百家，打下了深厚的功底，后来在此基础上自成一格，终成一代大师；有当代"草圣"之称的著名书法家林散之先生到60多岁还在临帖，还在向古人和传统学习。

不断学习是培养工艺美术专业人才、提升从业人员综合素质的重要途径。以苏州为例，有不少工艺美术业内人士都很注意学习。尤其是一些成功人士，他们经常抽出时间，放下手中的工作，到国内著名高校参加各类高研班、大师班，不断学习新的知识，给自己充电。政府行业协会也经常组织或提供机会，让专业领军人才再深造、再学习。很明显，凡是注意学习、善于研究的人，进步一定比别人快。

(四)融入现代教育，定期定点培训从业人员

目前各地对培养高水平工艺美术人才十分重视，利用大专院校、科研机构等优势学术资源，将现代教育的先进理念和教学方法逐渐引入工艺美术人才培养之中。一方面重视学生专业理论和专业基础的学习和训练；另一方面又将列入文化遗产名录的工艺美术门类作为专业培养方向，遴选优秀学生随大师和非物质文化遗产传承人学习技艺。

例如，苏州工艺美术职业技术学院依托中国工艺美术研究院、中国工艺美术行业协会和国家级师资培训基地这些平台，每年对从业人员进行专业培训和创新教育，探索新时期工艺美术研究和创作的新思路。经过学习和培训，学员们的设计理念、创作视野和表现方法都有了明显的变化，眼光高了，创意新了，造型美了，专业水准都有了不同程度的提升。他们的作品在中国工艺美术精品展、江苏工艺美术"艺博杯"等大型展览中屡获金奖、银奖和优秀奖。

苏州工艺美术职业技术学院还与素有"中国刺绣之乡"之称的镇湖街道合作定点开设"苏绣设计与制作"专业，从师资配备、课程设置、实训计划到班主任选派，都作了精心的安排，定向招收当地苏绣家庭子女入院学习，定向培养，为镇湖地区培养出高素质、高技术、具备创新能力的新一代绣娘，改变了过去在家庭作坊中学习的传统模式。实践证明，这种模式对创新型工艺美术人才的培养是有效的。

三、原汁原味地继承传统工艺美术技艺的精华

（一）保护复原传统技艺的原生态样式

工艺美术的传承要能够反映出历史上的最高艺术和技术水准，做到不变味、不走样。不同民族的文化艺术门类都有着自己独特的风格和面貌，是不可替代的，因而将其核心技艺以一种原生态样式原汁原味地保留下来，实际上是今人在追溯自己本土文化的根源，增强对本民族文化的认同感和归属感。因此，整理、复制好经典的传统工艺美术作品，用以研究和展示，教育广大民众是很有必要的。

传统的工艺美术技艺是在一辈又一辈艺人的传承中发展起来的，有着自己特定的文化"基因"，如今已有部分失传。对待优秀的传统工艺美术，我们要下大功夫，花大力气去传承。不仅要把传统技艺保存下来，而且要努力恢复甚至超越历史最高水平。当然要做到这一点是十分不容易的。如苏州工艺美术的名片——桃花坞木刻年画，据有关专家考证，最高水准是在清乾隆年间，其造型精致，色彩典雅，可与主流绘画媲美。近年来虽然在复制方面作了不少努力，也取得了可喜的成绩，但与收藏在日本博物馆的原版比较，还有一定的距离。

再举一个例子。20世纪70年代在长沙马王堆汉墓出土了一件薄如蝉翼的

素纱禅衣，总重只有49克。后来有关部门请中国工艺美术大师金文先生负责复制，他为此下了很大功夫，但复制品的重量还是超过原件。后来他发现其原因出在材料上，因为汉代的蚕比较小，吐出的丝较细，而现代的蚕大了，吐的丝也粗一些。于是他就从养蚕开始，设法将蚕养成汉代大小，让其吐出细丝，前后一共花了13年的工夫。复制成功的素纱禅衣折叠10次还能透出压在下面报纸的文字。

（二）多种形式记录、研究传统技艺的精华

时代的发展为我们提供了保护和传承优秀工艺美术品类的有利条件，我们今天完全可以利用文字、数字艺术等形式对其加以保护。一是要加强工艺美术方面的学术研究，老一辈工艺美术从业人员大多勤于动手实践而不擅长理论研究和文字总结，大都靠师傅凭经验传给弟子，有的是将技艺绝活编成顺口溜或口诀的形式传与后人。如泥人仕女的开脸口诀"柳叶眉，细细眼，樱桃小口一点点"，云锦设计中绘缠枝的口诀"梗细恰如明月晕，莲藤形似老苍龙"[1]等，这些经验和口诀需要我们用文字的形式记录下来，认真地加以总结和研究，否则若干年后，这些都会随着人去而艺失。近年来，苏州工艺美术职业技术学院与中国工艺美术协会、江苏凤凰传媒集团一起，本着为民族存艺、为大师立传的精神，编辑出版了50卷本大型工艺美术文献类书籍《中国工艺美术大师》，为工艺美术的传承起到了积极的作用。二是为其建立音像数据库，对各项技艺分门别类地进行研究，并将每一个制作细节和要点拍摄下来，用现代科技的先进手段来保护我们优秀的民族遗存。

四、要传承，更要创新

时代在发展，生活在进步，人们的审美观也在变化，因此工艺美术除了需要传承之外，更需要有所创新，使其符合现代人的需求，融入大众生活中。比

---

[1] 廖军：《从云锦艺术的创作和传承方式看它的"口头与非物质遗产属性"》，《丝绸》2003年第9期。

如用金线、孔雀羽和蚕丝等织成的云锦，在古代供皇家享用。虽然其材料珍贵，纹样精美，但是其质地厚、重、硬，与现代人要求的轻、薄、柔有一定的距离。对这类传统织绣及服饰手工艺的创新，要将其传统特色与时代发展的需求密切结合起来，在设计理念、品种研发、题材选择、材料运用和表现技艺等方面有所突破。只有这样，才能使传统的技艺逐渐符合现代社会人们生活方式和审美情趣的需求。

创新是发展传统工艺美术技艺的重要手段和原动力。这种创新是建立在保护传统文化基础之上的，既不能使原生态的工艺美术技艺失去其特色，又不能墨守成规、止步不前，落后于时代发展。因此我们说是建立在保持"基因"不变、文脉不断基础上的创新，叫"推陈出新"。从业者完全可以在题材、内容、表现形式、装饰手法、工艺设备以及销售模式等方面进行大胆的创新尝试，尤其是要增加创意和设计的成分，提升其附加值，从而产生更好的经济效益。

（一）顺应时代，推陈出新

传统的工艺美术虽然有许多可贵之处，但毕竟年代已久，在内容、题材、展陈形式和销售方法等方面都与当今时代有一定的距离，有些品类甚至显得比较陈旧，无法融入现实生活，这些都在不同程度上影响了工艺美术的传承与发展。

另外，许多繁之又繁的传统纹样与今天崇尚简约的设计和视觉表达方式也不相符合。为此，我们必须要在表现形式上进行新的尝试。早在300多年前，清代著名画家石涛在论述国画创作时就曾经提出"笔墨当随时代"。"扬州八怪"也以自己的实践对传统笔墨进行着大胆的创新尝试。"扬州八怪"是对清代生活在扬州的一批画家的称谓。称其为"怪"，除了人人有个性外，主要还是在画风上有自己鲜明的艺术语言，这种个性的艺术语言与前人不同，给清代沉寂的画坛带来了一缕清风。现在看来，这种语言就是来自传统的创新。只有不断推陈出新，才能有所发展。古人尚且有这样的认识，我们今天的工艺美术创作又何尝不是如此呢？

（二）鼓励作品的原创性，增加品牌附加值

其实我们的先辈们是不缺乏创意和设计的，只是在一段时间里由于种种原因，我们落后了，落在了发达国家的后面。中国有着5000年的文明史，我们的古人就有许多很好的设计。比如在苏州的一位收藏家手里就有400多年前中国人造的一辆木车，构造、功能和装饰都达到了几近完美的程度，充分显示了中国人400多年前工业设计和工艺技术的水平。另外还有一辆童车，展开来是一辆童车，折叠起来就变成了一个儿童官帽座椅，有护圈，每个角都打磨得很光滑，不会碰伤小孩，构思巧妙也很有意义，即使在今天看来，仍然觉得很有创意。如果现在有厂家愿意开发一下，一定很受欢迎，这类例子不胜枚举。这种创新是在传统基础上的创新，是保留了核心技术和文化内涵的创新。

现在一些从业者虽然也认识到了设计、创意的重要性，但由于种种原因如自身审美眼光的局限，加之怕花钱，不愿聘请专业人员来设计，结果做了大量事倍功半、吃力不讨好的作品。这种案例在工艺美术行业里屡见不鲜。随意使用别人的画稿，还容易引起版权纠纷。以刺绣为例，并不是什么画稿都适合做绣稿的，设计绣稿的人最好既是画家又懂得刺绣，知道各种针法，这样在设计绣稿的时候，会给绣者留下二次创作即充分表现刺绣针法和魅力的空间。如苏州刺绣研究所的中国工艺美术大师徐绍青先生和周爱珍女士，都是这方面的高手。周大师毕业于油画专业，到了刺绣研究所后潜心研究绣稿设计，她设计的猫经余福臻大师绣后，栩栩如生、呼之欲出，多次被邓小平先生作为国礼赠送外国元首。

就创新而言，工艺美术行业总体情况还相对滞后，主要表现为：不少从业人员忽视文化的体现和设计、创意的重要性，对现代时尚也不太了解，作出的产品缺乏时代气息。比如国内的珍珠首饰，虽然材质很好，但多数样式陈旧，缺乏创意。我们的珍珠市场还处于出卖原材料的状态。记得在两年前的一次全国珍珠首饰大赛中，一位多年从业者的作品，虽然珍珠圆润饱满，并辅以真金白银，做工也较精细，但最终没有能获得重要奖项，其主要原因就在于作品缺乏创意，没有跟上国际流行趋势。而相反，一些院校学生的作品则由于巧妙地

利用了其他材料与珍珠相结合，造型新颖，在色彩和质感上形成较大的反差和对比，很时尚、很有新意，给人一种全新的视觉感受。虽然材料不及前者，但凭借创新理念和设计受到了专家一致好评，获得了大奖。有好的创意，残次的材料也能创作出好的作品。笔者在法国交流时，就曾在一座城堡里看到国外设计师用太湖异形珍珠设计出的项链，造型很美，当然价格也不菲。国外一些公司经常是以低价收购我们的原料，经过创意设计，增加了品牌附加值之后，再高价出卖，获取最大利益。

（三）走多角度全方位的创新之路

中国工艺美术行业品类多，从业人员也多，因此多角度、全方位培养人才，发挥从业者创新创业能力至关重要。

1. 创新思想观念，更加国际化

工艺美术虽然是要立足本土化，植根传统之中，但从业者或新一代传人的思想观念要开放，眼界要开阔，要善于学习国外保护"非遗"和传统手工艺的先进经验，要有国际视野，如果要让工艺美术品走出国门的话，还要了解国际市场和消费者的喜好、民俗和心理等诸多因素。

2. 创新人才培养，更加现代化

工艺美术人才培养要走出师傅带徒弟这种比较狭隘的传统模式，要将现代艺术教育方法和大师工作室结合起来，让时尚与传统相互碰撞与融合。要特别注重学生的专业基础包括艺术理论和文化课的学习，使其有良好的艺术修养，为将来的艺术之路走得更加长远打下良好的基础。

3. 创新装饰形式、内容和题材，更加多元化

综观当前我国的工艺美术品市场，品种单一、内容雷同等现象比比皆是，旅游景点也是如此，走百家如同走一家。要改变这种现象，让其装饰形式、内容和题材呈现多元化，充分尊重和发挥设计师的创意，结合生活的方方面面来进行设计，以满足不同层面、不同品位人群的需要。在这方面许多专业院校和设计师做过有益的尝试，也出了不少令人耳目一新的作品，包括近年来举办的文创大赛，对传统工艺美术都有过创新设计，不少作品都受到消费者的喜爱。

就这一点国外也有许多成功的经验和案例值得我们学习和借鉴。

4. 创新销售模式，更加市场化

工艺美术品的销售方式目前还比较单一，无序竞争的现象也比较突出。我们认为将来工艺美术的销售要更加市场化和专业化，做好分级工作，如刺绣可分为艺术品、高级礼品、礼品和旅游纪念品四级；玉雕作品可按质地和作者的影响力来分级。规范市场，树立品牌，维护版权。从业者最好要有明确的定位，要有自己的特色。

5. 创新工艺设备，更加产业化

工艺美术制作技艺基本以手工为主，因此相应的制作设备也多为手工或半自动的机械。经过千百年的传承，工具设备逐渐完善，要想创新改良难度非常之大。但这种手工操作或半自动化生产的方式存在技术含量低、操作繁复、劳动强度大等弊端，所以运用高科技方法创新改良工艺设备是值得当今人们思考的。如宋锦设备的创新改良就是一种尝试。

经过两年多试验，江苏万工集团运用现代科技创新古老织造技艺，成功研制出首台由电脑操控的喷气真丝宋锦织机，织机快速运转，引纬、打纬、送经、卷取等宋锦织造工序自动完成，织造出真丝宋锦，"与传统的有梭织机相比，喷气织机织宋锦效率可提高4倍左右"[①]。

6. 创新校企合作，更加实质化

目前工艺美术行业搞校企合作还是比较多的，但其中多数只注重形式，挂个牌、成立个中心、造个势便没有下文，有人戏称这种形式是"开幕就等于闭幕"。笔者认为校企合作要有实质性的项目，要在体制机制上有所突破，双方要互惠互利，取长补短，协同创新。高校要发挥其人才优势，在创意设计、理论研究、人才培养培训方面多为企业提供方便，多为企业做实事。如苏州工艺美术职业技术学院和镇湖刺绣大师合作完成了多幅人民大会堂、中南海订制的大型刺绣作品。企业不能只图眼前利益，要有长远意识，用好院校的优质资源，在技艺制作、实习实训等方面为学校多做贡献。

---

① 陈秀雅：《苏州首创喷气真丝宋锦织机》，《苏州日报》2015年10月13日。

五、结语

当前，工艺美术事业的发展遇到了一个千载难逢的大好时机。中央提出繁荣社会主义文化，发展文化创意产业和"大众创业、万众创新"。从国家到各级政府的重视为工艺美术的发展指明了方向，提供了良好的外部环境。作为工艺美术的从业者，要善于学习，更新观念，抓住机遇，顺势而上，让传统的工艺美术基因不变，薪火不断，并在此基础上传承创新，创作出反映时代精神、融入百姓生活、为人民大众喜闻乐见的好作品，开创新时代工艺美术传承创新发展的新天地。

探索中国设计园区的发展机制

蒋红斌[1]

引 言

设计活动作为完整工业化系统的重要组成,其存在意义不仅在于通过对工业化流程,将生产、流通、销售、服务等环节的调配目标整合到最终输出的产品品质之上,同时还取决于如何解决工业化社会制造过程中产品概念与创新,如何对受众需求作出前瞻性的回答。

社会各工种、各专业、各利益集团所形成的生产关系,由于角色、领域、信息系统等的不同,在一个完善的工业化系统中,这些可以连接的生产关系会以生产要素的形式自组织地匹配。但在实际中,这种完善的自组织只是一种理想。在真实的社会环境中,要素之间远没有那么容易能够形成匹配。各种生产集团要在一个产品生产体系中成为关系要素,要依靠社会中间促进力量。今天,全球经济已经进入高度知识密集型和服务型产业形态中。每一个现代工业经济体,都十分需要这种能够促进匹配,能够综合的,跨领域、跨地区的工业发展机制。处于全球最快的发展中国家,中国其实也已经触及了这样的生产形态,并正在迅速地展开转型。20世纪末全国纷纷建立的工业园区和高新技术产业园区,工业设计园区、设计创新与产业发展园区,正随着21世纪的来临在大江南北铺陈开来。

---

[1] 清华大学美术学院设计战略与原型创新研究所副所长。

清华大学设计战略与原型创新研究所通过近5年对全国发展指数研究，表明以现代工业为基础的设计、文化、创业类园区正面临着新的考验。其核心问题是各地园区型机构既要衔接好原来由政府主导投入的建设方式，改变成社会自由资本主导投入的建设方式；又要回答好园区应该如何可持续经营，设计创新到底可以带来怎样的舞台？园区如何能够成为当地资源整合的一个枢纽？如何与地区、产业，以及企业群间联络出新兴产业的生机和力量。

我们试着探索在战略组织层上，对当前应该受到重视和控制的要点从以下三个方面展开叙述。

一、建设与地方主体经济相融合的经济形态，是所有文化、创意、知识产权、媒体或工业设计等主题园区崛起的根本

工业设计园区已经成为当今中国经济生活中生产性服务业的重要部分，其发展水平，既与中国整体工业水平的提升相关联，也与中国的企业自主创新能力和工业竞争环境日趋提高。要保持这一势态的良好发展，关键是彻底与地区主体经济相融合。

（一）"工业园区"是19世纪末工业化国家作为一种规划、管理、促进工业开发的手段而出现的。作为工业发展的一种有效手段，"工业园区"在降低基础设施成本、整合产业链，以及刺激地区经济等方面有着重要的作用。地区性规模经济集聚发展是工业文明深度发展的一种表现。工业化与城市化协同发展亦以现代社会综合效益提升的面貌呈现在世人面前。

在我国，自改革开放后"工业园区"作为区域经济发展的新举措，如雨后春笋般兴盛起来。不少工业园区取得了高度的经济效益和社会效益，成为各个地区、城市工业化水平的核心基地和重点工程。截至2010年末，我国国家级高新区有83家，国家级经济技术开发区有107家。"工业设计园区"则是改革开放30年，中国加入世界贸易组织，经济改革进入"深水区"之后的新生事物。截至2013年，作为中国工业设计协会下属的中国工业设计园区联盟成员，"工业设计园区"机构有近40家。其中有一半以上是融汇在当地"工业园区"范围之中。

2014年，中国各省主要经济活跃地区都已开始筹划和建设自己的"工业设计园"或"工业设计产业园"。通过我们调研发现，国内对于工业设计产业发展和工业设计园区这一适应产业条件应运而生的组织形式目前十分欠缺，特别是能够反映和链接当地产业良性发展需求的则更为稀少。从"工业设计发展整体状况的基础数据"统计来看，由自发经济建设形态的设计园区尚在少数，许多是依靠当地政府的资金和政策兴办的。建立起来之后，有很长一段时间需要与地方产业磨合，其中，设计公司与企业、设计创新与知识产权维护等均是其中的问题。自全国第一家工业设计园区——无锡（国家）工业设计园于2003年5月被国家科技部批准，是当时国内唯一的以工业设计为主题的专业园区。10年来，中国的工业设计事业和园区建设得到了快速发展，列入中国工业设计协会的全国工业设计园区联盟的已经达到近40家，并在社会影响力和发展目标上与国家的经济转型和转变发展方式高度一致。目前，园区已形成了以产品设计、建筑设计、艺术设计、平面设计、模具设计、工业计算机应用设计、精密零件设计、汽车及工装设计等为主要内容的工业产品研发和孵化新兴产业的初步格局。其主要分布在珠三角经济区、长三角经济区和环渤海经济区。

工业设计整体事业形态已经从原来的以学校、企业为主体，向着社会公共服务平台、园区、公司等组织形态更为灵活、丰富和复杂的，以设计咨询、产业对接、文化创意和产权维护等领域衍生。正如2010年7月由工业与信息化部联合了教育部、科学技术部、财政部等国家11个部委下发的《关于促进工业设计发展的若干指导意见》中所述："目前，工业设计已初步形成产业，特别是在经济发达地区已初具规模；一批制造业企业高度重视和广泛应用工业设计，取得明显成效；专业从事工业设计的企业发展迅速，设计服务水平逐步提高，一些优秀设计成果已经走向国际市场；专业人才队伍不断扩大，工业设计教育快速发展……"我国工业设计事业的发展虽然仍处于相对初级的阶段，与工业化的发展要求和发达国家的工业设计水平相比还存在着较大的差距，但是"工业设计园区"的出现与迅速成长在许多方面却萌发出了独具特色的发展方式和经营理念，并受到来自世界同行的关注与尊重。回顾2013年，各地大力发展"设计园区"的事业形态，极大地丰富了工业设计呈现给社会的经济形态和服务途径。从原来以某个企业为中心的，以其产品的具体设计服务中跨越出来，而以一个地方经济的产业环境为背景，从产业转型和行业升级的，更为宏观的层面上展开工作，形成市场。成为政府转变地方经济发展方式和企业转型升级的重要手段，整个社会对工业设计有了一个更为全面、客观的认识与评价。

总体来说，人们对工业设计的作用，从认识不足到高度重视，从缺乏高水平的专门人才到各国海归踊跃集聚，从政策支持、行业管理和知识产权保护到各地区政府部门充分设计扶植政策，积极推动工业设计事业，切实有效地推动了工业设计事业的发展。但从一个正在急速成长的经济形态来看，我们也必须冷静地思考和辨析工业设计园区到底应该何去何从？结合全国园区的发展势态和基本统计情况来分析，其特点首先表现为依托各级政府支持或扶植建立起来的工业设计园区，正在迅速地与当地产业展开深度融合。"工业设计园区"作为一个独立的经济体，它的存在已经开始脱离"政府哺育期"。来自市场法则和自身组织机制的合理性等关键问题，开始经受经济环境、产业形态、市场需求的考验。

（二）中国工业设计产业从20世纪80年代开始起步，经历了专业化发展，工业设计的教育机构和人才充当了当时的产业基础。到了90年代后期，迫于市场竞争的压力，企业内设计部门和职业化的设计公司开始露出端倪，共同担负起了工业设计产业的主体。21世纪以来，特别是2007年政府高层高度重视工业设计之后，工业设计产业的形态开始呈现国家战略化。一时间，工业设计或独立发展或嫁接着文化创意平台、高新科技园区的再建设项目，或以各种促进中心、创新园区的方式，如雨后春笋般地发展起来。

工业设计产业的主体形态开始趋向多种方式并存，主要表现为：以企业为代表的应用性工业设计领域，以职业设计公司为代表的服务性工业设计领域，以专业设计人才培养的大专院校、职业培训等综合性人才养成的领域和以产业园区为代表的、与区域经济相对接的集聚性工业设计领域等，共同形成了中国工业设计产业第三个阶段的主体结构。其中，工业设计园区总体特征呈现以下两点：首先，经历了大规模高速增长阶段，园区数量高速增长（全国已有设计创意类园区超过1000家），以工业设计为主的园区40多家。其辐射的设计企业和企业设计部门，有超过6000家。人才辐射数量也高速增长（全国已有设计类专业院校超过1700家，工业设计院校超过500家，在校学生总人数超过140万）。与园区相关联的设计企业数量高速增长，以北京和深圳为例，北京工业设计产业起步较早，规模和技术服务水平都处于国内领先地位。统计在册的结果显示，2009年，北京工业设计及相关业务收入已达60亿元，目前有200余家综合企业建立了自己的工业设计部门；全市专业工业设计公司400余家，主要集中在IT、通信设备、航空航天等领域。这些单位都与园区建立了多形式的连接。同样，2009年，深圳工业设计专业的单项产值近2亿元，各类工业设计企业超过3500家，有5000余家设计型单位与园区发生深度连接。

其次，随着园区数量的高速增长，工业设计园区日益成为产业聚集的重要载体。近年来，在地方政策的引导下，一些有条件的地区陆续建立了工业设计或设计产业园区，全国设计创意类园区已突破1000家，以工业设计为主体的园区有近40家。其中，较有代表性的园区有北京的DRC工业设计创意产业基地、无锡的工业设计园、深圳的设计之都、深圳的工业设计产业园、上海的8号桥设计创意园、顺德北滘的广东工业设计城、宁波的和丰创意广场等。这些园区在当地政府的大力支持下，吸收国有资本、民营资本和外资共同投资兴建，采取市场化运营方式，形成了明显的聚集效应。其在人才辐射上也形成了一个高地，拉动并影响了劳动力数量的增长。据不完全统计，我国工业设计从业者年龄结构主要在20—30岁，所占比例达到总人数的93%，地域分布主要是在经济发达城市。其中，华北、华东、华南地区分别为24%、22%、20%，西南和东北地区分别占8%，西北地区为4%。目前，北京、上海、浙江、江苏、广东等经济发达地区的设计从业人员迅速增长。截止到2011年，北京与设计相关人员已近25万人，其中工业设计相关从业人员超过2万人；而在广东，工业设计的从业人员已超过10万人。在上海，工业设计人员也已超过8万人。根据不完全的统计，全国直接从事工业设计的总人数约50万，这种规模与增长速度都是十分可观的。2006年全国设有工业设计的院校有260多所，相当于2000年的2倍。截止到2011年，全国拥有工业设计的院校已超过500所，在校生每年毕业约3万人，为我国工业设计产业的高速发展提供了丰富的人力支持。

从2013年之前的近10年的发展，无论是中国经济发展和产业转型、升级的社会需求方面，还是设计人才的培养与人才梯队的建设方面，都已经具有相当良好的基础，为迈上一个经济发展的新台阶做好了准备。

二、扶植与地方主体经济相融合的设计、文化、创意类园区，应该与国家发展战略目标相一致，开展政策和社会公共资源的汇合

当今任何一个国家经济体其实都是有主导的、有计划的，单纯依靠市场机制来实现目标的几乎是不存在，反之，单纯的计划体制亦没有出路。行之有效的方法是在社会经济体中建立中间组织，成为衔接目标与目标之间的纽带，既连接国家政治经济，又顾及行业、产业自身情况。这就需要政府的作用是推动而非管理，是培育而非主导。

（一）设计，一方面作为通过科学性与艺术性高度结合的一种活动，对解决人类生产过程与社会发展中的资源、环境、能源、经济创新、生活质量和社会就业等问题具有积极的催化作用；另一方面在国家产业调整、新型产业体系建立等方面具有十分关键的作用。设计所产生的高价值回报被越来越多的国家所注意，并成为其国家意志在全球竞争环境中获得胜利的重要利器。

关于设计竞争力和国家竞争力之间的关联性，新西兰国家经济研究院2002年发布了研究结果被很多国家广泛认同。可以看到设计竞争力综合排名靠前的国家，国家的综合竞争力也都靠前，这反映出一个国家在整体经济发展战略中，将设计创新作为一个抓手，使之越来越多地与本国工业设计产业的战略目标发生紧密联系，那么其综合国家实力将得到迅速提升。

（二）只依靠企业或行业自身的市场行为，在设计创新领域与国家产业战略相协同就十分难以展开。因为企业可以看作处在两种环境中的社会性生存体：一个环境是市场，另一个环境是产业。每个企业所处社会性产业链地位十分重要，在这个闭环中，其上、下游的衔接决定了它们的科研系统。

从事工业原材料的研究与生产，发展基础与新材料产业，提升产业间紧密协作的能力是企业最关心的事情。更好的产业化调整，打造全新的产业合作、

寻求创新模式，以及产业间新成果共享往往是鞭长莫及，难以实现，所以跨领域、跨行业的战略协同与联系，必然需要政府的力量。我们这里有一个调查，它表明即便是产业内的重点企业，亦由于市场的压力，其投入的开拓力量往往都是在产能和技术改进之上的。

从国家发展中设计对于地方经济带动作用的角度来看，以清华大学设计战略与原型创新研究所近5年的研究成果表明，影响我国工业设计发展的重要因素是经济贡献力、发展力、服务力和品牌力的综合评价。这是在对全国园区中的设计公司和设计师进行大量调研，在翔实的一手资料基础上整理出的国家管理视角。也就是说，政府可以将园区按照"基本情况、经济贡献力、服务力、发展力、吸引力和园区魅力"6个角度进行政策设计与成效分析，而不是简单地基地建设投入或免税补助。

（三）自20世纪80年代开始，通过引进工业设计教育、建立一系列的设计院和在企业中设立设计中心，设计在中国经历了30年的发展。这期间并非一帆风顺，其间，设计反复摇摆在艺术、装饰、文化产业之间，甚至连"工业设计"的基本概念也始终无法在学界形成统一意见。实际上，对于"工业设计"的概念和内涵、外延，20世纪50年代末的国际工业设计协会（ICSID）已经给出了明确的定义。并且随着时代的发展和工业设计师工作内容的更替，特别是经历了以计算机技术为代表的第二次产业革命和正在发生的以互联网和移动商务模式为代表的第三次产业革命的冲击下，工业设计作为艺术、创新、大规模工业化生产的交叉领域越来越被重视。然而中国工业设计发展的尴尬却在于我们用极短的实践通过技术引进和人口红利等方式建立起来的制造业根基并不牢固，虽具有产能上的规模，却难有成熟的自主工业体系来支撑，工业的发展缺乏工业化的良好社会土壤。正是这些因素，使得2013—2014年的工业设计事业领域表现出了不同凡响的特征，其主要背景有以下三个方面。

首先，中国工业设计的发展正在通过建立国家管理体系的方式集聚了力量。我们在吸收国外先进经验和技术时，经常会后缀一个定语——"基于中国国情的"。研究中国问题，确实具有一定的特殊性。2012年，中国经济总量跻身世界第二，但财富、资源、人口、教育等分布尚处于极不均匀的状态，很难将创新、创业等要求简单地植入原有的加工型经济体中。因此，如何利用强大的国家机器来推动社会创新、创业，国家管理高效地开始发挥作用，将工业设计作为改变国家经济发展方式和企业摆脱依赖国外技术、设备支撑企业发展的模式。目前，中国工业与信息化部、文化部、国家科学与技术促进中心等机构启动相关政策，以国家管理的形式推动地方各部门在企业层和产业层，运用设计的能量来获得经济、文化等领域的建设力量。

其次，更为科学的、专业化的工业设计评价体系正在受到全社会的关注。我国设计行业中不缺乏具有商业操作能力和规模化效应的大型公司和企业，却缺少从国家层面到区域、企业、设计公司、设计师各个层面的基础性研究和新形势下对于中国未来设计发展方向的战略性研究，因而很难从宏观层面提出适合经济转型和发展的相关设计策略。如何从一个技术加工型的经济形态，迈向以知识经济为核心的创新型社会，需要和重视建立一个科学的分析体系，让整个社会客观而真切地认识到工业设计价值评价体系正在不断受到关注。

再次，工业设计园区作为推动地方经济发展的新型方式，呈现政府直接出资、出地建设，大量依靠从外地，甚至外国引进设计创意公司、团队和个人，以此作为产业转型和企业升级的抓手存在一定问题。工业设计园区作为中国设计产业的重要枢纽，起到了承上启下的作用。从数年前的政策导向来看，国家鼓励发展创意产业，包含工业设计在内的大量与创意和相关的复合产业的发展。2012年最新提出的文化大发展战略又进一步将文化与国家发展政策进行了对接，大量的文创园区正是在这样的背景下产生的。

因此，工业设计、文化创新类的园区应该并且只能通过政府的战略引导机制，产能在社会环境、经济环境等方面产生作用，进而服务于国家战略意志。

三、经营与地方主体经济相融合的设计、文化、创意类园区，需要从设计创新基础资源入手，主要落实为设计研究、产业能量、科技成果以及企业发展战略协同

设计产业园区作为社会产业经济的重要枢纽，起到了承上启下的作用，对

"工业设计园区"的考察在一定程度上反映了设计产业链的整体状况。设计园区最主要的特点就是"政产学研商"的社会性结合。他们各自依托所在的集群,通过园区这个公共服务平台,在社会性生产的组织形态中发挥着各自的作用。

(一)创新驱动已经使创业、设计不再停留在服务经济的层面上,而是发展到使产业层面上引发转变。从产业结构上来看,目前我国初具规模的专业工业设计公司超过2000家,工业设计已从初期的产品外观设计,发展到产品研发、企业战略等全方位的设计策划。同时,随着产业升级和企业对于设计的认识提升,许多设计公司已经转型为更加偏重企业战略和品牌设计等,一些领先的设计公司更是将其产业链向上、下两端进行了延伸,覆盖从融资到生产、渠道和销售等各个方面。

从工业设计学界来看,上千所高等院校设立了工业设计和相关专业,每年培养设计人才30多万人。以前工业设计仅仅在艺术院校作为与艺术设计相互补充的专业开设,或者在部分工科院校的机械或者计算机学院下设相关的工业设计专业。近年来,大量的学校开设了工业设计专业,甚至包括一些文科和专科院校,在广东沿海地区还出现了专门的工业设计培训学校,专门向企业定点定向输送专门人才。学科规模的扩大必然可喜,但是快速发展同样带来了大量问题,如师资水平、课程配套、实习基地建设和实际就业等都是阻碍我国工业设计学科进一步发展的阻力。

(二)再从与工业设计相关的科研开展情况来看,由于多年来,我国依靠技术引进和模仿制造来维系经济发展,在各个生产制造环节已经形成了重技术轻设计,重短期收效轻长期战略发展的惯性思维。设计研究对于大多数的科研机构来说都是一个非常新型的概念和变化。可喜的是,国内已经有一大批学者在进行相关研究,产学研合作也取得了一些成绩,有了一些积累。随着文化大发展战略的实践,更多的与设计和文化相关的科研工作还将继续推动这一合作领域的发展。

(三)对园区中的基本情况、入驻设计公司经济状况,各公司的发展阶段、面对产业群体所呈现的服务形态等因素的比较,2013—2014年度的调研结果,覆盖了全国11个主要的工业设计产业集聚地区,20多个典型的工业设计聚集城市的数百家工业设计和其他设计门类的企业和公司。通过园区样本与我国规模以上的文化创意园区的发展情况比较，中国工业设计园区发展在高速增长的同时，也正在面临严酷的市场考验。

全国园区整体上具有以下几个特点：(1)工业设计园区的规模差别很大，主要呈现"腰鼓"形的规模形态，即以"大型园区"与"小型园区"分形为整体形态；(2)园区主要分布在京津地区及珠三角、长三角地区；(3)大型园区均为政府投入建设；(4)园区与本地产业的互相依赖性正在增强，园区的经营方式正在有机融合本地产业形态的要求；(5)园区的活力量化评价比较困难；(6)园区的入驻企业呈现多样性的特征明显，不同性质的企业正在应其发展方式和运营模式的要求而转变；(7)最早一批受政府支持或以政府投入为主体的园区，开始进入市场化运行要求的转型轨道；(8)设计与中国工业经济的深度融合，园区正在成为这一融合的聚集区，即政府、学校、企业、公司的交会之地。

以下探讨几个园区评价的重要指标，用以说明更为细致的一些变化。

首先，园区的所有制情况。民营所有制园区占到所有受访园区的一半，在与大量的民营园区运营者的访谈中我们发现，相当比例的经营者之前都有涉足园区经营和相关创意产业经营的经验。虽然可能并未直接参与设计工作，但都看到了设计产业大发展的契机，因而自主投资开展运营。有1/3的园区具有政府背景，相比之下获得了更丰富的政府资源和启动资金扶持，另有少部分属于合资园区。这反映了园区所有制形式的分布呈两端化。

其次，园区规划和实际面积。所有园区的规划面积都在5万平方米以上。10万平方米是一个分界点，分别各有一半园区处于分界两侧，因此我们可以把小型园区和具备一定规模的园区用10万平方米来进行区分。在实际走访中，我们发现许多园区并不是纯粹的设计园区，更不是单纯的工业设计公司聚集，而是依托本地产业特点进行了重新的构建。比如北京大兴经济开发区园区就属于一个大型园区，其辖区内包含了服装、影视、家装等好几个产业模块，单个产业集群的经济规模和占地面积都超过其他地区整个园区的规模。同时也有一些实际规模并不大的特色园区，如青岛创意100园区和南京模范路园区就是围绕本地的产业特色打造以设计和旅游等资源为主的品牌创意和辐射型园区。

再次，园区创立时企业数量和园区现在的企业数量。园区联盟内的园区成立时间在2006—2009年，最早的是2003年的无锡（国家）工业设计园和2005年的北京DRC工业设计创意产业园。同时在2010年之后，在广州、杭州、大连等地也分别建立了工业设计园区。从数据上来看，创立之初的园区平均企业数量大多在10—20家，但是经历3—5年的发展，只有1家特色园区的企业数量还保持在10家以内，大多数园区的入驻企业数量在100家左右，有的甚至超过200家。但是入驻企业的数量不能完全用来衡量园区发展的好坏，当园区的入驻企业达到一个相对的稳定值时，我们可以看到整个中国的工业设计产业布局全貌。这反映了园区建立之初到现在，园区内设计公司的数量占比呈现多元化趋势。

最后，园区年总产值和设计产值占比。从园区年总产值来看，从2000万元至10亿元以内，分布比较均匀，只有2家园区的年总产值在2000万元以下。这一方面说明园区的业态和类型比较丰富，同时也说明我们不能直接使用总产值一个数值来衡量设计园区的品质。现在园区的平均产值在2亿元左右。一半以上的园区的设计产值占比超过了园区总产值30%，3家园区的设计产值占比超过50%，甚至达到80%，这再次验证了设计产值有潜力成为设计园区的主要贡献渠道。同时我们在今后统计中需要继续细分不同的设计产值的贡献方式和分别占比，这样更能反映出不同的设计门类在不同的产业条件下能够多大程度上获得发展和资源协同。园区依托的产业类型最能直接反映园区的生态结构，是一个值得常年追踪的指标。从两年的数据来看变化不大。电子和通信产品、机械制造设备、文化行业和办公用品是园区服务最多的行业，另外是家具、家电、医疗器械和交通工具制造行业。2013年数据中的电子和通信产品与家用电器的占比此消彼长。到了2014年，可能是受到手机产业格局变化的影响，对于外观和结构设计的需求不如往年旺盛，同时家电和光伏产业对于制造业的一些鼓励政策的带动，家用电器、五金行业等对于设计的需求显著上升。同时，园区内的不同类型公司依托本地产业的具体情况进行深度融合。

全国各地的工业设计园区正在以不同的形式和方式主动市场化和商业化。设计难以以一种单一的集聚形态存在于实际的产业竞争环境中。集聚的本身应该是社会生产形态演进中自然需求的反映，而不是人为扶植的结果，工业设计园区正在面临来自市场经济的考验。

四、结论

设计创新型园区作为社会产业经济的重要枢纽，起到了社会创新机制中承上启下的纽带作用。对于"设计园区"的研究分析表明，设计在整个产业链环境中，是最活跃，也是最具拓展力的融经济、文化和科技成果于一体的力量。工业设计强国英国、德国、美国、日本等都早已着手建立国家推动机制，以推动本国在工业产业领域的升级和创新。

我国的设计相关产业发展不均衡，地区产业发展差异使得"工业设计"的概念存在多种误读。在学界与产业界之间缺乏关于设计与经济规模适合的重要参考因子。现代服务业的核心内容是考虑技术、管理、企业通过重组而获得振兴的机制。设计的园区经济形态与之息息相关。创新的平台化和集约性正渐进成为社会的主要组织形态。任何激进的创新正在面临严峻的市场拷问。渐进的、平台式的互助创新脉络清晰，呈可控趋势。激进的、不可测的、不确定的大规模投入正在受到来自智能运算的否决。所以，园区，将社会的意见和交流汇集在一个更为自然的环境里，以设计为主导的新经济形态正在形成。

文化旅游产业发展与创意人才培养

王国华[①]

引　言

旅游产业是当今世界文化含量最丰富、综合性最强、跨界性最广、创意特征最显著、形态变化最明显、交叉特征最突出、可持续性最特殊的现代服务型产业。可以说，当今世界绝大多数人都在参与着不同形式的旅游活动，旅游已经成为现代人的一种不可或缺的生活方式。本文通过对文化旅游产业的缘起、特征以及产业形态和现代发展状况的分析，探寻发展文化旅游产业的价值与培养创意人才的内在关系与方法路径，以促进文化旅游产业更健康、更科学、更人性化地发展。

一、文化旅游产业的价值

旅游作为人类的一种行为方式，起源于社会生产劳作，发展于商贾贸易，并在社会经济发展、科技文化进步的推动下，逐步多元化、多样化、产业化，成为人们超越自然、追求人性自由发展的一种手段和一种满足人类精神需求的综合型产业。旅游从人类的一种生活方式转变为一种产业，是西方工业革命的产物。最早的旅游产业诞生于18世纪的英国。中国的旅游产业发轫于20世纪

[①] 北京工业大学教授、文化创意产业研究所所长。

20年代，兴盛于20世纪80年代。在中国2000多年的封建农耕文化社会里，受儒家文化"重农抑商""重义轻利"等观念的影响与束缚，旅游一直都受到限制性的发展。只是到了近代，由于西方工业文明的迅速崛起，帝国主义列强依靠其坚船利炮对外殖民扩张，中国农耕社会才开始解体，被迫发生巨大的转型，开始了现代化的蹒跚步履。"旅游"这一社会现象也随着"重商主义"的兴起而复兴与发展。"世界的一体化，跨文化圈的联结以及不同文化空间的交融和异质文化的冲击与整合，使得世界范围内的旅游主体、旅游客体、旅游形式与内容都发生了质的飞跃。这实质上是一种'现代化'的过程。这一过程，使旅游不再是少数达官显贵的专利，也不再是地区性的内循环，更不仅仅是吟风咏月、观山玩水的一种游观行为，旅游成了跨文化空间传播和异质文化圈交流的工具，旅游成了广大民众的一种生活方式，旅游成了人们认知新世界、了解新文化的工具，成了社会转型、文化变迁的一种催化剂，成了一种在新的社会环境下满足人类精神文化需求的综合性产业。"[①]当今时代，人们对于精神产品的需求比以往任何时代的需求更为迫切。尤其是互联网技术给现代人类消费精神产品提供了前所未有的技术手段和便捷的平台。云计算、智能制造以及移动互联网技术，使得信息消费成为当今时代的发展趋势。在这一新形势下，生态旅游、度假旅游、智慧旅游等旅游新理念、新形态层出不穷，旅游者对旅游产品和服务质量的要求也越来越高，旅游中的个性化、自主化更加明显。

当今的旅游产业，本质上是一种文化产业。旅游者或出于文化享受，或因为身心放松与精神休闲，或寻求异地文化特质等动机而出行游走，这种为实现特殊的文化感受，为观察、感受、体验异地或异质现代艺术和现代文化的活动被称为"文化旅游"，而服务这种旅游活动的系列商业行为被称为"文化旅游产业"。发展文化旅游产业的价值主要表现在：一是可以不断满足人们日益增长的精神文化需要。文化旅游强调内容的创意性、形式的可参与性与可体验性、手段的高科技性。由此可见，这是一种新兴的综合型产业，其精神内涵与产品属性的"非物质性"特征十分突出，具有知识密集性、形式多样性、启迪创新性、

---

① 王国华：《从旅游到旅游业》，珠海出版社2013年版，第12页。

可持续性等特点。发展文化旅游产业，可以不断满足人们日益增长的精神文化需要。二是可以带动相关产业发展。比如文化旅游产业的发展可以优化地区的产业结构，促进基础产业的发展。通过对区域文化资源的深入挖掘，通过独特创意，把文化资源转变成旅游产品，通过一些大的旅游项目的带动，可不断提升区域价值，区域价值提升有利于反哺文化产业和公共文化设施建设，形成区域文化健康、稳定、有序地发展。三是对于弘扬特定区域的历史文化、传承特定地域的民族文化精神、提升区域历史文化影响力、促进地方社会经济与文化的繁荣，有着极其巨大的引领价值和示范作用。文化旅游产业从业者对文化资源进行挖掘与梳理，通过现代化的手段、创意性的策划与现代包装，使得地方文化得到很好的传承与保护。四是能够锻炼和培育一批优秀的文化旅游产业创意人才。文化旅游产业内容的创意性、形式的可参与性与可体验性、手段的高科技性等特点，对从业者的文化艺术素质提出了较高要求，因此，文化旅游产业的发展将带动一批文化艺术素质高、创意设计能力强、管理及运营理念先进、技术应用水平高的创业创意人员参与其中，从而培育起产业发展的专业队伍。

二、产业现状与市场需求

尽管我国的文化旅游产业发展迅猛，产业规模日趋巨大，产业辐射日趋强烈，产业空间日渐扩展，产业结构日趋完善，但是，整个产业发展现状与其市场需求相比还存在许多亟待改善的地方。尤其是在培育创意人才、拓展产业市场、创新经营模式等方面，还存在着一些突出问题。

第一，文化旅游产业体系与产业结构不配套。目前，文化旅游产业尚未形成产业体系，还停留在"旅行社＋宾馆＋景点"的传统模式。在产业布局与产业结构设置方面缺乏全产业链意识，没有衍生产品设计理念，"吃、住、行、游、购、娱"等旅游要素部门尚未形成良性互动，行政上的"条块分割"现象严重，省与省、市与市、地区与地区之间缺少联合互动，导致旅游资源无法得到科学配置和综合使用，造成旅游资源的巨大浪费。

第二，旅行社管理水准与管理模式大大落后于先进国家。文化旅游产业的国际竞争，本质上是创意人才的素质竞争。我国旅行社数量众多，但实力太弱，相互之间几乎没有分工合作，大多数从业人员经营素质与专业素质较差。据统计，1996年，美国每6300人有一家旅行社，而我国每28万人有一家旅行社。我国现有近10000家旅行社，但是业务总量还不到美国的运通公司的1/3。我国很少有旅行社使用全球分销系统GDS（Global Distribution System），很少有旅游企业运用管理信息系统MIS（Management Information System）进行业务管理，很少有企业建立客户数据库，并进行数据库营销。

第三，文化旅游产业体制严重滞后于产业发展。由于过去不容许私人、外资办旅行社，规定宾馆等旅游景点的投资比例等，旅游企业经营有很多的限制，我国的旅游管理体制中心不在中央而在地方，这种以地方为主体的管理体制对于旅游设施、旅游区域形象塑造以及旅游人才吸引等，往往由于重视眼前的GDP而忽略了旅游产业的长远投入和产业协调。

第四，我国文化旅游行业的应用人才与高素质人才培养远远落后于发达国家。旅游人才的培养是文化旅游产业发展的根本。文化旅游产业除了看风景外，听故事、思故事、追忆故事等是重要的精神内容。游者真正消费的是一种情感文化，给游客带来"新奇的感受""独特的情感"的重要源泉来自文化知识丰富、具有对游客心理和需求深刻了解的创意人才。

三、创新文化旅游运营模式，实现产业转型升级

由于我国文化旅游产业发展起步较晚，运营模式还比较粗放，目前存在的政府主导型、计划分配型、行业垄断型、区域垄断型等运营模式，几乎都是过去计划经济思维模式下的运作方式。拓展新的市场、整合各种资源、提升产业竞争力，需要我们细致地研究并吸收国际先进的盈利模式和市场拓展方法。目前国际旅游市场拓展模式如市场主导型、综合协调型、分工专业型、资源互动型等，都是跨行业、跨领域、跨地区的市场拓展，所有的组团方式都是个性化、特色化的。其中有如下四种市场拓展模式对我国文化旅游产业发展具有借鉴意义。

（一）会展融合型模式

会展产业是近代工业文明带来的新产业，同时也是综合性极强的产业。会展集商品展示、交易和经济技术合作等功能为一体，并具备信息咨询、投资融资和商务服务等配套功能，在贸易往来、技术交流、信息沟通、经济合作诸方面发挥着日益重要的作用。会展产业同旅游业的关系尤为亲密。加强会展产业与旅游业的结合，可有效发挥文化旅游综合效益。

（二）数据库营销型模式

大数据时期的数据库技术能够全过程综合性搜集、分析旅游信息，从旅游产品到旅游者需求，从旅游消费到顾客终身价值，依靠数据库制定精确销售、捆住核心顾客的销售战略，可以帮助旅游企业改善销售渠道及其效益。

（三）直效营销型模式

直效营销是根据市场营销"二八定律"来确定市场目标的新的市场拓展技术。它将诱人的信息，以合适的时刻、送到正确的地点，送给对路的消费者。直效营销方式需要建立一个客户数据库，通过客户数据库对消费者资源进行开发使用，通过商业信函广告的需求链为特定的销售产品提供"设定目标、创制邮件、后续完成"等服务，并充分利用现有的邮政资源网络、各种传媒的网络，扩大商业信函的广告业务，使得直效营销产生许多的衍生产品。目前的旅游企业针对个体的营销较为薄弱，如果导入直效营销方式，将会有效拓展个体消费市场，收到"二八定律"的市场效果。

（四）组合营销型模式

组合营销是指在充分研究特定顾客需求的前提下，对旅游产品进行特色化、个性化、价值化的组合，以差异化的服务给顾客提供精到的服务，使得经过组合后的旅游线路以及给顾客的特色体验来获取较为丰厚的利润。组合营销首先需要对特定的顾客"量身定制"地设计旅游主题，其次需要围绕主题组合旅游产品，最终是要为顾客创造家园式、俱乐部式、同乡会式的旅游氛围，甚至能与之长期保持联系，让每个顾客始终感到关注和服务。

四、以新理念为指导，提升产业质量

在创新产业观念、转变经营理念方面，我们要彻底摈弃过去老的经营方法，学习新的市场理论，掌握市场分析的最新方法，尤其是新的营销理念。在过去的几十年的时间里，国外销售领域推崇美国著名的营销专家麦肯锡教授在1960年提出的"营销理论"，即所谓的"4P理论"。麦肯锡认为，现代产品营销只要紧紧抓好"产品"（product）、"价格"（price）、"渠道"（place）、"促销"（promotion）四个环节，就能够在市场竞争中游刃有余。"4P理论"较之于传统的推销方法是一个深刻的革命，对现代销售起了巨大的促进作用。

20世纪90年代，美国著名教授舒尔茨提出了"整合营销传播理论"[又称为"整合营销传播"（Integrated Marketing Communication）]，主张用"4C"替代"4P"。第一，从注重产品（product）的性能、特点，开始转向注重消费者的需要和欲求（consumer wants and needs），对于已经细分化了的社会群体，要着重研究不同类型的消费者个别需求，以满足不同类别的个性要求。第二，从注重产品自身的价格（price），开始注重研究消费者在满足他们的需要和欲求所愿付出的成本（cost）。传统的成本加适当利润的定价策略应当改变，价格应当考虑心理因素。第三，从注重销售渠道（place），开始注重如何给消费者带来更多的方便（convenience），以便使消费者购买更多的商品。例如网上购物、信用卡、免费电话、邮购、对象化直销等都是应当重视的渠道（place）。第四，从注重促销（promotion），开始注重沟通、交流（communication），过去厂家的习惯用语是："消费者请注意！"表现的是厂家总是在引导消费者、提醒消费者、教育消费者，而今天的厂家应当说："请注意消费者！"尊重消费者的习性和欲求。舒尔茨的"整合营销传播理论"的核心是：产品销售一切以消费者为导向；重视关系营销、个性化服务；提升与完善企业自身素质，以产品和服务赢得顾客；改变自身不适应消费者需求的组织结构，克服一切影响消费者导向的不利因素；

传播永远是销售的主要活动。掌握了新的市场拓展理论，转变了传统的经营观念，我们的旅游市场将会得到深度的拓展，我们的旅游产业盈利能力与服务质量就会得到根本的提高。

五、走出人才培养误区，建立创新人才评价标准

互联网技术不仅给社会生活带来了巨大的变革，也带给了人类经济无限广阔的新领域。它不仅催生了丰富多样的产业业态，而且带来了人类精神文化领域的全新变化。以互联网技术为特征的数字经济以及数字产业集群已经成为发达国家的经济和社会发展的第一产业和骄阳产业。

随着数字创意产业的急剧升温，人才问题更加突出。数字创意产业人才严重不足，技术团队的能力结构畸形，产业人才流失十分频繁，导致数字娱乐产品质量水平不高，许多数字创意产品严重积压，一些地区的数字创意产业起步举步艰难，投入与产出比率十分低下等。究其原因，在于我们对数字创意人才的培养和评估走入误区，突出表现为：一是将系统性、交叉性、综合性突出的数字创业产业简单化、片面化、单一化，仅仅理解为一种单纯依靠互联网技术而发展的产业；二是将数字创意产业与传统的内容制造产业对立化、割裂化；三是只注重对于互联网技术的投入，而忽略了对技术起着巨大支撑作用的内容制造的投入。

目前，科技的突飞猛进与高品质文化内容匮乏之间的巨大反差、终端消费能力的日渐强大与原创生产能力薄弱之间的巨大落差，已经成为制约我国创意产业发展的两大问题。解决这些问题的根本是改变我们的教育观和人才观。我们应当在发展现代互联网技术的同时，同样重视传统的人文科学的发展，在大力投入现代互联网技术研究的同时，更应当大力投入传统的内容制造领域。我们只有走出数字创意产业发展误区、将人文社会科学与现代数字科学并举、将技术创新与内容创新完美结合、将传统的内容提供人才也看成现代创意人才的时候，我们的创意产业才能够真正走向世界。文化旅游产业领域的数字化现象十分突出。目前，旅游产业界已经把文化旅游产业认知为文化创意产业，其中，

数字化技术的广泛运用，数字旅游产品的创造以及数字化技术的品牌传播已经成为文化旅游产业的普遍手段。文化旅游产业的发展依赖于创意人才的脱颖而出，依赖于全社会对创意人才诞生环境的重视与培育，依赖于不断创新的人才机制。从发达国家的文化旅游产业发展实践来看，他们普遍重视学习与借鉴人类现代文化与技术，注重个人发展，注重传统与现代的结合，注重民族尊严的提升与民族精神的扩展，注重经济目的与实际效果。发达国家与地区的文化旅游产业的从业者普遍人文素质较高，文化水准、专业知识较为扎实；普遍注重对于旅游从业人才的训练与培育。与我们当前"重物不重人、重硬件不重软件"的现象相比较，我们的文化旅游产业有很多需要向他们学习借鉴的地方。

我国文化产业创业创意人才扶持政策的现状、问题和建议

何 群[1] 刘 珊[2]

引 言

随着经济发展进入新常态，我国正在形成一种以创新为内涵的经济形态，其发展更加强调创新带来的内生动力。为了有力支持这种新的经济形态，2015年，政府工作报告中将推动"大众创业、万众创新"提升为中国经济转型和保增长的双引擎之一。文化产业作为高创新性、高创意性的领域，与"大众创业、万众创新"概念十分契合，因此应当主动融入此项国家战略中，大力推动创业创意人才的不断涌现，以增强文化产业的活力和创造力。

文化产业的创业创意人才，顾名思义就是文化产业创业人才和文化产业创意人才的合称，均属于运用其智力资源进行创造性劳动的文化人才。文化产业的创业人才是指发起、维持和发展文化产品的生产组织、投融资、营销和管理的专门人才。文化产业创意人才是指从事文化产品的创意策划和内容生产的专业人才。值得注意的是，文化产业创业人才和创意人才并非毫无关联的两个概念，二者有一定的重合。例如，当前很多创意人才在有一定市场知名度和关注度后，选择自行组建工作室，参与市场经济运作，自负盈亏，这样就兼具创业和创意两项能力，成为复合型人才。

---

[1] 中央财经大学文化与传媒学院教授、文化产业系主任。
[2] 中央财经大学文化与传媒学院文化创意产业方向研究生。

目前，我国文化产业创业创意人才缺口较大，而文化产业可持续发展和竞争优势的确立，取决于创业创意人才及其才能的发挥。因此，在推动文化产业创新发展过程中，政府对创业创意人才进行扶持，将文化人才的创意思维外化为创业实践，在实践中检测并提升创意质量和可行性，逐步提高创业创意人才的数量和质量，将人力资源转换为人力资本，十分必要。

一、我国文化产业创业创意人才的政策扶持状况

当前，我国各级政府十分重视文化产业发展，出台了不少经济政策和教育政策，对文化企业和文化项目进行资助，在推动文化产业发展过程中间接带动了创业创意人才的培育，但直接针对文化产业创业创意人才的专门政策支持相对较弱。

（一）政策支持

近年来，随着文化产业的兴起，我国针对文化产业创业创意人才的相关政策越发清晰。

2008年，文化部围绕文化人才工作开展了多次调研，对全国文化系统人才情况进行全面摸底，深入了解文化人才队伍建设的现状，挖掘存在的问题，明确下一步文化人才工作的发展方向和前进目标。2009年7月，国家出台《文化产业振兴规划》，将培养文化产业人才作为规划落实的重要保障条件。2010年8月，文化部制定并颁布实施《全国文化系统人才发展规划（2010—2020年）》，这是实施"人才兴文"战略、推动文化人才队伍建设的总体规划，是文化系统一个时期内人才发展的统领性文件。2011年10月，国务院通过《关于深化文化体制改革的若干意见》，要求高度重视人才队伍建设，着力培养文化领域的领军人物和专业人才、掌握现代传媒技术的专门人才、懂经营善管理的复合型人才。2014年2月，国务院在《关于推进文化创意和设计服务与相关产业融合发展的若干意见》中提出要强化人才培养，推动实施文化创意和设计服务人才扶持计划。2014年，文化部、财政部联合启动文化产业创业创意人才扶持计划，决定

在5年内重点扶持5000名青年创业创意人才，建设创业创意人才库，并且依托文化产业园区基地和各类支持平台，建设文化产业创业创意人才扶持计划实践基地。2014年8月，文化部、财政部联合印发了《关于推动特色文化产业发展的指导意见》，明确提出在推动特色文化产业发展过程中，强化人才支撑，坚持以培养高技能人才和高端文化创意、经营管理人才为重点，加大对特色文化产业人才的培养和扶持，积极将特色文化产业人才培养纳入各级政府人才发展规划和工作计划。

（二）政策实施现状

在国家相关政策的引导下，各级政府积极响应，逐步开展了一些扶持文化产业创业创意人才的项目，并且取得了现实性成效，形成了产业与人才共同成长的双赢局面。

1. 成立文化创意产业人才库和培养基地

为更好地培育文化产业创业创意人才，文化部设立了文化部文化产业创业创意人才库，将各类文化竞赛、各个文化领域的优秀人才纳入其中，集中进行推介，引导文化创意更好地转化为创业实践。文化产业创业创意人才库吸收的文化人才涉及动漫、游戏、音乐、艺术品等多个领域，呈现全方位的人才培养态势。除此之外，文化部文化艺术人才中心还从青少年抓起，创建了"青少年艺术人才档案库"，在全国范围内吸纳优秀的青少年文化艺术人才，加强青少年综合能力开发，为文化产业日后发展奠定人才基础。

在成立人才库的同时，2014年上半年，北京市设立了首批30家文化创意产业人才培养基地，覆盖高校、文化投资公司、文化创意企业等多种类型。人才培养基地的设立，整合了社会教育资源，促进了产学研的合作，发挥了人才扶持引导示范作用，构筑了文化产业创业创意人才培养高地，为文化产业发展提供了坚实的智力支持。

人才库和培养基地的建设为文化产业的发展建立了深厚的人力资源"蓄水池"。

2. 组织文化创意竞赛

各项文化创意竞赛活动的举办，不仅为文化产业起到了发现和挖掘优秀文化人才的作用，更推进了文化艺术创新成果的转化和市场推广，同时也是一条创业创意人才的培养之道。由文化部、财政部启动的文化产业创业创意人才扶持计划中的重要一项，就是面向全国征集青年创意作品，优胜者进入文化产业创业创意人才扶持计划重点扶持范围，在国内顶级文化行业展会上向社会重点宣传推介，同时获得文化部、财政部专项扶持资金，以及知名基金、众筹、金融机构、园区深度参与的"一对一"扶持。两届竞赛共选拔146名设计人才，极大提升了文化产业人才队伍的数量和质量。此外，文化产业创业创意人才扶持计划还涉及音乐和动漫游戏领域。音乐创意人才扶持项目，旨在挖掘具有音乐作品原创能力和音乐表现能力的45周岁以下青年音乐创意人才，为其搭建音乐作品成果转化和市场推广的平台，探索音乐创意人才培养和发展的创业模式。动漫游戏人才扶持项目则对评选出的35件优秀动漫创意作品进行重点扶持。

各省、市、自治区也着手加强当地的文化产业创业创意人才队伍建设。由北京市东城区发起的"未来领袖"文化创意大赛，从2009年至今已持续举办7年，打造出了"技术研发—成果产业转化—产品市场推广"的专用服务模式，优秀成果迅速落地，解决了文化产业创业人才创业前期的一系列难题，已成为一个成熟的创业平台。

3. 开设文化创意培训班

2015年3月，由文化部、财政部主办，中央文化管理干部学院承办的文化部文化产业创业创意人才培训班开课，计划全年举办12期，涉及视觉传达、动漫设计、工业设计等多个领域，聘请顶级师资，构建科学的课程体系，并且与业内一流企业合作，结合培训举办地的文创活动，不断调整当期培训方向。参训人员包括在校大学生、毕业生、青年设计师、创意总监和青年创业人才等。创意培训班的举办，以及社会培训机构和行业一线企业优秀力量的加入，丰富了创业创意人才的实践能力，增强了他们对行业现有状况的把握。

国家艺术基金2015年扩大了艺术人才培养资助项目的受助范围，在涉及舞台艺术、美术、书法、摄影、工艺美术等领域的艺术专业人才、经营管理人才和理论评论人才之外，增设了"高端艺术人才境外研修计划"，将极大满足文化产业长远发展的人才要求。

二、文化产业创业创意人才扶持政策存在的问题

首先，财税支持政策不完善。当前，各级政府对于文化产业创业创意人才的专门性财税政策支持较少，更多的是对文化企业、文化团队的资助。虽然促进文化产业发展、为文化机构发展创造良好环境，可以间接地为文化产业创业创意人才提供扶持，但缺少财税立法和政策的直接保障，使得人才扶持计划的相关框架体系建设无法顺畅进行，更无法实现运用财税政策鼓励文化产业创业创意人才充分展现自身实力的作用。

其次，高校培养力度不够。高校本应起到输送人才的作用，但是由于高校教育没有摸清文化产业的特殊性，导致培养出的毕业生专业特长缺乏，实际工作能力差。目前，我国高校文化产业专业课程设置方面普遍重理论重技术，轻实践能力培养；重基础，轻前沿；重专业能力，轻人文素养。科系分类过于狭窄，文化产业学科和专业建设大大滞后于文化产业实际发展，因此并不能完全担当创业创意人才专业基础知识和实践能力培养重任。

再次，针对青少年创业理想和创意思维的激发不到位。青少年是未来的文化人才，是文化产业发展的根基，需要让创业创意的种子在他们心中生根发芽。但目前培养文化产业创业创意人才的措施通常仅仅针对成年人，忽略了对青少年的培育，没有设置青少年专业化创业创意教育的中心或课程。长远来看，这将导致创业创意人才储备不足，加大后期对创业创意人才的投入成本，并且造成全社会文化产业创业创意氛围的缺失。

最后，优秀人才流动政策落实不彻底。当前创业创意人才管理模式并不能很好地满足人才柔性流动的需求。在引进优秀创业创意人才方面，政策往往出自政府部门的规范性文件，法律约束性较差，实施效果不佳。例如，北京市为解决因户籍对文化人才造成的不便，出台了"申请办理调京或办理《北京市工作居住证》"的优惠政策。文化人才根据各区县文化创意产业园区有关政策，可

以申请办理工作居住证，但在实际办理过程中受到条件认证过程烦琐、界限不明确的限制，导致扶持政策难以落实，缺乏可行性。如若长期出现此种问题，将极大地损害文化产业创业创意人才的积极性，不仅无法引进优秀人才，更会造成人才的流失。而在与国际人才交流与合作方面，由于信息不对称，创业创意人才对于政府相关政策获得的渠道不够通畅。

三、国外文化产业创业创意人才扶持状况

文化产业发达国家在创业创意人才扶持政策方面形成了较具共性的做法和模式，具体体现在以下四个方面。

（一）积极扶持创业创意人才的财税支撑模式

首先，通过实施税收减免优惠政策扶持创业创意人才。例如，韩国对于取得突出成就的网络游戏、动漫、影像等行业人员免征两年个人所得税。英国税务局规定，从事诸如作曲家、作词家、剧作家等职业的文化从业人员，鉴于其创作周期长，平均收入较低，可以与税务局进行协商，将应缴税额平均分配到各年进行缴纳。加拿大魁北克省则规定年收入所得不超过2万加元的艺术家，其1.5万加元部分可免于缴税。爱尔兰政府规定，从事文学、音乐、绘画、雕塑等行业创作的艺术家，年收入低于25万英镑则免征所得税。

其次，通过各种文化奖项和基金会资助创业创意人才。税收减免政策优惠是普适性的，而设立文化奖项与提供奖学金则是择优性的资助。在法国，设有多项高额奖项用于奖励优秀的文化艺术人才。此外，法国大部分公共资金补助和奖金会受到地方政府和文化机构的约束，但给予艺术家的低于2.3万欧元补助额则不受协议约束。

再次，通过项目资助、资金扶持等方式扶持创业创意人才。文化产业发达国家从国家层面到各个州、市都在为培养艺术家方面提供资金支持。德国政府一方面为"文化个体化"的个人艺术家设置养老、医疗在内的各种保险，另一方面在联邦、州、行政区层面对个体艺术家进行资助，包括购买艺术家作品、协

助举办展览等。瑞士则设立创新性的养老基金，将资助给创意艺术家的资金变为艺术家养老基金，保障艺术家长久的稳定生活。

（二）针对不同年龄段进行针对性创意才能培训

人在不同的成长阶段所需要接受的教育类型和接受能力有较大差异，因此针对不同年龄段提供与之匹配的课程是必要的。英国政府十分重视创意产业发展原生动力的激活和培育，出台了一系列以创意人才为主题的战略举措，分别对儿童、青少年和成年人进行针对性的创意才能培训。儿童和青少年每周参加5小时文化教育活动，旨在尽早发现创意才能。在义务教育阶段，创意教育应当成为中小学生素质教育的组成部分，培养少年儿童的创意兴趣，一方面用以满足创意产业长远发展的需求，另一方面营造良好的支持创业创新的社会氛围。在儿童和青少年获得创意教育熏陶的同时，英国政府还建立了专门的创意产业学术中心，为14—25岁个人提供创意技能的培训。

（三）鼓励引导高校参与创意人才培养

政府积极推动产学研的合作，充分发挥高校的文化辐射作用，针对文化产业创业创意人才的核心素质要求，有针对性地开展课程培训，并且根据实际需要将其合理分配不同专业，优化人才结构。20世纪80年代之前，日本通常采用师徒制的方式培养动漫人才，从90年代开始，高校教育逐渐涉足动漫人才的培养。2000年，日本京都精华大学首次设置动漫专业，其他高校纷纷效仿。日本数字好莱坞大学由日本多所实力企业投建运营，教学过程中十分注重社会实践平台的搭建，学校所培养的在校生和毕业生参与了近10年日本所有重要的动漫影视作品创作，极大地提升了日本动漫的制作水准和国际知名度。韩国政府历来重视依托高校资源培养创意人才，成立多所专门的文化产业人才培养学校，目前已有110所大学开设了文化产业本科专业，81所研究生院开设了文化产业相关硕博课程。此外，针对创业创意领域实践性强的特点，政府积极引导文化产业与纯艺术人员之间的交流合作，避免理论脱离实际，提高创意人才业务技能。韩国政府还利用网络及其他教育机构开展创意相关专业教学，2003—

2006年，共开设21个专业，培养了4500名急需实用性人才。

（四）灵活的人才流动政策

在大力培养本国人才的同时，设法吸引国际人才是很多文化产业发达国家扩充优秀人才的重要手段。很多国家奉行全球化的人才观，对人才流动采取比较自由的宽松政策。英国采取"开放性"的人才政策，认为虽然开放性政策会造成英国本土人才的流失，但本土人才海外择业仍可为英国的创意产业作出贡献。吸引优秀高端创业创意人才的重要因素是建立有利于人才发展的社会环境和平台。美国在优秀文化产业人才移民方面占据先机，1990—1991年，美国不断放宽文化人才的移民政策，吸引俄罗斯等独联体国家3万多名文化艺术界人士移居美国。

表1 部分文化产业发达国家创业创意人才扶持政策

国家	扶持措施	人才管理机构
英国	英国科学、艺术及技术基金会为具有创意点子的个人提供发展资金。英国产业技能委员会为电影、电视和多媒体行业举办为期3年的人才再造工程，66%的影视业和24%的多媒体从业人员达到研究生水平	英国文化、新闻和体育部
韩国	在重点培育的游戏产业领域，2001年起开办"游戏专家资格证"考试，成立"游戏综合资源中心"对外招生，高校每年培养1500—2000名学生进入游戏产业	CT产业人才培养委员会、教育机构认证委员会
瑞士	每年用1.5万瑞士法郎表彰为艺术和文化推广作出贡献的人才；瑞士联邦文化处出资成立瑞士文化社会基金，资金援助艺术家	瑞士联邦文化处
德国	通过视觉艺术基金会、德国文学基金、社会文化基金等对文化领域从业者进行支持，包括艺术展览、竞赛、奖励等方式	德国联邦政府文化与传媒委员会

四、对完善我国文化产业创业创意人才扶持政策的建议

当前,我国创业创新氛围十分浓厚,但针对文化产业创业创意人才的扶持体系尚不完善。在政策导向上,要实施具有社会导向性的资金支持和奖励,诸如所得税减免优惠政策、设置文化类奖励、提供基金会扶持等。加大产学研结合,促进人才的合理流动,同时构建完善的人力资源管理模式,培养一批文化产业创业创意领军人才,形成良性循环的文化产业创新业态。

(一)强化财政政策引导,鼓励创业创意

呵护、扶持创业创意人才是文化产业发展的根本之道。而对创业创意人才进行财政支持则是最现实的惠民之策。

首先要加大财政直接投入。包括设置针对文化产业创业创意人才的财政专项资金,对取得良好业绩的文化产业创业人才和作出突出贡献的文化产业创意人才进行财政奖励等。财政直接投入体现了政府重视扶持文化产业创业创意人才的战略意图,能够有效引导创业创意人才的良好发展。在强化财政支持的过程中,要注意不损害市场机制,防止补贴的低效率使用甚至滥用。

其次要强化税收优惠政策。政府运用税收手段直接调节创业创意人才的收入,包括优惠税率、减免税收、税收递延和税收抵免等方式。借助税收政策的杠杆,维护创业创意人才的收入,为其全身心投入文化生产提供物质保障。

再次要完善财政投融资政策。政府可以采用自行运作或与社会投资机构合作的方式,建立财政投资基金,重点支持文化产业创业创意人才的发展。此外还应在财政引导下扩充多元化融资渠道,为文化产业创业人才奠定稳健的资金支持。针对文化产业创业创意人才的财政投融资政策,在我国仍处于逐步完善的过程中。我国国家艺术基金自成立以来,不断扩大对青年艺术创作人才的资助范围,突出对新创作项目的支持,2014年针对艺术人才培养项目的资助额为4000万元,2015年预计为每位学员提供3万—10万元资助资金,强有力地支持了文化人才的培养。

(二)优化高校专业设置,加强产学研结合

创业创意人才作为国家重点扶持的人才,可以在复杂多变的市场环境中运用专业知识和创造新知识的能力进行挑战性工作。文化产业的创业创意人才具有很强的知识性、创造性和自主性,人力资本投入高,因而开发周期长,高端人才较少。

应当从高校教育入手,夯实人才培养基础,从根本上解决创业创意人才匮乏的现状。从现实角度来看,文化产业创业创意人才基础知识的获取,主要来自学校教育。没有接受过正规学校教育,通过自学成才的案例确实存在,但在目前的社会情况下,多数人才的成长直接得益于高校的知识培养与灌输。文化产业创业创意人才需要在高校通过接受系统的专业深造,形成扎实的专业基础、勇于探索的创新精神和积极的人生观、世界观。应鼓励各大高校根据文化产业创业创意人才的知识、技能要求,有针对性地培养创业和创意能力,确定明确的培养目标,并且借鉴国外相关课程经验,形成基础研究、应用研究和开发研究三者的合理布局,以及科研开发的良性循环。文化产业创业创意人才的培养,必须因材施教,重视学生的个性,采取"课程微型化、内容专业化"的模式,以多样化的课堂教学方式着重挖掘学生的创业创意潜能。可以根据文化产业实践的需要,培养人才缺口较大的相关领域创业创意人才。

加强产学研合作,高校、文化企业、研究院以及各类培训机构应该注重产学研结合的模式,通过"大学为主,产业为辅,政府支持促进"的方式,依托高校深厚的文化产业教育研究资源,引导从事一线文化产业工作的人员来校与学生进行交流,为高校提供产业前沿信息,并且为学生提供进入文化企业实践的机会。应大力鼓励国际产学研合作,加强与文化产业发达国家的高校、研究院或文化企业的合作,快速促进我国文化产业创业创意人才的成长。

(三)制定合理人才政策,促进人才有效流动

加强与文化产业发达国家的交流与合作,大力从国外引进人才。目前我国文化产业创业创意人才呈现稀缺状态,人力资本投入较高,在时间、金钱和教

育方面的投入回报周期长，不能满足当前文化产业迅猛发展的需求。面对此种状况，政府应一方面帮助文化产业领域引进国外优秀人才，另一方面充分发挥其行政职能，出台利于人才交流、引进的相关政策法规，创造吸引人才的良好环境，积极引导高校和文化企业引入优秀的创业创意人才。在制定相关扶持政策时应当与相关部门进行密切协调，尽量避免因政府机构间沟通不畅而造成的政策难以落地的尴尬局面。针对国外引进的优秀文化产业创业创意人才，应当在生活保障、创业发展和精神需求方面给予一定优惠，同时加强人才孵化器的建设与投入。例如通过加大公租房建设力度、规范租房市场、控制商品房价格等方式缓解住房难问题，让子女获得同当地学生一样的高品质教育，引导国外引入的优秀创业创意人才尽快融入当地社会生活，为其搭建更为宽广的舞台，真正落实"让每个创业者都能享受到天使服务"的愿景。

（四）注重人才未来发展，构建完善人力资源管理体系

文化产业创业创意人才作为典型的知识型员工，需要运用科学的理论对其进行长远扶持。

首先，政府应简政放权，放管结合，改变政府人才管理模式，下放更多的权力给予企业和行业组织，运用社会化管理模式对创业创意人才进行管理。

其次，应完善人才激励机制。人才激励机制是指对文化人才的各种需求给予一定程度的满足，以此引起其心理状态的改变，使其有动力向目标努力。针对文化产业创业创意人才，精神激励效果更为明显。例如可以通过荣誉激励，向创业创意人才颁发奖章、授予名号以示褒奖。荣誉是满足自我价值实现、激发人们奋进的重要手段。授予荣誉可以激励创业创意人才迎难而上，更好地发挥自身价值。

再次，应开展职业生涯管理。目前政府或文化企业在引进人才后缺乏有效的管理，造成了人才的浪费。故此应协助创业创意人才进行职业生涯规划，并为其提供相关培训、技能辅导等机会，从而促使其实现职业生涯目标。

最后，政府可创建人才素质测评与考核评估机构，承担创业创意人才的素质测评、级别和职称评定以及相关人才综合绩效管理职能，在确保人才质量的

同时，明确其个人任务和完成情况，将被动完成绩效转化为主动承担任务，释放创业创意激情。

目前，我国针对文化产业创业创意人才的扶持政策陆续出台，但更重要的是要与此相适应，将文化产业创业创意人才扶持计划项目品牌化，并且不断完善包括前期孵化筛选、中期市场推介、后期知识产权保护等在内的规划步骤，进一步促进文化产业创业创意人才资源的优化。

第三部分 调研报告

北京市文化创意产业创业创意人才调研报告

引　言

　　目前，我国经济发展进入新常态，"大众创业、万众创新"成为经济发展的新动力，创业创意人才作为文化创意产业链上最上游环节的主体，其活跃程度将直接影响文化创意产业的全局发展。北京作为全国政治中心、文化中心、国际交往中心和科技创新中心，在发展文化创意产业方面有着得天独厚的优势，拥有旺盛的消费需求和强大的辐射能力，但是文化创业创意人才的缺口依然很大，在创业创意人才培养政策、创意创新环境以及人才扶持激励机制等方面还不够完善，很多创意人才以及潜在创意人才的聪明才智、创造力得不到充分的发挥，影响了文化创意产业的发展。因此，如何有效地扶持培养创业创意人才，发掘、利用和保护创业创意人才的创造力，提高创业创意人才的工作热情，建立适宜创新和创业的社会环境和企业环境，为年轻人创新创业提供平台，成为当前北京市发展文化创意产业亟须解决的问题。

　　文化创意产业本身的特点决定了其发展比其他产业更直接依赖于其人才及人才的培养和开发。人才作为文化和知识的拥有者、创造者、实践者和传播者，是推动文化创意产业发展的核心要素，已成为文化创意产业经济发展的重要依托和决定因素。尽管北京文化创意产业人才相比其他城市具有相当的优势，但也同样遭遇人才瓶颈，创业创意人才总量、结构和素质还不能适应产业快速发展的需要，要建设首都文化人才高地，构建创意之都，必须尽快集聚大批优秀的创意产业人才，支撑北京文化创意产业繁荣发展。

一、北京市文化创意产业创业创意人才基本状况

(一)北京市文化创意产业创业创意人才总量及分布

1.文化创意产业吸纳就业能力稳步提升

自2004年纳入统计体系以来,北京文化创意产业一直保持较高的增长速度,2005—2014年,北京市文化创意产业增加值占GDP比重从2005年的9.5%增长至2014年的13.1%,10年间增长近3.6个百分点,文化创意产业已经成为北京市仅次于金融业的第二大支柱产业。作为北京经济结构战略性调整中一支重要力量,文化创意产业在贡献经济增长的同时创造了大量的就业机会,就业形势持续向好。自2004年起,北京文化创意产业从业人员平均人数以15.8%的年均速度不断增长,2014年从业人员数量比2005年增加136.4万人,增长近3倍。文化创意人才加速在京聚集,巩固了北京文化创意产业的核心竞争力。

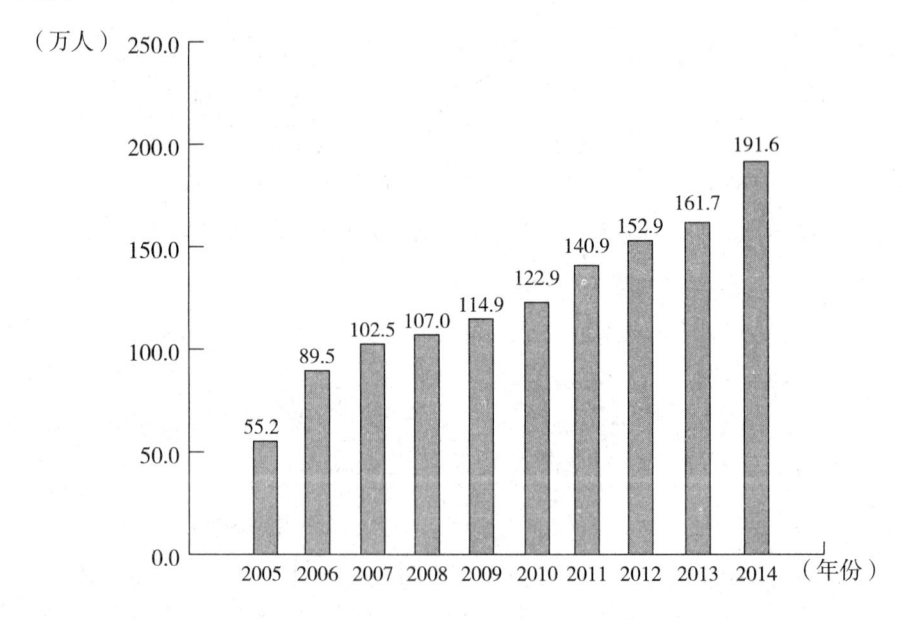

图1 2005—2014年北京文化创意产业从业人员平均人数情况

资料来源:北京市统计局网站。

2. 文化创意行业人才分布差异明显

2014年，北京文化创意产业实现增加值2794.3亿元，占全市GDP的比重提高到13.1%，创历史新高。截至2014年年底，北京市文化及相关产业企业已达17.1万户，同比增长15.8%；注册资本4338.5亿元，同比增长39.4%。规模以上法人单位实现收入11029亿元，同比增长9.5%[①]；文创从业人员平均人数191.6万人，同比增长4.3%，占第三产业从业人员人数的21.4%，占全市从业人员总数的16.5%。从产业内部结构上看，软件、网络及计算机服务业为代表的文化科技类业态从业人员数量以绝对优势排在九大类别的首位，平均从业人数为90.8万人，占文化创意产业从业人员平均人数的47.39%，占据半壁江山。其次为广告会展和其他辅助服务，平均就业人数为17.3万人和17万人，占比分别为9.02%和8.87%。设计服务业平均就业人数16.7万人，排在第四位。艺术品交易业从业人员数量最少，为2.7万人，占文化创意产业从业人员平均人数的1.4%。值得注意的是，受数字及网络技术的冲击，新闻出版业、广告会展业以及艺术品交易业就业人数出现不同程度的下滑，而以计算机技术、网络技术和

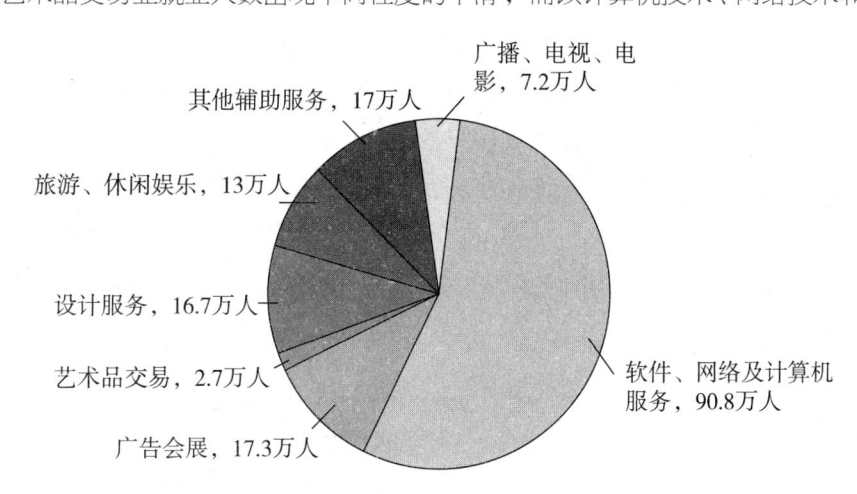

图2 2014年北京文化创意产业九大门类从业人员情况

资料来源：北京市统计局网站。

---

① 李洋：《2014年北京文化创意产业占GDP比重突破13%》，《北京日报》2015年3月12日。

数字技术等高技术服务内容为核心的软件、网络及计算机服务业和设计服务业就业人数出现较大增势。高技术服务业是现代服务业的重要内容和高端环节，技术含量和附加值高，创新性强，发展潜力大，辐射带动作用突出，对于扩大内需、吸纳就业、培育壮大战略性新兴产业、促进产业结构优化升级具有重要意义，今后必须加大对软件、网络及计算机服务业、设计服务业等融合业态的人才支持培养力度。

3. 文化创业创意人才向优势区县集中

2014年，北京市文化创意产业盈利能力较好，产业结构基本合理，带动就业能力稳定增长。16区（含北京经济技术开发区）规模以上文化创意产业从业人员总数为1151236人，比上年增长4.14%。按照北京市主体功能区划分来看，城市功能拓展区拥有规模以上从业人员837764人位居榜首，就业总量是其他三大功能区的2.6倍。首都功能核心区规模以上文化创意产业从业人员平均人数为193827人，比上年增长1.53%，但也是唯一年增速低于全市水平的功能区。城市发展新区和生态涵养区虽然在规模以上文化创意产业就业人数上低于其他两个功能区，但是它们的年增速水平远高于全市增速，生态涵养发展区更是以11.71%的增速水平排在四大主体功能区之首，说明生态涵养发展区已经将发展文化创意产业作为主导产业来抓，文创产业实力不断壮大，对就业的带动作用进一步增强，后期发展潜力巨大。从各区规模以上文化创意产业就业能力来看，海淀区和朝阳区对全市文化创意产业就业的贡献最大，两区分别以533854人和234226人排在第一位和第二位，比上年同期增长了5.22%和1.75%。西城区规模以上文创产业从业人员103824人，排在第三位。经济综合实力雄厚、特色文化资源突出、产业集聚效应明显、公共文化设施完善、文化创意氛围浓厚等是他们排名前三甲的重要原因。在年增速方面，虽然海淀、朝阳、东城、西城、丰台、石景山等区产业发展基础较好，产业实力雄厚，但增速十分稳定，大多在8%以下，而房山、昌平、北京经济技术开发区、门头沟、密云等区从业人员增速在10%以上，密云更是达到53.7%，文化创意产业创业创意人才正加速向这些区县聚集。值得注意的是通州区和平谷区规模以上文化创意产业从业人员数量出现负增长（见表1），我们相信随着通州建设北京城市副中心和京津冀一体化战略的推进，未来文化创意产业将大有作为。

表1 2013—2014年北京市主体功能区规模以上文化创意产业从业人员数量

区域	从业人员平均人数（人） 2014年	从业人员平均人数（人） 2013年	增速（%）
北京市	1151236	1105459	4.14
首都功能核心区	193827	190890	1.53
东城区	90003	88949	1.18
西城区	103824	101941	1.84
城市功能拓展区	837764	804320	4.15
朝阳区	234226	230190	1.75
丰台区	38309	37725	1.54
石景山区	31375	29072	7.92
海淀区	533854	507333	5.22
城市发展新区	99882	92558	7.91
房山区	7560	6519	15.96
通州区	13571	15277	−11.16
顺义区	13558	12741	6.41
昌平区	22224	19312	15.07
大兴区	12316	12135	1.49
北京经济技术开发区	30653	26574	15.34
生态涵养发展区	19763	17691	11.71
门头沟区	1859	1664	11.71
怀柔区	6072	5708	6.37
平谷区	3490	3771	−7.45
密云区	5020	3266	53.7
延庆区	3322	3282	1.21

资料来源：北京市统计局网站。

（二）北京市文化创意产业创业创意人才基本特征

为了清晰认识北京文化创意产业人才发展现状，了解人才培养及发展规律，课题组通过问卷调查、比较研究、深度访谈等方法，对北京市文化创意产业创业创意人才进行了深入调研。在广泛收集材料，了解北京文化创意产业发展现状的基础上，设计出"北京文化创意产业创业创意人才扶持培养调查问卷"，委托专业在线问卷调查公司采取随机抽样的方法，面向北京市文化创意企业进行问卷调查，共发出问卷1000余份，回收问卷500余份，其中有效问卷337份。通过对回收问卷的研究分析，我们得出目前北京文化创意人才的基本特征。

1. 人才总量高速增长，人才队伍年轻化

自2004年至今，北京文化创意产业从业人员平均人数以15.8%的年均增长速度不断扩展，从业人员数量比2004年增长近3倍，在一定程度上满足了产业对人才的迫切需要。在受调查的从业人员中，绝大多数的从业人员年龄在30岁及以下，占比为56.08%，31—40岁的从业人员占38.28%，说明文化创意产业从业队伍以青年人为主，年轻人具备较强的想象力、创造力和创新激情，也敢于探索冒险，因此更适合文化创意产业的发展。

2. 从业时间普遍较短，高学历人才占比大

在从业年限方面，多数人从业年限在3—5年，占52.23%，3年以下的占7.42%，5—8年的占26.11%，8年以上的占14.24%，说明文化创意企业成长的时间还很短，多数从业人员经验还不够丰富，正处于积累的过程中。在教育背景方面，从业人员学历以本科为主，占63.8%，硕士及以上学历占21.96%，大专及以下学历占14.25%。学历结构反映出文化创意产业更加重视创意能力，并不盲目追求高学历，创意才能与学历高低并非成正比。在收入情况方面，59.35%的受调查人员的收入在5500元以上，4500—5500元的人群占16.32%，文化创意产业从业人员的收入水平与年龄和受教育程度总体成正比，随着工作年限和受教育程度的增加，收入水平总体呈上升趋势。

3. 注重产业发展前景，以实现个人价值为主要工作目标

调查结果显示，产业发展前景（55.79%）、学习成长空间（54.30%）和工

作具有挑战性（47.48%）是创意人才投身文化创意产业的主要吸引力，同时工作内容丰富（39.17%）、体现自我价值（34.72%）、社会认可度高（29.97%）、薪酬福利（20.77%）、人际环境（17.8%）也是创意人才就业的主要考虑因素。这说明文化创意产业经过一段时间的发展，规模不断扩大，对国民经济的贡献率不断上升，文化创意产业已成为热门就业领域。对于文创从业者来说，成就激励和精神激励的比重远大于金钱等物质激励。不仅如此，由于对自我价值的高度重视，创意人才同样格外注重他人、组织及社会的评价，并强烈希望得到社会的认可和尊重。

4. 推崇创新思维，自主创业意识提高

文化创意产业的发展在很大程度上取决于文化创意产业创新创业型人才创造力的发挥，与传统产业的人才相比较，文化创意人才个性鲜明且张扬，他们思想独立，富于想象，勇于挑战，充满激情，对自己能力的要求比较高。在受调查者中70.62%的人通过参加职业技能方面的培训，吸收、积累新的知识，提升技术、能力水准，提高自身创意才能。同时有一些文化创意人才不满于生活现状，73.44%的人希望通过创业使个人获得不断的成长和发展来实现自己的价值，得到大家的认可。

5. 融合业态吸引力强，新兴文化创意产业人才增长迅速

通过调查发现以软件网络与计算机服务以及旅游、休闲娱乐等为代表融合业态从业人数居多，占34.11%，广告会展、艺术品交易、设计服务等优势行业从业人员占28.48%，文化艺术、广播电视电影、新闻出版等传统行业从业人员占29.66%。随着科技对文化创意产业领域的不断渗透融合，以高技术、高附加值为特点的新兴文化创意产业吸引了更多创意人才的关注，大有赶超传统行业之势，今后这一领域将吸引更多创意人才加速聚集。

6. 激发创业创意活力，小微企业是人才成长"温床"

在此次调查中，64.69%的从业者来自私营企业，在这些企业中，绝大多数都是员工在300人以下的小微企业，这些数字表明文化创意产业市场主体多元，非公经济成为文化创意产业的生力军，尤其是小微企业作为文化创意产业的"草根基础"，是众多龙头文化企业的"孵化器"和"蓄水池"。它们极大地丰

富了文化产品和服务的供给，扩大了文化领域就业，促进了文化市场的活跃与繁荣。但是小微企业成长时间较短，在竞争激烈的市场环境下发展的不确定性较大，随时可能被兼并或者淘汰，所以文化创业创意人才的流动性加剧，去向也十分不稳定，他们多数会选择另外的企业另谋出路，这与创业创意人才看重产业发展前景，不断提升自我能力体现人生价值是分不开的。

二、北京市文化创意产业创业创意人才扶持培养体系构建

对于文化创意产业而言，创业创意人才是产业发展的重要驱动力，创新型人才的培养是一个系统工程，不仅仅是高校的责任，也是政府、社会的责任，需要各方力量的参与合作。北京坚持首善标准，着力完善人才培养体系，营造良好政策环境和社会氛围，探索创新创业创意教育，引导企业建立创意人才发展机制，努力建设创新创业首选地。

（一）政府部门

1. 完善文化创意产业创业创意人才扶持培养政策体系

自"十一五"以来，北京市为促进文化创意产业的发展出台了40余项产业扶持政策，涉及文化体制机制创新、金融支持、税收优惠、人才扶持、空间布局等多个方面。这些政策中在关于加大人才培养与引进方面都提出了实施人才建设工程，引进高端产业人才，完善文化人才培训体系，创新文化创意人才引进和奖励机制等措施。《北京市促进文化创意产业发展的若干政策》要求培养和引进并重，提出了具体的扶持创意人才措施，还提出了设立市文化创意奖的设想。《中共北京市委关于发挥文化中心作用加快建设中国特色社会主义先进文化之都的意见》则从更高层面提出了文化名家培育、文化人才队伍建设、文化人才激励机制的总体要求。《北京市促进设计产业发展的指导意见》紧扣设计产业特点，在人才方面提出了认定"设计大师"和培养"自由设计师"的具体路径，还创造性地提出了增设设计类专业技术职称的思路，并明确提出推荐高端设计人才入选各类人才计划。《北京市文化创意产业提升规划（2014—2020

年)》着重要求加大人才培养力度，分层次培养文化领军人物、青年文创人才，扶持培养文化科技融合型人才和文化创意产业领域专业硕士，拓宽文创人才培养渠道。创新人才吸引机制，树立大人才观，打破所有制限制，促进国有和非公单位人才双向自由流动，创造良好环境，吸引文化领军人物、文化资本运营人才、文化科技创新人才等在京创新创业。《北京市关于推进文化创意和设计服务与相关产业融合发展行动计划（2015—2020年）》中提出制定文化创意和设计服务人才发展规划，确立人才评定标准和激励政策。建设文化创意职业技能人才培训基地，通过与国际知名培训机构共建合作，培养一批高层次、复合型、国际化的文化创意和设计服务人才。举办创意设计竞赛活动，促进创新成果展示交易等一系列措施培养高素质领军人才。但是，截至目前北京尚无针对文化创意产业的专门性人才政策和专项规划。

2. 建设文化创意产业创业创意人才培养依托载体

近年来，文化创意产业基地和园区在北京如雨后春笋般迅速发展，成为推动文化创意产业发展、落实文化创意产业扶持政策的重要载体。一批较为成熟的文化产业园区集聚效应明显，培植了大批龙头企业，吸引了各地人才特别是海外归国创业人才和国内精英人才到北京来发展文化创意产业。2014年5月，北京市提出按照两大主线、7个板块思路建设20个文化创意产业功能区的战略目标。文创功能区凭借其优质的资源、浓厚的创意氛围及良好的发展环境，吸引了各类文化创意产业管理和经营人才。数据显示，2014年年底，功能区文化创意产业法人单位从业人员达119.9万人，占全市文化创意产业从业人员的67.3%。其中，功能区规模以上文化创意产业法人单位从业人员达77.4万人，同比增长0.1%。

为进一步加快北京市文化创意产业人才培养步伐，助推文创产业的快速发展，2013年12月，北京市国有文化资产监督管理办公室制定了《北京市文化创意产业人才培养基地认定和管理办法（试行）》，并正式发布了《关于公开征集北京市文化创意产业人才培养基地的公告》。经过申报征集、材料初审、评审打分、实地踏勘、评审认定5个阶段，在全市范围内认定了中国传媒大学、北京电影学院、洛可可科技公司、北京瀚海润泽科技孵化器有限公司、兴邑世纪国际新媒体产业公司等30家文化创意产业人才培养基地，覆盖文化创意产业设计服务、文化艺术、新闻出版等九大门类。北京市文化创意产业人才培养基地建设是北京市推进文化创意产业发展的又一重大举措，旨在加快推动北京市文化创意产业发展所需人才建设，重点培养包括熟悉文化创意产业链整体运作的复合型人才，文化创意产业领域关键环节如研发设计、经营管理、营销经纪等专业型人才，努力实现人才培养与产业发展的有效对接，不断壮大文化创意产业人才队伍，促进首都文化大发展大繁荣。

3. 搭建文化创意产业创业创意人才交流与合作平台

北京作为中国文化创意产业最具竞争活力的城市之一，近年来大力推动各类文化创意产业博览会、展会、论坛峰会、推介交易、设计创意大赛等面向国内外的合作交流活动，为创意产业发展建立了多元的展示平台、营造了良好的产业氛围，并取得了丰富的实践经验和宝贵的人文财富。通过搭建中国北京国际文化创意产业博览会、中国北京国际科技产业博览会、中国国际设计艺术博览会、北京国际设计周、中国（北京）国际时装周、北京国际电影节、中国设计"红星奖"、北京草莓音乐节、"'大众创业、万众创新'活动周"等国内外交流合作平台，搭建文化产品、文化服务交易展示平台，既展示了国内外文化创意产业发展的丰硕成果，又拓宽了创业创意人才眼界和思维，提高了北京文化创意产业的竞争力和国际影响力。

（二）教育培训机构

1. 高校成为服务首都文化创意产业理论与实践教育的主阵地

高校作为学习专业系统知识，输送人才的主阵地，承担着培养人才的重任。作为国内高校和科研机构最集中的地区，北京拥有普通高等学校89所，其中中央直属高校35所，位居全国第一；本科院校64所，占普通高等学校的71.9%；全市本、专科在校大学生60余万人；硕士在校生近30万人。以人文艺术为优势特色的高校成为文化创意产业相关专业人才培养的主力军，北京电影学院、北京舞蹈学院、中国戏曲学院、中央美术学院、中国音乐学院、中央音乐学院6所院校开设的绝大多数专业均为文化创意相关专业。北京电影学院开设的所有43

个专业中大多为广播、电影、电视类相关专业。另外，中国传媒大学、中央戏曲学院、北京印刷学院、北京服装学院等高校所开设的文化创意相关本科专业在校生人数占全校人数的50%以上。目前，多所高校已开设实践教学课程，部分学校与企业联手建设实训基地，探索以项目带动教学的实践教学，重视创新思维能力的培养，建立跨学科、跨专业的交叉性特色教学模式。

2. 教育主管部门深化体制改革推进创业创意教育

在创业创意教育方面，北京市采取多项措施支持大学生就业创业。北京市教委每年投入专项资金近130万元，启动北京高校大学生自主创新推进项目，对有创业意愿的毕业生进行创业辅导和培训，并帮助成熟的创业项目实现孵化。在中央民族大学、北京电影学院、北京服装学院等高校开办创业培训班，并组织企业家对30余支学生创业团队进行辅导；出台《北京市教育委员会关于进一步提升北京地区高校大学生就业创业能力的意见》《北京高校大学生就业创业项目管理办法》，实施"北京市大学生科学研究与创业行动计划"，引导高等学校探索并建立以问题和课题为核心的教学模式，推动高等学校积极倡导以本科（高职）学生为研究主体的教学改革，提高学生科学研究与创业就业能力；开展北京高校示范性创业中心建设，帮助大学生创业工作开展薄弱的高校加快建设，促进基础好、具备一定条件的高校全面提高创业工作能力，整体提升北京高校大学生创业工作水平；组建创业专家队伍、设立创业专项经费、建立创业培训服务基地、推动创业孵化基地建设，充分发挥高校主阵地作用等方式大力推动北京地区高校大学生创业工作稳步开展；举办北京地区高校大学生创业展、首届中国"互联网+"大学生创新创业大赛、评选北京地区高校大学生创业优秀团队等活动，推动高校树立先进的创新创业教育理念，加快培养规模宏大、富有创新精神、勇于投身实践的创新创业人才队伍。

3. 培训机构探索培养满足首都文化创意产业实际需要的岗位人才

除了在校脱产学习之外，社会培训机构也是开展文化创意产业创业创意教育的力量之一。社会培训机构可以为学员提供职业认证，多数是非学历项目，这类机构与高校重视基础教育不同，往往都是以产业为主导，考虑企业对人才的真实需要，以教授实操技术为主，培育出的学员毕业后具备良好的能力和职业素养。就培训对象来看，主要面向产业从业人员、企业管理人员以及政府主管人员开设不同类型、不同内容、不同特色的短中期培训课程。就培训方式来看，目前社会培训机构一般分为两类：一类是传统面对面授课，另一类是借助互联网的在线教育。前者多以技术指导为主，如中国移动互联网设计高端教育品牌——火星时代实训基地，拥有由全职讲师、业界兼职讲师、行业专家组成的专业师资团队，设有6个专业方向（影视动画专业、游戏设计专业、建筑设计专业、互动媒体专业、传统美术专业、教师认证），25个类别的长期班，30多个类别的短期班，800多门课程，针对学员不同阶段的水平进行指导。此外，面向企业管理层的高端课程培训也十分火爆，如国家发改委培训中心文创高级研修班、清华大学中国文化创意产业研究中心数字新媒体高端人才研修班、北京大学文化产业企业管理与资本运营高级研修班、中国传媒大学中国文化产业园区招商与运营高级研修班、中央文化管理干部学院创意设计高级研修班等都是通过聘请专业化、高水准师资团队，进行针对性强的政策解读，提供丰富有效的案例分析，提高文化创意产业高级管理人员的综合能力和专门技巧。后者多以综合平台教学为主，如专门提供文化产业知识的互联网视频课程学习网站——中国人民大学科技园的文化产业网络学院，面向公务员、企业家、创业者提供文化产业课程、文化素养课程、创业和企业管理课程。网站以学员为中心，按照学习目标分门别类提供专业文化内容，创新在线学习体验，课程多以15—20分钟的短视频为主，能适应各种终端浏览器，方便学员随时随地进行学习。此外，网易云课堂、51CTO、多贝公开课等也是平台型在线实用技能学习网站，为学习者提供海量优质课程。

（三）园区和企业

1. 完善培训体系提高人才素质

员工培训是现代企业人力资源管理的重要内容，通过对员工培训最终达到提高企业核心竞争力的目标。现在许多文化创意企业都认识到了培训的重要性，以培训的方式增强员工个人的综合能力，提高员工的知识水平及基本技能，强化组织的核心能力，增强团队协作能力。

北京青青树动漫科技有限公司自1992年成立以来一直分析、研究有关动画片创制作的每一个业务环节和基本规律，形成了特有的培训体系和培训方法，涵盖了策划、编剧、分镜、设定等主创环节所涉及的技术性部分，并用这些成果不断地培训自己的创制作人员。为鼓励刚入企的新人学习的积极性，青青树按工作量核发奖金，对于已经在公司工作过一段时间，但工作精度和工作量尚不足以让他获得较高收入的员工，青青树会在协商自愿的基础上，让他们参与培训，让他们能够集中时间强化训练，提高工作效率和个人收入。可以说，青青树公司的培训方法是其公司产品质量的重要保证，是公司核心竞争力的重要组成部分。

文化创意产业园区作为企业的聚集基地和创新载体在培养人才方面也作出了诸多努力。中关村多媒体创意产业园文化科技高端人才培养基地以创业、创新、创意为核心内容，面向文化科技融合企业创始人、高管和技术总监等形成高端人才创新创业型、应用型等人才培养模式，精心设计适合文化科技融合产业高端人才发展的培养计划。在文化科技高端人才培养方面，园区的中关村博雅留学人员创业园启动实施了"文化科技创新海外高层次人才引进与培育计划"，已赴美国、德国、法国、英国、瑞士、芬兰、瑞典、东盟等地开展了系列产业高层次引才与培育工作的政策宣传，现已成功聚集、培育了一批入选"人才计划"的高层次创新创业人才。

2. 搭建交流平台促进资源共享

企业之间开展多元化、全方位的交流与合作，拓展渠道扩视野，不仅为企业搭建起沟通交流的平台，更为文创人才创造了向同行业领先企业学习的机会，满足员工渴望更多的交流、沟通、学习的需要，进一步增强企业创新驱动、内生增长的新动力。

北京瀚海润泽科技孵化器有限公司是由北京瀚海智业投资管理集团投资组建的以数字传媒为专业方向的高科技专业孵化器，致力于对中小企业的培育和服务。公司依托集团及自身区域优势，整合各方资源引入工商、税务、法律、会计等中介服务机构，为孵化器企业提供税收优惠、法律咨询、投资融资、人才服务等政策宣讲；举办"'跨越大洋创业彼岸'2015 MIT—CHIEF中美跨境聚会""'私募股权投资实践经验分享'主题培训""'北京洛杉矶文化创意产业园'高峰研讨会"等主题活动,努力营造良好的创业环境,为人才走向成功搭桥铺路。2014年3月,北京瀚海润泽科技孵化器有限公司入选首批北京市文化创意人才培养基地第一批认定10个单位之一,未来将切实推进首都文化创意产业人才培养工作。

3. 培育创新人才实现人生价值

作为文化创意产业发展的主体,企业重视人才梯队的培养,在培养方式上注重专业化、针对性,为青年文化创意产业创业创意人才的成长和全面发展提供良好的平台,帮助广大青年实现自己的人生价值。

2014年,完美世界(北京)网络技术有限公司联合国家部委及多个部门机构、国内外非政府组织共同发起"全球青年领袖实验室"计划,为优秀青年发展提供良好的学术研究和职业发展的平台,培养青年精英们的创新实验能力。具体来说,对于在互联网、游戏动漫、科技、教育、影视、新能源、环保等多个领域具有创新思路和创新项目的青年,完美世界将提供资金和研发条件的支持,设立专门的创业工作室,并安排专业领域的专家为青年进行指导,促进青年的研究、开发、项目实验和孵化,使他们的想法变为现实,并产生巨大的社会效益。"全球青年领袖实验室"计划还专门组建的研发团队协助创新青年推进项目,为项目的有序开展创造有利条件,使青年的创新能力得到最大限度的发挥。

4. 营造企业文化环境孕育英才

环境对企业文化建设具有深刻的影响,营造有利于创新的生态环境,可以增强企业的创新动力。企业如果希望能够吸引高端人才来充实创意研发能力,就必须重视营造适合创意英才创意需要的企业文化环境,帮助他们实现创新潜能。

北京洛可可科技有限公司作为实力雄厚的国际创新设计集团,是目前唯一独揽四项国际顶级设计大奖的设计公司,也是中国对外宣传创意产业的主力代表。在洛可可凝聚着一群酷爱设计充满活力,拥有不同知识背景的人才,公司重视每一位员工,以"认同感、归属感、尊重感、成就感、幸福感"为企业文化,为他们营造最开放舒适的设计生活氛围,让每一个洛可可人在洛可可获取创新的价值，成就自我，在洛可可像在家一样享受，快乐设计。

5. 寻求校企合作拓宽人才渠道

高校与企业的合作是当前经济形势下的必然趋势，模式清晰、流程顺畅的校企合作有利于共同推进科技创新，同时储备人才。学校与企业在合作中共同研究制定教学质量标准、共同修订人才培养方案、构建课程体系、开发教材更新教学内容、组建教学团队、建设实训实习基地、实施人才培养、评价人才培养质量。同时，通过产学研合作还能支持大学生创新创业生态系统建设，达到校企双赢的目的。

北京若森数字科技有限公司是一家具有国际水准的数字媒体行业国家级高新技术企业，依托多年积累的专业开发经验，2006年，若森数字与北京科技大学继续教育学院联合成立了若森数字教育学院，设立计算机数字媒体专业，应用于影视动画、影视特效、网络游戏开发、互动程序开发、互联网图像等多方面技术领域，成为广大电脑图像从业者和爱好者技术能力提升的平台，也开创了国内产、学、研一体的全新人才储备模式。既满足了高校培养实践型创意人才的需要，又为企业解决了人才短缺的难题。

（四）众创空间

发展众创空间，推进"大众创业、万众创新"是适应经济新常态、促进经济转型升级和培育新的经济增长点的战略举措，也是2015年开年以来提升至国家高度的重磅战略。2015年3月2日，国务院办公厅下发了《关于发展众创空间推进大众创新创业的指导意见》，明确了支持众创空间发展，推进大众创新创业的政策措施。在这一形势下，北京积极推进众创空间建设，为创业企业搭建新技术新产品的推广平台，助推创业企业打通和拓展市场渠道。3月23日，北京市科委对创客空间、创客总部、北大创业孵化营、科技寺等首批11家众创空间进行了授牌，并授予中关村创业大街"北京市众创空间集聚区"称号。5月4日，北京市科委授予众创空间集聚区内的14家创业服务机构（36氪、亚杰汇、Binggo咖啡、3W咖啡、北京大学创业训练营、IC咖啡、创业家、车库咖啡、天使汇、飞马旅、联想之星、硬创邦、虫洞、因果树）"北京市众创空间"称号，至此首批北京市众创空间达25家。5月13日，由联想之星、极地国际创新中心、3W咖啡等54家众创空间、投融资机构、高科技企业等联合发起的北京众创空间联盟宣告成立，联盟旨在搭建资源共享平台，推动创新创业服务资源开放共享与衔接，降低创业者的创业成本和门槛，帮助有思想、有激情、有梦想的普通人在这个大舞台上实现梦想。

三、现阶段北京文化创意产业人才培养存在的问题与需求

（一）人才总量相对不足

北京文化创意产业经过10年的发展，产业规模和经济贡献屡创新高，带动就业的能力逐步增强，人才储备总量稳步提升。尽管与国内其他省（市、区）相比，北京市的人才优势比较明显，但井喷式的发展必然导致人才短缺，2014年，北京文化创意产业资产总计达26441.8亿元，而从业人员数量只有191.6万人，占全市从业人员的16.5%，占全市总人口的8.9%，这其中还有很大一部分属于流动人口，这与北京发展文化创意产业的巨大潜力不相匹配。文化创意人才的严重缺失，一方面使文化产业缺乏原创产品；另一方面又使好的创意缺乏成熟的市场推广运作，难以实现其经济价值，影响文化创意产业的发展。

（二）人才结构失衡

北京文化创业创意人才结构失衡主要体现在三个方面：一是不同行业之间就业能力差别大。在产业内部结构中，软件、网络及计算机服务业为代表的文化融合业态就业人数多达90.8万人，几乎是其他八大门类就业能力的总和。这种差别说明其他八大门类的就业吸纳能力并没有充分发挥出来，将来具有巨大的就业吸纳潜力。二是区域文创人才分布不均。在北京的四大主体功能区中，文化创意人才多集中于首都功能核心区和城市功能拓展区，而城市发展新区和生态涵养发展区的人才较少，这是因为文化创业创意人才大多优先选择产业实力雄厚、发展空间巨大、产业链条完整、创新氛围浓厚、公共基础设施成熟、交通生活条件便利的地区，但是随着北京逐步推进差异化、特色化文化创意产

业功能区建设，地区之间的人才流动会进一步加大，地区之间的就业差距会逐步缩小。三是人才层次能级区别明显。北京文化创意产业处于一种"金字塔式"的人才结构，虽有成熟的加工型技术人才，但缺少原创型创意人才，更缺少中高级人才尤其是创新型人才和经营管理型高级人才。此外，北京目前正处于京津冀文化创意产业一体化建设的关键阶段，但在人才培养、发展模式等领域的合作没有真正落到实处，人才、技术和资本不能在三地间合理流动，制约京津冀文化创意产业协同发展进程。

（三）政策针对性不强

为增强自主创新能力，加快创新型城市建设，北京在引进和激励人才方面出台了很多政策，但大部分集中在科技领域。虽然目前针对文化创意产业领域出台的政策多达40余种，包含了总体规划、行业发展、集聚管理、投融资引导、税收优惠、知识产权保护等多个方面，基本形成了宏观指导和具体操作相互支撑的点、线、面相结合的政策体系，促进了北京文化创意产业的发展。虽然在这些政策中都已提到加大人才培养与引进，创新人才引进和奖励机制等鼓励培养创意人才的方法，但以文化创意产业人力资本需求特点、供给现状、结构建构等为基础的文化创意产业的专门性人才政策和规划还属空缺，影响文化创意产业内在性的发挥，而且在已出台的文化创意产业政策实施中缺乏具体细则。如在一些扶持政策中提出的高端人才户口、医疗、子女教育等配套服务以及人才培养机制等，在怎样具体落实、由哪个部门具体负责实施等方面并不明确，未出台相关细则，可操作性不强。

（四）人才培养和开发机制不够完善

最近几年，一些高校开设了文化创意产业相关的专业，但是由于培养方式和师资力量比较单一，课程设置门类比较传统，与社会实际需求相脱节，不能培养出满足市场需要的富有创造性的人才。另外，创意企业却找不到合适的人才，特别是缺乏创意管理和创意经营人才。在用人方面，由于缺乏有效的人才市场化配置机制，业内的人才流动主要是低效的口碑相传和熟人介绍，使很多优秀人才不能人尽其才、才尽其用。在人才引进上过分重视学历和职称,对创新能力考虑不够,影响引进人才的质量。加之一些用人单位缺少针对创意人才有效的激励机制,不能充分调动人才的主动性和积极性。企业对高端人才仍然缺乏系统有效的培训和成长机制,导致人才知识老化。[1]

(五)社会对创业创意的参与度和认知度还不够高

中国目前已经步入"大众创业""草根创业"的新浪潮当中,国家相继出台了一系列优惠措施支持创业,为自主创业者提供了诸多的创业条件和环境,对创业者来说现在是创业最好的时代。但是难找切入口、资金不足、缺少社会经验三大难题让创业者的创业之路困难重重。再加上当今社会对创业的参与度、认知度、包容度还不够高,认为创业风险太大,不如找一份稳定的工作来得实在,创业创新的热情严重受挫,有的创业者不得不放弃了自主创业的想法。扫清创业障碍一方面需要创业者有强大的责任心和坚韧的精神攻坚克难,另一方面离不开社会各界对创业的包容和扶持,帮助创业者营造支持创业、创新的良好氛围,让更多具有创业精神和能力的创业者迈向成功。

四、北京市文化创意产业创业创意人才培养对策与建议

从当前文化创意产业创业创意人才培养的实践看,将文化创意人才培养纳入城市战略,进一步明确文化创意人才的培养定位与目标,制定和普及创业创意教育的政策措施,营造和建立全社会支持和鼓励创意人才成长和脱颖而出的氛围和机制成为北京迫切需要解决的问题。下一步要围绕北京文化创意产业发展的重点领域,加快培养能适应创意产业需求的原创制作人才、文化资本人才和经营管理人才,积极构建适合北京创意产业发展需要的创业创意人才培养模式,实现政府、高校、企业、社会各方的通力合作,协同培养创业创意型人才,发挥各主体的资源优势,放大资源效能,形成比较完整的创业创意产业人才培

---

[1] 《我国文化创意缺乏原创型人才》,《光明日报》2014年1月16日。

养体系，为北京培养更多质优量足的创业创意人才，促进北京文化创意产业的全面发展，提升北京创意生命力。

（一）制定创意人才发展战略，优化人才发展环境

把人才作为战略资源是对人才培养、吸引和使用作出的重大的、宏观的、全局性构想与安排。发挥政府的导向作用，从战略的高度制定中长期人才队伍培养规划，为文化创意产业人才培养目标的设定提供引导、指明方向，使人才培养的规模、结构、层次趋于合理。通过整合人才供需信息，编制紧缺人才发展目录等措施，为重点发展行业人才引进提供依据，以迎合首都文创产业发展的人力需求，提高北京文化竞争力。要进一步提高人才引进的有效性和针对性，用有限的财力、物力、人力确保紧缺人才的准确引进，完善政府奖励、用人单位奖励和社会奖励互为补充的多层次创意和设计人才奖励体系，对各类文化创意创业创意人才的创作活动、学习深造、国际交流等进行奖励和资助。鼓励教育主管部门尝试与企业共同建立培训基金，为文化创意企业特别是中小微型文化创意企业人才进行再培训，有效促进行业人才队伍向知识能力高层次化、年龄结构合理化、来源结构多样化的方向发展。要加大新兴文化创意产业人才和融合业态文化创意产业人才的扶持力度，造就一批领军人物。引导创意人才在地区之间合理流动，有效解决个别区县文创人才缺少的问题。

（二）调整创意人才培养结构，形成创意产业人才培养体系

文化创意产业创业创意人才培养应集成文化创意产业界各方人力和优势资源，这依赖于政府、高等院校和企业、人才服务机构等多方面的共同努力。

在政府层面，发挥首都政策优势，努力营造有利于创业创意人才培育、成长和发挥作用的政策环境。提倡社会参与培育人才，培育和规范社会中介组织，发挥其在人才猎头等业务方面的优势，满足企业特殊用人需求。为企业提供资金、税收、用地等优惠措施，推动高校、文化创意企业和社会中介机构成为培养高技能创意产业人才的共同主体和阵地。

在学校层面，院校要加快调整创业创意人才教育体系，高校或相关创意机

构应把长期学历教育和短期非学历教育相结合，形成多层次、开放性的培养体系。在课程设置上，高校要重视理论与实践相结合的素质教育。首先，改变课堂教学只传授理论知识的现状，鼓励学生走出课堂消化理论，并根据实际情况提出理论和技能需求。其次，创新教学组织形式，设立创意人才培养实训平台。寻求校企合作，让学生可以直接投入文化创意产业的运营与发展中，培养工作意识和动手能力。再次，在实施多样化人才培养方案上，把创新创业教育融入人才培养，高校可直接设立创新创业专门机构，主要统筹协调学生创新精神和实践能力的理论教育、实践训练；统筹协调学生创业意识、能力的教育实训和创业创意项目的孵化与转化；对接校内外创业创意教育、实践和孵化平台。在培养高水平师资队伍建设上，鼓励引进的各类高水平人才承担创业创意人才培养任务，鼓励各类科研团队吸收学生参与科学研究；定期组织高层次人才开设讲座、论坛等，启发学生的自主创业创新意识，提升学生的自主创业创新技能，开拓学生的国际视野和学术视野。

在企业层面，在人才培育上，把技能培训和继续教育作为人才队伍建设的重要一环。一方面鼓励文化创意企业加强与高校合作交流，提出人才需求，并提供校企嵌入式联合培养机制，为学校提供实训岗位，为学生加强实践能力提供机会；另一方面加强岗位锻炼，鼓励岗位创业，让创意人才的专业知识技能应用于实践，并在实践中得到锻炼，培养造就企业的技术骨干和创新人才，在岗位上获得成功。在人才使用上，企业应建立创新型人才保护机制，营造宽松、平等、鼓励创新。宽容失败的企业文化。对创新取得的成就要大力鼓励，对创新型人才暂时的失败要给予充分理解和宽容，要允许在创新工作中失败，但不允许不创新。在具体人才管理措施上，通过设立符合文化创意产业特点的绩效管理体系和激励机制，激发文化创意人才的创意和激情。有条件的企业可以建立创业孵化平台，最大限度地激发创新型人才的积极性和创造力。

（三）构建公共服务平台，促进中介服务机构发展

从世界各国的文化创意产业发展历程来看，各国政府均为创意产业的发展构建了完善的公共服务平台，北京应尽快打造一个文化创意产业综合系统平台，

建立健全的企业决策支撑与服务体系，从而实现有效的整合与管理产业资源。同时，探索创意人才中介机构产业化发展方向，加强对创意人才市场中介服务机构和创意人才服务工作的指导，打造创意产业人才互动交流平台，通过平台了解创意人才需求，为广大创意产业界开展创意教学资源共享、在线创意设计成果展示、创意人才发布、创意工作者以及爱好者互动交流等服务，并着重研究和发展在创意人才素质测评、创意人才规划、创意人才招聘、薪酬福利职业培训和发展等方面的服务。

（四）创新高端人才引进模式，打造人才集聚高地

高端创意人才极度匮乏成为北京文化创意产业未来发展最大的瓶颈，必须把引进和培养高端文化创意产业人才作为首选战略，利用政策杠杆吸引世界各地的优秀创意人才。一是开辟高层次文化创意人才引进的绿色通道，欢迎国内外享有较高声誉的创意名家来京创业，并对文化创意产业有突出贡献者给予表彰和奖励。二是积极开展国际合作项目，提高海外文化创意人才资源开发的针对性和有效性。三是加强与国内外知名专业人才中介机构的合作，在国内外与本市产业发展类似的人才高集聚地区建立联络点或聘请合作机构，采取委托招聘、业务对接等多种形式的合作方式，利用其优势资源，为北京创意企业提供人才服务。四是完善柔性引进机制。采取学术交流、公开招聘、兼职、短期聘用、项目合作、开办工作室等多种形式，吸引文化创意人才来京创业。

（五）引导人才合理流动，推动京津冀文化创意产业协同发展

目前，京津冀地区文化创意产业发展势头迅猛，人才建设是保障文化创意产业的可持续发展的重要一环，必须提升到战略高度来抓。三地间要充分发挥各自特色与优势，寻找关联性与互补性，实现人才资源合理配置、有序流动。加快建设文化创业创意人才合作新机制，建立"京津冀文化创业创意人才工作联席会议"制度，构建符合三地发展实际的创业创意人才合作框架，统筹协调区域人才一体化发展，创造更加具有示范引领作用的人才发展新体系。建立区域文化创业创意人才公共服务体系，合作推进人才公共服务政策创新，共建京津冀文化创业创意人才市场，打造三地人才交流合作平台，鼓励三地高层次文化创业创意人才优惠政策相互开放，推动专业技术资格和职业资格互认，逐步形成高层次人才区域内自由流动的保障机制。联合三地相关部门，定期举办大型项目推介会、洽谈会、高层次人才交流会，推进三地间的文化创意产业项目合作与对接，建立三地常态化的人才合作交流机制。共同建设大学生实习基地、技能人才实训基地，支持和鼓励创业创意人才跨区域合作，实现人才合作持续推进、互利共赢。

（六）强化创业创意宣传，营造全社会创业创意氛围

文化创意产业人才是文化创意产业发展的核心因素，提升全社会对发展文化创意产业、培养文化创意产业人才重要性和迫切性的认识，在全社会树立新型人才观，积极营造"鼓励创新、宽容失败"创新文化氛围，提高创业创意意识，鼓励创业者积极投身创新创业，政府和全社会对创新创业予以理解、支持和宽容。通过新闻报道、专题报道、深度报道等形式，进一步加强对文化创意产业领军人物、创业之星、创新成果、创新品牌、杰出企业等先进典型的宣传力度，不断提升对文化创意产业和人才的认识，营造崇尚创业、支持创业的社会舆论氛围，提高创业意识和创业能力。激发全社会的创新创造活力。规范和鼓励举办国际化、专业化的文化创业创意竞赛、论坛等交流活动，促进文创人才的创新成果展示交易，构筑北京文化创业创意人才高地。

上海市文化创业创意人才调研报告

引 言

党的十七届六中全会指出,推动社会主义文化大发展大繁荣,队伍是基础,人才是关键。2014年3月14日,国务院印发《关于推进文化创意和设计服务与相关产业融合发展的若干意见》(国发〔2014〕10号,以下简称《意见》),提出要强化人才培养,到2020年,在文化创意和设计服务先导产业领域培养一批高素质人才。对上海而言,从2004年起就率先提出推动创意产业发展,10多年来已取得令人瞩目的成绩:2014年,上海文创产业增加值占到GDP比重的12%,提前一年完成"十二五"规划目标。文化创意产业正在成为引领和支撑上海新一轮发展的支柱产业,对上海全市经济发展的贡献率逐年提高[1]。上海作为全国改革开放的排头兵,对其文化创业创意人才进行研究,现实意义尤为显著。

一、基本状况

根据《意见》精神,文化创业创意人才主要是指以文化资源为起点,以内容创意为动力,以市场需求为目标,以企业经营为途径的文化创意与设计服务人

---

[1] 《2014年上海文化创意产业增加值占GDP比重达12%》,2015年2月5日,人民网,http://sh.people.com.cn。

才①。基于这一概念，为充分了解上海市文化创业创意人才现状，2015年7月至8月期间，课题组采用系统抽样的方式，分批次对2014年最新评定授牌的106家"上海市文化创意产业园"②的从业人员发放了800份调查问卷，实际收回有效问卷702份，回收率87.75%③。此外，课题组又先后与上海"田子坊"文化产业园、证大喜玛拉雅中心、上海新十钢（红坊）创意产业集聚区、南翔智地、东方慧谷、七宝古镇及34家上海文化创意产业协会④中的部分相关工作人员进行了座谈。截至2013年底，上海文化创意产业从业人员约130万人⑤，占上海当年从业人员总数1137万人⑥的11.4%。总体而言，上海市较为重视吸引和集聚各类文化创业创意人才，并凭借独特的区位优势，通过完善相关人才引进政策、搭建创业载体平台等措施，积极优化产业环境，为文化创业创意人才集聚营造了良

---

① 《国务院关于推进文化创意和设计服务与相关产业融合发展的若干意见》，2014年2月26日，中华人民共和国中央人民政府网，http://www.gov.cn/zhengce/content/2014-03/14/content_8713.htm。

② 为规范上海文化产业发展环境，实现资源优化配置，2014年9月研究制定《上海市文化创意产业园区管理办法（试行）》，对原50家市级文化产业园区和87家创意产业集聚区进行整合，在原有园区评定基础上提出最新标准，规范园区建设和管理，全年分两批次，评定授牌106家"上海市文化创意产业园"。

③ 为严格确保受访者隐私，本研究所涉及问卷中凡包含个人姓名或敏感性的信息将不会在任何公开出版物提及。

④ 根据上海市文化创意产业推进领导小组办公室了解到，34家上海文化创意产业协会包括上海市创意产业协会、上海创意产业中心、上海时尚产业发展中心、上海市工业设计协会、上海建筑学会、上海市汽车行业协会、上海市船舶工业行业协会、上海轻工业协会、上海市广告协会、上海市会展行业协会、上海服装设计协会、上海家用纺织品协会、上海包装技术协会、上海工艺美术行业协会、上海黄金饰品行业协会、上海日用化学品行业协会、上海市家具行业协会、上海家用电器行业协会、上海市室内装饰行业协会、上海市动漫行业协会、上海市工业经济联合会、上海市现代服务业联合会、上海市创意产业展示与服务平台、上海国际时尚联合会、上海文化娱乐行业协会、上海电视艺术家协会、上海市演出行业协会、上海市互联网公共上网服务行业协会、上海市书刊发行行业协会、上海市报纸行业协会、上海市音像出版制作行业协会、上海市印刷行业协会、上海市音像制品分销行业协会、上海广播影视制作行业协会。

⑤ 郑闻文：《上海文化创意产业从业人员约130万人》，2014年6月9日，东方网，http://sh.eastday.com/m/20140609/u1a8138131.html。

⑥ 《2014上海统计年鉴》，2015年9月29日，http://www.stats-sh.gov.cn/tjnj/nj14.htm?d1=2014tjnj/C0301.htm。

好的产业生态环境[①]。

(一)领域分类

上海文化创业创意人才的覆盖范围比较广泛,本次调查主要涉及设计、咨询、出版、文艺展演、动漫、影视、广告、信息技术服务、"非遗"、旅游等10多个行业领域,大致符合上海市创意产业的结构分布。其中,工业、时尚、建筑、市政等设计类人才最多,信息技术服务业次之。(见图1)尽管调研范围有一定的局限性,但也从一个侧面反映出上海文化创业创意人才的行业分布情况。

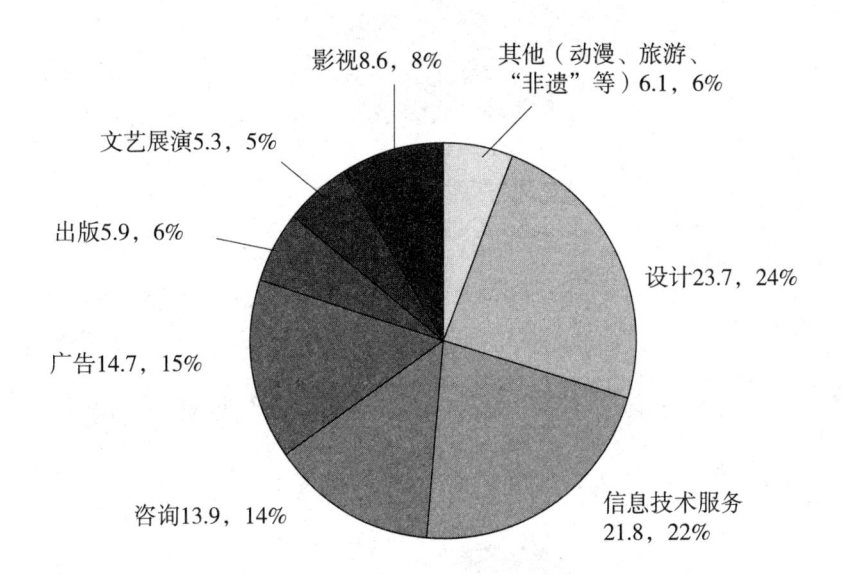

影视8.6,8%
其他(动漫、旅游、"非遗"等)6.1,6%
文艺展演5.3,5%
出版5.9,6%
广告14.7,15%
咨询13.9,14%
信息技术服务 21.8,22%
设计23.7,24%

图1 上海全市文化创业创意人才行业领域占比

(二)年龄结构

25岁及25岁以下年龄的占被调查总人数的42.7%,26—30岁的占29.6%,30—40岁的占23.1%,40岁以上的只有不足5%。(见图2)可见参与调查的创业创意人才队伍以30岁以下的年轻人为主,平均年龄为29.8岁,表明该行业从

---

① 季丹:《上海文化创意产业人才策略研究》,《科学发展》2013年第2期。

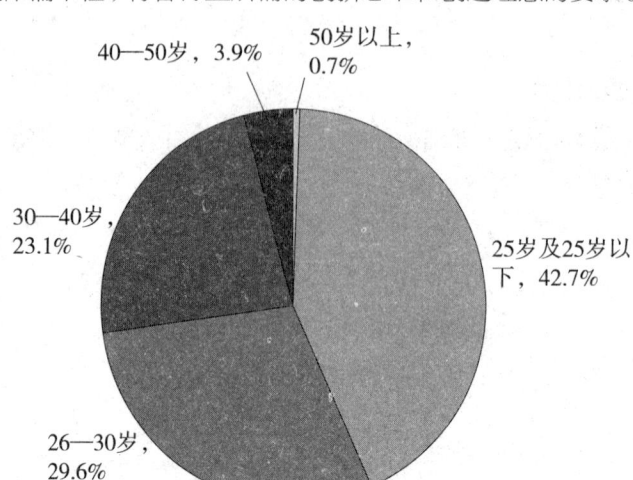

业者年龄整体偏年轻，符合行业所需的创新思维和创造理念的要求。

图2　上海市文化创业创意人才年龄结构情况

（三）学历水平

从业人员中，高中及以下学历者占3.2%，大专学历者占25.3%，本科学历者占58.9%，硕士及以上学历者占12.6%（见图3）。由此可见，上海市文化创业创意人才队伍以本科学历居多，硕士及其以上学历者偏少，高端人才相对缺乏。

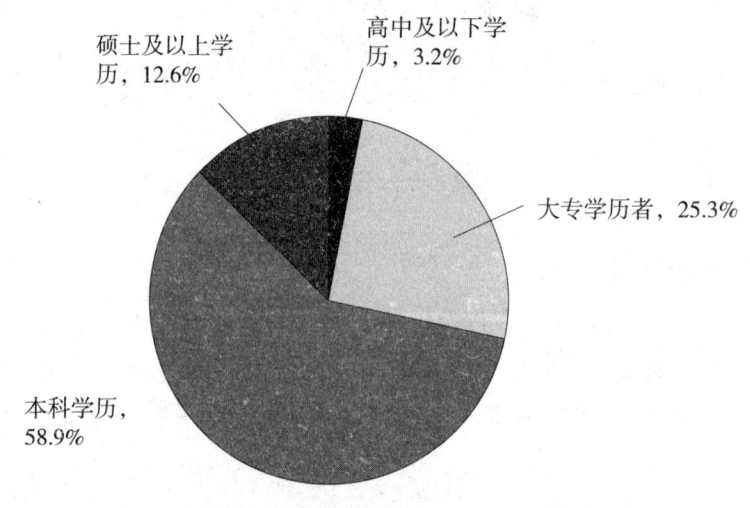

图3　上海市文化创业创意人才学历情况

（四）户籍情况

参与调研的人才中拥有上海户籍者占调查总人数的29.8%，非上海户籍数占调查总人数的70.2%。（见图4）可见上海户籍以外的人口是文化创业创意领域的主力军。

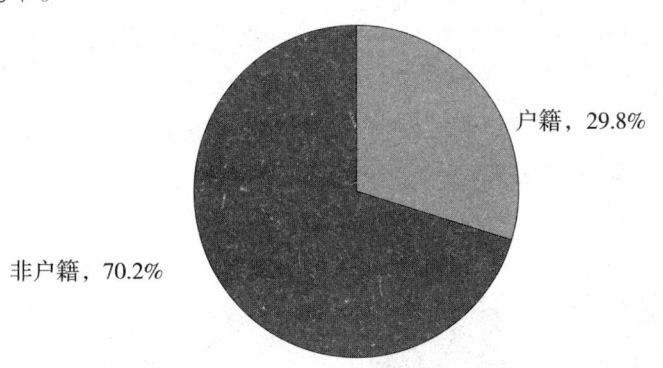

图4　上海市文化创业创意人才户籍情况分布

（五）行业工龄

在该行业工作1年以下的占调研总数的6.7%，工作1—2年的占49.3%，工作3—5年的占24.9%，工作5年及5年以上的占19.1%。（见图5）指标显示，上海文化创业创意行业目前还处于发展初级阶段，多数从业者经验不丰富，队伍稳定程度不高。

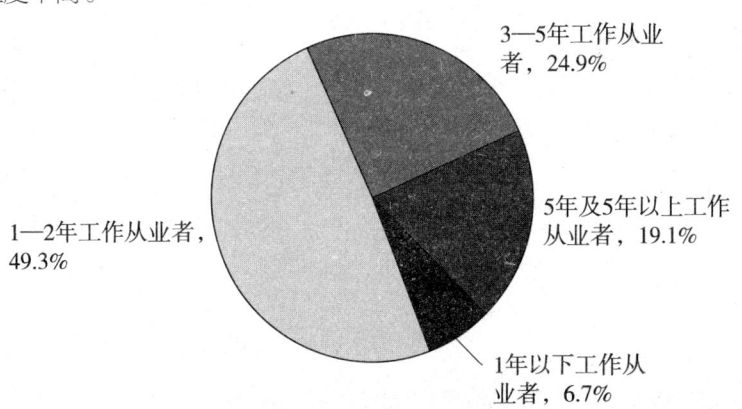

图5　上海市文化创业创意人才行业工龄情况

(六)工资待遇

被调查者年薪在3万—8万元的占总数的47.3%,年薪在8万—15万元的占29.9%,年薪在15万—30万元的占15.2%,年薪在30万元及以上的占7.6%。(见图6)上海市文化创业创意行业的年薪平均在8万元以上,较高于2014年上海全市职工65417元的平均工资[①]。

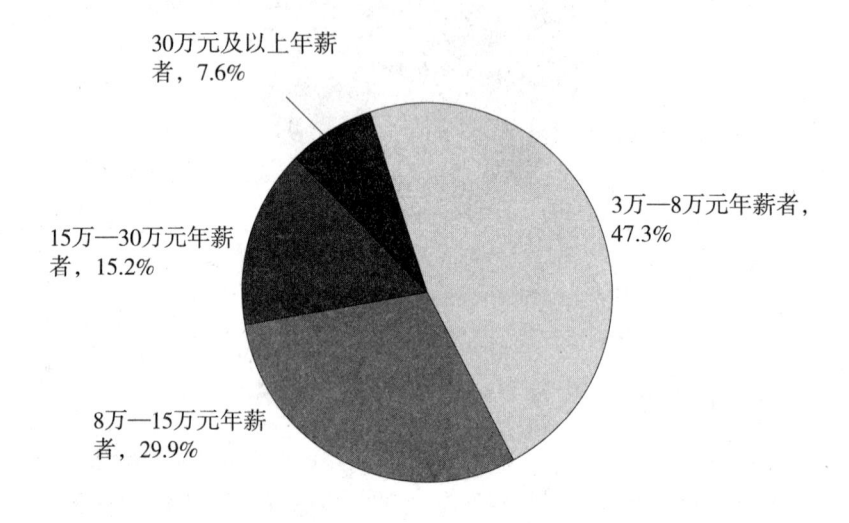

图6 上海市文化创业创意人才工资待遇分布

(七)工作期望

上海文化"双创"从业者对工作的期望主要集中在良好的工资待遇、专业技能提升、优化管理模式、自由工作时间、家庭与工作的平衡、获得海外进修机会等方面。(见图7)上述结果说明,尽管上海文化"双创"行业的总体待遇不低,但从业者普遍对工资待遇还不满意,且自我提升愿望强烈,对自身发展充满期待。

---

① 上海市人力资源和社会保障局网,2015年9月19日,http://www.12333sh.gov.cn/201412333/xxgk/flfg/gfxwj/ldbc/bcfp/201504/t20150401_1199449.shtml。

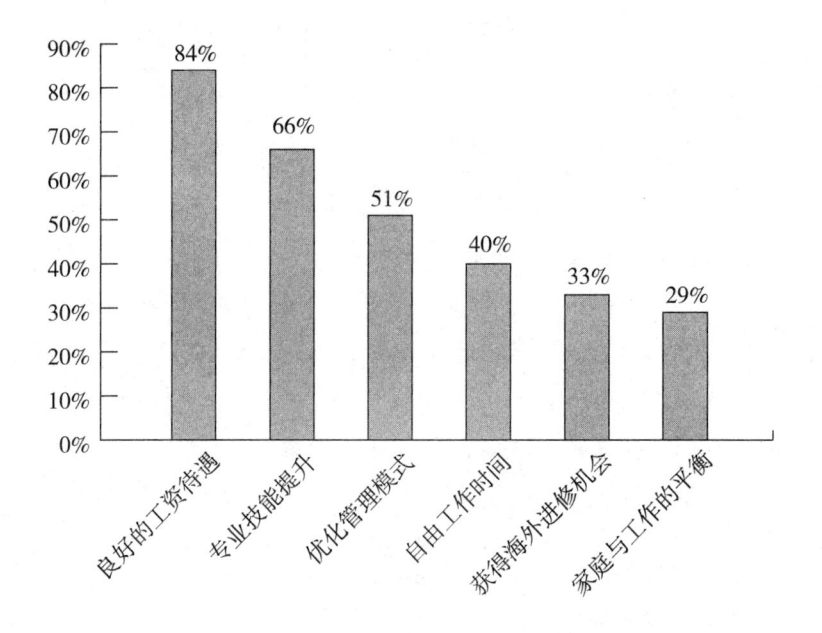

图7 上海市文化创业创意从业人员工作期望占比

(八) 就业环境满意度

尽管被调查者对自身工作充满期待，但一半以上的从业者对就业环境较为满意。总体来看，上海市由于"海派文化"的兼容并包以及上海地方政府的重视等是文化创业创意从业者较为看中的因素。

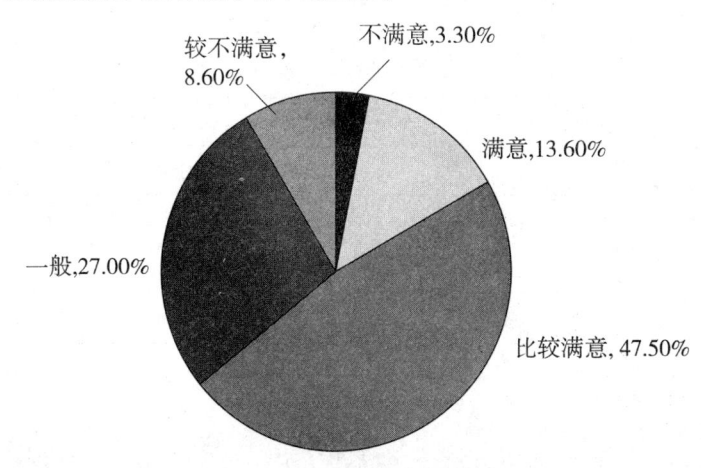

图8 上海市文化创业创意从业人员就业环境满意度情况

(九)教育培养

科学而有效的教育规划是社会人才培养的基础,各大专院校和研究机构在一定程度上肩负着培养高层次、高学历、高素质文化研究人才的使命。上海的文化创意产业研究以上海交通大学和上海社会科学院为代表。1999年12月12日,文化部与上海交通大学共建的国家文化产业创新与发展研究基地作为我国第一个国家级文化产业研究基地在上海交通大学成立,并自2003年以来举办12期国家文化产业人才培养工程;上海社科院有人力资源研究中心、创意产业研究中心、文化产业研究中心等相关研究机构[①]。下面对上海市近年来开设文化产业相关专业的高校及研究机构情况进行梳理,详见表1。

表1 上海高等院校文化产业专业开设情况一览

学校(研究机构)	院(所)	专业名称(方向)	学位
上海交通大学	媒体与设计学院	新闻传播学(文化产业管理;文化经济;文化政策;文化产业理论)	硕士
同济大学	艺术与传媒学院	新闻传播学(广告创意与创新研究)、设计学(影视创作与理论研究)、艺术设计(影视艺术创作)	硕士
	设计创意学院	设计学(工业、环境、传媒与传达、产品服务体系设计)	硕士
	人文学院	美学(文化产业研究)	硕士、博士
上海戏剧学院	创意学院	艺术学理论(文化创意产业研究)	硕士
		艺术学理论(文化创意与艺术管理)	博士
上海师范学院	人文与传播学院	传播学(广告与创意产业研究)	硕士
	女子文化学院	文化产业管理	学士
上海视觉艺术学院	文化创意产业学院	文化产业管理	学士
上海社会科学院	文学所	文艺学(文化产业)	硕士

---

① 毛溪:《人才:上海构建国际文化大都市的瓶颈——上海文化创意产业人才的现状和危机分析》,《中国文化产业评论》2013年第2期。

除高等教育的系统培训外，上海市还陆续出台了许多文化创业创意人才培养的政策法规，实施了一批相关项目，但均缺乏相应规模，且较之传统应试教育的系统性还有差距。

二、扶持培养政策

上海文化产业在"十一五"期间已显示出旺盛的发展势头。截至2015年9月底，上海市先后出台了多部与文化创业创意人才扶持培养相关政策，表2为政策内容的梳理。

表2 上海文化创业创意人才扶持培养政策一览

时间	机构	名称	内容
2001年	上海市人民政府	《上海市传统工艺美术保护规定》	实行上海市工艺美术大师认定保护制度，设立工艺美术大师工作室；按照国家有关规定，适当推迟工艺美术大师退休年龄；为工艺美术大师传授技艺创造便利条件；并对培养传统工艺美术人才成绩显著者予以表彰等[①]
2004年	上海市委宣传部、上海市人事局	"上海市职业能力考试院文化人才认证中心"	统一受理上海各类文化人才认证项目的申报，并实行统一考试，对考试合格者办理"上海市专业技术水平认证证书"[②]
2006年	共青团上海市委员会、国家开发银行上海市分行	《关于实施"上海市青年创业小额贷款项目"的通知》	扶持青年创办中小企业，并重点向先进制造业、现代服务业，以及高新技术企业和农业特色产业倾斜，促进产业结构调整和优化[③]

---

① 《上海市传统工艺美术保护规定》，2015年9月20日，http://www.law—lib.com/lawhtm/2001/36573.htm。

② 《2014年度上海文化人才专业技术水平认证项目公告》，2014年6月30日，http://shcci.eastday.com/c/20140630/u1a8186396.html。

③ 《关于实施"上海市青年创业小额贷款项目"的通知》，2013年8月21日，http://www.why.com.cn/epublish/node42196/node42202/userobject7ai367665.html。

续表

时间	机构	名称	内容
2008年	上海市创意产业中心、上海市劳动局、高校及创意集聚区	"上海创意产业优才培训计划"	该计划由创意名家讲坛、创意大师访谈录、创意实训教室三个版块组成，并结合网络技术构建创意人才就业服务体系，创立"创意思维培养＋职业技能实训＋就业辅导服务"的新型创意人才集成培养模式，每年为上海创意产业输送500名优秀创意人才[①]
	上海市委宣传部、经委	《上海市加快创意产业发展的指导意见》	鼓励高等院校、职业培训院校、社会培训机构与创意产业发展人才的需求对接，开展多层次、多类型的创意专业教育；鼓励开展创意人才国际交流，在输送人才学习国际先进经验的同时，引进海内外高级创意人才；建立和完善包括创意人才认证、创意人才推荐和培训等创意人才专业服务体系；对发展上海市创意产业作出突出贡献的个人给予表彰和奖励[②]
2010年	共青团上海市委、中共上海市经济和信息化工作委员会、上海市经济和信息化委员会	"上海青年高端创意人才促进计划"	重点发展对象覆盖工业设计、时尚设计、建筑与城市设计、室内装饰设计、平面设计、多媒体艺术设计等相关领域[③]

---

① 《2008创意大戏育"优才"〈上海创意产业优才培训计划〉启动》，2008年2月3日，http://www.sheitc.gov.cn/jjyw/632642.html。

② 《上海市加快创意产业发展的指导意见》，2013年8月21日，http://www.why.com.cn/epublish/node42196/node42202/userobject7ai367645.html。

③ 《关于实施2010年度上海青年高端创意人才促进计划的公告》，2010年9月28日，http://www.why.com.cn/epublish/node4/node32924/node32928/userobject7ai240817.html。

续表

时间	机构	名称	内容
2010年	上海市委宣传部	上海市文化创意产业发展"十二五"规划》	重视产学研结合,加快创新型人才培养;完善人才培养的实践途径,深化社会培训机制;推进领军人才开发,优化人才引进机制,加快产业中各类紧缺人才的培育等[1]
	上海市委宣传部	《上海市"十二五"文化人才发展规划》	加快高层次文化人才开发,加强党政领导、哲学社会科学、新闻宣传、出版、文化艺术等领域人才建设,并通过统筹医疗、教育等相关部门,解决高层次人才的后顾之忧
2012年	上海市文化创意产业推进领导小组办公室	《上海市文化创意产业紧缺人才开发目录》	为集聚海内外文化创意产业人才,优化文化创意产业人才队伍结构,提升人才能力素质提供有力的人才保障[2]
2014年	上海市文化创意产业推进领导小组办公室、上海市财政局	《上海市促进文化创意产业发展财政扶持资金实施办法》	支持具有发展前景、导向意义、自主创新、拥有自主知识产权、优秀人才和人才团队的文化创意产业项目等[3]

---

[1] 《上海市文化创意产业发展"十二五"规划》,2015年8月21日,http://www.why.com.cn/epublish/node42196/node42202/userobject7ai367647.html。

[2] 《上海市文化创意产业紧缺人才开发目录》,2015年8月21日,http://www.why.com.cn/epublish/node42196/node42202/userobject7ai367644.html。

[3] 《上海市促进文化创意产业发展财政扶持资金实施办法》,2014年4月4日,http://shcci.eastday.com/c/20140404/u1a8015607.html。

续表

时间	机构	名称	内容
2015年	上海市人民政府	《关于贯彻〈国务院关于推进文化创意和设计服务与相关产业融合发展的若干意见〉的实施意见》	强化人才培养，推动实施复合型人才扶持计划，加强文化创意和设计服务复合型人才的需求分析与预测，探索建立未来3—5年的人才需求定期发布制度，健全符合创意和设计人才特点的使用、流动、评价和激励体系，编制复合型文化创意和设计服务人才培养专项规划。社会上各类引才引智计划，实施文化创意和设计服务人才"推星"计划、"海漂"关爱行动和人才"强基工程"。充分发挥各类社会培训机构在人才培养方面的作用，鼓励高校和科研院所优化文化创意和设计服务相关专业设置。鼓励将非物质文化遗产传承人才培养纳入职业教育体系[1]

三、经验做法和典型案例

近年来，上海文化创意产业新业态发展迅速，重大项目和园区基地建设加快，国际合作交流频繁，产业发展氛围浓厚[2]，形成了若干经验典型。

（一）依托产业园区实现人才集聚

上海历来都比较重视吸引和集聚人才，并凭借其独特的区位优势、各类文化创意产业园区的资源与环境优势集聚了大批储备人才，实现了"产业集群"汇聚"人才集群"。以泰康路为例，泰康路是位于上海中心城区一条仅420米的

---

[1] 《上海市人民政府关于贯彻＜国务院关于推进文化创意和设计服务与相关产业融合发展的若干意见＞的实施意见》（沪府发〔2015〕1号），2015年1月30日，http://www.shui5.cn/article/78/76399$2.html。

[2] 李勇:《上海文化创意产业人才培养机制研究》,《经营管理者》2015年第2期。

小马路，是历史与现代交汇、中西方文化融合的地方，既有上海传统的石库门民居，又保留了不少现代工业建筑，有近百年的历史。1999年年初开始，原卢湾区政府、打浦桥街道办事处将泰康路定位为工艺品特色街，在此基础上进行旧厂房、旧仓库和旧民宅的转让和置换，逐步引入来自国内外的一批从事创意设计的艺术家、画家和设计师加盟。2000年5月，打浦桥街道办事处又以盘活资源、增加就业岗位、发展创意产业为目标，对泰康路上的"田子坊"进行改造，开发旧厂房2万余平方米，吸引具有世界各地特色的艺术设计工作室29家，工艺品、画廊8家，以及众多酒吧、咖啡馆、娱乐场所等，就业人数超780人。2004年，田子坊首个石库门民居对外出租。2005年4月，田子坊正式授牌成为上海创意产业集聚区。[①]

凭借创意产业园区的集聚效应，泰康路在将闲置厂房、仓库和旧民宅改建成的画家工作室、设计室、画廊、摄影室、美术馆、演出中心、陶艺馆、时装展示厅等基础上，先后吸引来自法国、丹麦、英国、加拿大、新加坡、日本、爱尔兰、马来西亚、中国香港、中国台湾等18个国家和地区，以及上海和内地其他省市的160余家中外创意设计机构和文化艺术企业投资加盟。在此基础上发展起来的创意产业，实际上是将泰康路独特的地理、历史和文化优势充分挖掘并放大，其文化创意产业基地发展所带来的整体联动效应更为明显。除一批"海归"艺术家和企业家外，还有相当一部分是来自英、美、法、德、意以及中国港台地区的优秀创意设计人才，他们不仅带来了国际最新的创意设计理念、动态和运作模式，同时吸引了不少本地设计师一起参与，成为上海文化创意设计人才的"孵化器"，为上海文化创意产业培养了一批新兴后备人才。此外，国内著名的艺术家陈逸飞、黄永玉、尔冬强等均在泰康路设有私人工作室、艺术中心等。目前，泰康路已发展成为上海乃至国内最具规模和影响力的创意产业发展基地。

---

① 《上海中心城区城市更新运行机制演进研究》，2015年10月19日，http://3y.uu456.com/bp_6stb89ehhr4mu7525ehm_11.html。

(二)依靠教育资源培养优秀人才

上海市充分利用当地的教育和科研力量为文化产业提供了大量人才。黄浦区不断加强人才孵化服务平台建设,包括建立知识产权工作站、设计培训中心、数码先进制造技术工作站等;徐汇区的"创意设计工厂""乐山软件园"和"虹桥软件园"等分别依托上海师范大学和上海交通大学的科研优势;长宁区天山路时尚产业园则依托东华大学、市服装研究所的科研优势。高校及科研院所开设的相关专业等均为上海文化创意产业发展拥有充足而优良的人才储备提供了前提和保障。[1]

在管理人才培养方面,2010年,上海市经济和信息化委员会联合在沪知名高校和培训机构共同打造上海市创意产业人才培训基地,重点对政府创意产业主管部门工作人员、创意产业集聚区管理人员、创意企业经营管理人员、创意企业从业人员等开展培训。首批挂牌成立的5个创意产业人才培训基地有中国浦东干部学院、上海交通大学、同济大学、东华大学、上海亚太地区经济和信息化人才培训中心等。培训班旨在培养高素质的政府创意产业管理人才,推动上海创意产业发展。[2] 为进一步推进上海市文化创意产业发展,2012年,上海市文化创意产业推进领导小组办公室依托上海文化创意产业信息中心设立"上海文化创意急需人才培训基地",对上海文化创意产业的相关政府部门、企业和园区的管理者开展系列培训,不断提升广大干部和理论工作者对文化创意产业的认识和实践水平,适应上海文化创意产业发展的需求。[3]

---

[1] 《文化创意产业在我国的发展现状》,2015年10月18日,http://www.1128.org/node11/node211/200602/con103962.shtml。

[2] 《上海首办培训班探索创意产业管理人才培养新模式》,2010年7月27日,http://www.chinanews.com/edu/2010/07—27/2429212.shtml。

[3] 《上海文化创意急需人才培训基地加强人才培训助推产业发展》,2014年5月26日,http://shcci.eastday.com/c/20140526/u1a8110705.html。

（三）凭借扶持计划储备优秀人才

2001年，上海首次提出设立工艺美术大师工作室。[①]2005年，为鼓励文化创意产业重点行业的企业设立大师工作室，上海首批"原创设计大师工作室"揭牌[②]，工作室的成立为创意企业培养和提供了一批专业、新锐文创实践人才。此外，"上海创意产业优才培训计划""上海青年高端创意人才促进计划"相继出台，从就业、发展等方面全方位、多角度地为从事文化创意产业领域的人员提供培训及其费用资助；为优秀人才提供专场展示和广阔的个人发展平台；通过建立创意基金，每年注资100万元为优秀人才提供包括作品版权、买断新秀作品等方式的定点培养费；引进国外创意设计专业的大学生和刚毕业的设计师，使其形成西方设计理念与中国文化元素中西合璧的创作路径，推动提高本土设计师的水准。上述举措，为培育、带动一批青年优秀文化创意人才提供良好的发展空间，也为其提供施展拳脚的平台。

四、突出问题

通过调查问卷、座谈与访谈发现，上海市文化创意产业的起步时间还不长，在拥有巨大发展潜力、取得一定成绩的同时，也还面临着一些突出问题。

（一）职业发展的统筹规划相对滞后

上海先后出台了《上海市加快创意产业发展的指导意见》《上海市文化产业发展"十二五"规划》《上海市"十二五"文化人才发展规划》等政策法规，对文化产业、文化人才的发展提出了一些整体上的规划。但总体而言，上海文化创业创意人才的培养发展规划依然滞后于产业本身的发展，仍旧缺乏职业规划

---

① 《上海市传统工艺美术保护规定》，2015年9月20日，http://www.law—lib.com/lawhtm/2001/36573.htm。

② 唐骋华：《创意上海》，2011年1月4日，http://www.why.com.cn/epublish/node32682/node32684/userobject7ai252578.html。

的先导效应。如由于没有科学规划和合理的统计预计，以及统计口径的不一致导致了《上海市"十二五"文化人才发展规划》提出的上海文化人才资源总量到2015年达到25万，严重滞后于2013年年底已达130万文化创意产业从业人员的规模。滞后的整体规划以及错误的预期将极大地阻碍事业的发展，不利于人才队伍的建设和发展。

（二）行业协会的凝聚力略显不足

通过对上海市部分文化创意产业协会的座谈和走访了解到，上海市目前还没有一个涵盖全市层面文化产业各个领域的行业协会，已有的一些相关行业协会中，有些机构设置还不够健全，对自身认识不到位，不少协会将其包括职业培训、行业间交流等服务与监管职能淹没在组织管理功能之中，职能没有充分发挥，不能有效维护行业成员的共同利益，没有在行业领域中树立起应有的权威，未能获得整个地区行业的认同感与归属感，行业凝聚力不够。由于各行业协会较为分散，领域内的凝聚力和向心力不足，导致上海市文化创业创意人才的行业归属感不强，行业间的沟通交流不够，行业的生命力和活跃度不够，不利于灵感火花的碰撞产生，不利于行业领域新业态的生成发展。

（三）职业发展的提升空间依然有限

调查问卷结果显示，上海市文化创业创意领域的从业者对自我提升的愿望比较强烈，当前行业领域所提供的职业发展机遇不能有效满足从业者对职业技能提升和海外进修的需求。尽管上海市已经出台了一些人才培养计划和扶持规划项目，但多是关注行业领域的精英和领军人才，且覆盖面有限，中低层级从业者的职业晋升诉求较难实现。同时，超过80%的被调查者表示，当前的工资待遇仍未达到预期，与其工作要求和压力相比，仍不相匹配。有限的职业发展空间严重阻碍了从业者积极性的发挥和队伍的稳定，从业两年以内者占到从业者的半数以上，这也在一定程度上反映了这一问题。

（四）人才队伍的培养机制仍不健全

上海市文化创业创意人才培养工作主要依靠在沪高校和科研院所。首批挂牌的5个创意产业人才培训基地，为上海市提供了一批既懂行业知识又懂管理的策划者，其余的人才培养即是依靠一些资助项目和产业园区优秀人才集聚、带动等方式形成的零散教育。从业者中本科学历占多数，也从一个侧面反映了领域内的高层次人才不多。此外，文化创业创意者队伍在职教育发展相对缺乏，尽管调研中有人认为在其学历教育中所学到的知识技能对自己目前的工作有帮助，但传统应试教育下培养出的文化创业创意产业人才在进入工作岗位后，仍会存在产学研脱节的情况，并随着信息化、全球化进程的加快，对文化创业创意产业而言，持续不断的岗位技能培训显得尤为重要。

（五）相关研究及其成果较为缺乏

扎实而富有前瞻性的研究可以为政府决策提供咨询和理论支持[①]。尽管上海已有一些高校和科研机构开设了文化创意产业相关专业，但上海当前所承接的文化产业相关研究多是政府决策咨询，研究的实用性导致独立选题缺乏，理论色彩有待加强，文化创意产业本身内涵的逻辑研究以及相关重大理论关系没有得到很好的探讨，与北京市的北京大学文化产业研究院、清华大学国家文化产业研究中心、中国传媒大学文化产业研究院、中国人民大学文化创意产业研究中心、首都师范大学文化研究院等研究培养机构相比，在业界活跃程度和社会影响力方面还有较大差距。

五、对策建议

人才是各项事业发展的最关键要素之一。针对上海市当前文化创意行业人才队伍的现状，正视上海文化创意产业人才发展的瓶颈问题，建立一整套从通

---

① 毛溪：《人才：上海构建国际文化大都市的瓶颈——上海文化创意产业人才的现状和危机分析》，《中国文化产业评论》2013年第2期。

识教育到系统实务培训、从地方政府支持到社会培训机构、从文创产业园区到产学研相结合的人才扶持培养体系,对推动上海市文化产业的创新发展至关重要,意义非凡。

(一)产学研发展相结合,完善人才培养体系

2011年,第九届上海市委十六次全会确立了建设国际文化大都市的目标。作为"东方百老汇",上海致力于塑造东方,乃至全球的文化中心。但就目前形势来看,上海文化产业的创业创意人才需求与上海的教育资源和教育规划之间没有形成应有的联动关系,需要转换人才观、教育观,以开放式教学和各类教育机构搭建起多渠道、多形式、多途径的立体化人才培养体系,探索学历教育与职业培训并举、创意设计与经营管理结合的人才培养新模式。

1. 加大高校与科研院所的人才培养力度

高校和科研院所作为传统上培养专业人才的正规教育基地,在文化创业创意人才的培养方面有着举足轻重的地位。未来应着重在以下4个方面重点加强。

(1)强调专业和课程设置系统全面。在以往课堂传授的基础上,适当增加实践环节,减少机械的理论灌输。专业设置要体现不同领域的术业专攻;课程设置则要将基本原理、专题及实践环节加以细分,将知识学习与创意理论交流相结合。要特别注重培育既熟悉艺术,又有很强的商业运作能力的经营管理人才和市场营销人才,即所谓的"新媒介人"阶层[1],推动艺术家的创意成果转化为企业家的经营资源,提升产业附加值和竞争力。[2]

(2)完善各层次人才培养体系。扩大开设文化产业相关专业院校范围,鼓励将非物质文化遗产传承人才培养纳入高职高专教育体系;重点建设一批民族文化传承创新专业点,培养一批具有文化创新能力的民间传统技艺技能人才;重点开设专业学位研究生教育,招收大学本科毕业后有文创实践经验的人员,着力培养高层次应用型人才;继续强化文化产业专业研究生教育,支持符合条

---

[1] "新媒介人"包括艺术经纪人、传媒中介人、制作人、书商、文化公司经理等。
[2] 厉无畏、于雪梅:《关于上海文化创意产业基地发展的思考》,《上海经济研究》2005年第8期。

件的高校和科研院所设立博士后科研工作站,加快培养高层次复合型人才。

(3)设立高校"文化创意人才培养中心"。扶持和鼓励相关行业和产业园区、龙头企业与普通本科高校、职业院校及科研机构共同建立人才培养中心,不仅为有创新理念的在校大学生和科研人员提供大显身手的平台,为企业发现优秀人才提供机会,为优秀大学生输送到相关企业提供通道,也有效激发企业员工继续进行系统学习深造的进取心。

(4)加强创造性理论研究。建立老中青相结合、教学科研人员与研究生相结合的合理科研梯队,从学理角度增强对实践问题的深度剖析,努力增强上海市在全国文化产业相关理论研究领域的影响力和话语权。

2. 发挥行业协会的统筹引领职能

行业协会作为介于政府与企业之间,为行业发展提供服务、咨询、沟通、监督、公正、自律、协调的社会中介组织,应代表行业利益,反映行业呼声,积极协调行业与政府及本行业企业间的关系,对行业发展至关重要,对人才培育也起到了积极的推动作用。

(1)成立上海市文化产业协会。成立由民政部门注册登记、上海市文化广播影视管理局主管、具有独立法人资格的上海市文化产业协会。上海市文化产业协会以实现全行业共同利益为宗旨,统筹协调全市文化产业相关各行业协会,凝聚行业领域各方力量组成战略联盟,引导创意设计、科技创新要素及人才资源聚集。

(2)组织参与行业人才教育工作。在国家大政方针和政策指导下,由上海市文化产业协会牵头,开展行业人才需求预测,制定相应的教育规划;组织和指导行业职业教育与培训;参与研究并制定从业者必备知识和技能资质标准;参与国家对相关院校专业的教学评估和管理工作等,为上海市文化创业创意人才发展提供全方位战略支撑。

(3)加强文化产业统计工作。本次调查走访显示,上海市文化产业人才方面的统计缺乏系统性、连续性,各文化创意产业园、行业协会散乱且各自为政现象明显,文化行政主管部门对文化产业领域的从业人员情况并没有完全掌握,相关统计工作更是无从开展。建议在上海市文化产业协会统筹协调基础上,由各相关行业协会主动承担各自领域的统计职责，以推动事业发展为己任，做好年度相关统计工作。

3. 创设文创园区的人才培育孵化器

上海市借助文化创意产业园实现了创意产业的集聚，助推了上海市文化创意产业的跨越式发展。未来上海市要依托文创产业园，形成产学研合作，以研带产、以产助研的商业实战理念，积极推进产学研用合作培养，培育真正具有市场竞争能力的文化创意人才。一是根据不同文创产业园的发展重点和人才集聚状况，为园区内的优秀从业者提供协作空间，帮助他们大胆地进行超常规研究试验，并与国内外顶尖专家进行合作；二是鼓励在校大学生将个人所学知识和创意应用于产业园区的中小企业，接受市场化的实战训练和检验，尝试探索可持续发展的人才培养方式。

4. 开办针对文创领域的社会培训机构

鼓励通过市场化运作方式开办培训机构，建立传统教育学制外的创新创意能力学习平台，利用多元的师资队伍、更贴合实务的教学内容、灵活的学制，满足文化创业创意人才"终身学习""随时学习"的愿景。文创领域社会培训机构的宗旨应当是推行文化教育，传授现代企业经营理念，加强产业人才对文化、创意、哲学与科技、商业、经济社群等之间的持续了解，具体包括视觉艺术、音乐表演艺术、出版、电影、广播、网络、建筑等多个产业领域，既提供人才培育课程，又提供商业咨询服务，成为传统教育和科研机构的有益补充。

5. 建立文创领域的职业评估体系

科学的职业评估能促使人力资源进行调整，实现人力资源的最优化组合，从而最大限度地发挥从业者的工作潜能。上海市文化产业协会应积极发挥其行业领袖职能，利用科学的评估方法，探索制定一套追踪人才教育培训效果的评估体系，定期对文化创业创意者的教育培训需求进行分析、对培训效果进行跟踪调查，关注经过培训的人才成长过程中面临的新需求、新挑战，从而不断更新完善培训课程的设置，使培训的价值得以延伸，发挥长效作用。

6. 拓展国内外行业领域交流

人脉薄弱、获取信息途径不多、缺乏国际视野、不了解国际高端技术等是制约上海文化创业创意高端人才的重要因素。调研中发现，超过三成的文化创业创意人才希望能够有海外进修交流的机会，访谈中也有不少从业者表示自己的社交关系不足等。因此，为进一步扩大上海市文化创业创意人才的交流沟通平台，由文化产业各领域行业协会定期组织举办各类交流活动，帮助行业领域内的各阶层人才建立起更为广泛的人际关系，为其事业发展打下更为坚实的基础；积极引进国内外优秀人才，使其能够将先进的思维、理念等融入上海产业发展的实践中，以传、帮、带等言传身教的方式，带动更多优秀人才涌现；邀请国外高端人才进行不定期的讲座、辅导，每年定期开展不同主题的国际研讨会，就行业理念、经验做法和理论研究进行分享；介绍上海市文化创业创意优秀人才到海外企业进行短期实习与交流，使上海市文化创业创意领域从业者能够及时了解国际最新动态、行业新趋势，从而能够跟进时代步伐，较好地把握未来发展方向。

（二）加大政府扶持力度，拓展职业发展空间

2001年以来，上海市相继颁布出台了一系列文化创业创意人才培育政策，为实现国际文化大都市的目标提供了一定的政策保障。2013年，上海自贸区成立，更为上海文化提供了难得的发展机遇。随着2014年上海城市定位的新变化，从2020年建成现代化国际大都市转变为2040年建成全球城市，文化建设以及与之相适应的文化人才战略也应在这一大格局下与时俱进，不断创新思维。

1. 制定实施文创产业人才发展规划

针对上海市文化创意产业高层次人才相对缺乏的现状和上海城市发展的总体定位，并按照不同时期文化发展战略特点和文化产业发展规划，分阶段制定《上海文化创意产业人才发展规划》，对不同阶段的文化产业人才战略进行相应的调整，从总体上规划全市未来一段时间内文化创业创意人才的梯队结构，明确将正规学历教育和非学历教育相结合，学校教育与社会机构教育相结合，为产学研相结合的文化产业人才培养体系的持续发展提供政策依据。

2. 建立人才队伍发展激励机制

加大文化创业创意人才激励扶持力度，完善政府、用人单位等互为补充的多层次人才激励体系，从而吸引人才、留住人才。

（1）进一步强调引才引智。在深入推进实施国家"千人计划"、上海"千人计划"等面向国际人才的引进工程基础上，实施文化创意和设计服务人才"推星"计划、"海漂"关爱行动和人才"强基工程"；与引进的国际知名大师开展长期或短期合作，聘请国际艺术大师担任高校客座教授、进驻文创产业园区开展技术指导，合作开展产品创意、参与制作、大师授课等项目；加强国内优秀人才的引进，完善优秀文化创业创意人才的引进落户评审机制。

（2）鼓励创业孵化发展。政府为文化创业的起步者提供金额不等的种子资金，并提供减免税收、优惠贷款等资助；对致力于文化创业创意项目的在校学生，除由文创产业园区为其提供实践平台外，政府还要为其提供适当的活动项目补贴；按照国家有关规定，进一步落实国有企业、院所转制企业、职业院校、普通本科高校和科研院所创办企业的股权激励政策。

（3）设立继续教育专项补贴。对于具有文化产业实践经验的从业者而言，需要通过各种形式的继续教育来不断拓展知识、开拓视野，为拥有源源不断的创新思维奠定基础。通过政府专项配套一点、上海市文化产业协会支持一点、受训者所在企业拿出一点、银行赞助一点的方式，设立上海市文化产业继续教育培训基金，并纳入年度财政预算，有效缓解文化创业创意人才继续教育的经济负担。特别对于工作一定年限、继续学习意愿强烈且工资收入低于上海全市职工平均工资的中低收入者，个人承担部分的继续教育的培训费用可通过申请银行贴息贷款的形式，使更多从业者获得培训机会。

（4）提高住房等其他福利待遇。尽管上海市文创领域从业者的平均收入水平高于上海市职工平均工资，但由于上海文化创业创意行业以沪外人员为主，住房等压力较大，仍有八成以上的被调查者希望能够提高收入水平。基于此，可对部分优秀人才实施公共租赁房优惠，并对其放宽经济适用住房准入标准；继续加大文化创意产业园自有人才公寓建设，扩大公寓覆盖人群，吸引并留住更多青年优秀人才。

（5）建立优秀文创人才荣誉体系。由上海市文化产业协会开展优秀文化创业创意人才的年度评选工作，并在每年的上海艺术博览会上对其进行表彰；在上海市财政奖励机制引导下，敦促企业加大文化创意人才的薪酬改革和表彰奖励力度，将表彰奖励与绩效工资挂钩，对给予表彰的年度优秀人才给予特别额度的绩效工资奖励；动员上海市门户网站、上海市电台、上海市电视台、上海报业集团等联手对优秀文化创业创意人才给予大力宣传，树立产业集群中的成功榜样，以榜样的号召力来激励从业者健康成长，并营造良好的舆论环境，使文化创业创意领域得到全社会的关注与认可，助力行业发展。

3. 畅通行业维权渠道

《中华人民共和国劳动法》规定劳动者享有平等就业和择业、取得劳动报酬、休息休假、获得劳动安全卫生保护、接受职业技能培训、享受社会保险和福利、提请劳动争议处理以及法律规定的权利。行业协会作为代表行业利益的机构，有义务保障本行业从业者的基本权益不受侵害。

（1）开展工资调查。由上海市文化产业协会牵头，各相关行业协会积极配合，定期开展本行业领域从业者的工资调查，确保工资处于较为合理的水平。

（2）建立维权委员会。在上海市文化产业协会下设维权委员会，联手相关领域法律专家，负责全市文化产业从业者的就业维权工作，并为全市文化创业创意从业者提供法律咨询、代理起诉等服务，帮助从业者完成因精力和财力有限而无法完成的维权事宜。

（3）完善知识产权保护机制。组建由文化产业及法律界专家、学者等专业人士参与的上海市文化创意知识产权联盟，协助文化创业创意人才处理知识产权申请相关事宜；在高校人才培训中心、文化创意产业园区孵化器等机构创建"知识产权保护体系"，保护原创者的作品不被他人窃取；落实有关知识产权方面的投入补贴，完善文化创业创意人才知识产权资助机制；加强对知识产权的检测、跟踪及知识产权纠纷的预警和应对，及早发展、及时制止侵权行为。[①]

---

① 季丹：《上海文化创意产业人才策略研究》，《科学发展》2013年第3期。

(三)优化创意空间环境,强调城市创新精神

一个城市的文化生态是吸引创意人才集聚的重要因素,丰富多元的文化环境和自由开放的城市文化是会集人才、激发创意、促进文化交融的重要保证。只有在协调创新的思想下,培育开放而多元的文化生态,让社会各种创新资源和要素有效汇聚和深度融合,才能更好地发挥上海整个城市的创新力量[①],真正体现上海宽容大度、海纳百川的胸襟和气度。

1.将艺术素养提升纳入基础课程

对于拥有九年义务教育的中国而言,全民艺术素养的提升应从长远着手、从娃娃抓起。上海市应进一步将与创意相关的文化艺术鉴赏课程纳入全市义务教育公共基础课程,课程内容涉及电影、音乐舞蹈、文学、手工制作、烧陶、摄影摄像等各领域,聘请具有较高专业水准的老师开设相关课程,并引导学生以兴趣为导向选择性修习,使上海市每名中小学生从小就具备欣赏各类文艺作品的能力,长远来看,能够全面提升全市公民的思维宽度和深度。[②]有了更多来自公众的创意,并依靠广大受众审美能力的提升,也必将极大地推动上海创意产业的发展,为文化创业创意领域人才的挖掘和培养打下坚实的基础。

2.继续打造自由开放的文化生态聚集环境

文化创意产业的基础是多元文化。上海应继续以开放的心态大力吸收外来文化,创造多元的文化生活。减少政府对文化创意园区的管制,在行业协会的协调监管之下,充分发挥市场选择创意的功能,营造出更为自由的创作交流氛围;在城市规划和旧城改造上塑造多元的城市风格和形象,为众多各异的生活方式提供生存空间[③];以包容的心态将外来创新理念和思维融入其中,从文化认同上吸引来自全球各地的文化人才,在不同文化间的交流、碰撞中产生灵感;

---

① 毛溪:《人才:上海构建国际文化大都市的瓶颈——上海文化创意产业人才的现状和危机分析》,《中国文化产业评论》2013年第2期。
② 杨菲、赖红波:《台湾创意人才培养方式对上海创意人才教育和培育的启示》,《设计教育》2015年第4期。
③ 于雪梅:《柏林与上海文化创意产业发展比较》,《上海经济》2005年S1期。

在努力扩大原有的中国上海国际艺术节、上海之春国际音乐节、上海草莓音乐节、上海西岸音乐节等品牌文化艺术节辐射范围的基础上，利用贯穿全年的"上海市民文化节"，将多元、开创、新颖等理念充分展现出来，使得越来越多来到上海的文化产业人才可以找到生机勃勃的发展氛围、情趣相投的关系网络以及高水准的新生力量和平台，从而推动各种创新思路在这里涌现、鲜为人知的新兴业态在这里被挖掘、新生产品得以在这里投入应用。

3. 建立文化创业创意人才库

由上海市文化创意产业推进领导小组办公室牵头、上海市文化产业协会具体开展实施，统计当地的新闻宣传、文学艺术、文化产业经营管理和传媒科技等领域的优秀专业人才，包括优秀民间文化人才和非公有制经济组织、新社会组织中的优秀文化人才，建立"上海市文化创业创意人才信息资源库"。该资源库实行动态管理，每年进行更新和充实，不断为优秀文化人才队伍补充新鲜血液。对于纳入优秀文化人才资源库的优秀人才，所在单位要积极创造条件，努力为其提供良好的工作环境和发展机遇，从而不断提高对文化人才的管理和服务水平，吸引更多优秀人才为上海文化建设作贡献。

深圳市文化产业创业创意人才调研报告

引 言

  深圳有着中国独特的文化产业发展模式和创新创业土壤。毗邻香港的地缘优势与改革开放的政策红利，令深圳在动漫、设计人才和高科技文化产业方面有着全国领先的优势，包容失败的创新创业发展理念，是这个新兴城市的精神所在。深圳在全国率先探索出了一条"文化+科技"的发展之路，以腾讯、华强文化等大型企业为龙头，形成了完善的产业链与创业生态，深圳凭借其产业与人才优势，尤其是高科技的研发能力，形成了创新驱动型经济，在民间创投方面也走在全国前列。此外，深圳也是中国唯一一个被国际创客组织承认的城市，并在国际创客群体内赢得"创客之城"的美誉。目前，深圳市政府正在着力打造"国际创客中心"，这是深圳"双创"人才发展的重要基础。

  深圳市政府通过一系列政策文件，制定了旨在发展文化创意产业的长期、中期人才政策与规划，通过文化精英集聚工作加大文化产业开发力度，出台文化领军人才和团队的资助办法，探索建立符合文化产业发展和文化人才成长规律的人才开发、使用、评价、激励等机制，优先开发复合型、急需紧缺文化人才。这一系列政策以"构筑文化人才高地"为目标，探索依托深圳的"文博会"和"文化产权交易所"，进一步加强文化人才平台建设。此外，深圳还通过出台人才安居政策、设立文化产业专项资金等举措吸引创新创业人才。

  本调研通过对深圳369家涉及创意设计、新媒体及文化信息服务、动漫游戏、文化软件和影视演艺等文化创意企业，以及1065位创意从业人员、几十位创业者的问卷调查与访谈发现，从人才的特征来看，年轻、高学历构成了文化创意产业从业人员的基本轮廓。35岁以下的年轻人是企业的生力军，占84.24%。从业人员以外地人才居多，非深圳户籍人口占从业人员的65.88%。这体现了深圳移民城市的特征，来自不同地方的从业人员带来了形式各样的文化，在深圳相互碰撞，产生了深圳多元的文化特征，外来移民对深圳文化创意产业的发展提供了支撑，也在一定程度上形成了深圳文化创意产业的集聚效应，对人才有着足够的吸引力。此外，本调研还对企业和从业人员对深圳产业环境的评价、人才待遇与发展、人才培训及其效果、创业人员的基本情况进行了具体的调查。

研究发现，目前深圳与"双创"人才相关的产业环境与政策思路存在着中小型企业前景不明，难以吸引人才，特别是缺乏高层次、复合型人才；存在着人才待遇低，个人发展空间有限，投融资政策不力，初创企业扶持不到位，创业人才短缺、创业成功率低、产业园孵化功能不良等问题。对此，我们提出了通过构建人才认证体系；通过制度与金融改革重点扶持小微企业和初创企业；创新教育模式，增加培训投入；利用创客运动将深圳纳入全球创新创业体系，完善创业生态等意见建议。

一、产业篇

（一）产业基础

20世纪80年代的代工业，为深圳提供了可贵的技术与人才积累。以深圳动漫产业为例，到现在已经历了20多个年头。1985年，中国首家港资动画企业——翡翠动画设计公司在深圳成立，深圳动漫产业以此发端，加上美国投资的太平洋动画公司等，这些企业与迪士尼、华纳兄弟等一直保持着合作关系，《人猿泰山》《星球宝贝》《玩具总动员》等人们熟知的好莱坞动画大片都曾在深圳进行加工制作，因此深圳也曾因为培养、集中了全国最优秀的动漫人才而被誉为"中国动漫黄埔军校"。

如果说早年的代工业使深圳在外贸出口、远洋运输、金融服务等领域甚至在动漫设计、工业设计等行业积累了资金、经验与人才，那么20世纪末至21世纪初迅速发展的电子业、通信业和互联网业则为深圳提供了可贵的创新氛围。据报道，2014年深圳PCT国际专利申请量达到11646件，连续11年居全国各大中城市之首；每万人口发明专利拥有量达到66.7件，居全国各大中城市首位。①总之，深圳的创新气质、创业热情、包容精神，是深圳文化创意产业与"双创"人才发展的良好氛围。在"文化+科技"发展模式下，深圳文化产业被誉为全国的"领头羊"。据2014年的统计，深圳文化创意产业实现增加值1553.64亿元，10年增长了约10倍，占GDP的比重达9.7%，已成为深圳六大战略性新兴产业中发展最快的产业之一。

深圳政府与城市营商氛围一直保持开放、包容的姿态：一方面政府大力发展民营企业，将民间的商业资源视为地方经济发展的主角。与此同时，秉承"鼓励创新、宽容失败"的发展理念，孕育了"英雄不论出身"的创业环境，对小微企业采取"放水养鱼"的政策，鼓励创新。另一方面创业者即使白手起家仍然雄心万丈，腾讯、乐逗游戏、大疆创新的成功经验表明，普通的大学生只要坚持梦想，都有可能成立享誉全球的著名公司，因此，在这个人口平均年龄只有30岁的城市空间，到处活跃着创业梦想家，他们有着一股敢打敢拼的闯劲儿和敢想敢做的激情。作为改革开放的排头兵，深圳早已是一片创业的热土，吸引着人才、资金、技术不断地涌入。在创意创业方面，深圳有着全国其他城市所无法比拟的优势，目前在国内网络游戏业排名第一的腾讯公司和在动漫产量与播出量排名第一的华强文化均在深圳，领军企业和产业园建设使深圳形成了较为完善的产业链与创业环境。可以说，在"大众创业、万众创新"的今天，深圳的产业氛围与优势将发挥更大的效应，深圳完全有可能成为全国"双创"的一个典范城市。

（二）产业发展特征

1. 在全国率先探索出了一条"文化+科技"的发展之路

深圳在20世纪90年代末21世纪初实现成功的产业转型，从代加工业转型

---

① 《深圳PCT国际专利申请量全国"十一连冠"》，《深圳特区报》2015年2月2日。

为高科技产业。华强文化无疑是深圳文化产业发展路径的一个经典案例。华强文化借助其国际先进的数字影像等技术与发明，率先提出了"文化+科技"的口号，从主题公园到动漫产品，实现了中国文化产业"赶超迪士尼"的梦想。由此开始，深圳出现了一大批以新媒体技术、软件开发、动漫网游、电子商务、数字印刷等为主体的文化产业新业态，也令深圳的文化创意产业被树为全国的领头羊。今天，以大疆科技为代表的智能硬件与文化的结合，则代表了文化创意产业新的发展方向。这是深圳"双创"人才发育的基本土壤。

2. 以大型企业为龙头、产业园为依托，形成了完善的产业链与产业生态

区域文化产业作为一个生态系统，领军企业与产业园是这个生态系统的两个核心要件。领军企业是产生示范效应与供应链效应的重要环节，而文化产业园能起到最直接的产业聚集效应。深圳市文化产业龙头企业如华侨城集团、华强文化、腾讯等一直是国家级的领军企业。在创意产业园的发展方面，最新数据显示，截至2016年1月，深圳已有62个文化产业园区和基地，其中有13个是国家级文化产业园区。[①]

值得一提的是，在产业生态上，深圳小微企业数量突出，以国内区一级行政地域为单位来看，即使北京的海淀区、上海的浦东区，与文化产业相关的企业也只有2000—3000家，而深圳仅南山区185平方公里的土地上却滋生着7000多家与文化产业相关的企业。小微企业给整个产业生态圈带来了人才、活力与创新的种子，它是未来成功企业的摇篮与希望所在。

3. 独特的地理位置在"文化走出去"上有一定的优势

与香港毗邻是深圳独特的地理优势，它为早年深圳外向型经济、投融资环境、人才吸引力等方面，奠定了良好的基础。也使一些香港的动漫、设计人才，或是在深圳开设公司，如"方块动漫""高文安设计工作室"等，通过两地政府联合举办的"深港设计双城双年展"等活动，加强了两地人才的交流互动。

近年来蛇口、前海两个自贸区的确立为未来深圳的文化产业走向世界提供了平台。作为文化出口的"风向标"之一，"文博会"促进中华文化"走出去"

---

① 《文化创意产业园区该如何转型·升级·创新？——2015文化创意产业园区创新发展论坛举行》，《晶报》2016年1月15日。

的功能不断增强。2015年第十一届文博会的"国际范"更加明显。我们相信深圳今后在满足内需的同时，将进一步在文化产品"走出去"、版权交易、海外文化投资等方面为中国做一个表率。深圳有可能为未来全球化文化创意型产品与资本流通、人才培育提供新路径。

（三）创业新生态
1.政策和政府服务大力支持创新创业

来深圳创业，在政策和政府服务上有相比其他城市更多的便利。据了解，深圳的创业者除了可以申请最高额度为50万元的小额担保贷款以外，还可以享受每年最高35000元的各项补贴优惠。深圳对海归创业者的扶持资金在"北上广深"中类别最细、数额最大。在海归创业者的前期费用补贴上，补贴分为3个等级，分别为50万元、25万元和15万元。再者，在创业大赛方面，深圳举办的创业大赛的数量和层次、种类在"北上广深"4个城市中可谓最多最全。

截至2014年年底，经深圳市政府认定或资助的科技企业孵化载体有78家，这些孵化完成的企业中，上市企业达到28家，在全国180家当中，深圳占比达到15.56%。另外，深圳近年来进一步优化了中小企业服务体制，提高了政府服务中小微企业的能力和效率。初步测算，两年时间里，深圳中小微企业数量由48.3万家增长至84.5万家；中小微企业创造的GDP由6035亿元增长至7260亿元，增长20.39%。中小微企业纳税由1338亿元增长至1680亿元。2015年7月1日深圳还在全国率先推出"多证合一、一照一码"等多项商事登记制度改革，随着此改革不断推进，在深圳创业兴业更加方便高效。

2.研发能力超强，创新驱动经济初显规模

从研发投入来看，深圳市2014年全社会研发投入已经占到GDP比重的4.02%，约为全国平均水平的2倍，仅次于全世界最高水平的韩国首尔，达到了发达国家水平。从创新载体来看，国家以及省市各级创新载体已经超过1100家，初步建立了以产业和市场化为导向、企业为主体的开放合作、民办为特色

的创新载体体系。从创新能力来看，深圳市2014年PCT[①]国际专利申请量为48.5%，约占全国半壁江山，连续11年位居全国首位。[②] 深圳在4G技术、超材料、基因测序、3D显示、柔性显示、新能源汽车、无人机等领域创新能力处于世界前沿。

3. 创投行业走在全国前列

2015年，打造"创投之都"被列入深圳市政府的施政纲要。据深圳市创业投资同业工会统计，截至2013年年底，深圳共设立国家新兴产业创投基金6只，总规模15亿元，已投项目44个，投资领域为生物、新材料、新能源、节能环保、新一代信息技术和高技术服务业。

截至2013年年底，新兴产业创投基金所投44个项目人数、专利数量由投资前一年度的合计13593人、411项迅猛增至16685人、863项，增幅分别为22.75%和109.98%。专利数量的大幅度增加，说明企业自主研发能力增强，企业综合实力得到有效提高，职工人数的增加则表明企业发展运营良好，规模不断扩大。对战略性新兴产业促进作用明显，符合引导基金导向要求。

二、政策篇

深圳市先后出台了《深圳市文化产业发展规划纲要》等20多个促进文化产业发展的专项政策文件。从2011年开始，在原有市级财政每年3亿元文化产业专项资金基础上，加大了专项资金运用的规模，2011—2015年市政府每年集中5亿元财政资金，重点用于促进创意设计、文化软件、动漫游戏、新媒体及文化信息服务等文化产业领域的发展，支持包括原创研发、公共服务平台、原创内容产品、保险费资助、房租补贴等多种项目类别。在这些政策与专项资金中，

---

① PCT 为 Patent Cooperation Treaty（专利合作协定）的简写，从名称上可以看出，专利合作条约是专利领域的一项国际合作条约。PCT 的主要目的在于简化以前确立的在几个国家申请发明专利保护的方法，使其更为有效和经济，并有益于专利体系的用户和负有对该体系行使管理职权的专利局。

② 《深圳PCT国际专利申请量全国"十一连冠"》，《深圳特区报》2015年2月2日。

也包括了专门针对创意人才的部分。

我们的研究发现,深圳目前的人才政策有几个特点:首先,提出优先引进高层次创新创业人才、实施文化精英集聚工程,为地方文化产业的发展提供了蓄水池的作用;其次,政策制定者意识到文化创意人才政策在实施过程中存在的问题,一直致力于在政策上对创意人才作出更加合理的认定标准,以激励人才、留住人才;再次在人才引进上,深圳也有颇多政策亮点,值得创意人才决策者借鉴,下面择其一二说明。

(一)扶持"双创"人才的政策重点

深圳市涉及人才扶持的中长期大政纲要主要有两个,以政府最新发布为例,分别是《深圳市中长期人才发展规划纲要(2011—2020年)》和《深圳市人才发展"十二五"规划》。

这两个政策的重点任务是优先引进培养使用高层次创新创业人才,途径是实施"文化精英集聚工程"。以"纲要"为例,提出以"文博会""文交所"和文化产业投资基金为主要平台,坚持自主培养和海内外引进相结合,集聚一批具有自主知识产权、能引导市场需求的高水平文化创意创业人才和团队。目标是到2015年,各类文化名人名家总量达到150名,从事文化创意产业的国际一流创新创业团队20个。到2020年,各类文化名人名家达到200名,从事文化创意产业的国际一流创新创业团队50个。

对此,《深圳市人才发展"十二五"规划》提出:首先是加大文化人才开发力度,制定出台文化领军人才和团队资助办法,集聚文化领军人才和高水平团队。以创意设计、动漫游戏、新媒体、数字视听等新兴文化产业园区基地为重点,构筑文化产业人才集聚高地。探索建立符合文化产业发展和文化人才成长规律的人才开发、使用、评价、激励等机制,优先开发复合型、急需紧缺文化人才。其次是加大文化人才培养力度,支持高校扩大文化专业招生规模、提升办学水平,鼓励高等院校、职业院校与企业联合创办文化创意学院,鼓励各类教育培训机构开设相关文化专业。再次是加强文化人才平台建设。依托"文博会"和"文化产权交易所",进一步加强文化人才平台建设。探索建立各种类型的文化创意、艺术人才工作室等,政府给予资助。支持建设中国大学生创意创业实验基地,吸引全国高校文化人才来深圳进行文化创意创业孵化。到2015年,各类文化名人名家总量达到150名,从事文化创意产业的国际一流创新创业团队20个。

此外,《深圳市人才发展"十二五"规划》专门针对创业人才的政策主要包括:①加大创业人才引进培养力度。重点引进符合产业发展导向、具有独立知识产权和自主创新能力的海内外创业领军人才,带动创业群体发展。②完善创业服务指导体系,加强创业技能培训和创业实训。加强中小企业创业辅导基地建设,实行创业导师制。③完善创业人才支持政策。调整完善小额担保贷款政策,落实创业税收优惠政策。④加大出国留学人员创业资助力度,加强留学生创业园区等各类创业孵化器建设,制定科研机构、高等院校科技人员创办科技型企业激励保障办法,打破体制机制障碍,调动科技人才创业积极性。

(二)出台保障性政策

《深圳文化创意产业振兴发展规划》提出把"构筑文化人才高地"作为深圳文创产业发展的重要保障性政策。政策从四个方面对人才扶持作出指示,重点内容有:

一是坚持培养和引进相结合,积极创造有利于培养、吸引、会集全球创意创新人才的政策环境和人文环境,向国内外重点引进文化创意产业的领军人物,积极探索建立各种类型的创意人才工作室。

二是进一步办好本地高校的艺术、设计、软件、传媒、表演等相关专业,积极探索在创意设计等文化创意领域建立特色学院,鼓励高等院校、职业院校与企业联合创办文化创意学院,鼓励各类教育培训机构开设相关创意设计专业,根据文化创意产业的发展需要确定人才培养计划。

三是支持建设大学生创业孵化基地,吸引全国高校人才来深进行文化创意创业孵化。

四是健全文化创意产业人才评价体系、资质认证和激励机制,建立文化创意人才信息库,制订实施文化创意人才推广计划,加快培养和引进一批懂文化、会经营、善管理的高层次文化经营管理人才，一批掌握现代高新技术、善于运用科技手段推动文化创意产业发展的创新型人才和一批熟悉文化贸易规则、善于开拓国际文化市场的外向型人才，为文化强市建设提供坚强的人才保障和智力支撑。

（三）人才安居政策

按照深圳高层次人才政策有关规定，文化创意、互联网、新一代信息技术等产业人才可以享受住房、医疗、配偶就业、子女入学等优惠政策。深圳"产业发展与创新人才奖"，每年安排专项资金2亿元用于奖励1万名创新型人才。

在人才安居方面，深圳持续推进人才安居工程，为文化创意、互联网等产业人才提供住房保障。其中，2013年推荐92家文化创意企业纳入市人才安居试点范围，另有181家文化创意企业被纳入区人才安居试点范围，有效扩大文化产业人才安居保障的覆盖面。针对文化创意产业人才构成的多样性和复杂性，深圳市委市政府于2014年启动重大调研课题——"深圳文化创意产业人才队伍建设专题调研"。

（四）设立文化产业专项资金

2009年，《深圳市文化产业发展专项资金管理暂行办法》出台。专项资金不设额度，根据产业发展状况由市财政统筹安排。专项资金采取项目补贴、贷款贴息、配套资助、奖励、无息借款五种资助方式，主要支持深圳市文化产业重点领域内的企业及其重点环节项目的发展。重点环节是指原创研发环节、原创作品的产业化环节、产品推广和市场营销环节、品牌塑造环节。

以南山区为例，南山区通过"自愿申报、科学决策和绩效评估"三个阶段，首批享受专项资金资助的文化产业项目类型有：文化产业园区入驻企业房租补贴143家；文化产业园区（基地）与公共平台建设3家；文化产业参展项目50个；文化产业重大活动项目9个；产业奖励性资助项目7个；还包括大量产业重点项目贷款贴息资助项目和"文博会"自助项目。[①]

除了对已经成型的企业进行资助，2014年南山区还在辖区创新研发项目类别中设置针对青年创新创业的"成长之星"资助项目，支持战略性新兴产业、未来产业领域，在技术研发、产业发展等方面快速成长并取得显著成果的青年人才。这项资助计划针对年轻个体，并且资助周期长，体现政府对于新兴人才的保障性扶持的重视。

为避免专项资金的垄断性使用，近年来南山区在专项资金上对小微企业的扶持占了总经费的80%以上。支持中小企业尤其是小微企业的孵化、成长，是目前深圳一些区政府的工作重点。

三、现状篇

本篇章从创意企业与人才的基本情况（包括人才总量与结构、人才行业分布及其特点等）、人才培养培训、人才待遇与发展、创意创业环境四个方面全面介绍了深圳市文化创意产业人才的从业和发展状况[②]。

---

① http://www.zhongkewei.com/Article/gyqzzcxcyfzzxzj2014n_1.html，访问时间：2015年10月29日。
② 调研说明：本次调研主要采用问卷调查和深度访谈两种方式。其中问卷调查的有效样本数量为1065个，样本包含深圳市文化创意企业、企业创意人才、高校从事文化创意产业教学科研工作的教师以及高校文化创意储备人才。深度访谈有效样本数量为24个，样本包括文化机构、文化领军企业、初创企业、文化产业园区、创意市集等。该篇所有图表数据均由问卷调查数据分析得来。

（一）文化创意企业基本情况

1. 人才总量与结构

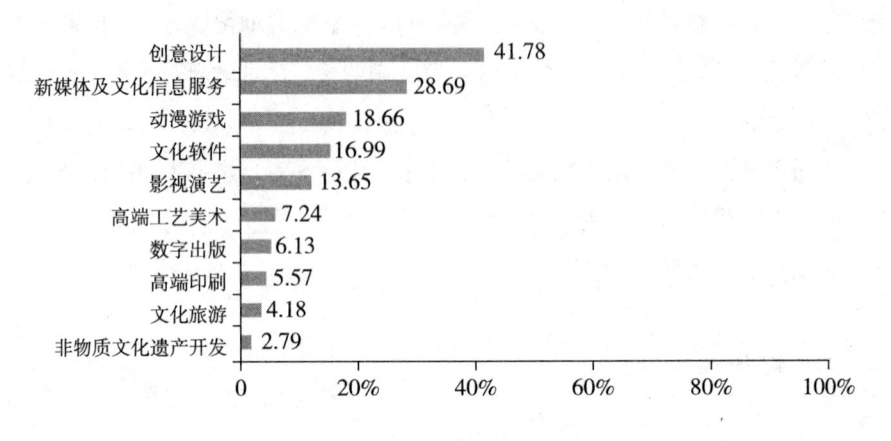

```
创意设计              41.78
新媒体及文化信息服务    28.69
动漫游戏              18.66
文化软件              16.99
影视演艺              13.65
高端工艺美术           7.24
数字出版               6.13
高端印刷               5.57
文化旅游               4.18
非物质文化遗产开发      2.79
        0    20%   40%   60%   80%   100%
```

图1　企业所属行业分布

从本次接受调查的369家深圳文化创意企业看，涉及创意设计的企业数量最多，占41.78%；其次是新媒体及文化信息服务，占28.69%；接下来是动漫游戏，占18.66%；文化软件，占16.99%；影视演艺，占13.65%；剩下的所涉产业类别比较少。调查显示深圳文化创意企业所有制的多样性，其特点是"民营为主、多元共存"，其中民营企业在数量上占据绝对优势，占被调查企业总数的82.68%。调查还显示，深圳的文化创意产业大部分处在初创期和成长期。其中3年以下的企业占了总数的21.51%；3—10年的占了总数的一半以上（53.91%）。这些企业尽管发展时间不长，所承受风险也较成熟期的企业高，但是其超规模成长的潜力不容忽视。

从深圳市政府统计年鉴来看，深圳市政府对创意创业人才并未有专门的统计口径，按照"分经济类型和行业城镇单位从业人员年末人数"口径看，2013年，深圳"文化、体育、娱乐业"从业人员23009人。

企业员工是衡量公司规模与人力资本的重要指标。从员工的构成来看，多数企业属小、微型企业。其中规模为11—50人最多，占38.27%；其次是101—500人的中型企业，占20.39%；51—100人的占15.92%；10人以下的微型企业占13.97%；500人以上的大型企业仅占11.45%。与文化创意产业的行业分布进行交叉分析，可以发现人员规模为11—50人的企业主要集中在创意设计、文化软件、动漫游戏、新媒体及信息服务以及影视演艺。500人以上的企业主要分布在创意设计、文化软件、新媒体及信息服务以及文化旅游业。

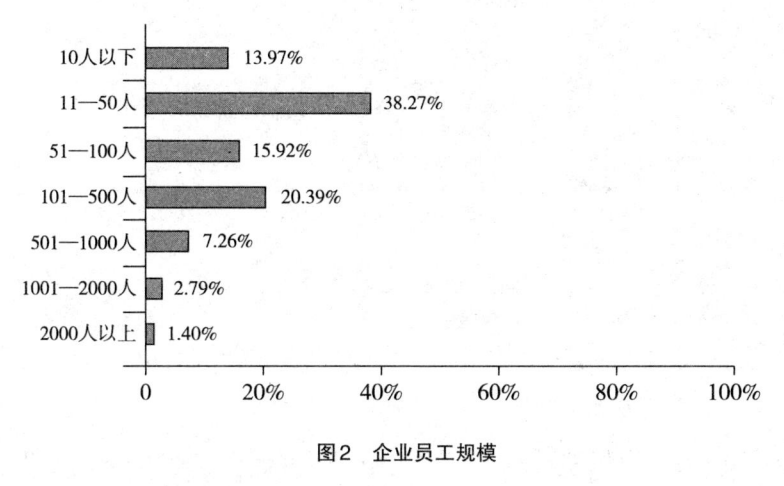

```
10人以下      13.97%
11—50人      38.27%
51—100人     15.92%
101—500人    20.39%
501—1000人    7.26%
1001—2000人   2.79%
2000人以上    1.40%
```

图2　企业员工规模

2．人才行业分布特征

我们将文化创意从业人员分为操作技能、创意研发、市场营销、经营管理及其他共五类，调查数据显示其比例分别为30.64%（操作技能类）、25.83%（创意研发类）、15.37%（市场营销类）、10.42%（经营管理类）和17.74%（其他）。

对企业的调查显示五类人才中，拥有大专及大专以上学历的达2/3（66.52%）之多。数据都显示本科学历已经成为文化创意产业的基本要求。但从业人员中仅有2.98%有国外留学经历，4.55%有国外工作经历。与发达国家相比，深圳目前的文化创意人才在国际化和高端化这两项上有一定的欠缺。

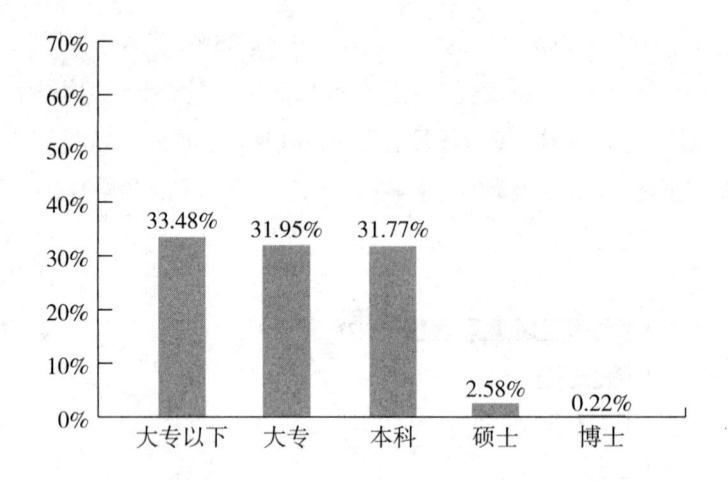

图3 从业人员学历构成

通过企业对人才类型需要的调查，发现目前企业最急需的是创意研发类人才，60.42%的企业在第一重要的人才中选择了创意研发类人才。其次为市场营销类（20.83%）和经营管理类人才（13.39%），最后为操作技能类人才（4.76%）。

从人才的特征来看，年轻、高学历构成了文化创意产业从业人员的基本轮廓。35岁以下的年轻人是企业的生力军，占据84.24%。从业人员以外地人才居多，非深圳户籍人口占65.88%。这体现了深圳移民城市的特征，来自不同地方的从业人员带来了形式各样的文化，在深圳相互碰撞，产生了深圳多元的文化特征，外来移民对深圳文化创意产业的发展提供了支撑，也在一定程度上显示了深圳文化创意产业形成了集聚效应，对人才有着足够的吸引力。

（二）人才培养与培训

1. 人才培训形式

调查表明，大部分文化创意企业都非常重视人才的培养。在对企业进行调查的同时，本次调查还对1311位文化创意产业从业人员[①]和深圳4所学校的

---

① 本次的调查对1311位文化创意产业从业人员的调查显示：男性占57%，女性占43%；55.36%在26—35岁之间，28.88%在25岁以下，15.76%在36岁以上；学历以本科为主，占54.59%，大专学历占33.20%，硕士及以上学历占6.07%。

1050位储备人才进行了问卷调查①，以下将通过企业、从业人员、储备人才3份问卷得出的数据，对人才培训、产业环境等方面进行详细的比较分析。

在专业知识与现任工作适应度上，接近80%的人认为自己的专业知识与现任工作适应度较强，多数人能适应自己的工作，但企业和从业人员都认为通过培训继续学习很重要。

在培训形式上，企业和从业人员最看重的是"行业机构培训"和"企业内部培训"这两项。有意思的是，90.80%的企业认为现有最有效的培训方式为"企业内部培训"，而选择该项的从业人员比例为51.09%。也就是说，从业人员倾向于通过专业的行业培训机构进行培训，而企业倾向于内部培训。此外，从业人员比较注重国际课程培训（占28.49%，列第三），而企业将国际课程培训放到最后（14.42%）。在随后进行的深入访谈中也发现，企业对员工进行培训时，要求上手快、团队融入能力强，加上资金全方面的考虑，所以较多采用企业内部培训方式。但对于适应这一行业的员工来说，从企业内部培训得到的东西很有限，他们更希望通过行业机构甚至国际培训课程进行培训。

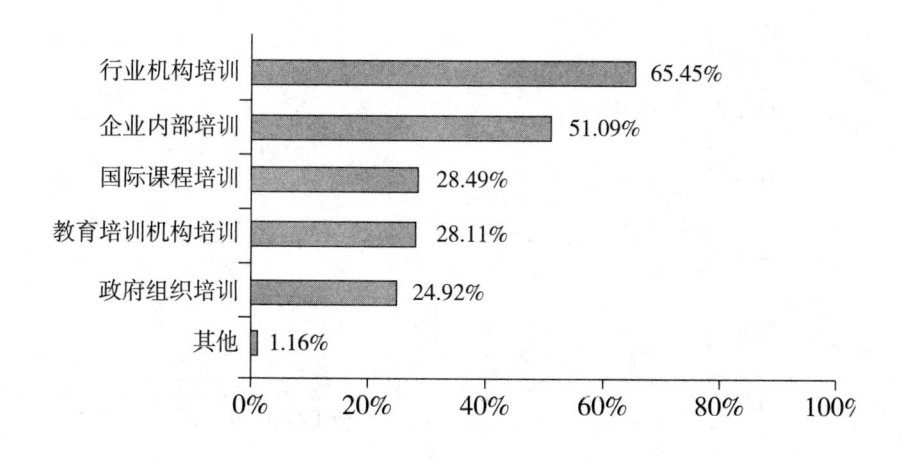

培训方式	比例
行业机构培训	65.45%
企业内部培训	51.09%
国际课程培训	28.49%
教育培训机构培训	28.11%
政府组织培训	24.92%
其他	1.16%

图4 从业者最认可的培训方式

---

① 本次储备人才的调查来自深圳大学、深圳职业技术学院、深圳信息技术职业学院以及环球数码动画学院，共1050人。调查结果显示：男性占58%，女性占42%；97%的储备人才年龄在25岁以下。

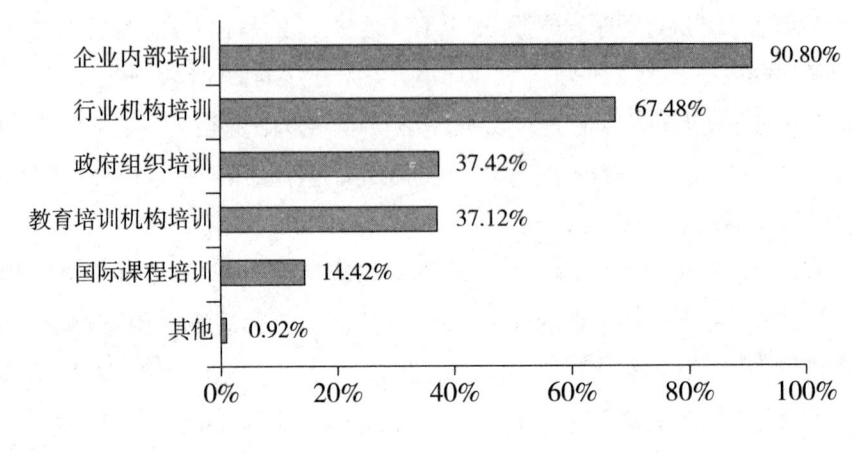

图5　企业现有培训方式

- 企业内部培训　90.80%
- 行业机构培训　67.48%
- 政府组织培训　37.42%
- 教育培训机构培训　37.12%
- 国际课程培训　14.42%
- 其他　0.92%

2. 人才培训效果与困境

在培训效果上，从业人员认为很有收获和较有收获的占47.73%，认为培训效果一般的占37.34%，认为较少收获或没有收获的占14.93%，显示多数人认同培训效果。但是在企业看来，培训的效果难以衡量和把握。

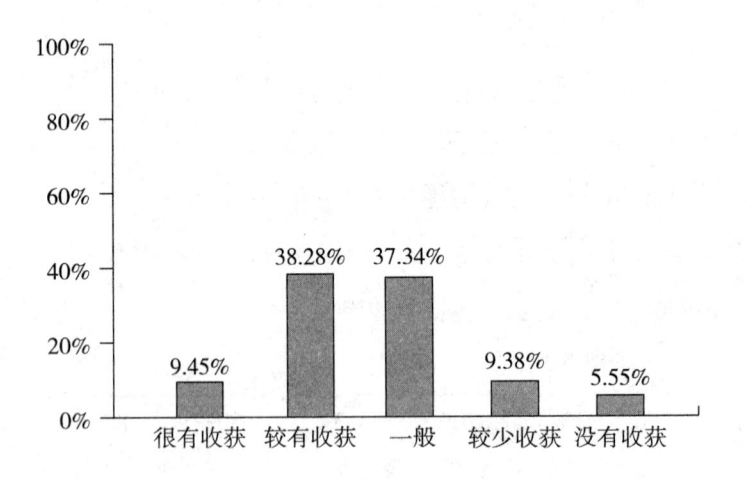

图6　从业人员对培训效果的评估

- 很有收获　9.45%
- 较有收获　38.28%
- 一般　37.34%
- 较少收获　9.38%
- 没有收获　5.55%

在对培训中存在困难的调查中，将近一半的企业选择"培训效果难以衡量"，占48.91%。但在面临的阻碍中，大多数企业认为最大的困难是缺乏资金，选择这一项的占58.88%。这也是绝大多数企业选择企业内部培训作为人才培训的主要原因，相比行业培训机构和国际课程，企业内部培训的成本更低、见效更快。企业和从业人员同时提到了缺乏优质培训机构（企业为47.98%，从业人员为53.95%）、培训的效果难以衡量（企业为48.91%，从业人员为37.31%），此外，分别有38.63%的企业和35.29%的从业人员选择了"缺乏行业标准"这一项。对于企业，评估一项培训项目的效果决定了对员工培训的持续投入，但目前缺少优质培训机构、缺乏有效的评估体系以及培训效果难以衡量造成了企业在员工培训上的保守倾向。此外，培训后离职率上升以及包括缺乏可持续性的老师或者课程积累、外地员工需求难反馈在内的其他困难也困扰着企业。在员工看来，缺乏教育平台和资金也是目前培训存在的问题。

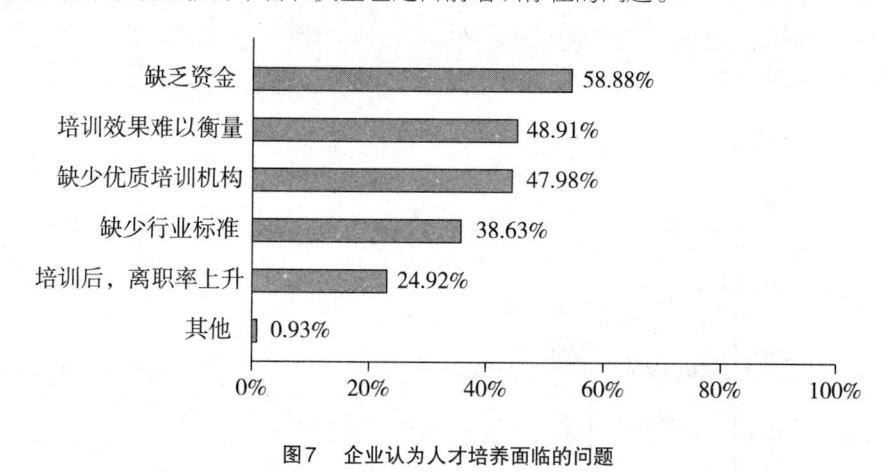

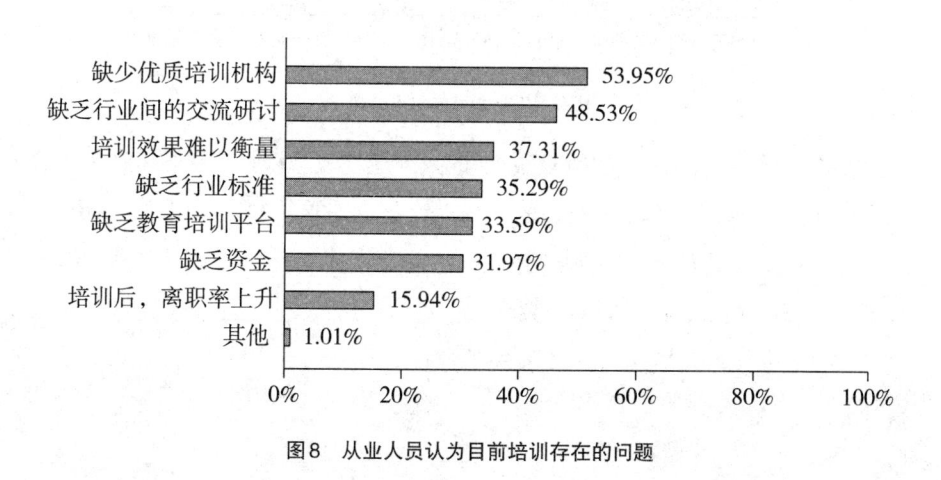

项目	比例
缺乏资金	58.88%
培训效果难以衡量	48.91%
缺少优质培训机构	47.98%
缺少行业标准	38.63%
培训后，离职率上升	24.92%
其他	0.93%

图7　企业认为人才培养面临的问题

项目	比例
缺少优质培训机构	53.95%
缺乏行业间的交流研讨	48.53%
培训效果难以衡量	37.31%
缺乏行业标准	35.29%
缺乏教育培训平台	33.59%
缺乏资金	31.97%
培训后，离职率上升	15.94%
其他	1.01%

图8　从业人员认为目前培训存在的问题

（三）人才待遇与发展

1. 待遇与福利

总体上看，深圳文化创意从业人员的收入明显偏低。年收入在10万元以下的占75.48%，其中5万—10万元的占第一位，为44.72%；年收入在5万元以下的占30.76%。11万—15万元的中等收入者占14.19%；在16万—20万元的占5.86%；年收入在21万元以上的仅占4.47%。尽管从业人员的收入普遍不高，仍有17%的人认为与其他城市同行相比，在深圳从事文化产业工作的收入很高或较高，60%的人认为一般，20%的人认为很低或较低。总体上，以高物价、高房价著称的深圳，在文化创意产业的薪资待遇上并没有特别的吸引力。

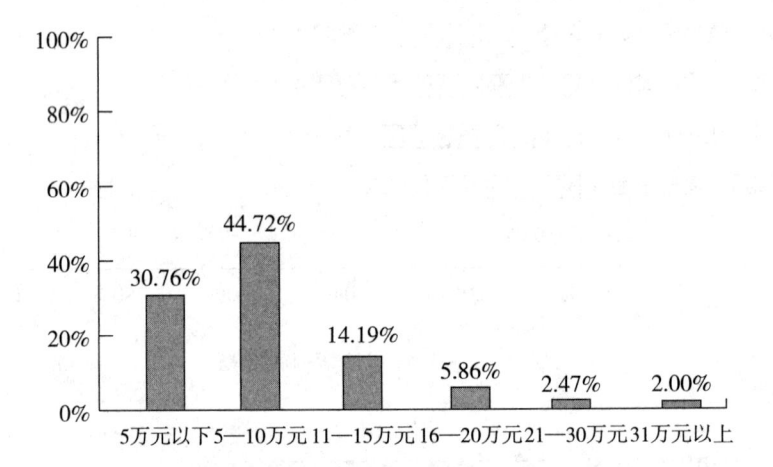

图9 从业人员年收入分布

调查数据显示，深圳文化创意企业的人才流动较为频繁，离职率在25%以上的企业占6.40%，离职率在15%—25%的企业占14.33%，两者相加超过了20%。在从业人员看来，薪酬待遇低被认为是造成文化创意人才流失的首要因素，这部分占56%，这与企业的看法基本一致。但值得注意的是，有高达40.39%的从业人员认为人才流失的原因是对行业前景和个人发展前景不看好。

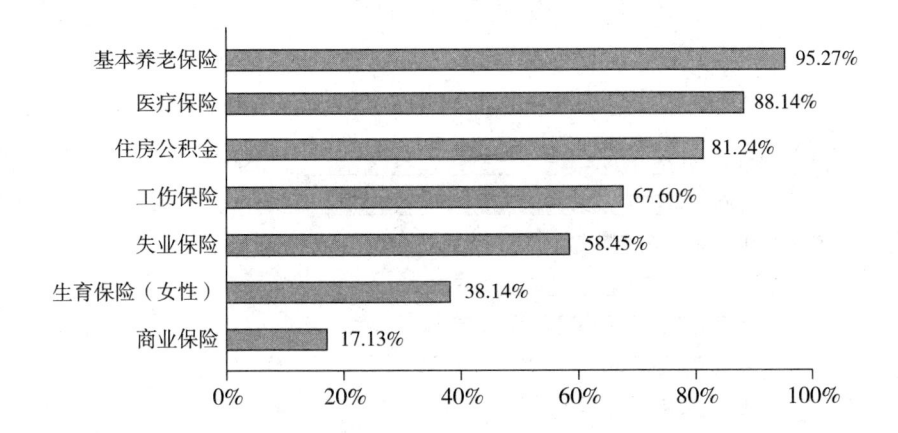

基本养老保险 95.27%
医疗保险 88.14%
住房公积金 81.24%
工伤保险 67.60%
失业保险 58.45%
生育保险（女性） 38.14%
商业保险 17.13%

图10　企业为员工提供的社会保障与福利

2. 人才发展

数据显示，在职的从业人员中有近67.29%的人才看重企业发展前景，另有54.44%的人才看重的是个人发展空间，另有46.42%的人才是看重自由创新及挑战性工作。

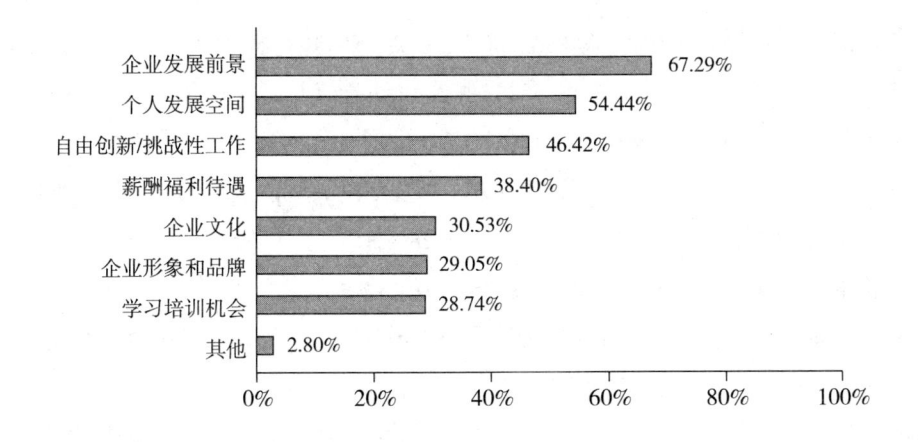

企业发展前景 67.29%
个人发展空间 54.44%
自由创新/挑战性工作 46.42%
薪酬福利待遇 38.40%
企业文化 30.53%
企业形象和品牌 29.05%
学习培训机会 28.74%
其他 2.80%

图11　从业人员选择本企业的原因

虽然从业人员待遇普遍较低，加薪要求强烈（占64.08%，排第二），但学习机会更为从业人员所重视，多达70.99%的人首选"学习机会"作为激励方式。充分信任员工，给予其具有挑战性和自主的工作环境，也是受从业人员欢迎的激励方式。

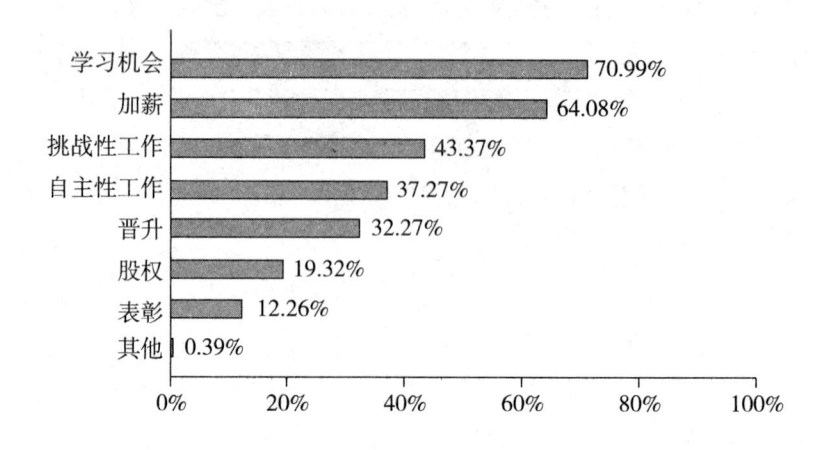

学习机会 70.99%
加薪 64.08%
挑战性工作 43.37%
自主性工作 37.27%
晋升 32.27%
股权 19.32%
表彰 12.26%
其他 0.39%

图12　员工认为有效的激励方式

（四）创业创意环境

在企业看来，相比其他城市，深圳市发展文化创意产业的优势前五项分别为：城市开放性（70.87%）、政府扶持力度（59.16%）、城市文化创意氛围（56.46%）、经济发展前景（48.65%）和文化创意产业链（47.45%）。这显示了深圳作为一个经济不断向上的新型城市在发展文化创意产业上所具有的开放性、包容性与产业完整度。调查也显示，企业认为深圳的劣势前五项为：地域文化底蕴（63.24%）、文化基础设施（29.28%）、创意人才聚集性（28.04%）、市场环境（20.87%）和文化创意产业链（20.25%）。

深圳处于改革开放前沿，在转型升级的大背景下，深圳文化创意产业发展迅速，潜力巨大，这一点为大部分从业人员所认可。57.46%认为目前深圳市的文化创意产业发展迅速，潜力巨大。近35.32%的从业人员则抱谨慎乐观态度，认为正在缓慢发展但前景不明朗。持悲观态度认为目前市场还不成熟，前景不容乐观的只有5.63%。

多数目前仍就读于高校的储备人才对深圳文化创意产业也持乐观态度。接近70%的储备人才认同深圳市文化创意产业的发展现状，并认为有发展潜力，其中认为"正在缓慢发展，较有潜力"的占42.53%，认为"发展迅速，潜力巨大"的占29.87%，认为"市场不成熟，但较有潜力"的占26.26%。数据显示出储备人才对行业发展的信心。但值得引起重视的是，储备人才认为深圳文化创意产业"潜力巨大"的与从业人员相比少了27.59%。在未来，深圳文化创意产业的优势是否能够保持、对储备人才是否仍有强大的吸引力，前景不容乐观。

工作环境同样是吸引储备人才的重要因素。我们的调查显示：66.44%的储备人才认为深圳的工作环境"很好"或"较好"，认为"较差"和"很差"的仅为3.69%。深圳对储备人才的吸引力还表现在其毕业后的取向上。51.74%的储备人才将深圳作为毕业后的就业城市。

据媒体报道，在深圳超过1000多万人的常住人口中，如今已有176万人属于个人创业型人才，他们中的佼佼者有：大疆科技创始人汪滔、光启研究院院长刘若鹏、创梦天地CEO陈湘宇、柔宇科技创始人刘自鸿、脸萌创始人郭列等。深圳业已形成创新创业生态雏形，从创客发现到创业起步，再到创新加速，到创产联盟，一个个相对独立的孵化点有机结合成具有勃勃生机的创新生态圈。据不完全统计，在南山区约185平方公里的土地上，就分布着82家包括创新苗圃、孵化器和特色产业园在内的创新载体。随着"大众创业、万众创新"的提出，创新驱动发展战略逐渐成为深圳城市发展的核心战略。而创新驱动实质上是人才驱动，作为国家创新型城市和国家自主创新示范区的深圳，已经成为海内外人才的创新创业乐土，人才的集聚有力地驱动了深圳自主创新。

四、问题与建议篇

（一）问题与不足

1. 中小型企业前景不明，难以吸引人才

从调查来看，深圳创意产业中超过一半的企业属于微型或者中小型企业。刚成立不久、注册资本较少的小公司因为在技术、品牌、资源上的劣势，导致步履维艰，几乎所有这类企业都处于亏损状态。而那些成立已在3年以上的企

业，也大多遇到瓶颈，发展停滞是普遍现象。

在对企业高层的访谈中发现，许多企业的营收状况并不佳，这点在原创企业中最为明显。原创企业投入大但风险高，是造成企业的保守倾向之一，公司的发展因而也受到限制。此外，大部分没有政府背景的民营企业尽管多少也得到政府的资金补贴支持，但与其投资相比往往是杯水车薪。

2. 高层次、复合型人才缺乏

文化创意产业的变化实质是观念和创意的变化，它是跟人才密不可分的。从调查的结果来看，企业都非常重视人才的引进，但现有人才并未能满足企业需求。目前文化创意人才状况非常令人担忧，文化创意人才的缺乏导致了文化创意产业还处于起步阶段，人才短缺问题已经成为文化产业发展的瓶颈之一。

理论上，高校应源源不断地为企业输送人才，并根据行业需要来调整人才培育方案。但从调查结果来看，高校并未成为企业人才的主要来源。选择从高校引进人才的企业只占4.65%。企业对高校的教育并未认同，高校学生侧重理论和基本功的学习，实操课程比较少，无法满足企业的现实需求。从调查来看，目前深圳文化创意产业中的高层次人才极为缺乏，对1311位从业人员的调查中，拥有硕士及以上学历的只有78人。学历作为一个指标，只反映了从业人员的基本素质，从实际工作来看，获奖情况和拥有受认可资质的人也只有154人，其中有中、高级职称的不超过20人，顶尖级的则更是凤毛麟角。

3. 人才待遇低，个人发展空间有限

对人才的调查表明，多数人对深圳的文化创意产业的发展前景较为看好，但前景不代表现实，对公司发展的期待也不能抵消从业人员在经济上的压力。对回收问卷的分析显示，目前深圳文化创意产业从业人员的待遇低是一个普遍现象，年薪10万元以下的占75.48%，其中5万元以下的占30.76%；5万—10万元的占44.72%。

在房价高企、房租较高的深圳，住房是从业人员面对的大问题，很大程度上给从业人员造成生活压力。调查显示，目前67.84%的从业人通过租房解决问题。在收入、生活压力和个人发展的诸多限制之下，许多从业人员认为付出和收获难成正比是造成文化创意产业人才流失率较高的主要原因。我们对企业

的问卷调查显示,有些企业基层岗位的离职率超过50%。文化创意产业的变化和更新很快,需要不断地通过引进新人才来为企业提供新的创意和活力,但是过高的流动性和人才流失将不利于企业的稳定发展,对个人的发展也不利。

4.投融资政策不力,初创企业扶持不到位

尽管《深圳文化创意产业振兴发展政策》鼓励有实力的企业、团体、个人依法发起组建各类文化创意产业投资基金和机构,一些专项基金也向起步期的企业倾斜。但政府对企业项目的补贴和支持力度有限,投融资渠道仍需要政、企、民三方合作,尤其在发挥民间资金与互联网金融方面,仍缺乏成功经验。

问卷和访谈显示,创业人员希望在融资上得到更多的支持和帮助;在审批上放宽审批条件,避免政府自主的倾向性;在住房生活方面给予一定的资助保障,以更加安心于创业。此外,降低入驻文化创意园区门槛,对有创造力的项目予以立项等也是创业人员的心声。

5.创业人才短缺孵化功能不良

深圳创新创业优势虽较其他城市遥遥领先,但是深圳创业失败率却一直居高不下,这主要源于深圳人才短缺,尤其高端领军型创新创业人才缺失严重。以服装设计业为例,虽然深圳服装设计行业占全国半壁江山,产值超过2000亿元,但是,深圳服装设计师,尤其是原创设计师的数量和人才结构都与这座城市不匹配。目前,深圳高校每年培养的服装设计毕业生仅有300多名,而且这些原创设计师的就业状况、未来发展前景都不乐观。更为关键的是,与内地城市相比,深圳创意产业目前招人不是太难,但招到真正有专业特长、用得上手、安得下心的人却十分不易。

深圳相比北京和上海,创业项目普遍面临视野狭窄,容易半路夭折的情况。此外,创业孵化机构"重空间轻服务"。按照世界先进国家的经验,孵化器主要发挥两类作用:一类是为创业者提供一定的优惠条件,帮助创业者将企业办起来;另一类是为创业者提供资金、知识和商业网络方面的支持,提高初创企业的成活率。但深圳目前许多创业孵化器都没能发挥这些功能,创业者与孵化基地之间股权出让、技术入股等投融资合作机制仍处于探索阶段。孵化器的转型升级需要有"科技金融"理念,如何利用这一理念完善造血功能,这是孵化器要

思考的问题。

（二）建议措施

1．构建人才认证体系

包含职业资格体系和高层次人才认定标准两个方面。职业资格体系的欠缺导致从业人员难以进行有效的行业积累，也使企业招聘人才时缺乏衡量标准。因此，文化创意产业职业资格体系的制定将有利于提升文化创意人才的社会认可度，实现行业经验的有效积累，为人才提供职业发展目标，为企业招聘提供指导，并有利于规范不同级别的职业资格认证，构建文化创意产业人才库和建立相应的薪酬体系。

调研结果显示，深圳市文化创意产业目前并不缺乏操作技能类人才，而是缺乏具备高度的原创能力，能够将创造力转化为产能，并且能够培育出文化创意品牌的人才。这些高层次人才的匮乏是制约深圳文化创意产业培养产业链上游的核心竞争力，并且促进其他产业转型升级的瓶颈因素。因此，文化创意产业高层次人才认定标准的制定将为高层次人才的发掘、培养和引进提供指导，从而保障深圳市文化创意产业的良性、快速发展。

文化创意产业的高层次人才可以分为以下三个类别：领军人才、高层次复合型人才和创意研发人才。对于现有的以上三类高层次人才应进行挖掘和推举，给予奖励，以留住人才，同时也鼓励在深的文化创意产业从业人员提升自我，向着高层次人才的方向发展。不仅如此，深圳市政府还应提供优惠的引进政策，引入其他省市以及境外高层次人才，特别是在文化创意产业较为发达国家留学或工作过的人才，以借鉴先进经验。人才认证体系的建立将成为改善"双创"人才待遇、激励创业创新的一个重要基础。

2．重点扶持小微企业和初创企业

深圳市区两级政府出台了一系列政策扶持文化创意产业，然而，从调研数据来看，政府的投入主要起到"锦上添花"而非"雪中送炭"的作用。对于优秀的成果作品固然应该奖励，但是，政府的支持重点应该放在项目启动阶段，即需要大量资金支持的研发阶段。

调查显示，成立1—3年的微小企业一般处于较为艰难的发展境地。而这些小微企业恰恰是原创的主要动力。小微企业的创办者通常具有强烈的实现自我想法和价值的意识，小微企业的聚集将汇聚原创动力，发挥巨大的能量。因此，政府应着力扶持初创微小企业的成长。一方面政府可以对初创小微企业提供办公地点和财税等方面的支持；另一方面政府应建立健全投融资市场，引导社会资本的投资方向。

3. 创新教育模式，增加培训投入

一方面文化创意产业的人才教育与企业需求不对接，学校没有成为企业人才的主要来源；另一方面专门的文化创意类高等院校很少，文化产业创意人才的继续培训机构缺乏，企业主要靠内部培训为主。

人才与产业的对接问题可通过产学合作来解决。高校中与文化创意相关的院系应打造理论与实践相结合的教育模式，与企业进行对接，并应设置科学合理的培养计划，在注重理论知识学习的同时重视动手能力的培养，并亟待增加企业实训内容。在教育培养中应鼓励学生进行"顶层创意"，即尽量减少参考的份额，最大限度地发挥个人的想象力；同时，也应培养学生脚踏实地实现创意的素质与能力。与产业的合作要达到对行业形成充分的认识，从而制订个人能与未来从事行业相对接的学习培养计划。此外，政府鼓励跨学科人才的培养，创新学科设置，以培养出符合深圳文化创意产业发展方向的人才，即文化加科技或是创意加管理的复合型人才。

4. 利用创客运动完善创业生态

在创业方面，深圳要建成现代化国际化创新型城市，必须成为吸引世界顶尖人才的场所。目前，深圳已成为全球最著名的 Maker Faire（创客嘉年华）和麻省理工学院 Fab Lab（国际微观装配实验室）的正式成员，由此，深圳也是中国唯一一个被国际创客组织承认的城市，并在国际创客群体内赢得"创客之城"的美誉。目前，深圳市政府正在着力打造"国际创客中心"，并出台一系列政策。深圳的"双创"人才需要通过创客嘉年华和 Fab Lab，纳入国际人才流动、人才教育培训、创业与投资市场，从根本上完善创业生态，吸引全球创业创意人才。

创业团队最大的问题是资金短缺问题。深圳有着中国最优质的互联网技

术环境，在互联网金融、众筹等方面应该走在全国前列，探索出能调动政、企、民三方资源的融投资平台和机制，完善政府的金融监管机制，全面调动民间资金，让企业向外开放技术创新与文化创意项目，通过企业内部孵化、高校科研机构产学研结合、民间创客活动与培训等多种形式，解决资金、人才、市场、技术等要素的联动问题，全面升级深圳"双创"人才的生存与发展空间。

总体来看，深圳重大科技基础设施与高校资源相对其他重点城市总体规模仍然偏小、数量偏少，学科布局系统性、前瞻性不够，开放共享和高效利用水平低。国际大科学工程中鲜有深圳企业和研究机构问津，与北京、上海差距明显。我们建议，深圳应加快重大科技基础设施建设，瞄准科技前沿研究和城市重大战略需求，布局建设一批科技基础设施；加强基础研究力度、开展原始性创新与前沿探索，培养科研学术骨干，带动学科建设和发展，加速建设知名的高水平研究型大学，让原创性重大科研成果、一流的大学、一流的学科、一流的学者成为深圳市创新型城市的重要组成部分。

我们认为，改善创业生态不能靠发动一场声势浩大的"运动"一蹴而就，也不完全靠金钱物质刺激就能实现。创业的关键还在于人，对人才的培育、尊重甚至呵护，才是真正改善创业生态的基本土壤。因此，美国斯坦福大学与硅谷的故事告诉我们，一个有创新的大学与一块有创新的山谷，需要决策者的睿智与时间的慢火才能孕育而成。

杭州市创新、创业创意人才扶持研究报告

引 言

　　作为21世纪的新兴"朝阳产业",文化、科技和经济深度融合的产物,文化创意产业凭借独特的产业价值链,广泛的产业渗透力、影响力和辐射力,正成为一个国家和地区经济社会发展的重要动力。世界各个发达国家和地区都把文化创意产业发展作为产业升级和社会转型的重要途径。

　　当前,我国创意产业发展还处于起步阶段,虽然近几年得到了快速发展,但是不容忽视的是,在发展过程中瓶颈问题逐步显现,文化创意产业人才培养问题已成为首要问题。文化创意产业创新、创业创意人才的价值提升将是今后相当长时期的重要课题研究。

　　本研究报告着眼于杭州市文化创意产业发展的现状,对杭州市文化创意产业发展创新创业人才扶持培养状况特征及经验做法作出调研、分析、研究,呈现杭州市文化创意产业及其人才发展总体风貌,旨在为政府制定促进文化创意产业发展的决策提供参考建议,为相关企业的发展提供人力资源升级和团队建设的策略措施,促进文化创意产业园与创新、创业人才的协调发展,提升全社会的创意意识,为杭州市不断培养高水平创新创业创意人才创造条件,也可为杭州市"十三五"文化创意人才发展规划奠定基础。

一、杭州文化创意产业发展现状

(一)杭州发展文化创意产业的现实背景

1.国内外有利环境为杭州文化创意产业发展提供了新机遇

近年来,文化创意产业在国际上逐渐兴起,并在经济社会发展中发挥着越来越重要的作用。据统计,全球文化创意产业每天创造220亿美元的价值,并以5%的速度快速增长。在英国、美国、丹麦、新加坡等国家,文化创意产业已经成为引领国家产业创新和发展的重要力量。在国内,我国也在积极推进文化创意产业,十七大明确提出要"推进文化创新,增强文化发展活力","推动社会主义文化大发展大繁荣";《国家"十一五"文化发展规划纲要》指出要加快构建文化创意产业群;浙江省第十二次党代会确立了走"创业富民、创新强省"之路的核心战略,提出要"构建和谐文化,切实加快文化大省建设步伐"。国内外文化创意产业蓬勃发展的形势和鼓励文化产业发展的政策导向,为杭州大力发展文化创意产业指明了方向,为杭州打造全国文化创意产业中心带来了重大战略机遇。

2.城市发展阶段为杭州文化创意产业发展提出了新要求

改革开放以来,杭州经济社会快速发展,当前正处于城市化进程不断推进的关键时期,人口资源环境日益凸显,经济发展和城市承载力矛盾日益突出,面临着经济、社会和资源环境的多重挑战,部分地区、部分行业发展进入了平台期、瓶颈期。这就决定了杭州必须尽快实现经济转型,进一步优化产业结构,实现经济社会和人口资源环境协调发展。

3.独特的综合优势为杭州文化创意产业发展提供了广阔空间

杭州大力发展文化创意产业,具有得天独厚的优势:一是文化优势,杭州有着8000年的文明史,是中国七大古都之一,文化璀璨,积淀深厚,有着最适宜文化创意产业发展的土壤;二是环境优势,杭州有着得天独厚的自然生态环境和优越的气候条件,先后获得了"国际花园城市"、联合国"最佳人居奖""东方休闲之都"等多项国家级、世界级"桂冠",并连续多年被世界银行组织评为"中国城市总体投资环境最佳城市"第一名,有着文化创意产业发展的坚实基础；三是人才优势，杭州集聚了全省一半以上的高等院校、科研院所，拥有中国美院、浙江大学等与文化创意产业密切相关的高等学府；四是市场优势，杭州地处长三角，是现今中国经济社会最发达、最具活力和生产力的地区之一，有着巨大的文化创意市场消费规模和需求潜力。

（二）杭州市文化创意产业发展现状分析

自2007年以来，尤其是"十二五"期间，杭州市政府紧紧围绕打造全国文化创意中心的战略目标，充分发挥统筹协调作用、抢抓发展机遇，注重文化创意与产业的融合发展，大力发展文化创意产业，助推经济转型升级，取得了良好的经济效应和社会效应。

1. 在全国处于领先地位，发展平稳较快

从纵向上来看，杭州文化创意产业在全国处于领先地位。2014年杭州文化创意产业增加值1607.27亿元，仅次于北京、上海，增加值占全市比重达17.5%，远远高于北京和上海，如图1所示：

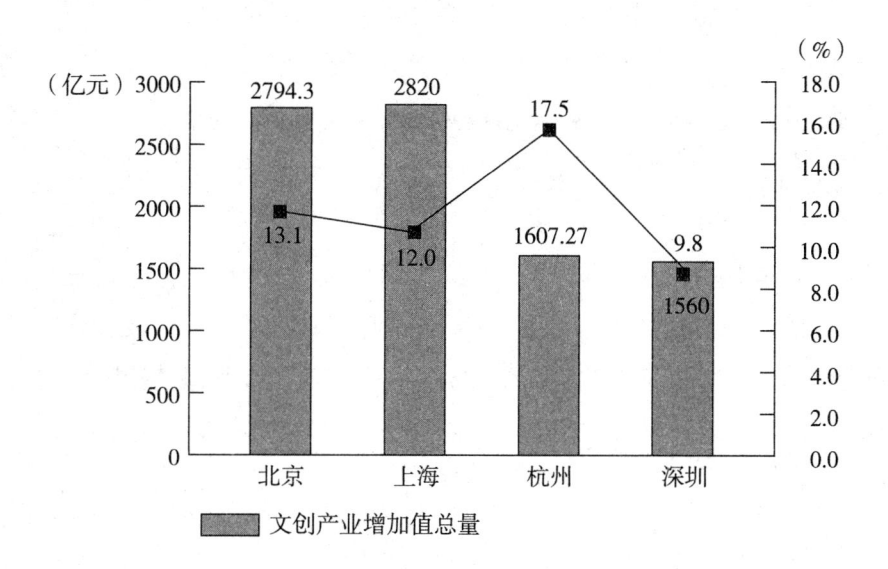

图1　2014年全国城市文化创意产业增加值前四名

资料来源：国家统计局。

横向来看,"十二五"期间,杭州市文化创意产业呈现快速发展趋势。杭州市文创产业增加值由2010年的702亿元,增长到了2014年的1607.27亿元,占全市GDP比重也呈现稳步增长趋势,比重由2010年的11.8%增长到2014年的17.5%。自2007年以来,杭州市文化创意产业增加值的增速平均高于GDP增速近7个百分点,如图2所示。

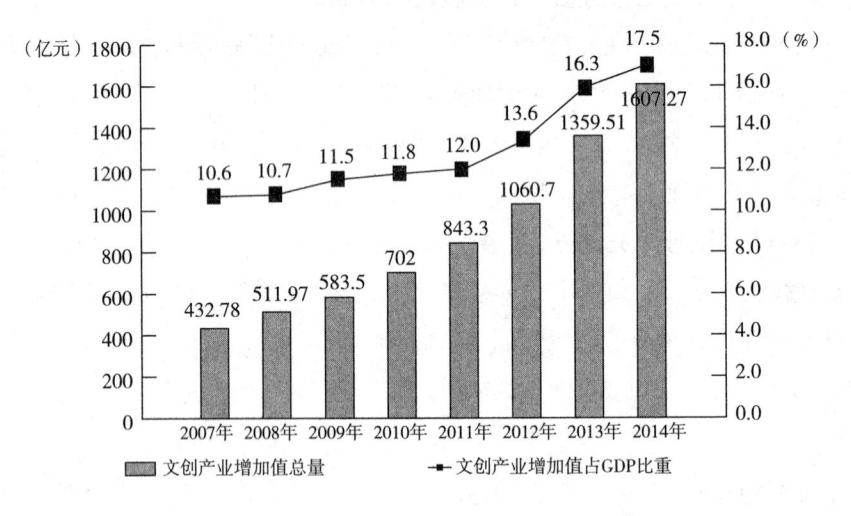

图2　2007—2014年杭州市文化创意产业增加值及占GDP比重变化趋势

资料来源:杭州市统计局。

2.产业结构持续优化

2014年,杭州市文化创意产业核心层[①]企业实现增加值1264.28亿元,较上年同比增长17.9%,占文化创意产业总增加值的78.7%;外围层实现增加值342.99亿元,较上年同比增长9.1%,占文化创意产业总增加值的21.3%。核心层地位逐步增强,产业结构持续优化,如表1所示。

---

① 核心层包括信息服务、动漫游戏、设计服务、现代传媒、艺术品、教育培训、文化休闲旅游、文化会展八大重点发展行业。

表1 2014年杭州文化创意产业重点行业增加值情况

行业	增加值（亿元）	比重（%）	同比增长（%）
文化创意产业	1607.27	100	15.9
核心层	1264.28	78.7	17.9
其中：信息服务业	715.64	44.5	25.8
设计服务业	222.14	13.8	9.2
教育培训业	144.49	9	8
现代传媒业	93.45	5.8	11.1
文化休闲旅游业	46.67	2.9	10.7
艺术品业	27.98	1.7	4
文化会展业	13.91	0.9	11.2
外围层	342.99	21.3	9.1

注：杭州市统计局，增长速度按可比价计算；动漫游戏业分别包含在其他专业技术服务与基础软件服务业中，表中未单独列出。
资料来源：杭州市统计局。

从行业细分来看，自2007年以来，杭州市文化创意产业八大重点行业总体均呈现不断上升的态势。近年来，信息服务业发展快速，是整个文化创意产业的领头羊，2014年，实现增加值715.64亿元，占文化创意产业增加值总量的44.5%，较上年同比增长25.8%，高于杭州市文化创意产业增速9.9个百分点，总量和增速均位居第一；其次，较快发展的是设计服务业和教育培训业，2014年分别实现增加值为222.14亿元和144.49亿元，分别占杭州市文化创意产业的13.8%和9%；现代传媒业、艺术品业、文化休闲旅游业、文化会展业近几年在平稳中继续发展，2014年，文化会展业和现代传媒业较上年分别增长11.2%和11.1%，增幅分别位居第二位和第三位。

从总量上来看，八大重点行业竞相发展，但是发展差距较大，增加值总量位居第一位的信息服务业是位居第二的设计服务业的3.2倍，更是位居末次的文化会展业的51.4倍，较前几年差距有不断拉大的趋势，如图3所示。

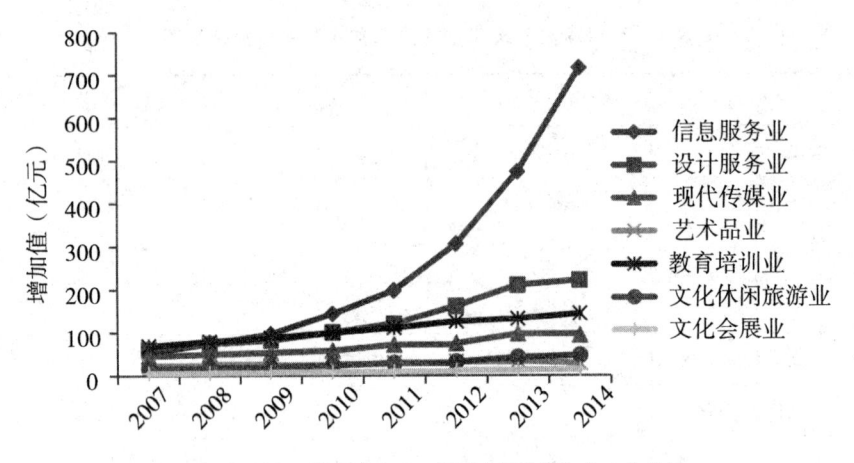

图3 杭州市文化创意产业八大重点行业增加值变化趋势

3. 规模与效益稳步增长

2015年上半年，杭州市规模以上文化创意企业实现主营业务收入1645.05亿元，增长29.2%，增幅同比提高14.2个百分点。实现利税总额338.14亿元，增长12.1%。从营业收入规模上来说，信息服务业、设计服务、现代传媒位居前三。从营业收入增速上来说，信息服务业、现代传媒、教育培训居前三。从利税总额上来说，信息服务业、现代传媒、设计服务居前三；从利税增速上来说，现代传媒、文化会展和文化休闲旅游居前三，如表2所示。

表2 2015年上半年规上文创企业主要指标分层情况

指标分层	主营业务收入 实绩(亿元)	主营业务收入 增幅(%)	利税 实绩(亿元)	利税 增幅(%)	收入占比(%)
规上文创企业	1645.05	29.2	338.14	12.1	100.0
核心层	1500.06	33.1	326.49	12.9	91.2
其中:信息服务业	830.06	61.3	252.65	8.1	50.5
设计服务业	283.79	5.4	22.81	5.9	17.3
现代传媒业	149.57	21.5	45.29	74.7	9.1
艺术品业	109.89	8.6	1.91	19.5	6.7
教育培训业	8.77	14.4	0.86	21.1	0.5

续表

指标分层	主营业务收入 实绩(亿元)	主营业务收入 增幅(%)	利税 实绩(亿元)	利税 增幅(%)	收入占比(%)
文化休闲旅游业	45.73	4.2	1.04	52.5	2.8
文化会展业	72.25	7.8	1.92	62.8	4.4
外围层	144.98	0.8	11.66	5.7	8.8

4. 从业人员稳步增长

随着文化创意产业的不断发展，从业人员数量也呈现不断上升的趋势。2014年，文创产业限额以上企业从业人员达33.68万人，较2013年从业人员32.31万人增长4.2%。其中核心层人员29.27万人，较2013年同比增长4.7%，占全部限额以上单位从业人员的86.9%；外围层从业人员4.41万人，较2013年增加0.045万人。从分行业上来看，文化会展业、信息服务业、设计服务业从业人员较上年分别增长10.4%、8.8%和5%，位居增速前三位，如表3所示：

表3 2014年文创企业从业人员情况

行业分类	企业从业人员 2014年	企业从业人员 2013年	增幅(%)	事业从业人员 2014年	事业从业人员 2013年	增幅(%)
核心层	292690	279489	4.7	70811	69228	2.3
其中：教育培训业	7626	7438	2.5	60172	58556	2.8
设计服务业	122235	116432	5	1807	1831	-1.3
文化会展业	2642	2394	10.4	1761	1733	1.6
文化休闲旅游业	13098	13178	-0.6	3363	3371	-0.2
现代传媒业	23651	24427	-3.2	2802	2862	-2.1
信息服务业	109971	101104	8.8	702	677	3.7
艺术品业	13467	14516	-7.2	204	198	3
外围层	44095	43645	1	147939	141203	4.8
合计	336785	323134	4.2	218750	210431	4

5. 品牌影响力在提升

近年来，杭州先后荣获国内首批"国家级文化和科技融合示范基地"、首批"国家版权保护示范基地""国家广告产业园""两岸文化创意产业合作试验区""国家影视产业国家合作产业区总部"等称号。2012年，杭州成功加入联合国教科文组织"全球创意城市网络"，并被授予"工艺与民间艺术之都"称号，使得杭州文化知名度和美誉度明显提升。2014年，联合国教科文组织中国创业教育联盟（全球第31个城市加入）落户杭州。由清华大学国家文化产业研究中心和台湾亚太文化创意产业协会联合发布的《两岸城市文化创意产业竞争力研究报告2015》中，根据评估结果，杭州在大陆城市里面综合排名第五，仅次于北京、上海、深圳、广州。从最核心的"文创实力"这一维度来说，杭州在大陆排名第三，仅次于北京和上海。

6. 一批新的骨干企业的聚集成为龙头

经过多年的培育和发展，杭州涌现了一批具有自身特色的行业门类和核心竞争力的优势企业，如动漫游戏、设计、互联网文化和电子商务等，这些行业的涌现和发展直接带动了文创产业的快速迅猛发展。在中宣部组织的"文化企业30强"评选中，杭州常年占到3家以上，2015年入围的有杭州宋城演艺发展股份有限公司、浙江出版联合集团有限公司、浙江华策影视股份有限公司、思美传媒股份有限公司。

7. 集聚效应初步显现

杭州积极拓展新兴文化创意产业园区，以"环西湖、环西溪、沿运河、沿钱塘江"为主线，以市级文化创意产业园区为重点，充分发挥各区、各县市的产业优势和区位特点，逐步形成"两圈集聚、两带带动、多组团支撑"的文化创意产业空间新格局。近年来，杭州分3批共认定24家文化创意产业集聚区，初步形成产业地理空间上的聚集，覆盖13个区县以及文化创意产业八大重点领域，在各集聚区产业辐射带动下，形成了一批有影响力的文化创意产业集群，极大地推动了杭州文化创意产业的发展。

8. 政策配套日趋完备

自杭州提出重点发展文化创意产业以来，相继出台了一系列规划、政策、法规等，对文化创意产业进行重点扶持和发展。2005年出台《杭州大文化产业发展规划（2005—2010年）》，并提出要使"创意产业"成为"杭州文化的支柱产业"；2007年杭州市委、市政府提出了打造"全国文化创意产业中心"的战略目标；2008年杭州市提出构建"3+1"现代产业体系和实施"软实力"提升战略的重要部署，进一步确立了文化创意产业的战略地位；先后出台《杭州市文化创意产业发展规划（2009—2015年）》《杭州市"十二五"文化创意产业发展规划》《关于加快推动文化创意产业西进的实施意见》《杭州市人民政府办公厅关于深入推进文化创意产业与相关产业融合发展的实施意见》等。目前，杭州在文化创意产业的政策执行、资金扶持、融资服务、人才培养等方面已经建立起有力的支撑保障体系。

二、杭州文化创意产业创新创业人才发展分析

马克思说"人是生产力中最活跃的因素"，文化创意产业最鲜明的特点就是"人脑+电脑+文化"，是一种典型的"智慧经济""大脑经济"，是"知识经济"的主要组成部分，所以人才是文化创意产业发展中的关键性资源。

（一）文化创意产业人才的基本概念

文化创意产业人才属于综合型、创造型人才，难以用单一属性加以界定。具体是指具有综合性的文化创意产业知识或技能，同时拥有很强的创新能力，能够运用创作技能和手段进行创造性劳动，从事文化创意产品或服务的生产、引导和经营管理工作的劳动者。

文化创意产业人才从工作职能不同可以分为以下四类：一是原创型人才，具体是指那些艺术创作和策划设计原创性产品或服务的人才，是文化创意产业的核心人才；二是创造加工型人才，具体是指将那些原创和创意设计以最完美和最恰当的形式展现出来的人才；三是技术型人才，具体是指通过一定的高技术手段来完成创意产品的技术人员，他们善于将文化创意和科技创新融合到产品和服务之中；四是经营管理型人才，具体是指将文化创意产品或服务推向市

场，形成产业，并进行经营管理的人才。这类人才既精通经营管理，又熟知创意产品的文化属性和商品属性，擅长文创产业的市场运作，如跨界人才、文化科技人才、文化金融人才等都属于文创产业的经营管理人才。

从心理特征看，文化创意产业人才具有：(1)实现自我价值的强烈愿望，相对一般的人才而言，创意人才很难满足于一般事务性的工作，而是更热衷于具有挑战性、创造性的任务；(2)需要成就感和精神激励。在文创人才的激励结构中，成就激励和精神激励的比重远大于金钱等物质的激励。

从能力特征来看，文化创意产业人才具有：(1)较高的专业特长和较高的个人素质；(2)突出的创新能力；(3)具有很高的工作自主性。凭借专业知识，运用头脑进行创造性思维，并不断形成新的创意成果。

从工作及工作行为特征来看，文化创意产业人才的工作过程难以实行监督控制，一般来说，创意人才的工作往往具有很大的随意性和主观支配性，工作过程没有固定的流程和步骤。另外，工作成果难以直接测量和评价，文化创意人才的工作成果常常以创意、艺术行为等形式出现，且许多创新成果是团队的工作成果，因此对创意人才个人的工作成果，往往无法直接简单衡量。

(二)杭州市文化创意产业人才培养模式

吸引人才难，善待人才更难，杭州市政府从文化创意产业人才发展的实际需求出发，出台一系列人才政策，实施一系列培养措施，创建文化创意产业人才栖居的美好环境，培育壮大文化创意产业人才，不断优化提升人才队伍。

1.增强人才培养力度，提升人才结构水平

自2008年以来，杭州市政府先后出台了一系列文化创意产业人才培养的相关政策，尤其是对创业、创新人才及团队给予了极大的支持力度，如《中共杭州市委、杭州市人民政府关于打造全国文化创意产业中心的若干意见》《杭州市"十二五"文创产业发展规划》《关于加快文化创意产业人才队伍建设的实施意见》《关于杭州市高层次人才、创新创业人才及团队引进培养工作的若干意

见》《关于推进杭州市十大产业创新团队建设的实施意见》等[①]。

充分发挥高等院校的"蓄水池"作用，不断加强与在杭高等校院、科研院所和企事业单位的合作，采取公开招聘、人事调动、项目合作、开办工作室、创作室等多种方式，走以人（大师）引人（团队）、以机会（提供创业机会）引人、以活动引人、以赛事引人的路子，从人才的"选拔、引进、培养、使用和服务"五个环节着力引进一批国内外优秀的文化创意人才和创业团队[②]。在高端创意人才引进方面，杭州市引进余华、麦家、刘恒、邹静之、赵志刚等一大批文化名人；在本地创意人才培养方面，杭州积极实施"国大师带徒学艺""青年设计师人才发现计划""青年文艺家发现计划"等重点人才建设项目，为文创产业人才的成长提供条件，不断壮大创意人才队伍。同时，在政策上对引进人才和本地人才一视同仁，注重保护"两个积极性"。

2. 建设平台载体，促进人才发展

近年来，杭州先后共建设了24家文化创意产业集聚区、35家文创楼宇、10家文创小镇和17家众创空间。当前，杭州正在继续有序推进中国国际影视产业合作试验区（总部）、华数白马湖数字电视产业园、杭州创意设计中心项目等重点项目的建设。充分发挥中国美术学院、浙江大学、浙江传媒学院等在杭高校雄厚的师资力量、良好的教学设施和丰富的办学经验等优势，以动漫游戏、文化演艺等行业为重点，开展大学生创业实训工程，建设10家大学生创业孵化基地和14家大学生实训基地，为不同层次的文创产业人才提供良好的创业平台和空间。搭建起"西湖创意市集""酷卖街·动漫市集""创意力量大讲堂"等平台，为全市草根创意阶层开展交流创造良好氛围。

3. 创建多层次学习载体，培养多层次文创人才

自2011年以来，杭州市政府先后开设"杭州市文创企业家孵化工程""杭州市成长型文创企业家高端培训班""'365工程'文化创意产业经营管理人才高级研修班""创意力量大讲堂""文创复合型青年人才培训班""'互联网+'创意智造高级复合型人才研修班"等，培养了千余名文化创意产业管理人才。在

---

① 《杭州市文化创意产业发展报告》。
② 《杭州市文化创意产业发展规划（2009—2015年）》。

白马湖生态创意城等文化创意产业园区专门开辟"青年艺术家村落",为业有所成者提供良好的创作场所和有力的政策扶持。前后启动"'创意杭州'广告大赛优秀获奖选手赴国外培训计划""优秀工业设计师赴国外进修计划"等重点人才建设项目,目前已选拔70余位优秀人才出国深造。

4．提升政策保障,加强产权保护

杭州市政府把文化创意产业人才纳入《关于加强高层次人才引进工作的若干意见》《高层次留学回国人员（团队）在杭创业创新项目资助实施办法》《杭州市大学生创业三年行动计划（2014—2016年）》等文件的适用范围之中,并先后出台《杭州市高层次人才、创新创业人才及团队引进培养工作》《杭州市人民政府办公厅关于实施杭州市"万名大学生创业实训工程"的指导意见》《杭州市文化创意产业大学生创业孵化基地认定管理办法》等具针对性、创新性政策文件,形成包括住房、子女入学、落户、医疗保障、公共服务保障等在内的高层次人才引进、创新创业人才及团队培养等的"一揽子"政策,使政策惠及创意人才团队的每一位成员。

此外,杭州是全国首个版权保护示范城市,相继出台了《杭州市打击侵犯知识产权和制售假冒伪劣商品专项行动实施方案》《杭州市人民政府办公厅关于提高知识产权创造管理保护运用能力的实施意见》等政策文件。

5．营造人文氛围,优化人才环境

近年来,杭州积极推进图书馆、咖啡厅、书店、公园等建设的投入,为文化创意产业创新创业人才成长提供舒适的空间;积极兴建美术馆、纪念馆群、艺术家村落及各类文化休闲设施等,促进创意产业发展的集聚效应;积极开展各类文化活动,扶持、培养各类艺术培训机构,不断提高文化艺术素养;鼓励企业内部组织各类沙龙、论坛、研讨会,建立文化创意产业人才俱乐部,为文化创意产业人才提供讨论和交流平台;允许和鼓励文化人标新立异、别出心裁,营造宽松、包容、大气、开放的环境,进一步营造有利于文化创意人才发展的社区文化和社会氛围。

（三）杭州文创产业创新创业人才调研分析

为客观反映杭州市文化创意产业人才，尤其是创新创业人才发展的总体风貌，本报告采用问卷调查法，对杭州市100多家文创企业发放问卷，共发放问卷250份，实际回收有效问卷185份，回收率为74%。根据调查问卷分析，目前杭州文化创意产业创新创业创意人才呈现以下特征。

1. 人才素质结构基本合理

总体来说，杭州文化创意产业人才呈现年轻化、学历较高的特征。从调查结果来看，杭州文化创意产业人才主要以年轻人为主，其中51.89%的人年龄在21—29岁，33.51%的人年龄在30—39岁，20岁以下和40岁以上的人仅为14.59%左右（如图4所示）。这说明年轻化是文化创意产业的显著特征，这也符合了文创产业需要创造力、创新能力强并富有活力的人才需求。

	20岁以下	21—29岁	30—39岁	40岁以上
年龄分布	4.86%	51.89%	33.51%	9.73%

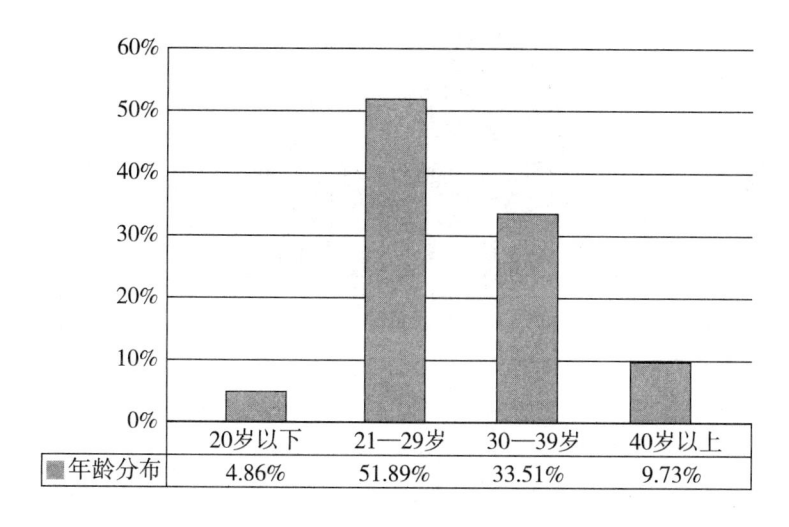

图4 调查样本年龄分布

在性别方面，男女比例总体处于相对平衡状态，在杭州文化创意产业领域并不存在男女比例失调的问题（如表4所示）。

表4 性别结构情况 N=185

性别	频数	百分比
男	93	50.27%
女	92	49.73%
合计	185	100.00%

在教育背景方面，杭州文化创意产业从业人员的学历以大学本、专科为主，占到74.59%，硕士及以上学历的有11.89%（如图5所示）。文化创意产业更加重视具有创新意识、创新精神、创新能力并能够取得创新成果的人才，企业在选拔人才时也往往更加看重实际能力。

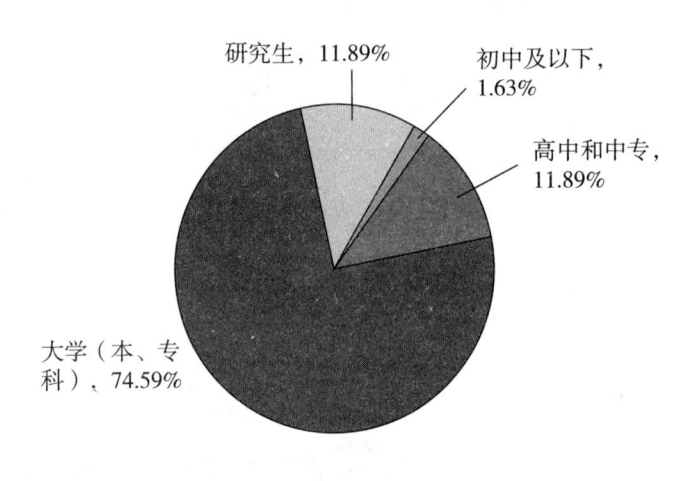

图5 学历结构

2.工作稳定性较好

根据调查结果显示，在杭州工作超过1年以上的文化创意产业人才占89%，其中5年以上的占到33%（如图6所示），这也说明了杭州文化创意产业正处于发展的初步阶段，文化创意产业创意人才的专业经验还不够丰富，仍处于不断积累的过程中。在一个企业工作的时间长达1年以上的有76%，长达2年以上的占到41%，仅有9%的被调查者在目前所在企业工作半年不到（如图7所示），杭州文化创意产业创意人才在杭工作较为稳定。

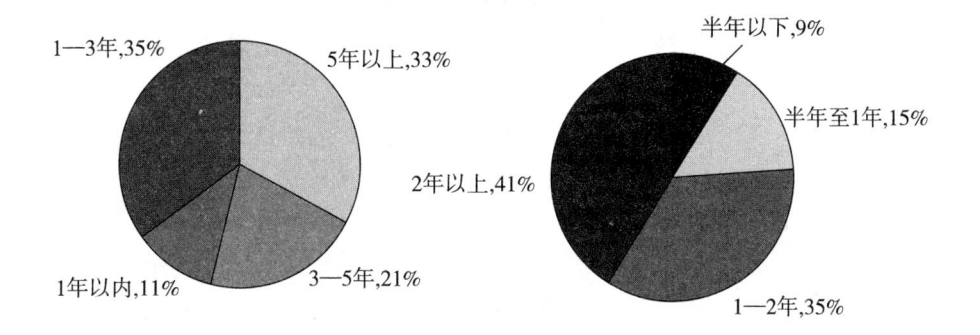

图6　在杭工作时间情况　　图7　在目前企业工作时间情况

3. 薪酬待遇偏低，满意度较低

从调查结果来看，月薪在3000元以下的人占17.84%，在3000—5000元的人占34.05%，在5000—8000元的人占21.62%，在8000—10000元的人仅占7.03%，如表5所示。据统计，2014年杭州平均工资为4831元，这也说明杭州文化产业从业人员的总体薪资水平一般，与杭州平均工资水平相比并没有多大的优势。

表5　月平均收入（包括工资及工资以外的收入）情况

工资收入	频数	百分比
1500元及以下	5	2.70%
1500—3000元	28	15.14%
3000—5000元	63	34.05%
5000—8000元	40	21.62%
8000—10000元	13	7.03%
10000元以上	36	19.46%
合计	185	100.00%

在调查中也发现，仅有38.92%的被调查者表示对公司目前待遇较为满意或很满意，47.57%的被调查者对目前薪资待遇的满意度一般，13.51%的被调查者表示不满意，如表6所示。

表6　薪资满意度情况

满意度	频数	百分比
很满意	11	5.95%
比较满意	61	32.97%
一般	88	47.57%
不满意	25	13.51%
很不满意	0	0
合计	185	100%

文化创意产业是典型的以创造力为核心的新兴产业，以创意人才和专业性创意人才为主体。从调查中发现，大部分人对目前的薪资收入水平并不是很满意，认为当前的收入并没有体现自身的价值。如果这一现象没有得到改善，就可能会打击文创产业从业人员创新创业的积极性，从而造成人才流失。

4. 中小民营企业成为文创产业中坚力量，但龙头企业缺失

中小民营企业已经成为杭州文化创意产业的主力军。在被调查的100多家企业中，68.11%的企业属于民营企业，国有企业仅占有10.81%（如表7所示）。这充分说明，国有企业并不是文化创意产业的主导，民营企业是杭州文化创意产业持续发展的中坚力量。要做大做强杭州文化创意产业，就必须充分发挥民营企业在其中的作用。

表7　所在企业的性质分布　N=185

企业分布	频数	百分比
国有企业	20	10.81%
集体企业	17	9.19%
民营企业	126	68.11%
外资企业	11	5.95%
中外合资企业	5	2.70%
其他	6	3.24%
合计	185	100%

从企业规模方面来说，在被调查的企业中，以中小型企业为主。企业规模在50人以下的占60.54%，企业规模在100人以上的仅占16.22%，如表8所示。这也说明，杭州文化创意产业主要是中小、微创型企业，大型企业、龙头企业相对较少。

表8 企业规模情况 N=185

人员规模	频数	百分比
10人以下	26	14.05%
10—20人	31	16.76%
21—50人	55	29.73%
51—100人	43	23.24%
100人以上	30	16.22%
合计	185	100%

5. 行业分布差异明显，人才结构性矛盾依然存在

从行业分布情况来看，目前杭州文化创意产业人才主要集中分布在信息服务业、设计服务业、教育培训业、文化休闲旅游业，这四个行业从业人数占被调查者人数的79%，动漫游戏业、现代传媒业、艺术品业、文化会展业这四个重点行业从业人数之和仅占被调查者人数的21%。

同时，在调查中发现，54.59%的人认为高端创意人才十分缺乏，30.27%的人认为人才结构分布不合理。另外，49.73%的被调查者认为紧缺创意人才，认为缺乏专业技术人才、文化投融资人才和经营管理人才的被调查者分别占29.73%、23.78%和22.7%。调查数据表明，文创产业高端人才的引进和培养仍需加强。

在对"文创人才引进方面所遇到的问题"的调查中，"杭州生活成本高"的因素高居首位，占65.95%；其他依次是"人才政策支持力度小"（占43.78%）、"收入偏低"（占33.51%），如表9所示。值得重视的是，由于当前知识产权保护体系还不完善，文化创意人才的流动往往会导致产品的复制，从而挫伤创意人才的积极性,伤害创新市场并导致恶性竞争。

表9 人才引进方面遇到的主要问题

主要问题	频数	百分比
人才政策支持力度小	81	43.78%
收入偏低	62	33.51%
生活成本偏高	122	65.95%
缺少产业氛围	28	15.14%

6. 生活品质、创业氛围、政策优惠是城市吸引力的主要因素,但政策落地性、针对性不够

在对来杭从事文化创意工作的主要因素的调查中发现,47.57%的被调查者认同杭州的生活品质,34.05%和30.27%的被调查者更倾向于创业氛围和政策优惠(如表10所示)。

表10 吸引来杭从事文化创意工作的主要因素(至多选2项)

主要因素	频数	百分比
产业规模	29	15.68%
政策优惠	56	30.27%
创业氛围	63	34.05%
企业待遇	19	10.27%
区位优势	41	22.16%
生活品质	88	47.57%
其他	4	2.16%

在人才建设支持政策方面,57.84%的被调查者认为杭州市在发展文化创意人才方面有支持政策,但是政策落地性不够。还有34.05%的被调查者不清楚这方面的政策(如表11所示)。

表 11　杭州市政府在发展文化创意人才方面的政策支持效果情况

没有什么政策	15	8.11%
有政策，但没有什么实际效果	107	57.84%
不清楚	63	34.05%

（四）创新创业人才培养存在的问题

1. 人才结构失衡

（1）年龄结构失调

从年龄比例来看，杭州文化创意产业人才在29岁及以下的占56.75%，30—39岁占33.51%，40岁以上占9.73%，呈现典型的年轻化和中坚力量不足的特点，当然这也与文化创意产业的发展历史较为短暂有很大关系。从另一方面来说，年轻化也意味着创意思维的活跃，如果将这一优势充分发挥，并增加其文化底蕴的积淀，文化创意产业将会呈现爆发式发展。

（2）高端创意人才相对缺少

调查数据显示，杭州文化创意产业从业人员中高中及以下的占13.52%，大学（专科和本科）占74.59%，硕士及以上学历占11.89%。杭州文化创意产业近几年才得到了较大发展，但由于"山寨文化"无孔不入，这也间接导致低层次技术人员以及模仿性的创作人员越来越多，高层次原创人才的严重缺失，在一定程度上制约了杭州文化创意产业更高水平的发展。

（3）复合型人才缺乏

在文创人才紧缺的当下，杭州市文创产业更缺集技术、设计、经营管理于一体的复合型创意人才。当前文创人才主要来自高校，但是高校的培育过于注重专业知识，而忽略了文化、经营管理等知识的灌输，同时也缺乏社会的经验，对接市场和产业的能力不够，创新、创业的转化能力不够，这导致很多设计成果往往不能产品化。杭州当前严重缺乏专业性高、知识面广、思维活跃的复合型创意人才，这导致很多创新的创意设计不能够推向市场，不能给当地企业带来良好的经济效益，这严重制约了杭州文创产业的发展，当前杭州政府和企业已经意识到了这一点，积极开展"互联网+"创意智造高级复合型人才研修班培训等，以培养一批复合型人才。

2. 人才培养机制不完善

文化创意产业创新创业创意人才主要来源于高校，但是我国高等院校的教育往往过分注重专业知识的教育，而忽视了学生创新意识和创新能力的培养，导致创新创业创意人才的教育培养与市场需求出现严重的脱节现象。

高校在课程设置方面，文化创意产业相关专业设置也比较少，尤其是动漫、游戏等新兴文化创意产业。对于已经开设的文化创意产业相关专业课程，也存在一系列问题。一方面是师资力量的匮乏，由于文化创意产业创意人才的缺乏，相应的师资力量也比较薄弱，严重影响了创新创业创意人才的培养；另一方面是对于创新创业能力的培养机制也并不完善。

3. 培训模式单一，存在短视行为

文化创意产业创新创业创意人才的培养主要依托于培训等方式，在创新创业人才的培训中，普遍存在着培训时间短、培训内容相对单一的情况，使得培训效果不尽如人意，据调查显示，49.19%的被调查者认为现有培养模式较为单一，内容缺乏针对性占40.54%，培训投入少占18.92%，培训师资较弱占15.68%。

当前，企业、培训机构、政府承办的培训往往都存在短视行为。企业多采用内部培训，而且多以技能型培训为主，不能从根本上系统有效地提高员工的创新创业能力，更多的企业倾向于实施与员工实际工作关联度高的培训内容。调查发现，创意人才最想被培训和学习的是营销策划技能（50.27%）、企业管理技能（40%）、创新与创业培训（42.16%）、投融资知识（25.41%）等，这也是被调查者所欠缺，并希望能够获得提高的方面。但是，当前企业培训的目标与员工希望参加培训的目标存在偏差，这也在一定程度上说明了大多数企业的创新创业氛围与价值体系建设还任重道远。

4. 城市环境某些方面不适合创新创业人才的生存

文化创意产业创新创业人才需要工作压力小、文化氛围浓厚、生活舒适等创作环境，但是从总体上来说，杭州目前的环境还存在诸多问题，不能够满足上述这些需求。一方面，杭州人口众多、交通拥堵、工作压力大、住房紧张等；

另一方面，杭州人文环境氛围营造得还不够浓厚，文化创意产业创新创业人才需要文化的熏陶才能产生创作灵感。另外，文化创意产业创新创业人才的活动属于创造性活动，需要政府部门对专利权、著作权等进行知识产权保护，如果创意作品一旦不受产权保护，遭到破坏，这必然会严重打击创新创业人才工作的积极性。

三、杭州文化创意产业创新创业人才培养建议

文化创意产业创新创业人才的扶持培育，既需要有良好的团队内部建设，更离不开良好的社会环境、政策环境、产业集聚基础、公共服务平台等。杭州文化创意产业创新创业人才的培养应以政府为主导，带动相关企业、高校、社会组织等，共同营造更加宽松和谐的产业平台和创意环境，充分利用社会资源和市场环境，不断强化人才的前瞻性和前沿性，进一步促进杭州文化创意产业人才的可持续发展。

（一）继续加大引进国内外高层次创新创业人才

高层次创新创业人才是文创产业发展的核心要素，调查数据显示，杭州高端创意人才相对匮乏，硕士及以上学历的仅占11.89%；同时拥有技术、设计、经营管理等技能的复合型人才也十分紧缺。因此，必须通过各种措施积极引进杭州急需的文创产业高层次创新创业人才。拓宽人才引进渠道，消除各种体制障碍，不拘一格引进、培养和使用人才，不唯学历、不唯职称、不唯资历、不唯身份。探索市场化引才新机制，充分发挥企业、高校、科研机构等用人单位的引才主体作用，鼓励和支持用人单位加大对紧缺创新创业人才引进力度。进一步完善引进人才来杭工作、鼓励留学人员来杭创业的政策措施，加强创新创业人才激励培养，完善人才创业扶持政策。

（二）着力培养创新型高层次创意人才

创新型高层次创意人才是文化创意产业发展的关键要素。在教育体系中增

加创意产业人才的培养，支持浙江大学、中国美术学院等在杭州高校根据不同的学科专业方向，把创新、创业、创意的理念融入教学之中，为文化创意产业人才的培养奠定良好的基础。专业和课程设置要在重视学科之间的互补性和教学的综合性要求之外，根据市场需求作出及时调整，制订出切实可行的学科专业目录。

建立政府指导下的以企业为主体、院校为依托、市场为导向、多种形式的"产学研"一体化的教育模式。任何脱离实践的教育模式都将是孤立的，当前创意人才培养最大的瓶颈就是产、学对接的问题，将专业知识运用于社会实践的能力薄弱。一方面充分利用企事业单位不同的教学环境和资源以及在人才培养方面的优势，逐步提高学生的实践经验和解决问题的能力，缩小学校和社会对人才培养与需求之间的差距，解决学校教育与社会需求脱节问题；另一方面在高校和企业之间应建立一座沟通的平台，使学生在此平台上能够与企业一线创意人才和团队进行对话，及时了解他们的工作状态，从而明确自己在校期间的奋斗目标。企业一线创意人才和团队也可以借此平台发布行业信息，并身体力行地告诉学生行业究竟需要什么样的人才以及创意产业各行业期望学生们在设计能力上达到何种水平。这种沟通将使教育的结果更加明确化。

（三）加大力度培养本土创意人才

创新创业人才的根基在于创意人才的培养，因此对于创新创业人才的培养，政府应该着重考虑本土创意人才的培养。只有本土创意人才的培养更加稳定，创新创业人才才会具有最扎实的人才来源。相对于外来引进人才，本土创意人才更加了解杭州的产业环境、人才机制和城市文化等，并能够通过自己的校友圈获得诸多外来文创产业从业者所不能相比的信息渠道和创业路径，具有一定的优势。因此，培养创新创业人才和团队，最根本的方法就是加大力度培养本土创意人才，为创意人才的输出打下稳定的基础。

（四）多渠道、多形式、多内容培养扶持文创产业创新创业人才

从某一程度来说，高等院校的人才培养机制可能永远滞后于文化创意产业

的发展速度，根据调查显示，47.57%的被调查者认为企业最能够培养出优秀创意人才，因此，企业在人才培养方面应勇于承担起这份责任。当前，许多企业在培训过程中，多以技能型培训为主，不能从根本上系统有效地提高员工的创新创业能力，因此在培训内容方面，应紧抓两个重点：一是创意性思维养成培训；二是文化创意实践技能培训，包括营销策划技能、企业管理技能、创新与创业培训、投融资知识等复合型技能，而不仅限于与实际工作关联度高的专业技能培训。

创新创业人才的培训应该按照终身教育的体系来进行构建，发挥培训主体各自的优势。培训的目的不仅仅是使人才在企业中发挥更大作用，还要体现创新创业人才的自我价值和产业整体发展。在培训方式上，可以采取相关文化创意企业进行联合培训或交叉培训、行业协会的专项培训、国内学术论坛、国外考察等方式。

（五）做优做强各类人才公共服务体系

要培养一大批创新创业人才，政府应建立并不断完善信息沟通交流服务平台、实践型培训服务平台、人力资源对接服务平台等，以满足各类人才的需求。构建具有示范性的项目推介平台，让公共文化体系采购创意设计，搭建创意设计发布路演、版权认证、设计创投、设计交易等职能在内的公共服务平台，让更多的文化创意产业人才有机会参与到国家公共文化服务建设中。另外，基于"大众创业、万众创新"的新形势，应探索多种组织形式，创建各类创业服务网络，不断加强创新创业技能和服务指导，为文创产业创意人才提供多样化服务。

四、企业案例

（一）杭州安存网络科技有限公司

杭州安存网络科技有限公司（简称"安存科技"）创办于2008年，从创立至今，一直以"打造诚信信息世界"为使命，以"瞬间证明虚拟世界的真实性"为任务，开创全球电子数据证明领域先河，是一家拥有独立自主知识产权的电子数据存管与证明服务的供应商。

安存科技的创始人徐敏，是从律师转行来当创业者的。在他7年的创业过程中，曾经历过数次危机，并把多年积蓄和别墅都扔进了公司、5年没有收益、常被人称"骗子"。由于安存科技的业务和商业模式从未被证明过，谁也不知道它能变成什么、创造多大的价值，因此在创业的开始，所遇到的困境也是无人能想象的。在安存科技最亟须资金支持产品研发的几年中，他遇到最高频的问题就是关于"复制"，复制不是安存科技的目标，安存科技要做的就是"填补空白"，徐敏如是说。

"互联网+"时代的到来，给安存科技带来了生机。目前，安存科技已经与全国28个省（市、区）150多个地区的公证机构建立了密切合作关系，针对不同的电子数据类型，安存科技研发了相应的产品，包括保全通话录音的安存科技语录，保全电子邮件的公正邮，专注于版权保护、侵权取证的无忧保全，为互联网金融交易提供一站式保全的无忧存证等，目前200多个地区的法院在使用安存科技的产品。当前，安存科技已与国家组织机构代码管理中心、中国互联网协会、中国移动、腾讯、阿里云计算、百度、网易等建立深度的合作关系，为中国百万企业及个人用户提供一站式电子数据证明解决方案服务。

蓄力建设创新体系。安存科技拥有一套科学合理、能激发创新热情的管理体系，营造浓厚创业氛围。在公司内部制定《安存科技项目奖励细则》，对于之前未突破或还没有发展的新行业进入，公司给予一定的资金和投入；对于国内或国际上未发明或尚未公开的创新型项目、管理流程、工艺、方法、措施等能给公司带来效益的管理上的创新，以及达到国内同等水平或先进水平的技术攻关类等，分别给予不同等级的奖励。在安存科技，只要有想法、有好的项目，每一个员工都可以创业，公司都会给予一定的资金和投入。

营造创业环境，搭建创新平台。2015年2月，安存科技与泰嘉集团联合创办泰嘉·安存科技创新创业工场，并与吴晓波等人共同发起安存科技巴九灵公益基金会，用于扶持互联网、电子商务和影视文化领域的创业者；联合其他"湖畔大学"的"落榜生"共同发起创办"荷塘小学"，用互联网思维办学，传承企业家精神。

(二)万事利集团有限公司

万事利集团有限公司创办于1975年，拥有我国丝绸行业第一个驰名商标，连续8年蝉联"中国民营企业500强"，位居丝绸行业领先地位。近年来，万事利集团挖掘、传承及弘扬中国丝绸文化，将传统丝绸与文化创意、高科技相结合，提高产品附加值，提升品牌，推动传统的丝绸行业转型升级，实现由"产品制造"到"文化创造"的跨越，完成从"传统产业"向"文化创意产业"的转型升级。

立足丝绸文化，传承创新发展。加强与艺术院校的合作，成立"中国丝绸艺术研究所"，通过对丝绸历史、文化和艺术的研究和运用，创新实现丝绸和现代文明的高端接力。以互联网思维传播丝绸文化，2015年，中国首档丝绸文化脱口秀《丝路密码》强势登陆微信平台，这是继《红楼梦·丝绸密码》之后的又一倾心之作。录制播出《字说丝绸》《丝行天下》等丝绸文化类电视节目累积近100期；尊重艺术，重视传承，保护（丝织技艺）非物质文化遗产；积极打造集现代高科技4D技术和精美历史文物为一体的万事利丝绸文化博物馆，以高端、时尚为主打的丝绸及丝绸华服艺术展示中心，以丝绸文化为菜肴开发特色、精美丝绸为装饰材料的丝绸特色主题餐厅，以及生产各类数码印花织物下沙万事利丝绸工业园生产基地。从产品设计入手，深入挖掘丝绸传统技艺，使丝绸艺术品成为传承弘扬民族优秀文化的优秀载体。

推进文创科技融合，提升产品竞争力。立足传统丝绸文化，融入文化创意与高科技，"跳出丝绸做丝绸""改变丝绸即面料的初浅认识"，在传统丝绸面料、丝绸服饰的基础上，拓展开发出了丝绸文化产品、高端丝绸装饰品及丝绸艺术品三大创新领域，走出了一条"传统丝绸产业+文化创意+高科技=丝绸新兴产业"的转型升级之路。积极开展跨界合作，利用互联网技术和大数据手段创造数字化、网络化、全球化的"新丝绸之路"；与敦煌研究院成立敦煌藏经洞丝绢古画复制专项小组，成功还原历史，让敦煌藏经洞流失海外的丝绢古画"回家"；携手台湾法蓝瓷打造"丝巾+瓷器"首款礼盒套装，促进两岸协同创新发展。

武汉市文化产业创业创意人才扶持研究报告

引　言

　　2001年文化改革以来，武汉市文化发展经历由文化资源利用型向文化事业的投资型再向文化产业的孵化型，终向文化创意创新型四个层级的蝶变。其间，武汉市通过一系列政策措施来培育文化创意产业。目前，武汉市文化创意产业已初步形成以设计创意、科技创意为主导，以文化创意产业园区为平台，以重大项目为带动，以骨干企业为支撑，以文化生产与市场扩散为支持体系的文化创意产业发展新格局，逐渐发展成为中部创意资源的中心。综观武汉市文化创意产业发展情况，武汉市文化创意产业发展已经形成了如下现象：①文化创意产业发展速度不断加快，引领优势明显；②文化创意产业园区方兴未艾，犹如雨后春笋；③文化创意产业发展环境逐步优化，吸引力不断增大。武汉市文化创意产业、创意人才队伍的不断增大，为武汉市文化产业的发展注入了新的活力。

　　自2001年全面启动文化改革至今，武汉将文化创意产业作为战略支柱性产业来培育，特别是2004年实施文化发展规划后，文化产业增加值年均增长速度超过20%，不仅远高于本市GDP增长速度，也超过第三产业增速，总体规模和增速位居中国大中城市前列。武汉作为华中地区重镇，在文化创意产业方面近年来发展迅速，尤其在文化创意产业园区、文化创意科技融合方面取得了显著的发展成果。

　　2008年，武汉市委、市政府提出，将创意产业作为全市重点培育的8个千亿元产业之一，明确产业发展思路举措，加快建设创意城市。2009年出台《武汉加快动漫产业发展实施方案》，将动漫、软件与服务外包等创意产业纳入战略性新兴产业予以重点发展，加快打造"中国数字创意之都"。2010年出台《武汉市国民经济和社会发展第十二个五年（2011—2015年）规划纲要》，明确提出要"重点发展文化创意产业，打造区域性文化创意基地，构建中部创意之都。到2015年，文化创意产业增加值1200亿元。2011年，出台《武汉市文化产业振兴计划（2012—2016年）》，提出要重点实施龙头带动战略、项目拉动战略、创新驱动战略、产业联动战略和区域互动战略来促进文化产业的发展，并相应出台《武汉市关于加快文化产业发展的若干政策》包含30条高含金量的措施，加快计划落实。2012年，《关于打造"文化五城"建设文化强市的意见》针对发展设计创意产业，提出推动工程设计产业聚集区建设，到"十二五"末产业营业收入突破1000亿元；支持江通动画、海豚传媒等动漫游戏企业做大做强；依托光谷软件园发展软件、IC（集成电路）设计业；利用武汉人才和专业优势扶持服装、家居、珠宝等时尚设计。

回顾武汉市文化创意产业发展的简要历程，武汉市文化创意产业形成了如下特征：

（一）文化创意产业发展速度不断加快，引领优势明显

2014年，武汉市文化创意、设计服务及相关产业（文化和科技融合）实现增加值708.62亿元，同比增长13.0%（当年价，下同），其中文化产业实现增加值389.09亿元，增长13.5%，分别比全市GDP增速高1.8%、2.3%，文化创意及相关产业正逐步成长为创新驱动发展的强力引擎。武汉市文化产业增加值和文化产业法人单位数（1.41万户）均占湖北省四成以上。[①]

2014年武汉市文化创意、设计服务及相关产业中服务业增值634.27亿元，比上年增长11.9%，文化服务业平稳增长；贸易和制造业分别增值25.65亿元和48.70亿元，比上年增长22.1%和23.3%，体现了"工业倍增"计划实施背景下

---

① 武汉统计局：《运用统计成果反映、服务、促进文化创新发展》，2015年9月20日，http://www.whtj.gov.cn/details.aspx?id=2679。

文化创意及相关产业同实体经济其他领域的黏合度持续增强。[①]

2014年，武汉市拥有规模以上、限额以上文化与科技融合企业957户，比上年增加107户，从业人员17.63万人，增长15.1%，实现增加值427.59亿元，占全市文化科技融合产业增加值的六成。营业收入超亿元的文化科技融合企业212户，实现增加值356.68亿元，占了全市文化科技融合产业的半壁江山。在文化与科技融合产业包括的13个行业中，文化创意服务、管理咨询服务、新闻出版发行服务、文化传输服务、文化产品生产的辅助活动、广电影视服务六大行业实现增加值600.80亿元，占全部产业的84.8%，是武汉市文化科技融合产业发展的支柱行业。其中，文化创意服务实现增加值253.56亿元，占35.8%，行业份额居首位。[②]

当前，武汉已有各类创意设计机构500多家，已形成以设计创意与科技创意领军的主导产业优势，其中以铁四院领衔的铁道设计板块，以大桥局桥梁设计院领衔的桥梁设计板块，以武船、709所领衔的船舶设计板块，以中南勘设院领衔的勘设板块等，设计创意水平和产能规模均位于全国前列。

（二）文化创意产业园区建设方兴未艾，犹如雨后春笋

目前，已建与在建文化创意产业园区达45家，成为功能齐全的创意孵化平台和产能平台。以武汉天地为开端的创意地产在武汉方兴未艾，文化创意地产全面进入武汉。西北湖的花园道创意地产、万达集团投资的武汉中央文化区取得巨大成功。光谷数字创意产业园、洪山创意大道、汉阳造文化创意产业园、"楚天181"创意园、外滩里设计艺术中心、硚口江城壹号文化创意时尚区已具有相当的规模，"楚天181"文化创意产业园已被批准为省级广告产业园区，汉阳造文化创意产业园已获批国家级广告创意园区，武昌·长江文创设计产业园已获批国家文化产业试验区。

[①] 武汉统计局：《运用统计成果反映、服务、促进文化创新发展》，2015年9月20日，http://www.whtj.gov.cn/details.aspx?id=2679。

[②] 武汉统计局：《文化与科技融合产业稳步发展助推新业态迅速成长》，2015年9月20日，http://www.whtj.gov.cn/details.aspx?id=2613。

此外，武汉正大力推进建设集创意设计、生产配送、展示销售、培训交流、旅游观光等于一体的文化产业园区，实现要素集聚和集约经营。加快长江传媒产业园、武汉出版文化产业园、光谷创意产业基地、洪山创意大道等一批文化产业园区建设，力争建成中国"文谷"。

（三）文化创意产业发展环境逐步优化，吸引力不断增大

武汉市委、市政府抢抓建设国家自主创新示范区机遇，设立文化创意产业发展专项资金，争取金融界工、农、交行及汉口银行分别对武汉市文化创意产业确立可观的授信额度，为武汉文化创意产业发展搭建信息平台、投融资平台、人才保障平台和产业推广平台。加上文化与科技融合、"互联网+"、"大众创业、万众创新"等理念的出现，截至2014年，武汉市拥有文化与科技融合产业法人单位2.95万户，从业人员46.68万人，文化科技融合产业实现增加值708.62亿元，比上年增长13.0%，占全市GDP比重7.04%，比上年提高0.14个百分点。

2010年9月成立武汉文化创意产业协会，在企业与政府之间搭建了一座桥梁，文化创意产业发展的良好生态环境开始形成。2014年首届湖北大学生文化创意设计大赛、首届"创意武汉"国际时尚节暨第三届武汉国际时装周、创意珠宝节、时尚博览会等系列活动的成功举办，实现了创新要素聚集、创意资源荟萃、创意品位提升的多重效应。工程动画、虚拟技术也在城市规划、模拟仿真、数字教育和数字娱乐等领域得到广泛应用[1]。2015年6—12月湖北省文化厅、省发改委等部门还联合举办了湖北第二届大学生文化创意设计大赛。这些为包括武汉乃至湖北省文化创意产业的发展提供了良好的环境。

《2015年武汉市政府工作报告》中，武汉市市长万勇指出2015年要重点抓好以建设创新型城市为代表，认真实施《东湖国家自主创新示范区条例》和《东湖高新区先行先试实施方案》，完善落实"一区多园"机制，加快打造科技金融特区、人才特区，深入实施"黄鹤英才计划""3551光谷人才计划"，探索人才与风险投资结合机制，推动示范区先行先试政策在全市开花结果，加大支持和

---

[1] 武汉统计局：《文化与科技融合产业稳步发展助推新业态迅速成长》，2015年9月20日，http://www.whtj.gov.cn/details.aspx?id=2613。

引进院士、专家,深入实施"青桐计划",培养大学生创新创业,落实全民科学素质纲要,营造崇尚创新、鼓励创业、宽容失败的社会氛围,使创新成为城市之魂等七个方面的工作①。

一、武汉市文化产业创业创意人才发展状况

武汉市为充分利用武汉市的人才优势加快文化产业发展,以国家文化产业政策为指导,结合自身实际情况,推出了一系列相关政策。本章从人才培养、人才引进、人才激励、人才支撑四个方面分析了武汉市文化产业创业创意人才扶持的相关政策,并从有效推动"黄鹤英才(文化)计划"的执行、大力实施"3551光谷人才计划"、联合成立海峡两岸创意创新产学中心、开展市级文化创意产业年度大奖评选活动、担当创新创业人才的坚实后盾五个方面阐述了武汉市文化产业创业创意人才扶持的主要举措。

党的十八大提出,建设社会主义文化强国,关键是增强全民族文化创造活力。这为当前文化产业创业创意人才的发展提供了政策导向。

文化产业创业创意人才作为文化产业人才的重要方面,得到了湖北省委、省政府的极大关注。2014年,《关于加快服务业发展的若干意见》中指出,要充分利用湖北省文化资源优势,大力发展具有荆楚特色的文化产业。省委、省政府《关于推动文化大发展大繁荣的若干意见》中提到,继续实施全省宣传文化系统"五个一批"人才培养工程。省政府《关于推进文化创意和设计服务与相关产业融合发展的实施意见》建议,健全创意人才的使用、流动、评价、激励和权益保障体系,进一步优化人才发展的科技、财税、金融环境。

中央和湖北省的文化产业政策不可避免地带动了武汉市文化产业创意人才的形成与发展。

---

① 万勇:《2015年武汉市政府工作报告》,http://www.gkstk.com/article/1424217649854.html。

（一）武汉市文化产业创业创意人才扶持的政策

《武汉市国民经济和社会发展第十二个五年（2011—2015年）规划纲要》提出，到2015年，文化创意产业增加值1200亿元。2012年出台的《武汉市关于加快文化产业发展的若干政策》专门强调了人才培养和引智政策，《武汉市文化产业振兴计划（2012—2016年）》中也提出要实施"文化人才支撑工程"。2012年发布的《关于打造"文化五城"建设文化强市的意见》中着力强化"大力推进文化人才队伍建设，夯实文化发展基础"。可见，文化创意产业人才培养已经引起了高度重视。

1. 人才培养政策

《武汉市文化发展规划（2004—2010年）》提出多渠道培养文化人才的方式。在此基础上，《武汉市文化产业振兴计划（2012—2016年）》提出实施文化产业"八大工程"，"人才支撑"是其中之一。在人才培训方面，《武汉市关于加快文化产业发展的若干政策》规定，优先推荐领军型人才和文化名人参加国内外高级研修培训，给予相应的培训经费补贴；对非物质文化遗产传承人等特殊民间文化人才开展文艺创作和市场化推广给予补助。市委、市政府《关于打造"文化五城"建设文化强市的意见》建议制订并实施名家资助计划、领军人才开发计划、青年英才培养计划、海外人才引进计划和乡土文化能人培养计划。

2. 人才引进政策

《武汉市文化发展规划（2004—2010年）》强调要完善文化人才引进政策，设立文化人才发展资金，建立武汉文化人才信息网和交流平台，吸引、聚集国内外优秀文化名人和文化经营人才。《武汉市文化产业振兴计划（2012—2016年）》对人才引进模式做了更为具体的描述，包括引进高端人才及其团队，引进金融、科技等其他领域的优秀人才，引进文化创意、研发、管理等海外人才，并给予优秀人才解决落户、住房、医疗和子女教育问题等政策支持。

《武汉市关于加快文化产业发展的若干政策》支持和鼓励市属高等院校、科研院所、国有企业、事业单位文化创新人才离岗创业，对离岗创业人员给予3年保护期。市委、市政府《关于打造"文化五城"建设文化强市的意见》规定，将文化人才引进纳入全市"黄鹤英才计划",享受"人才特区"优惠政策,设立文化人才专项资金。

3. 人才激励政策

《武汉市文化发展规划(2004—2010年)》制定了分配激励机制,提出完善文化产业人才分类界定,推进职业技能鉴定和职业资格认定;完善市级文化荣誉制度,实施特级专家聘任制度,实施首席专家、文化大师工作室制度等。

《武汉市关于加快文化产业发展的若干政策》针对人才激励机制阐述得更加具体,包括:项目资金支持;财政全额奖励;发放安家补助费,免征个人所得税;以及对发展文化产业作出贡献的集体和个人给予表彰和奖励等。

《关于打造"文化五城"建设文化强市的意见》强调:建立以岗位职责为基础,以品德、能力和业绩为导向的人才评价考核指标体系;扶持资助优秀中青年文化骨干参与主持重大课题、承担重点项目、领衔重要演出;建立市级荣誉制度,加大对精品力作、优秀人才、市场占有率高的剧(节)目和出版物的奖励力度。

4. 人才支撑政策

2012年开始,武汉市陆续出台《关于加快构筑国际性人才高地的若干意见》《关于深化东湖新技术开发区人才特区建设的意见》《关于加快推进开发区(工业园区)人才工作的实施意见》《关于推进大学生创新创业实践"牵手连芯"工程的实施意见》《关于对重点人力资源服务机构和引进单位实施引才奖励的办法(试行)》《武汉市创新岗位特聘专家计划实施办法》《武汉市高层次人才居住证管理暂行办法》《武汉市高层次人才服务"绿色通道"管理办法(试行)》《关于武汉市企业家人才享受相关待遇的若干意见》等"1+9"人才工作系列文件,标志着武汉市人才工作新政的开始。

"1+9"人才新政之后,武汉市又陆续出台了《武汉海外高层次人才社会保险工作暂行办法》《关于进一步支持和服务人才创新创业的意见》《关于建设创新创业人才高地的实施意见》等一系列政策文件,全方位支撑武汉市文化创业创意人才的成长。

除此之外,汉阳区政府《关于实施"汉阳英才计划"的意见(试行)》《武汉市文化新闻出版广电局人才发展规划（2014—2018年）》《武汉动漫产业发展"十二五"规划要点》等文件针对特定地区或特定产业，提出了相应的文化产业创业创意人才培养、引进和激励机制。

（二）武汉市文化产业创业创意人才扶持的举措

武汉在文化产业创业创意人才培养方面注重本土人才激励培养和高层次人才引进相结合的模式。除配套实施中央的"千人计划"、湖北省的"百人计划"项目，武汉还并行实施"黄鹤英才计划"和"黄鹤英才（专项）计划"，大力推进东湖高新区"3551光谷人才计划"。

此外，为了加强内外人才的交流与合作，武汉市积极与台湾文化创意方面的高校、协会合作并成立了海峡两岸创意创新产学中心，共同推动两岸文化产业的繁荣发展。与此同时，武汉文化创意产业协会还针对新闻出版、设计服务、动漫等主导文化创意产业领域作出突出贡献的政府机构、产业园区、社会团体及企业、个人进行表彰。

1. 有效推动"黄鹤英才（文化）计划"的执行

"黄鹤英才计划"是继武汉东湖人才特区"3551人才计划"之后，在全市实施的又一重大人才工程。武汉市除了对"黄鹤英才计划"的入选人员提供资金支持外，还将为其提供风险投资、贷款贴息以及申报知识产权费用补贴等资助，并且为了让"黄鹤英才计划"入选的高层次人才安心在汉创业，进一步加大了服务保障力度，出台实施19项配套服务政策。武汉市科技局还设立专项创业投资引导资金，鼓励各类创业风险投资机构或个人对"黄鹤英才计划"入选人才创业提供融资支持。

武汉市人才工作领导小组启动实施包括文化领域在内的"黄鹤英才（专项）计划"与"黄鹤英才计划"：一个面向武汉本地优秀人才给予重点培养支持，是武汉最高层次的人才培养计划；一个锁定海内外高层次人才，是武汉市最高层次的人才引进计划。二者相得益彰，是培养和引进武汉市文化产业创业创意人才的重要举措。

2. 大力实施"3551光谷人才计划"

2009年2月,遵循中央、省委人才发展战略,武汉市委、市政府决定在东湖高新区建设"人才特区",并实施"3551人才计划"。2012年,为加快构筑武汉国际性人才高地,发挥东湖高新区人才特区的引领示范作用,打造与国际接轨的"人才特区",东湖高新区决定在延伸和拓展"3551人才计划"的基础上实施"3551光谷人才计划",积极引入金融、财务人才,高端管理人才,高端中介服务人才,以及在光电子信息产业、生物产业、环保节能产业、高端装备制造业、现代服务业领域有突出表现的人才。

"3551光谷人才计划"采取包括设立人才特区领导小组办公室和人才特区专项资金;成立高层次人才服务联盟和"光谷菁英荟";对入选"3551光谷人才计划"的高层次人才,给予光谷人才基金投资支持等在内的20项措施。近几年来,东湖高新区投入12亿元,大力引进海内外高层次人才,共聚集了3000多个海内外人才团队、40000多名硕士以上人才、269名国家"千人计划"专家、133名湖北省"百人计划"专家、1000余名"3551光谷人才计划"入选者,这其中70%以上的人才具有海外工作或留学背景。7000多位博士在高新区企业工作,为东湖高新区加快转变发展方式、实现创新驱动发展、助推高新区新兴产业和创新能力不断提升,提供有力的人才支撑。

3. 联合成立海峡两岸创意创新产学中心

2013年,经过台湾师范大学文化创艺产学中心主任许和捷连续3年来武汉开展文化创意产业对接交流,积极促成了湖北日报传媒集团、华中科大、台湾师范大学文化创艺产学中心、台湾中华平面设计协会共同成立海峡两岸创意创新产学中心[①]。通过这一平台,武汉的大学生可以接触到国际最前沿的资讯,研究现今的消费模式和习惯,提升作品的原创性。2013年组织举办海峡两岸创意创新设计大展,展览的作品都是在素有设计界"奥斯卡"之称的红点设计大奖和IF设计奖上屡获佳绩的优秀作品。

以上举措不仅开阔了武汉文化创意产业,尤其是创意设计学生和从业者的

---

① 《武汉有望成全国文化创意基地》,2015年10月4日,http://www.changjiangtimes.com/2013/10/460385.html。

眼界，深化了两岸关于创意设计领域理论的交流，而且在整合资源，建立畅通信息交流机制，共享文创领域的社会效益和经济效益，共同弘扬两岸同根同源的中华优秀文化，推动两岸文创产业繁荣上发挥了重要作用。

4. 开展市级文化创意产业年度大奖评选活动

2013年武汉文化创意产业协会在全市范围内开展"武汉文化创意产业年度大奖"评选活动。武汉市文化创意产业共有14大类，企业近万家，仅设计机构就达500多家，各城区和功能区已建和在建的文化创意园区已达50多处。

武汉文化创意产业大奖评选活动经过初评、复评、专家评审和组委会审定，评选出了最佳园区奖、领军企业奖和杰出贡献奖3项大奖，授予武汉市洪山区南湖创意园等6个园区为"文化创意产业最佳园区"称号，授予中铁大桥局勘测设计院等10个企业"文化创意产业领军企业"称号，授予夏顺华等10人"文化创意产业杰出贡献"奖。对武汉出版文化产业园和武汉博润通数码科技有限公司以及曾宪林、朱学宝授予2013年武汉文化创意产业大奖评选"提名奖"。

5. 担当创新创业人才的坚实后盾

武汉市设置400多名人才服务专员，分层级、分领域、分职能实现"网络化"全覆盖，每位人才专员结对联系自己所负责网格内的人才，提供"保姆式"的全程跟踪服务，实现生产生活服务"全链条"。"网格化"实现了服务对象的全覆盖，"全链条"则保障了服务内容的全过程。2012年，武汉市在市民之家创设高层次人才服务"绿色通道"，采取"一站式"并联办理的模式，为高层次人才提供创业融资、优诊优疗、子女入学、出入境等23项服务。"绿色通道"自开通以来，已累计帮助高层次人才办理服务事项1000余件[1]。

2015年4月，"武汉人才创新创业超市"全新启用。围绕人才创新创业的成长路径和发展阶段，该服务平台致力于为各类创新创业人才及企事业单位、高校院所等，提供创业体验、企业孵化、生产经营、产业链拓展等服务，使全市横到边、纵到底的人才创新创业服务体系更加完备。

---

[1] 《武汉市五年引进高层次创新创业人才5000多名》，2015年10月26日，http://www.hubeici.com/news/whs/201507/t20150702_57945.shtml。

二、武汉市文化产业创业创意人才扶持的政策与举措

本章从取得的成绩和存在的问题两个层面分析了武汉市文化产业创业创意人才培养与扶持的现状。武汉市文化产业创业创意人才的成绩主要体现在五个方面：①文化产业机构与从业人员相对稳定；②文化产业引才育才项目成效显著；③文化产业创业创意人才行业分布广泛；④文化产业创业创意人才待遇保障到位；⑤文化产业创业创意人才培养培训渐成格局。武汉市文化产业创业创意人才培养与扶持的突出问题主要体现在四个方面：①文化产业创意人才环境有待进一步优化；②文化产业创业创意人才结构失衡；③文化产业创业创意人才展示与交流平台仍需完善；④过于注重人才引进忽视本土人才的培养。

（一）武汉市文化产业创业创意人才扶持取得的成绩

1.文化产业机构与从业人员相对稳定

根据武汉市统计局公布的数据，2007—2013年，武汉市文化产业机构数量的变化不大，尤其是在2010年之后，保持在2500个左右。文化机构从业人员从2010年开始，有一定的增加，但2012年后又开始呈现下降的趋势，如图1所示。

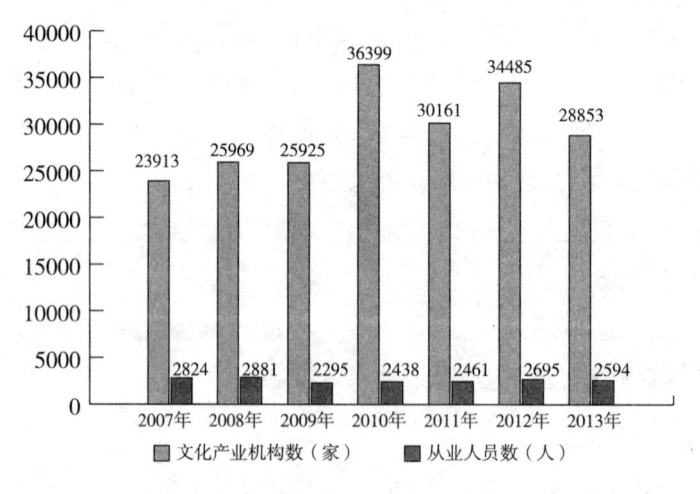

图1 2007—2013年武汉市文化产业机构及其人员

资料来源：武汉统计信息网。

从文化机构及其人员的具体分布情况来看，图书馆业、群众文化业、艺术教育业、文艺科研几个领域机构数量比较稳定，从业人员变化也不大。而艺术业、娱乐业、文物业以及其他文化产业的机构数量和从业人员数的变化都相对较大，如表1所示。

表1 2011—2013年武汉市文化产业机构及其人员分布情况

项目	机构数（家）			从业人员数（人）		
	2011年	2012年	2013年	2011年	2012年	2013年
总计	2461	2695	2594	30161	34485	28853
艺术业	35	60	30	2815	3605	2424
图书馆业	17	17	17	577	647	660
群众文化业	173	173	179	699	696	744
艺术教育业	3	3	3	582	570	570
娱乐业	2107	2281	2224	21389	23699	19388
文艺科研	2	2	2	63	65	67
文物业	35	57	47	831	1353	1268
其他文化产业	89	102	92	3205	3850	3732

资料来源：武汉统计信息网。

2. 文化产业引才育才项目成效显著

截至目前，湖北省已有274人入选中央"千人计划"，居全国前列，而武汉东湖高新区就聚集了230名国家"千人计划"入选者。与此同时，有321人（团队）入选湖北省"百人计划"，其中，东湖高新区引进133人（团队）。

武汉已引进海内外高层次创新创业人才5000多名。其中，中央"千人计划"专家267人，武汉"黄鹤英才计划""3551光谷人才计划"入选人才1100余人，这个数量在中部城市居首。此外，还有20人入选"黄鹤英才（文化）计划"，如表2所示。

表2 2014年"黄鹤英才(文化)计划"入选名单

序号	姓名	单位	类别
1	陆 鸣	武汉说唱团	文学艺术
2	池 莉	武汉市文联	文学艺术
3	冷 军	武汉市文联	文学艺术
4	刘醒龙	武汉市文联	文学艺术
5	樊 枫	武汉美术馆	文学艺术
6	刘 薇	武汉京剧院	文学艺术
7	周锦堂	武汉市艺术创作研究中心	文学艺术
8	李 冰	武汉市艺术创作研究中心	文学艺术
9	夏青玲	武汉楚剧院	文学艺术
10	蓝 青	武汉市群众艺术馆	文学艺术
11	巴特尔	武汉广播电视台	新闻出版和广播影视
12	余 熙	长江报业集团	新闻出版和广播影视
13	陈为军	武汉广播电视台	新闻出版和广播影视
14	邱 焰	长江报业集团	新闻出版和广播影视
15	李静霞	武汉图书馆	社会科学
16	万晓霞	武汉大学	文物保护和非遗传承
17	朱 莉	江汉关博物馆	文物保护和非遗传承
18	魏航空	武汉市文物考古研究所	文物保护和非遗传承
19	黄永林	华中师范大学	文化产业
20	张 敏	武汉动漫协会	文化产业

资料来源：长江日报报业集团数字报纸网站。

自2009年实施"3551光谷人才计划"以来，东湖高新区共投入人才专项资金12亿元，引进海内外1500多个创新创业团队、4500多名高层次人才；825人入选"3551光谷人才计划"，70人入选湖北省"百人计划"，173位国家"千人计划"，入选者聚集在高新区创新创业。博士生人数达4300多人，吸引1万多名各类人才到东湖高新区工作和创业。此外，武汉一些重要的文化创意产业园区从业人数已经达到较大的规模。例如，当前江城壹号文化创意产业园区企业从业人数已经超过1500人，汉阳造文化创意产业园就业人数超过4000人。

2013—2015年，第六批到第八批"3551光谷人才计划"共对565个人才项目给予共计5.02亿元无偿资助。在所资助的人才当中，创新类人才最多，占55.0%。而创业类人才也占到34.9%。管理类、金融类以及服务类人才所占比例较小，如表3所示。

表3　2013—2015年"3551光谷人才计划"资助人才类型统计

人才类型	2013年	2014年	2015年	总计
创业类人才	49	61	87	197
创新类人才	96	96	119	311
管理类人才	6	12	10	28
金融类人才	5	9	0	14
服务类人才	0	0	15	15
总计	156	178	231	565

资料来源：3551光谷人才。

3. 文化产业创业创意人才行业分布广泛

武汉市的文化产业人才主要分布在广告、动漫、艺术、工业及建筑设计、时装设计、视听、出版、软件、电视广播、网络传播等多个领域和区域，见表4、表5。

表4 武汉市文化产业人才分布

分类	主要行业	武汉市主要园区和机构分布
影视动漫类	动画动漫制作、动漫衍生品研发、电视、电影制片、音像制作等	光谷创意产业基地、江北新媒体科技产业园、武汉广电香港路数字创意产业园、洪山创意大道、湖北创意文化产业园、武汉大学珞珈创意产业园、中部数字文化创意产业园、华中影视文化产业基地等
数字科技及信息服务类	电信和其他信息传输服务业、计算机系统服务、公共软件服务、网络娱乐、游戏等	光谷高科技产业园、东湖高新技术开发产业园、黄埔文化科技园等
文化、演艺及时尚流行类	工业美术品制造,时装、饰品、奢侈品设计,新潮消费品销售,文艺创作与表演、艺术表演,博物馆、文物及文化保护,艺术品投资拍卖、收藏创作与销售,关联产业开发、古董行业	昙华林艺术区、中南民大民族文化创意园、外滩里创意社区等
工业建筑设计类	工业产品新型专利设计、产品设计、包装设计、工艺品设计、平面设计、3D设计、多媒体设计、建筑设计等	武汉设计院、武汉中南设计院、武汉桥梁设计院等
现代文化传媒类	广告、电视、电影、出版等	楚天传媒产业园、华师大文化科技产业园、长江数字文化产业园、国家数字出版基地、楚天181文化创意产业园、洪山创意大道、江城壹号等
图文广告及教育培训类	咨询与调查、广告、广告设计等	"汉之南"广告产业园、汉阳造文化创意产业园、武汉广电香港路数字创意产业园等

续表

分类	主要行业	武汉市主要园区和机构分布
运动休闲娱乐类	群众文化活动、室内娱乐活动、游乐园等	文化场馆、体育场馆等

资料来源:《武汉市创意产业园发展研究——以洪山区创意大道为例硕士学位论文,华中师范大学,2011年。

表5　武汉市文化创意产业人才分区域分布

区域	项目名称	备注	人才所属产业类型
东湖新技术开发区	花山国家文化和科技融合示范园区	东湖国家文化和科技融合示范基地"核心"项目	生态文化、创新科技文化创意
	牛山湖文化产业园	东湖国家文化和科技融合示范基地"多点"项目	生态文化、创新科技文化创意
	光谷创意产业基地		展示培训、动漫制作
	华师大文化科技产业园		数字教育、数字出版、现代设计
	长江数字文化产业园		纸质和数字出版、文化消费
	楚天传媒产业园		文化传媒、高新技术
	湖北省广电产业园		高科技文化
武汉经济技术开发区	国家数字出版基地	隶属于"华中智谷"项目	数字出版
武昌区	黄鹂路创意产业园	隶属于东湖文化产业示范区	传媒出版、艺术交易
	楚天181文化创意产业园	全国首家以现代传媒为主题文化创意产业园	现代传媒、艺术设计

续表

区域	项目名称	备注	人才所属产业类型
武昌区	武汉东创研发设计产业园	大学、政府、投资公司合作开发	创意设计
	昙华林艺术区		艺术制作
	中南民大民族文化创意园		民族歌舞、服饰、雕刻、工艺品
江汉区	江北新媒体科技产业园	首批文化和科技融合试点园区	动漫制作、软件制作
	花园道艺术区	花园式创意产业服务平台	艺术文化
	武汉广电香港路数字创意产业园	首批文化和科技融合试点	影视制作、广告代理
洪山区	湖北创意文化产业园	文化创意产业重点园区项目	出版、IT、动漫
	洪山创意大道	政府出资和企业投资合作开发	出版、影视动漫、教育策划
	南湖科技创意产业园	首批文化和科技融合试点园区	文化科技创意
	武汉大学珞珈创意产业园	大学、政府、投资公司合作开发	服装、影视
	武汉创意天地	国内新建规模最大的主题产业园区	视觉艺术创作
江岸区	外滩里创意社区	武汉首个艺术社区	艺术创作
	长江传媒产业园	武汉文化创意产业重点园区	培训、文化创意
	黄浦文化科技园	首批文化和科技融合试点园区	版权贸易、知识信息服务
硚口区	江城壹号	武汉最大体量的花园式时尚文化创意产业园	创意传媒、培训娱乐

续表

区域	项目名称	备注	人才所属产业类型
硚口区	华中国际服装创意设计博览中心	全国最大服装设计在建中心	服装研发设计
	华中出版物流产业园	华中地区最大出版物流基地	数字印刷、精品彩色印刷
	武汉新工厂产业园	武汉第一家老厂房改建园区	电子商务、交易展示、设计研发
东西湖区	楚天音乐文化之都产业园	武汉文化创意产业重点园区	乐器研发、生产、销售
江夏区	中部数字文化创意产业园	武汉文化创意产业重点园区	音乐制作、影视制作、人才培训
汉阳区	汉阳造文化创意产业园	政府主导、企业参与，工厂厂址改造而成	广告创意、都市文化
新洲区	华中影视文化产业基地	华中地区规模最大影视文化产业基地	影视拍摄、节目制作
汉南区	"汉之南"广告产业园	湖北广告产业集群龙头	广告企业总部

4. 文化产业创业创意人才待遇保障到位

武汉市"黄鹤英才计划""黄鹤英才（专项）计划"、东湖高新区"3551光谷人才计划"是武汉市"双创"人才最典型的三项计划。相关文件分别从创业平台、经济激励、生活服务三个方面，对"双创"人才给予政策支持和保障。

（1）创业平台

《武汉市实施"黄鹤英才计划"的办法（试行）》（武办发〔2010〕22号）规定：为"双创"人才提供必要的资金支持；为"双创"人才提供工作条件和工作平台，包括给予办公用房补贴、给予企业博士后科研工作站入选人员资金支持、优先支持入选人员申报科技项目和奖励、建设高技术项目平台等。

《2014年"黄鹤英才（医疗卫生）计划"实施办法》为入选人员配备科研平台、工作团队或助手，支持入选人员在选题立项、科研管理、人才配置等方面拥有更多的自主权。

《武汉东湖新技术开发区"3551光谷人才计划"暂行办法》提出:"打造创新创业平台,具体措施包括大力推进科技企业孵化器建设;加强海外联络站建设,拓宽人才信息沟通渠道;组建"3551人才文化沙龙",促进人才的集聚、交流与合作;鼓励高新技术企业项目招标,组织其与中央企业、高等院校和科研院所对接;对企业博士后科研工作站和企业博士后产业基地,给予资金支持。

(2)经济激励

《2014年"黄鹤英才(现代服务)计划"实施办法》对入选人才所在企业优先推荐申报国家、省、市有关服务业财政性资金;《2014年"黄鹤英才(教育)计划"实施办法》为入选人才建立名师工作室,可给予资金配套,分期分批选送到国家培训基地培训,到国外培训进修和做访问学者。

《武汉东湖新技术开发区"3551光谷人才计划"暂行办法》规定,对新入选"3551光谷人才计划"的优秀人才(团队)给予100万元资助,重点人才(团队)给予200万元(累计300万元)资助,领军人才(团队)给予300万元(累计600万元)资助,并形成了多层次激励体系。

(3)生活服务

武汉市对本市文化产业创业创意人才提供住房、医疗、子女教育、配偶工作等生活服务方面的支持。《武汉市实施"黄鹤英才计划"的办法(试行)》规定:建立精英社区、高端人才公寓或公用租赁房、名人楼,提供免费居住或购房补贴,购买自住商品房可享受一次性购房补助;在指定医院可享受优先优质医疗服务,协助办理医疗保险,定期开展健康体检;为人才配偶安排就业,暂无法安排的给予生活补贴;子女就读公办学校可协助办理入学手续,就读国际学校的给予教育补贴;在政务中心、人才市场开辟"绿色通道",提供信息咨询服务,代办居住居留、签证办理、户口转迁、工商注册等手续。

5.文化产业创业创意人才培养培训渐成格局

武汉市创业创意人才的培养往往通过两方面实现:一是以高校为基础的文化产业研究机构和教育机构共同助力,以高校资源为立足点,培养创意创业人才,并通过与社会的合作为其提供良好的发展空间;二是以政策为主导,通过社会机构培训，推动创意创业人才的发展，提高其能力。

（1）武汉各高校对创业创意人才的扶持

当前，武汉大学生数量已逾百万人，各个大学从专业设置和实践指导两方面入手，对大学生投身创意创业产业进行支持。

武汉大学是投入创业创意人才培养较早的高校，不仅率先成立了动漫专业，为创意人才培养提供人才，同时还成立了国家文化创新研究中心，从而培养各类文化创新专门人才，为文化创新体系建设提供人才保障，并提供政策咨询与信息服务。近年来，武汉大学积极整合资源，努力构建"三创"教育平台，为大学生创新创业实践提供服务。据悉，武汉大学每年投入300万元专项经费，用于支持各类学科竞赛、创新创业实践活动。

在华中科技大学，学校专门开设了创业教育公共选修课。对于有显著创业特质的学生，该课程还开展大学生创业精英训练营活动，通过聘请名师系统讲授创业实践中的重点要素，课外设置模拟实践环节，让学员成立自己的团队，完成课题项目，模拟操作。在资金方面，早在2007年，华科大就设立了50万元的"大学生创业基金"，为优秀大学生创业团队提供资金支持。[1]

武汉其他院校也纷纷从专业设置、资金、设备提供、信息交流方面对于创意创业方面人才的培养进行支持。在专业设置上，湖北工业大学则是湖北省最早开办设计专业的院校，其艺术设计学院实力雄厚，其师生多次在国际和国内的设计大赛上获得大奖[2]。在信息交流方面，学校定期组织创业培训、沙龙，邀请知名企业家、专家教授来校与大学生们分享创业经验；开办校园创业网站，为有志创业的学子提供信息交流平台。在资金、设备支持上，华中师范大学于2009年设立了湖北省首个"创业楼"——华中师范大学大学生创业中心，还设立了50万元的大学生创业基金，为创业大学生提供政策咨询、项目评估、创业辅导、技能培训、资金扶持、跟踪辅导等一条龙服务，通过对学生创意创业能

---

[1] 《武汉各高校扶持创业　催生一批学生千万富翁》，2015年10月30日，http://www.hubeici.com/tt/201412/t20141216_47486.shtml。

[2] 夏斐：《武汉创意产业发展的现状与对策》，2015年10月8日，http://www.gmw.cn/01gmrb/2007-08/26/content_661073.htm。

力的全面考量，有的放矢地进行协助。[①]

（2）企业内部及创意产业基地对于创业创意人才的培训

社会机构对于创业创意人才的培训最主要来源于两方面：一是来自企业内部自发组织；二是来自创意产业基地的推动。

企业内部对于"双创"人才的培训主要通过建立跨区域合作，以及建立工作室，实现人才能够在国际创意环境的影响下，吸收相应经验提升创造力，例如：汉派服装企业乔万尼就与法国知名设计师合作，共建工作室，定期交流，而另一家汉派服装企业红人则在意大利、深圳建起设计工作室，对接国内外流行最新资讯，通过信息的交流丰富人才的创意灵感，提升原创产品的质量，进而提高其产品的产销量。

创意产业基地对于人才的培训则主要在于基地内交流平台的构建，例如：江城壹号文化创意产业园就积极发起或承办系列交流活动，努力构建文化创意产业交流活动平台。同时在各个领域，江城壹号文化创意产业园通过构建发布平台来实现领域内交流，如汽车文化发布交流平台、时装发布平台、湖北音乐的新高地[②]，为设计者提供交流和展示的渠道，以此来激发灵感，实现其水平的提高。

（二）武汉市文化产业创业创意人才扶持存在的问题

1. 文化产业创意人才环境有待进一步优化

光明日报和经济日报每年发布"全国文化企业30强"名单，在这些名单中，武汉市已经连续5年榜上无名，北京、上海、深圳、南京、合肥等市每年都有企业入围，这些城市文化产业增加值占GDP的比重都超过了5%，文化产业成为了当地的支柱产业。目前，武汉文化与科技融合产业增加值占全市GDP比重虽然达到7.04%，但其中文化产业增加值占GDP比重不到4%，与兄弟城市相

[①] 《武汉各高校扶持创业 催生一批学生千万富翁》，2015年10月8日，http://www.hubeici.com/tt/201412/t20141216_47486.shtml。

[②] 《江城壹号文化创意产业园区》，2015年10月8日，http://www.hbwh.gov.cn/whcy/cywgjd/10074.htm。

比有差距。[①] 究其原因，与文化产业创业创意人才环境不无关系。在文化产业人才培养的政策环境方面，北京、上海、深圳等城市明显走在了武汉的前面，因此，提升武汉市的文化产业创业创意，必须发挥武汉的区位优势，进一步优化整体环境，通过良好的环境留住现有的人才，同时又要通过良好的环境吸引高端文化产业创意人才。

2. 文化产业创业创意人才结构有所失衡

文化产业不同于其他产业，人才的构成具有多样性和复杂性，文化创意产业存在着大量的偏才、怪才，而企业和政府对这些人才的评定标准往往存在较大差异，由此导致高层次人才短缺、外流现象比较普遍。同时，武汉市文化产业创意人才存在高端原创人才、管理型人才、复合型人才偏少的情形，导致了现阶段文化产业创业创意人才结构的失衡。

（1）具有高端原创的行业领军人才的缺少

国家文物局党组书记刘玉珠指出，我国虽然是人口大国，但在高端人才方面仍有很大的缺口[②]。多数人才仍属于复制型或模仿型，直接导致原创产品的缺失，企业的核心竞争力不足。武汉是一个教育发达的城市，但人才流失严重，许多高端人才纷纷到深圳、上海等沿海经济较发达的城市谋职，武汉成了沿海发达地区的"人才培训基地"。

（2）具有战略性目光的管理型人才的缺失

从目前地方文化产业管理格局来看，文化部门主管主要业务，人事部门主管人才队伍建设。同时，由于文化产业本身的特殊性，其人才队伍还包括高校、科研机构、民间团体、企业等多个领域的人才。由于分属不同的系统，缺乏统一的管理标准，就容易导致在文化产业发展过程中人才的贡献和评价难以在人事管理中得到公平的体现。因此，管理人才的缺失，对文化创意产业的正常发展影响深远。

---

① 武汉市统计局：《文化与科技融合产业稳步发展 助推新业态迅速成长》，2015年10月10日，http://www.whtj.gov.cn/details.aspx?id=2613。
② 刘玉珠：《文化创意创业高端人才存在很大的缺口》，2015年10月9日，http://culture.people.com.cn/n/2014/0402/c87423—24807687.html。

通过对2013—2015年东湖高新技术区"3551光谷人才计划"中所资助人才类型的统计，我们发现，资助的人才主要集中在创业与创新人才两个类型，而管理类人才比例仅占5.0%，可见对管理类人才的重视程度还远远不够。

（3）具有高端技能的复合型人才的缺少

文化创意产业是文化、经济、技术相结合的复合型产业，要求从业人员具备综合性知识结构。但是现实中，创意人才往往是二者不能兼备的。具备"A+B+C"（A=Art，代表艺术；B=Business，代表商业；C=Computer，代表计算机技术）能力特质的复合型高端人才就尤其缺乏[1]。对于武汉市重点培养的动漫产业，文化部文化发展中心主任胡月明指出，人才问题主要出在原创力不足，动漫复合型人才缺少上[2]。事实上，因为包括动漫在内的文化产业，对于计算机技术的掌握具有很高的要求，这种掌握现代科技的复合型人才普遍存在缺失的现象。

3. 文化产业创业创意人才展示与交流平台仍需完善

武汉市在2014年还成功举办了首届"创意武汉"国际时尚节暨第三届武汉国际时装周、创意珠宝节、时尚博览会等系列活动。在2015年举办了武汉民俗文化产品创意设计大赛，为武汉市文化产业创意人才的培养提供了一个展示的平台。总之，无论是各类文化创意设计比赛还是相关的文化创意展示活动，都是武汉市在文化产业创业创意人才展示与交流平台方面进行的有益尝试，但这些平台的搭建还远远不够，无法满足武汉市文化创意产业快速发展的需要，因此，必须进行更多、更有影响力交流与展示平台的搭建。

4. 注重人才引进的同时对本土人才的培养有所忽视

尽管武汉以130万名在校大学生数量位居全球城市第一并拥有84所高校和100多个科研院所，高等教育环境优越。但是武汉与"国际性人才高地"还有很大的差距，尤其是在文化产业领域的人才培养还非常不足。

---

[1] 《杭州文化创意产业人才培养对策研究》，2015年10月10日，http://www.hzsk.com/portal/n2799c100.shtml。

[2] 《我国动漫复合型人才缺失 企业应另辟蹊径》，2015年10月10日，http://www.whcic.com/Article/qywb/200912/18434.html。

（1）专业培养体系不健全

2012年以前，文化产业管理专业并没有明确的归属。同时，各高校在学科建设思路、课程设置和教材选择等方面亦没有统一标准，文化产业管理专业在各高校归属各有不同，专业方向设置更是五花八门，要么传统的基础性学科比重过高；要么忽视了基础专业的培养，导致学生文化底蕴的缺失。综合而言，当前存在着大批学校未能将市场需求与专业需求良好的结合，导致大量人才的流失。而武汉作为高校的主要聚集地之一，"武汉高校排名全国第三，在校学生全国第一，但是专门研究创意产业的学校少之又少"[1]，不仅文化创业创意学科体系建设有待健全，而且对创意人才的重视程度也不够。

（2）教学与实践的脱节

文化产业管理专业与传统应试教育模式尚未脱节，强调理论学习、传授宏观的学科前沿知识的这种从理论到理论，以理论取代实践的教育方式并不能提高人才的专业技能。例如，为了弥补文化产业快速发展中的人才缺口，2003年至今，国内已经有上百所高校开设了与文化产业有关的专业。然而，很多学校培养的学生只是常规的设计人才，在培养高端人才方面却存在和社会脱节，缺少实践等问题，真正意义上与国际接轨的创意文化人才还是不足。这反而制约了文化产业相关毕业生的就业问题。[2]

（3）理论与人才培养脱节

20世纪80年代，中国文化创意产业研究开始，主要是直接引入国外研究成果，适合本国国情的系统理论尚处于探索阶段。虽然在近几十年内，研究成果层出不穷，各个领域的学者都积极参与，但是真正深入探索文化创意产业崛起的必然性和合理性的成果尚不多见，可见将更深层次地关注文化创意产业的理论与专业建设实践教学相结合的人才培养方案寥寥无几。

总而言之，武汉市文化产业创业创意人才扶持在取得成绩的同时，也存在

---

[1] 《武汉创意产业产值将突破千亿 面临人才匮乏问题》，2015年10月10日，http://hb.qq.com/a/20121129/001033.htm。

[2] 《创意文化产业空间大 高校相关专业将突破就业难》，2015年10月10日，http://tieba.baidu.com/p/2401412123。

诸多问题。这些问题的产生，既源于文化产业创业创意发展的时间不长，又源于当前武汉市的整体环境，涉及政府、高校、企业等多个层面。这些问题能否很好地得到解决，最终决定武汉市文化产业创业创意人才扶持相关政策能否落实，直接关系到武汉市文化产业创业创意人才扶持是否成功。

三、武汉市文化产业创业创意人才扶持的建议

针对当前武汉市在文化产业创业创意人才扶持方面存在着专项政策不足、人才培养模式老化、环境建设及平台搭建缺少吸引力所导致的人才优势薄弱、人才流失量大等现实问题，从深化政策、优化结构、搭建平台以及转变观念四个层面，根据武汉市当前状况，结合不同国家和城市的成功经验，对武汉市"双创"人才扶持提出建议。

"双创"人才培养和扶持，既要培养出出类拔萃的文化专业人才，又要培养熟悉艺术、熟知科技、懂市场运作、有较高经营管理才能和依法办事能力的高级复合人才。具体而言，武汉市"双创"人才培养与扶持需要从如下几个方面着手。

（一）深化政策，优化"双创"人才培育的环境

2009年以来，武汉市出台了一系列人才政策。2012年，武汉市推出"1+9"系列人才新政，而今已扩展成"1+N"，然而其中关于文化产业，尤其是"双创"人才培养与扶持的政策很少涉及。

为推进文化产业发展，湖北提出"统一领导，准确定位，主动作为，配合推动，积极落实，形成合力"的思路和10条主要措施。其中包括"进一步重视人才，培养造就高素质产业队伍"，着力加强领军人物和专门人才的培养；与高等院校合作共建研究、培训基地；在职称评定、分配激励等方面，鼓励和支持优秀拔尖人才脱颖而出。①

---

① 湖北省文化厅网站。

在此背景下，武汉市必须落实、深化政策，优化文化产业人才培育环境，由此带动"双创"人才培育方面宽松环境的形成。

1. 加快形成"双创"人才专门政策体系

在"双创"人才政策方面，北京市先行一步。2006年起，北京市制定了一系列扶持文化创意产业发展的政策文件，其中关于人才扶持的政策、办法见表6。

借鉴北京经验，武汉市构建"双创"人才政策体系的当务之急是：首先，实施文化人才认定，确定人才扶持政策的实施对象；其次，通过开辟各种绿色通道加大力度引进文化创意人才；最后，加大人才培养力度，搭建统一的人才培养和扶持平台。

表6 北京市关于人才扶持的政策办法

政策办法	颁发时间	相关内容
《北京市促进文化创意产业发展的若干政策》	2006年	第七条，实施人才兴业，强化智力支撑
《北京市"十一五"时期文化创意产业发展规划》	2007年	第47条，加强文化创意人才培养和引进工作
《北京市人才引进公开招聘管理办法》	2012年	确定了优秀人才引进的7类重点产业领域
《北京市文化创意产业人才培养基地认定和管理办法（试行）》	2013年	对人才培训基地的认定程序、扶持办法等作出详细规定
《关于公开征集北京市文化创意产业人才培养基地的公告》	2013年	确定了申报主体、支持方式、申报程序等

资料来源：课题组根据相关政策整理。

2. 不断优化"双创"人才培育的环境

无论从国际上，还是从国内其他省份来看，良好的环境是"双创"人才培养必然的要素。国际上，荷兰创意设计大师之所以能享誉世界主要在于有宽松的文化政策和完善的法律体系保障。新加坡政府一方面提供税收、薪资、住房等方面的优厚待遇，另一方面则通过强调其国际化教学模式来吸引国外年轻人到新加坡学习和从事创意产业工作。

创业创意人才是文化产业发展的首要条件。首先，政府及社会各界应拓展视野，提升对培养"双创"人才重要性和迫切性的认识，创造全民创意的良好环境和氛围。其次，认清并尊重"双创"人才的成长规律，引导人们树立正确的创意价值观。再次，要善于构建科学和谐的创意生态系统，充分尊重人才的价值和贡献。最后，推进社会资源向"双创"人才培养集聚。①

（二）优化结构，形成"双创"人才合理结构

武汉市文化创意及相关产业的飞速发展，对"双创"人才的培养和扶持提出了更高的要求。当前，必须尽快摸清"双创"人才的需求结构，分析"双创"人才培养和扶持中面临的困境，明确政府、高校、企业三方在人才培养和扶持当中的角色定位及其各自的权利与义务关系。

1. 构建新的"双创"人才结构体系

首先，需要以理念创新为引领，树立全面人才观。一个完整的创新人才体系应当包括传承人才、创意人才、创新人才、营销人才、管理人才等。其次，以改革创新为导向，完善新型人才管理机制。最后，以协同创新为路径，探索新型人才培养合作机制。从文化产业对人才知识和能力的要求来看，学校的单一培养难以达到产业企业的要求，需要文化管理部门、文化产业企业、高校、文化机构以及文化传承单位等多方机构围绕文化产业发展需求开展人才培养的协同创新。②此外，创业创意人才基地和行业协会的参与也是必不可少的。

2. 坚持文化创意管理人才与原创人才并重

文化产业的高级形态应该是创意产业。没有创意只有管理，这样的专业培养不出适应文化产业发展的人才。要想加快文化创意产业的发展，必须紧紧抓住"创意"这一重要环节，培养人才的创新能力，只有这样才能迎来中国文化产

---

① 杭州社科门户网站。
② 重庆社会科学院网站。

业的春天。① 对武汉市文化产业而言,同样如此。从前文对武汉市引进和资助的优秀人才结构来看,更加注重对创业、创新人才的扶持和培养,而对于创意、管理和服务型人才的支持力度明显较小,这样不利于文化产业,尤其是文化创意产业的良性发展,因此,必须要坚持管理人才与创新创意人才并重。

(三)搭建平台,拓宽文化创业创意人才展示与交流的渠道

为提高湖北省大学生文化创意设计水平,引导人才、资金向文化创意和设计服务领域流动,加快推进湖北省文化创意和设计服务业发展,湖北省在2014年、2015年举办了湖北省首届、第二届大学生文化创意设计大赛,取得了良好的效果,并有望被纳入湖北省"十三五"规划进行扶持。此外,武汉市在2014年还成功举办了首届"创意武汉"国际时尚节暨第三届武汉国际时装周、创意珠宝节、时尚博览会等系列活动,在2015年举办了武汉民俗文化产品创意设计大赛,这均为武汉市文化产业创意人才提供了展示平台。

1. 以文化活动为平台激励创业创意人才

国际上,在"设计—展览"紧密结合方面,意大利米兰和日本东京凭借"米兰设计周"和"东京设计周"形成集创意设计人才发布新品和展示设计的大舞台,激励文化创意产业人才,促进文化产业发展。

在国内,深圳市自2005年以来已成功举办十届"创意十二月"活动,并经深圳市人民政府批准、扶持设立工业设计"红树奖"。同时,深圳市经贸信息委发布《关于组织实施2014年深圳市工业设计业发展专项资金扶持计划的通知》,扶持工业设计高端人才培养资助项目。另外,深圳市通过举办深港创意设计高端交流与培训活动、深圳创意设计新锐奖、组织文化创意海外参展等具体活动,激励创意人才的培养和发展。

当前,武汉市迫切需要在政府扶持引导下,组织开展文化创意创业人才扶持计划,定期开展创意设计评奖评比活动,搭建个性化文化创意设计展示舞台,遴选出优秀的青年创意设计人才、具有市场前景的创业计划及具有艺术性的创

---

① 人民网。

意作品，并将优秀的创意设计人才纳入创业创意人才库，利用交流培训、交易推介、创业扶持等措施，形成"发现集聚人才——提升人才素质——促进人才创业"的扶持模式。

2. 积极完善青年文化创业创意人才交流平台

2010年，武汉文化创意产业协会成立大会上，武汉市宣传部长指出："武汉文化创意协会的成立，伸展了武汉市文化创意产业的抓手，搭建了文化创意企业的合作平台，对助推武汉市文化创意产业发展有着积极的意义。"① 在武汉文化创意产业协会第一次会长会议上，代表们表示"协会应该是文化创意企业的一个平台，是文化创意人的创意火花碰撞与交流的平台"②。协会成立至今已经成为武汉市创意产业宣传中心、人才培训中心、企业孵化中心、项目促进中心、信息咨询中心。然而，该协会在人才交流方面举措尚不完备。

因此，在协会发展建设中，武汉市可以借鉴上海青年创意人才协会经验，促进青年文化创业创意人才交流，通过协调武汉市高校、创业创意企业和基地、协会的关系，形成统一的平台，在重点聚焦青年创意人才的凝聚、培育和服务的基础上，注重跨行业、跨领域的多元交流、融合服务。

（四）转变观念，注重本土创业创意人才的培育

创意人才是文化创意产业发展主体，因此在文化创意产业发展过程中需要树立以人为本的理念。各国制定的政策中往往通过人才的扶持和人才的引入两方面为创意人才培养提供支撑和保护。

当前，武汉市乃至湖北省在文化产业人才战略中，过于注重外来优秀人才引进。短期内，这能明显改善文化创业创意人才的数量和结构。长远来看，这不利于文化产业可持续发展。因此，引进人才和本土人才培育的协调发展至关重要。2014年推出的"黄鹤英才（专项）计划"已注意到这一问题，该计划打算

---

① 《武汉文化创意产业协会昨日成立》，2015年10月10日，http://news.cjn.cn/whsztp/201009/t1219083.htm。
② 《武汉文化创意产业协会第二期简报》，2015年10月10日，http://www.whwhcycy.com/html/20120207/7418329.shtml。

用10年左右时间，在十大重点领域遴选、培育约3000名本地优秀人才。然而在培养过程中还需要重点注意如下方面。

1. 加快本地文化创业创意培养培训基地的建立

根据《北京市文化创意产业人才培养基地认定和管理办法（试行）》，经申报征集、材料初审、评审打分、实地踏勘、评审认定五个阶段，北京市先后认定中国传媒大学、北京电影学院、北京服装学院等第一批，北京大学、清华大学、中央文化管理干部学院等第二批共30家单位为创意产业人才培养基地。

2010年深圳市政府认定深圳大学、深圳职业技术学院、深圳市高级技工学校三家院校为"深圳市文化产业教学和培训基地"，并在2011年《深圳文化创意产业振兴发展规划（2011—2015年）》中提出"鼓励高等院校、职业院校与企业联合创办文化创意学院，鼓励各类教育机构开设相关创意设计专业。支持建设大学生创业孵化基地，吸引全国高校人才来深进行文化创意创业孵化"。

结合上述城市建设经验，武汉市需要结合本市的实际情况，重点考虑认定和扶持创意产业人才培养基地，带动优秀文化创业创意人才快速成长。

2. 及时调整文化创业创意人才培养的方向

武汉的文化创业创意人才优势十分薄弱，一方面人才的培养规格和实际需求不匹配。文化产业作为跨学科、跨领域产业，需要复合型人才，然而当前武汉文化产业相关人才培养在传统学科下进行，课程体系不完善、学科交叉渗透不足。另一方面受制于武汉的区位和经济社会情况，武汉培养的高端文化人才大多流向经济发达地区或文化产业活跃地区。海外留学生和外国文化高层专家也多与此相同。武汉对文化专业人才吸引力不足阻碍了武汉文化产业融合创新、持续发展和竞争力提升。[1]

因此，武汉市需要改善文化产业创业创意人才培养模式，在加强创意产业人才培养基地建设的基础上，形成专业化分工的人才培养方向。同时，武汉市需要重视高校学生群体的特殊性。在高中阶段便可开设创意人才实验班；大学阶段，通过与国内外高校联合培养，努力实现相关课程教学与专业培养的个性

---

[1] 周苑：《武汉市文化创意产业的SWOT分析》，《绿色科技》2012年第11期。

化，通过高校、企业与基地、协会统一的平台，打造创意人才实训培养与创业孵化相结合的园区培养模式。

3．不断创新文化创业创意人才培养模式

当前，武汉市文化产业创业创意人才培养模式亟须创新，传统被动式培养模式需转变为主动培育和发现的培养模式。具体而言，需要做到以下几点：

加大人才引进的力度。文化产业创业创意本地人才自主培养，短时间内难以奏效。因此，需要通过专门的政策，尤其是落实已有的人才引进政策，引进高端创新性人才。

加强高校专业化人才的培养。文化创意设计类专业的开设应根据市场需要，立足现有高校资源，同时还应提升学科建设和人才培养理念，注重构建创意设计专业人才文化、创意、管理、技术、金融等方面综合知识体系，提升创意设计人才的整体素质。

采用多方联动的人才培养方式。在政府推动和产业需求拉动作用下，运用"政、产、学、研"联合培养模式，以高校与产业的合作与互动为核心，以社会力量为补充，[1]并通过建立社会实践创新基地和专业特色鲜明的专业工作室，完善文化企业在职人员学历教育和职业培训培养[2]等手段，共同推进高端人才培养。

加强人才培养的国际化合作。通过借鉴国外文化产业先进技术和管理模式，提升文化产业人才的自学能力、研究能力、创造能力、表达能力和团队协作能力与组织管理能力。同时，有计划地引进国外的高层次文化人才，完善人才管理机制，健全技术、管理、品牌等参与收益分配的具体办法。[3]

归根到底，武汉市文化产业创业创意人才扶持需要吸收先进的理念和方法，结合武汉市城市与经济发展的区位优势，联合政府、高校、企业及基地、行业

---

[1] 《文化产业高端人才培养有何好招》，2015年10月11日，http://www.zgwhrsl.com/new.php?yp_wnId=1403&yp_wId=229。

[2] 李克强：《推进文化创意人才培养与产业融合发展》，2015年10月11日，http://www.chrdc.cn/rcyw/6306.html。

[3] 《论我国文化产业人才培养体系的建构与创新》，2015年10月11日，http://www.chinaacc.com/new/287_294_201102/15yi44618197.shtml。

协会搭建统一平台，以人才引进为应急措施，以本地人才培养为长远目标，通过政策落实和激励机制，营造更好的文化产业创业创意人才发展空间，从而推动武汉市文化产业的可持续发展。

四、研究总结

本研究报告通过对武汉市文化产业创业创意人才培养与扶持现状的调查与分析，剖析了武汉市文化产业创业创意人才培养的相关政策、举措，提出了当前武汉市文化产业创业创意人才培养和扶持方面存在的问题，在此基础上，结合国内外有益经验提出相应的政策建议，包括：

（1）深化政策，优化文化产业人才培育的环境，例如，加快制定武汉市文化产业创业创意人才专门政策并保证这些政策的可操作性，不断优化文化产业创业创意人才培育的环境。

（2）优化结构，形成文化创意产业人才合理结构，包括坚持"管理"与"创意"并重，构建文化产业创新人才体系。

（3）搭建平台，拓宽人才展示与交流的渠道，尤其是搭建政府、企业、基地、学校、协会的统一平台，以文化活动为平台激励创业创意人才，积极完善青年文化创业创意人才交流平台。

（4）转变观念，注重本土创业创意人才的培育，重点是加快文化创业创意培养培训基地的建立，及时调整文化创业创意人才培养的方向，不断创新文化创业创意人才培养模式。

总而言之，武汉市文化产业创业创意已经取得了不少成绩，在全国已经形成了一定的影响，但与武汉市的城市地位相比较，仍然有不少需要完善的地方。进一步完善武汉市文化产业创业创意，离不开政府、高校、企业和行业协会的通力合作。政府、高校、企业、行业协会如何在文化创业创意进行定位并发挥各自的作用，是武汉市文化产业创业创意深入发展的重要前提。

本课题涉及的数据既有宏观方面的政策、举措，也有微观方面分布情况，然而限于微观数据获取与统计的难度，加上武汉市部分相关行业微观数据并不充足，造成了本课题研究的难度。希望在未来的研究当中，能够对武汉市整个文化产业、各大创意产业园区从业人员以及创业创意人才的情况进行系统全面的统计，以便更好地展示武汉市文化产业创业创意人才的需求结构，揭示出其中存在的更深层次问题，进而针对问题提出相应的对策。

西安市文化产业创业创意人才调研报告

引 言

西安是世界著名的历史文化名城，具有丰厚的历史文化、灿烂的革命文化、特色鲜明的民俗文化和一定实力的现代文化，科技教育实力雄厚，发展文化产业的条件得天独厚。借助这些条件，加上全市上下的努力，目前，以盛唐文化为品牌的曲江新区、以文化创意产业为品牌的高新区、以印刷包装为品牌的经开区、以生态旅游为品牌的浐灞区和城墙景区、临潼文化旅游区、秦岭北麓沿山文化旅游带七大文化产业板块各具特色、相得益彰，具有较高的知名度和广泛的影响力。曲江文化产业投资集团、西安关中民俗艺术博物院、大唐西市文化产业投资有限公司、西安高新区等先后成为各类国家级文化产业基地。2012年，西安市成为国家级文化科技融合示范基地。

在发展文化产业的过程中，西安市各级政府和产业园区为吸引、扶持文化产业创业创意人才所采取的政策措施发挥了重要作用，但也存在不足。为了全面掌握西安市文化创业创意人才队伍的情况，总结各项现有人才扶持政策的效果，了解创业创意人才对政策的需求，改进政策支持体系，2015年7—9月，"西安市文化产业创意人才扶持政策研究课题组"对西安市文化产业人才队伍和人才扶持政策进行了深入调研，调研采取发放调查问卷和访谈两种方式，共走访、调研了西安市文化广播新闻出版局、西安高新区管委会、碑林区动漫产业园以及西影集团、陕西演艺集团、陕西省艺术馆、陕西出版集团、西安亿利达网络信息技术有限公司、陕西嘉荷空间图像设计有限公司等单位，共发放调查问卷170份，有效阅卷135份，在对调研结果进行科学分析的基础上，课题组撰写如下调研报告，对创业创意人才扶持政策的效果进行评估，对政策改进提出建议。

一、西安市文化产业创业创意人才队伍基本状况

西安市文化产业创业创意人才队伍整体呈现如下特点：一是文化产业从业人员数量充足，满足了文化产业发展的需要，但是创业创意人才总量、占比较低；二是创业动力似有不足；三是缺乏高端人才，企业对人才的渴求比较强烈；四是人才对西安市发展文化产业的环境总体评价较好。

（一）西安市文化产业从业人员数

据西安市统计局统计，西安市文化产业从业人员数从2008年起以年均6.37%的速度递增，按此估计，预计2014年约达25.27万人。

表1　2008—2012年从业人员数及构成

单位：万人

年份	全市从业人员数	第一产业	第二产业	第三产业	文化产业
2008	448.05	127.87	130.23	189.95	17.47
2009	462.52	122.13	131.57	208.82	18.35
2010	477.58	117.27	145.40	214.91	19.60
2011	505.99	121.05	151.33	233.61	21.14
2012	514.57	114.92	162.35	237.30	22.36

资料来源：中共西安市委宣传部、西安市统计局联合发布《2013年西安文化产业统计概览》。

（二）文化产业创业创意人才总量

对文化产业创业创意人才的统计，与该概念的界定有密切关系。第一，从学历层次来看，在被调研的人员中，40%具有大专学历，40.7%具有本科学历，11.1%具有研究生学历，据此估算，本科以上学历占从业人员总数的51.8%。第二，如果认为在经营管理、策划设计、技术开发、宣传推广、文艺创作、投融

资等岗位上工作，且具有本科以上学历的都可称之为或可能成为创业、创意人才，那么文化产业创业人才总量占到从业人员总数的42.8%。第三，若以是否有创业经历来衡量，则比例较低，仅有15%的被调查者表示有过创业经历。第四，若突出人才的创意特征，以狭义的创意人才来衡量，可以将策划设计、技术开发、文艺创作三类人才划入创意人才的范围，则在被调查者中有24.3%属于这类人才。总体而言，创业创意人才数量仍显不足。

（三）创业创意人才结构

1. 性别结构。被调查者中女性占63.7%，男性36.3%，显示在文化产业中女性从业人数明显多于男性。

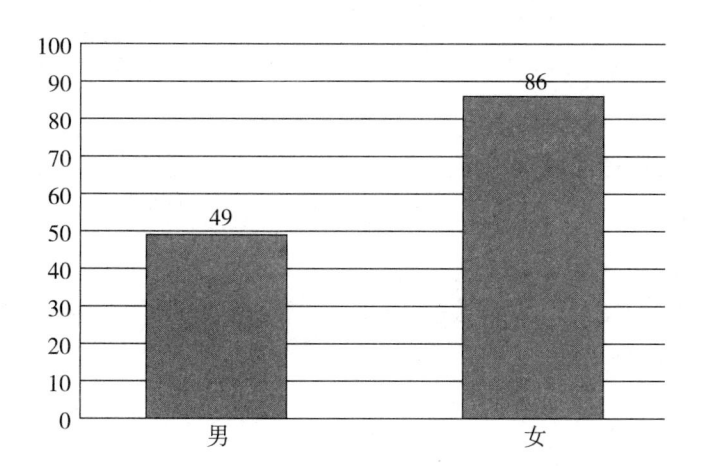

图1　创业创意人才性别比例

2. 年龄结构。目前西安文化产业从业人员中，年龄主要集中在25—40岁，正处于年富力强的职业生涯阶段。①

3. 学历结构。绝大多数从业人员的受教育程度为专科或本科，显示整体素质较高，但缺乏高学历人才。

4. 是否有创业经历。在目前从业人员当中只有15%左右具有创业经历。

---

① 作为陕西文化产业的龙头企业，陕西文化产业投资（集团）控股有限公司员工的平均年龄为29岁。

（四）人才行业分布

根据西安市统计局公布的数字，2012年西安市文化产业人才主要文化机构的分布情况见表2。

表2 2012年西安市主要文化机构从业人员数

行业类别	人数	占总数比例	行业类别	人数	占总数比例
新闻出版	—	—	文物保护	3312	8.95%
广播电视	2903	7.82%	公共图书馆	525	1.41%
电影	1348	3.64%	群众文化	25102	67.81%
艺术机构	3287	8.88%	其他文化	538	1.45%

资料来源：中共西安市委宣传部、西安市统计局联合发布《2012年西安文化产业统计概览》

（五）工作待遇状况

1. 工作稳定性。现有从业人员中，从事文化产业方面工作的时间大都超过3年，说明具有一定的职业稳定性。

2. 薪资待遇。目前从业人员工作年薪（人民币）为3万—6万元，与西安市其他行业薪资待遇基本持平。

3. 收入满意度。对于收入状况的满意程度调查一项，回答非常满意、比较满意、基本满意的占被调查者总数的52.9%。

4. 签订劳动合同状况。从业人员中签订劳动合同的占84.3%。

5. 是否有离职打算。目前从业人员中仅有15%左右有离职打算，进一步反映了从业队伍的相对稳定。

（六）对西安市创业环境的评价

1. 对西安市文化产业发展环境满意度的评价。非常满意和比较满意者占22%，回答一般者占65%。

2. 对各级政府在支持、管理文化产业方面所做工作的总体评价如图2所示。

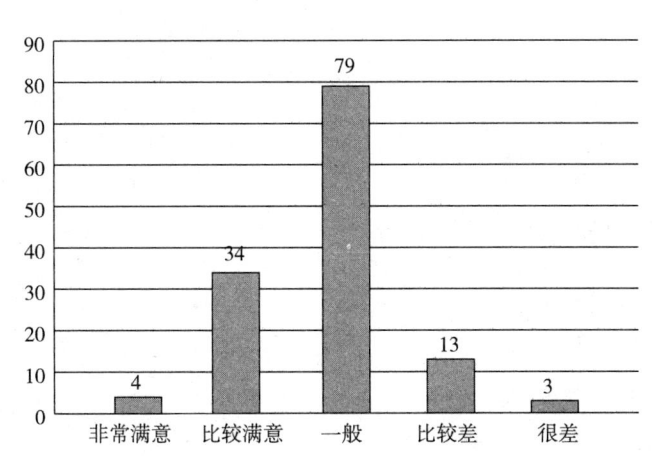

回答非常满意和比较满意者占29%。

图2 对政府支持、管理文化产业的总体评价

3. 认为满意的主要方面依次为西安市教育发达＞人才资源充足＞政府服务到位＞产品市场广阔＞空气、绿化等环境好＞基础设施先进＞融资相对容易＞其他。

4. 享受政府扶持政策的人员比例。从业人员中仅有9%回答曾享受过政府的扶持或优惠政策，比例较低。

5. 政府的扶持或优惠政策对创业或企业的重要性程度认为非常重要和比较重要的占71%。

6. 对企业面临的主要困难和问题、需要政府提供哪些服务等问题的回答显示，多数被调查者都将人才缺乏、人才服务视为重要选项（关于该问题的详细论述，见后文）。

二、西安市文化产业创业创意人才扶持培养的政策、经验和案例

西安市形成了包括扶持文化产业、扶持文化企业和扶持文化产业人才三个方面在内的，比较全面、系统的政策体系。其中，对创业创意人才的扶持包括税收扶持、人才奖励、平台建设、提供全方位服务等，涉及人才引进、人才培养、

人才激励等各个环节，内容全、力度大、视野宽、方式新。总结西安市文化产业创业创意人才扶持的经验，主要有：全方位投入是做好人才工作的首要因素；开拓思路、创新方式、主动出击是做好人才工作的重要方法；全方位服务是做好人才扶持的重要保证；灵活的机制是做好人才工作的重要补充。

（一）创业创意人才扶持政策

1.产业扶持

扶持文化产业，间接也就是对该产业的各类人才进行扶持。在产业扶持方面，西安市的政策、做法有：

一是设立文化产业发展基金。从2006年10月起，西安市每年设立2000万元的文化产业发展专项资金，2011年增至5000万元，2012年增加到1亿元。"支持的方式，以项目投入和政策性投入为主，采取贴息、补助等形式，用于项目启动、文化设施和信息网络平台建设、高新技术改造等。"[①]

二是重点行业、项目、工程扶持。市委、市政府明确了广播影视、文化娱乐、新闻出版、文化旅游、文物及文化保护、广告六大重点行业和高新区、碑林区、曲江新区三大文化产业聚集区、九大文化产业品牌、12项重点工程，明确建设目标、投资概算，协助做好各项前期准备工作，加强领导、督促、检查，加快项目实施进度。

三是税收扶持。《西安市加快发展文化产业实施方案》规定："对凡符合国家关于高新技术企业税收优惠政策规定的文化企业，按15%税率征收企业所得税"；"对政府鼓励的新办文化企业，自工商注册登记之日起，免征3年企业所得税"；"为生产重点文化产品引进先进技术或进口所需要的自用设备等，免征进口关税和进口环节增值税"；"对因自然灾害等不可抗拒或承担国家指定任务而造成亏损的文化单位，经批准，免征经营用土地和房产的城镇土地使用税和房产税"；"文化产品出口可按照国家现行税法规定享受出口退税政策"。[②]

[①] 《西安市加快发展文化产业实施方案》，西安市文广新局网站，http://www.xachanba.com.cn/tzcb/tzzn/2257.htm。

[②] 《西安市加快发展文化产业实施方案》，http://www.xachanba.com.cn/tzcb/tzzn/2257.htm。

四是拓宽投融资渠道。如：建立多元化市场主体，先后成立西安旅游文化产业投资有限公司、西安曲江文化产业投资集团有限公司、大唐西市文化产业投资公司等，形成国有、民营等多种所有制企业平等竞争、共同发展的格局；高新区、曲江新区、碑林区动漫产业园设立风险投资基金，为企业提供风险投资、贷款担保服务，形成了全文化产业链和全国最佳文化产业孵化平台；西安旅游集团股份有限公司、西安饮食集团股份有限公司成功上市。

大力度的产业扶持政策使西安市文化产业获得了前所未有的机遇，也为各类人才施展才华提供了广阔舞台。一是城市基础设施得到极大改善，人才来西安创业、生活的条件更好；二是各类文化企业如雨后春笋般迅速成长，带来文化产业就业人数持续增加；三是形成多个文化产业基地；高新区、曲江新区、碑林区等一批文化产业基地、创业园、软件园、孵化器等相继建成并投入运行，人才创业的成本更低、风险更小；四是文化产业、文化产品的社会需求不断增加，文化人才施展才华正当其时。

2．企业扶持

如果说产业扶持政策是"面上的扶持"，对文化企业进行扶持就是"线上的扶持"。在企业扶持方面，西安市的做法有：

一是企业奖励。包括税收奖励、播出发行奖励、出口奖励、原创奖励等。税收奖励方面，西安高新区管委会规定："对税务关系新转入高新区且本年度给高新区缴纳营业税、增值税、企业所得税税款超过3000万元，或税务关系在高新区且本年度给高新区缴纳营业税、增值税、企业所得税税款较上年新增超过3000万元的企业，对企业管理经营团队给予50万—100万元的奖励。对连续两年产值增长幅度超过50%，且当年营业收入超过1000万元的企业，对企业管理经营团队给予10万元的奖励。"播出、发行方面，规定"凡在高新区备案、经国家广电总局批准的原创动画片，在各省级电视台首播的，按二维动画片每分钟1000元、三维动画片每分钟1500元标准奖励企业；在中央电视台播出的，按照二维动画片每分钟2000元、三维动画片每分钟3000元标准奖励企业"。出口奖励方面，规定"企业出口产品和服务符合国家《文化产品和服务出口指导目录》的，按每出口1美元奖励0.2元人民币标准资助"。原创奖励方面，规定"对获国际、国内重大奖项的原创作品，一次性奖励5万元；对经国家文化部或工业和信息化部批准、正式上线运营的原创游戏，每款奖励5万元；获国家文化部或工业和信息化部认定并推广的益智类游戏，每款奖励5万元"；"高新区每年评选区内10项优秀原创作品，每项作品给予奖励5万元；每年评选10家优秀创意企业，每家企业奖励5万元"。①

二是企业补贴。包括贷款利息补贴、平台建设和运营补贴、宽带费用补贴、房租补贴等。高新区管委会规定："对年上缴税收总额和员工人数增速均在30%以上的中小创意企业，给予其贷款利息全额补贴，每年每家企业补贴最高不超过50万元。""对纳入西安高新区创意产业公共技术支撑服务体系的平台，平台运营公司按核定价格的70%收取使用费，30%的使用费由管委会给予平台运营企业补贴，每家平台每年补贴不超过100万元。""企业自用的宽带业务费用给予50%的补贴，每家企业每年补贴不超过30万元。"《西安曲江新区入区文化企业房租补贴暂行办法》规定："凡符合条件的文化企业，对其办公房屋租赁面积100平方米以内给予租金补贴，享受补贴的最长时间为三年。"②

三是鼓励企业开展宣传、推介和交流活动。高新区规定："企业参加国内外行业和知名展会活动，给予往返交通费用全额资助或活动费用50%的资助。""对本年度出口规模在100万美元以上的在地企业参加国际知名展会的，给予展位费50%的补贴。"。

四是其他方面的支持和服务。如：建设公共技术服务平台；集中建设标准化工业厂房和研发办公场地；提供科技成果转化、技术转移、知识产权、市场开拓、管理咨询、认证培训服务；加大用工招聘服务力度；实施行政审批和政府服务"零收费"政策等。

对企业的扶持使政府宏观性、战略性的产业扶持政策更加具体，让企业得到实实在在的支持，这对于普遍成立时间不长、资金短缺、规模有限的文化企

---

① 《西安高新区管委会关于促进创意产业发展的扶持政策》，载西安高新技术产业开发区管委会编印《西安高新区主要优惠政策汇编》，2012年4月，第12页。
② 《关于区内文化企业申报2014年度房租补贴的通知》，西安曲江新区招商网，http://invest.qujiang.com.cn/info/1004/1624.htm。

业无疑具有雪中送炭的作用。

3. 创意创业人才扶持

如果说产业政策是"面上的扶持",企业扶持是"线上的扶持",就本课题的研究内容而言,人才扶持就属于"点上的扶持"。在文化人才扶持方面,西安市的做法包括:

一是人才引进。具体包括高层次人才奖励、人才寻访费补贴、人才中介机构补贴、鼓励海外人才机构输送高层次人才等,形成了政府、市场结合、上下联动的人才引进工作方式。在高层次人才引进方面,高新区规定:凡入选中央"千人计划"和国家"百千万人才工程国家级人选计划"的人才,全职在高新区企业工作或创业者,通过评审给予100万元奖励,其中70万元用于人才事业发展配套资助,30万元用于人才安家费补助和生活补贴。管委会还对高新区企业从市外寻访高层次人才给予寻访费用补贴,标准为企业实际支付人才寻访费用的50%。对人才中介机构给予每年房租费用50%的补贴。高新区有关部门还与美国、欧洲、日本等国家的同乡会、高校联合会、人才机构合作,设立"西安高新区高层次人才海外联络处",每年资助人民币8万元用于为高新区举办人才招聘、联系和宣传活动。

二是人才培养和培训。包括鼓励进修和业务培训、资助博士后科研工作站等。高新区规定:鼓励企业选派优秀人才到境外知名高校、世界500强企业总部参加高级研修、业务培养,每年给予每家企业培训交通费、学费50%的补贴;[①] 鼓励企业、产业孵化器、产业联盟、产业园区在高校和科研院所设立实习、实训基地,给予产业孵化器、产业联盟、产业园区每年30万—50万元补贴。高新区还为博士后科研工作站提供经费资助,为在站博士后提供每年生活补助的50%。

三是人才奖励。高新区还推出了"杰出人才奖评选办法",规定"高新区杰

---

① 按照高新区"吸引高层次人才优惠政策"的规定,海外知名高校是指泰晤士报《全球顶尖大学排行榜》上所列2011—2012年世界大学排行榜前200名中分布于欧洲、美国、日本、新加坡、中国台湾和香港等地的高校,世界500强以《财富》杂志当年世界500强企业排行榜为准,不包括中国大陆企业。

出人才奖"设置一等奖1名、二等奖2名、三等奖3名，评选每两年一次，获奖者分别给予30万元、20万元、10万元的奖励。每届评选无符合条件者，该级别奖项可以空缺。

四是知识产权转化和保护。高新区规定：园区企业在西安申请的知识产权受到侵害，为企业和人才提供法律援助。维权时发生的鉴定费、诉讼费按照其总额的30%予以资助。对利用知识产权质押向银行贷款进行贴息。

五是鼓励在校大学生和高校毕业生自主创业。包括：房租减免；优先推荐申报国家及省市各类资金计划；免费享受课程培训；每年两次免费使用中心会议室等。

六是人才配套服务。包括优惠提供人才公寓、优先安排子女入学、优先证件办理、优先推荐申报国家和省市奖励、优先提供户口迁转、人事代理、人事派遣、员工招聘、应届生落户等服务、提供优质医疗卫生服务等。

根据以上梳理，可以发现：西安市各文化产业基地对人才的扶持力度是很大的，扶持政策是完整、系统的，覆盖了人才引进、培养、奖励、保护、服务各个方面，保证了对人才的吸引力和激励作用。

（二）创业创意人才扶持典型案例

为了更形象地说明西安市在文化产业创业创意人才扶持方面的具体做法，这里再选取西安市2015年创业大赛活动的相关记述作为案例，从中可以更真切地感受到西安市为创业创意人才提供服务的方法和特点。

此次大赛是为了响应党中央创新驱动发展战略、落实国务院"大众创业、万众创新"的精神，优化西安地区创新创业环境，培育创新创业文化，由高新区软件园承办的。作为服务于创业者的专业机构，西安高新区创业园始终坚持为每一位"创客"提供全方位的品牌服务。他们在大赛中精心策划组织了"创业导师问诊、精英训练营、大师面对面、新手培训会、西安城市创业运动会"等一系列促进创新创业的活动，活动面向所有的参赛者，目的就是营造全民创业的良好氛围，让更多创业梦想照进现实。

而在2015年7月3日举行的首届西安城市创业运动会上，参赛选手拼得热火朝天，观众的呐喊、掌声、尖叫、欢呼，将运动会的气氛一次次推向高潮。

举办创业运动会，其目的也是使创业者和创业导师一同参与，建立联系、拉近距离，掀起头脑与体力的竞技风暴，让创业者抱团取暖、共同成长、联动传播、集聚效应。

业内人士表示，目前，全球创新创业风起云涌之地要看中国，中国创新创业活跃之地要看西安。早在2014年10月13日，由西安高新区创业园投资建设的专门服务于小微企业的众创空间——"创途在XIAN"就已经揭牌，不到1年时间，"创途在XIAN"在全国已经声名鹊起。在这里，喝一杯咖啡，就能让创意与投资碰撞。其中一家名叫"DO+创业咖啡吧"的咖啡馆，已成为不少草根创业者实现梦想的舞台。据报道，截至目前，已经有14000名年轻的创业者先后走进这家咖啡馆，每天平均有10多个产业项目递交，3—5个创业项目约谈，已有"乐收快递服务站""驴友社交软件"和"漫游人"等8支团队在这里拿到了投资。

同样在西安高新区，一家叫"西安金融家咖啡"的众筹平台最近刚刚挂牌营业。这家咖啡店由银行、证券、基金等金融资本资深专家作为发起人，聚集了包括西部信托、陕西省产业投资集团、西部投资控股等50家省内外金融投资机构法人，各类顶尖金融优秀人士及项目、高端人才在咖啡馆相聚，汇集起了一个巨大资金库、项目库、人才库，可以为各种类型的企业提供融资、发掘高端人才、资本市场进行对接等服务，为资金找项目，为项目找资金。目前，"咖啡融资"加上西安高新区原有政府金融服务平台，让85%的区内注册中小企业找到了融资渠道。以"咖啡经济"为代表的民间资本大量主动参与到创新创业大军中，发挥了"集群效应"。①

（三）创业创意人才扶持经验总结

总结以上西安市文化产业创业创意人才扶持政策及案例，可以得出以下经验。

---

① 《追赶超越：西安高新区打造全球创新创业高地》，西安高新区网站，http://news.idoican.com.cn/kfqbd/html/2015—08/31/content_5524802.htm。

1. 全方位投入是做好创业创意人才扶持工作的首要因素

要扶持优秀的、大量的创业创意人才，投入是首要因素。投入包括环境投入、平台投入、经费投入等。在环境投入方面，曲江新区是一个典范。自成立以来，曲江新区通过市场化运作、国际化手段，实施大项目带动战略，先后建成大雁塔北广场、大唐芙蓉园、曲江国际会展中心、曲江池遗址公园、大唐不夜城、曲江海洋馆等一批重大项目，使曾经的农田荒地成为自然景观与人文景观相得益彰、唐风古韵与现代科技交相辉映的文化新城。2010年，曲江新区被住房与城乡建设部授予"中国人居环境范例奖"，2011年被国家旅游局授予国家5A级景区。环境的优化加上各种优惠政策的出台，为曲江引来大批文化创业人才。目前，曲江新区已经汇聚各类文化企业2000多家，每年接待游客200万人次，曲江文化产业集团也连续三年荣获中国"文化企业30强"。[1]

平台投入方面。以高新区为例。他们搭建了多种公共技术平台，包括孵化器、创业园、标准化工业厂房、研发办公场地等，[2]并规定对纳入高新区公共服务体系的平台项目，根据平台运营企业提供给园区企业的服务总价格，第一年给予70%的资助，第二年、第三年给予50%的资助。此外，园区还定期开设免费的创业指导课程、举办多种形式的人才交流活动和创业创意大赛，甚至提供公共的会议室，为人才服务的平台可谓全面。

在经费投入方面，可以看到高新区、曲江新区及其他产业园区的投入标准基本达到了与大连、广州等沿海城市接近甚至更高的水平，这对一个内陆城市来说是不容易的。[3]另外，经费投入是全方位、全覆盖的。不仅包括对人才本身的奖励、补贴投入，也包括对中介机构、猎头公司的奖励和补助，对人才寻访费用的补贴，对人才继续教育、业务培训的补贴，对孵化器、产业联盟、产

---

[1]《文化+科技+互联网：西安曲江模式转型升级》，央视网，http://news.cntv.cn/2015/05/24/ARTI1432432847932612.shtml。

[2] 广义而言，建设创业园、孵化器、标准化工业厂房和研发办公场地等也都属于创业平台。

[3] 以西安高新区助推企业上市为例。2013年，全国各高新区纷纷对区内企业在"新三板"上市提供补贴。而随着上市企业的增加，券商对企业的挂牌费也水涨船高。在此情况下，媒体报道有沿海城市对后续挂牌的"新三板"企业会降低补贴标准，然而西安高新区却不但没有降低，反而还提高了补贴。

业园区的补贴，对博士后和博士后流动站的补贴等。总之，对人才的经费投入不是一次性的，而是持续性的；不是仅仅对人才本身进行投入，而是对所有为人才工作发挥作用的人员和机构都进行投入。

2. 开拓思路、创新方式、主动出击是做好人才工作的重要方法

再完善的政策也不会自动发挥作用。做好人才工作，还需要开拓思路、主动出击，以创新的方式、精心的组织、拼搏的精神开展工作，才能发现、延揽天下人才为我所用。以高新区为例，他们建立的"创途在XIAN"众创空间、创新创业大赛、创新发展年等活动，适应了"大众创业、万众创新"的浪潮，具有鲜明的时代特点，适应了年青一代创业者的需要，受到广泛的欢迎。又如2012年，高新区设立"海外人才工作站"，分别在美国、日本、英国、荷兰、澳洲、加拿大设立海外人才招聘窗口，激励海外人才机构（组织）为高新区企业输送高层次人才，拓展了人才招聘的海外市场，使人才引进走向国际化、市场化。再如他们2001年就开始挂牌设立企业博士后工作站并对博士后和设站单位给予资助、开展博士后招聘工作，使得人才的培养较早拓展到博士后流动站这种形式、延伸到博士后这个群体。所有这些都说明高新区的人才工作思路新颖、视野开阔，敢于在以往的层次上再拓展、再延伸，不断出新招、出实招。

3. 发挥政府和市场两方面的作用是做好人才工作的重要启示

传统观念习惯于认为人才的引进和扶持是政府的事情，似乎市场在人才资源配置上不起作用。西安市人才工作的实践表明这种认识是有问题的。做好人才的引进和扶持，同样要发挥市场和政府两方面的作用。以高新区为例，他们较早地就与中介机构、猎头公司、劳务公司开展合作，对企业引进的人才给予奖励，对企业的人才寻访费给予补助，对平台运营企业提供补贴，提供普惠性的人才公寓，对企业维护知识产权及其他权利的行为提供补助，说明他们注意到了市场、企业在人才引进中的重要作用，没有用政府取代市场，而是把政府的作用限制在搭建公共平台、建设良好营商环境方面，这是西安市人才扶持工作的重要启示。

4. 灵活的机制是做好人才工作的重要补充

文化产业知识密集、创意性强、涵盖范围广、业态多样，既可以三五人组

成一支乐队，十几人组成一个软件开发公司，也可能数百上千人组成一个大的影视、传媒、演艺集团。这些大大小小的公司可能一夜之间成功，也可能很快分化组合、兼并重组。而文化人才也可能在此过程中不断变化身份，具有较高的流动性。因此，对文化产业创业创意人才展开工作，不能以既有的模式千篇一律地对待，必须机动灵活，只求为我所用，不求为我所有，这是做好文化人才工作必须把握的一点。

在此方面，西安市各部门、园区、集团也探索出了一些比较成功的做法。如：以项目为中心而不是以工作关系为中心延聘人才；打破人才的身份、地域界限，无论职称、户籍、国籍、工作单位，只要能够完成工作任务就签订合作协议，待遇按市场行情给付或双方洽谈；通过市场化运作，与猎头公司、人才中介机构、劳务公司等合作，由他们发现、推荐人才，使用单位与他们进行结算；聘请外籍、外地人才开展短期服务；从在校大学生、社会公众中发现新颖的创意作品、购买知识产权等。

三、西安市文化产业创业创意人才扶持培养工作中存在的问题

西安市文化产业创业创意人才扶持政策存在的问题主要有：人才队伍上，缺乏高端人才，人才结构不尽合理；创业环境方面，传统观念不利于人才创业，部分企业、单位体制改革滞后对人才流动造成限制，人才工作方式方法落后；人才培养上，人才培养与市场需求结合不紧密，企业对人才培训不够重视和流于形式的现象并存；人才扶持工作开展不均衡，从业人员薪酬待遇偏低，扶持政策受益面较低，扶持效果有待改进。

（一）人才队伍存在的问题

1. 高端人才缺乏

以行业来分析，在动漫行业，面对巨大的游戏创意产业需求，西安缺乏深谙动漫发展和运作规律、能够为创意团队提供整体研发思路、具有国际视野和文化观察力的动漫设计领军人才，缺乏精通游戏设计与制作专业技能、具有游

戏开发实战经验、掌握3D等前沿技术的高级游戏策划人才，动漫游戏产业发展水平不高。

在广播影视行业，地处西安的西影集团虽然是我国很有影响力的大型影视集团，汇聚了一批高层次人才，但是就西安广播影视行业整体而言，还缺乏在全国有知名度的创意人才、经营人才、采编人才，以及名制片人、名主持人。

在广告业方面，随着印刷传媒、出版、企业形象设计等行业的迅速发展，形形色色的设计公司越来越多，电脑艺术设计人才的需求也呈上升趋势。但是目前西安广告设计类人才的缺口巨大，广告制作整体水平有待提升。

2. 人才结构不合理

从文化从业者的工作岗位、数量分布来看，从事资源依赖性行业如文化用品、设备的生产和销售、休闲娱乐行业的人数比例较高，而在创意性较强的行业和一些新兴文化业态中就业的人才相对偏少。从学历层次结构来看，高学历人才比例较低。从人才在国有单位和民营企业的分布来看，国有单位的人才学历较高，民营企业的人才学历层次普遍偏低。

（二）创业环境中存在的问题

1. 传统观念不利于人才创业

陕西地处内陆，思想观念相对保守。许多人对人才的认识还停留在传统阶段，认为只有在政府部门、事业单位、大型企业从事管理工作的人才是人才，而自主创业者则被认为是进不了国有单位或大企业才走上创业道路，导致大众创业动力不足，创业多数是被动选择。

2. 部分企业、单位人才工作方式方法落后

部分国有文化单位对人才工作仍然限于"说在嘴上、写在纸上"，不愿真正对人才工作加大投入，坐等人才上门，选拔任用上论资排辈，人才招聘上"唯学历论"，招到人才又常闲置不用，编制外和编制内人才待遇差别大。而民营企业急于增加利润，不愿做长线投资，缺乏战略眼光，企业领导"一言堂"导致难以留住人才，更难以吸引人才。

3. 文化体制改革滞后对人才流动造成阻碍

如：户籍制度改革尚未到位，人才的身份界限依然存在；养老、医疗等社会保障标准不统一，对人才流动造成阻碍；国有单位人事制度、收入分配制度改革滞后，人才的智力贡献难以与收入挂钩；职称评审中重考试、重科研、轻实践、轻能力，不利于激励人才创新。

（三）人才培养中存在的问题

1. 大学人才培养与市场需求结合不紧密

目前，创新创意人才培养的主要途径是大学。西安是高等教育大市，但是大学在人才培养上存在不足：一是教育内容与市场需求脱节。重理论、轻实践，重知识吸收、轻创新思维培养的传统教育模式仍未改变，教学内容与市场需求的关联度不高，学生实践能力、创新创意能力不强，导致一方面一些专业毕业生就业难，另一方面市场却短缺此类人才，如动漫设计、新闻传播、城市规划等。二是文化产业相关专业设置、课程开设较少。据调查，目前，全省仅有少数大学、部分专业开设了《创意写作》《动漫设计》《文化事业管理》等课程，还没有形成文化产业的专门专业和学科。三是培养的大学生多属专业技能型人才，缺乏复合型人才。

2. 企业对人才培训不够重视和流于形式的现象并存

一般而言，小微企业对员工培训不够重视，员工培训机会较少；大中型企业虽重视培训但却往往流于形式。一些接受培训的员工更在意获得证书而不是真正学习知识、增长才干、解决工作中的实际问题。

（四）人才扶持中存在的问题

1. 从业人员薪酬待遇偏低

调研显示，目前，西安创新创意人才待遇状况及对待遇的满意程度不高。根据调研，目前从业人员工作年薪（人民币）为3万—6万元，与西安市其他行业基本持平，员工满意度不高。

2. 扶持政策受益面较低

调研发现，普通员工对于各级政府推出的人才扶持政策了解较少，受到优惠、资助的人才比例较低。虽然这与我们选取的样本有关，毕竟受到资助的人才更多是行业精英，比例本身就不高，但也说明各项人才扶持、优惠政策还没有使普通员工跟着受益，而这也许就是在文化产业产值大幅增长的情况下、从业者收入水平却与其他行业基本持平的原因。而如果普通员工收入水平的增长不能与文化产业的增速保持一致，对文化产业的长期繁荣肯定是不利的。

3. 扶持效果有待改进

如图3所示，认为政府的扶持政策效果很好和有一定效果的被调查者占到被调查者总数的69%，说明政府的扶持政策得到了多数从业者的认可。但是还有31%的被调查者对此评价较低，说明人才扶持政策的效果还有待改进。具体包括：

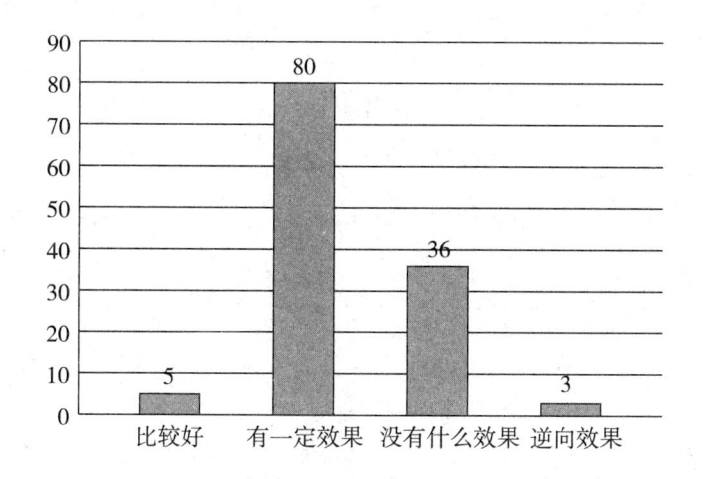

图3 对扶持、奖励政策效果的评价

一是人才扶持工作发展不均衡。根据课题组的调研，发现在高新区、曲江新区等体制机制较新的产业园区，人才扶持普遍力度大、政策活、效果好，但在不处于这些园区的文化事业单位、国有企业中，传统的人才工作方式、制度仍有很大保留，机制不活。同时，在不同行业中这种情况也存在。如：软件开发、网络服务、传媒等新兴行业用人制度更为灵活，但在传统行业如出版、旅游、戏剧等行业特别是在体制改革滞后的单位和地方，缺乏有效的人才扶持政策。因此,有必要研究如何将产业园区的经验向其他地区、企业加以推广。

二是如图4所示,许多从业者对政府和产业园区的扶持政策了解不多,说明这些扶持政策宣传力度不够大,未被广大从业者所普遍掌握。

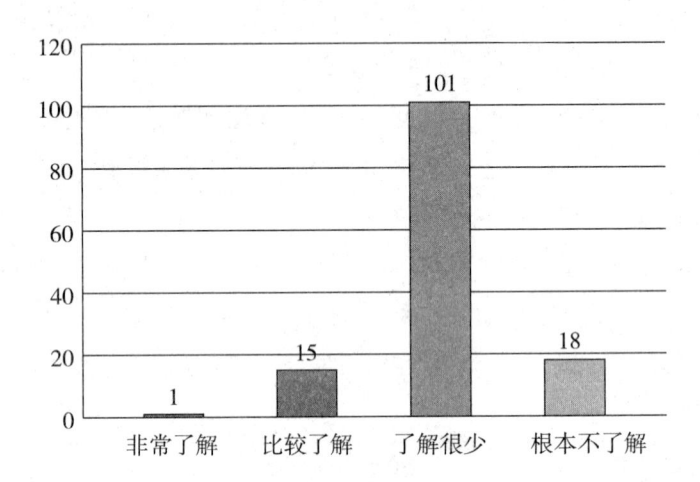

图4　对扶持政策了解程度

三是如图5所示,扶持优惠政策申请手续相对复杂,所需证明较多,审批过程较长,政策相对分散,影响申报者的积极性。

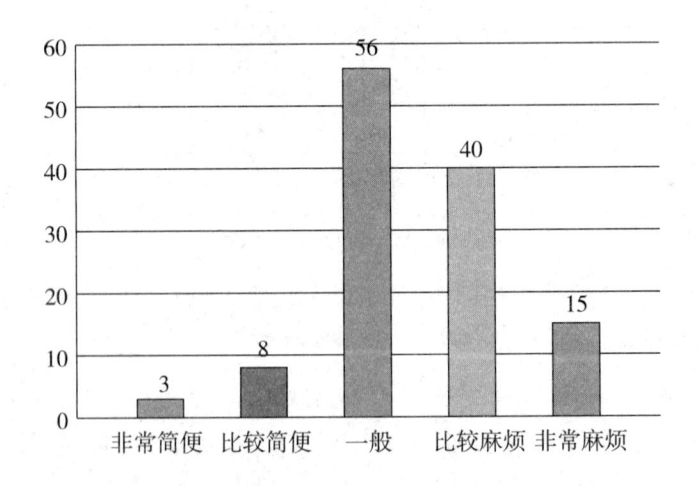

图5　对扶持政策申请手续复杂度的评价

四是如图6所示,评审过程需要提高透明度,保证公平、公正,使优惠政策真正起到鼓励创新、创造、创业的作用。

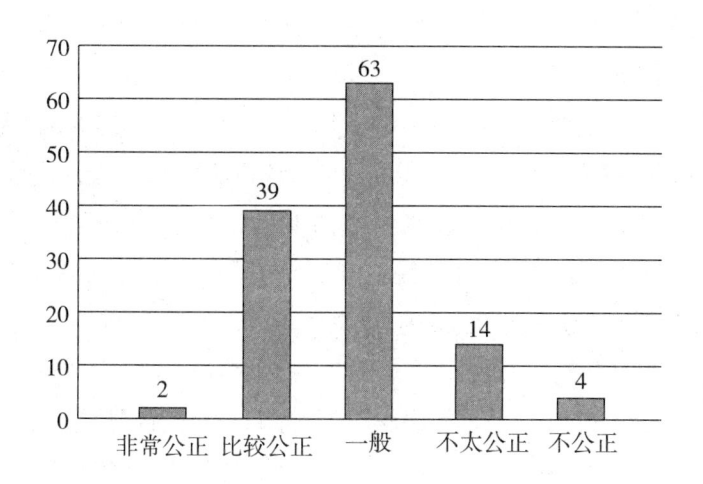

图6 对扶持政策申请过程是否公正的评价

四、西安市改进文化产业创业创意人才扶持政策的建议

对西安市文化产业创业创意人才扶持政策的建议是:转变传统观念,树立对人才的正确认识;改进创业创意人才培养、解决好人才供给问题;进一步完善人才扶持工作、扩大和提升人才扶持的效果;深化体制改革、改进政府管理模式。

(一)转变传统观念,树立对人才的正确认识

1. 在全社会营造鼓励创新、创造、创业的社会风尚

各级宣传、文化、科技、教育部门要开展多种形式的宣传活动,在全社会宣传创新、创造和创业精神,宣传创业者的积极形象和创业创意人才的重要作用,营造敢于创业、创业可贵的社会风尚,真正形成"大众创业、万众创新"的浓厚氛围,树立挑战意识和宽容精神。

2. 树立正确的人才观

长期以来，陕西人普遍认为政府和国有企事业单位是"正规单位"，在这些单位从事管理工作的人才可称之为人才，"官本位"意识、"君子不器"的意识比较浓厚。创业者、普通民众或员工，即使有特殊的才华和能力也常常难以被认可。时代的发展要求我们必须改变这种落后观念，树立正确的人才观。要认识到：国有单位的人才是人才，民营企业的人才也是人才；管理人才是人才，技能人才也是人才；高学历人才是人才，低学历但有创新思维者也是人才。要平等对待各类人才，真正做到"唯才是举、唯才是用"，形成人才辈出的崭新局面。

3. 正确认识文化产业和创业创意人才

文化产业业态多元、创意性强，与其他产业有所不同。一个名不见经传，却有着新颖创意、特殊才华的普通职员在其他行业可能显现不出自身的价值，但在文化产业、企业中却至关重要。对文化产业、文化企业的管理，必须更加注重人本化管理，增强灵活性、针对性，关注人才的精神需求。文化人才就业灵活，很多要实行与公司的"签约制"，不能用所属单位将其身份固定住。文化产业中的高级管理人员、"主角"是人才，其他职员、"配角"也必须被当成人才来看待，尊重其价值，最大限度激发他们的创造活力。只有认识到文化产业创业创意人才的这些特点，才能更科学地做好人才扶持工作。

（二）加强创业创意人才培养，解决好人才供给问题

1. 人才缺乏是文化企业面临的重要问题

人才短缺是企业普遍面临的仅次于资金短缺的困难。对此，各级政府、产业园区、文化部门以及文化企业要始终把人才问题作为发展文化产业的重中之重，积极努力、协调配合，进一步做好人才培养、引进、扶持等各项工作，解决好人才不足的问题。

2. 改革大学教育模式

大学是现代社会培养各类人才的主要机构，承担着为全社会输送人才的重任。我国大学教育必须通过改革，更加重视培养大学生的创造性思维，培养学生的动手能力、实践能力、市场意识。与文化产业关联度高的动漫设计、播音

主持、影视编导、旅游管理、建筑和工业设计、软件工程、美术、音乐、广告、新闻传播、汉语言文学、网络工程等专业必须在课程设置、教学内容、教学方式等方面强化市场导向，培养大学生捕捉市场机会的意识和能力、创业的意识和能力。大学要加强与文化产业园区和企业的联系，了解市场需求，探索"订单化"人才培养模式，邀请产业园区人力资源部门、企业家、创业成功人士等进校园、进课堂，开设讲座，传播创业经验，满足文化产业和大学生的双重需求。

3. 有针对性地解决人才供给中的问题

首先，如图7所示，目前，企业反映最为紧缺的是创意人才。因此，必须加大工作力度，招募更多的创意人才，提高现有人才的创意能力。可以采取短期培训、外地学习，聘请高级策划创意人才开展讲座等，或选派有潜力的年轻人在高级人才身边工作一段时期，采取"师傅带徒弟"的方式培养这类难以批量化生产的急需人才。

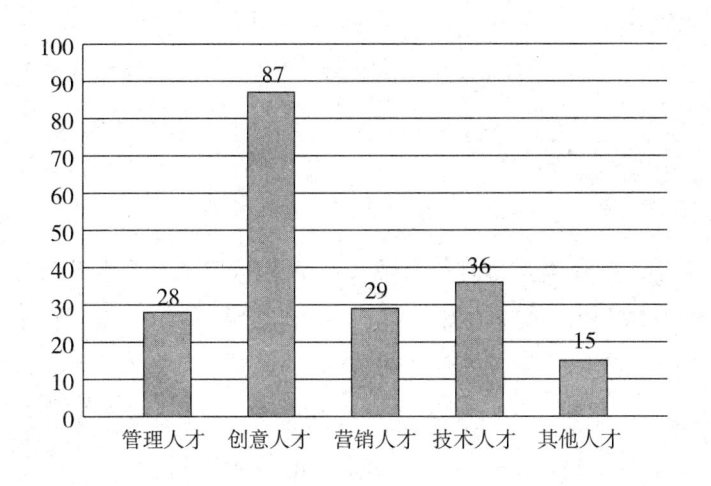

图7 人才需求情况

其次，如图8所示，根据调研，从业者对认为自己急需哪方面技能的回答依次为专业技能＞管理技能＞拓展人脉＞宣传推广＞其他技能，说明多数从业者仍然看重专业技能。因此，人才培养还是要坚持专业技能教育的主体地位，其他方面才能的教育固然需要加强，但不能喧宾夺主，毕竟多数从业者还是要靠专业技能立足的。

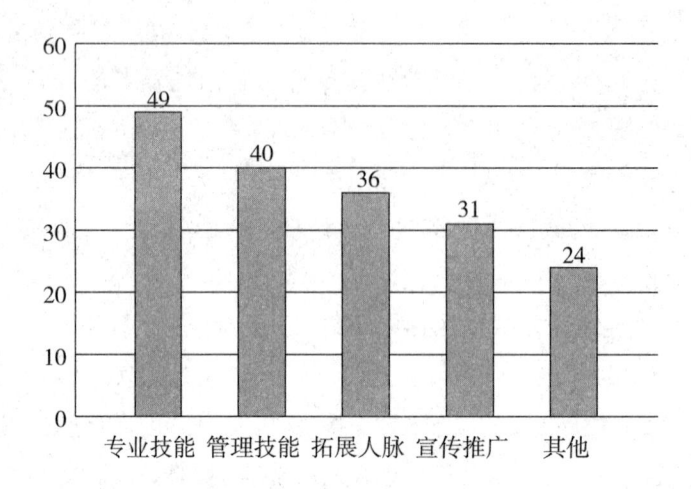

图8 人才的从业需求情况

专业技能 49
管理技能 40
拓展人脉 36
宣传推广 31
其他 24

再次，解决好企业人才培养中存在的问题。小微企业要舍得为人才培养投入经费，大中型企业要解决好人才培养中的走过场现象。产业园区可以将企业对人才的培养、员工培训情况与企业申报其他补贴、资助、项目结合起来进行评审。企业可以和高校、人才机构、培训机构、知名企业等开展合作，采取多种方式，联合培养人才。

（三）进一步完善人才扶持工作、扩大和提升人才扶持的效果

1. 推广高新区、曲江新区的人才扶持工作经验

如前所述，西安高新区、曲江新区在创业创意人才扶持方面力度大、覆盖全、有创意，形成了一套系统的人才工作模式，促进了园区发展，走上了良性循环的道路。与之相比，其他地区的文化产业、企业差距较大。那么，高新区、曲江新区的经验能否向其他地区推广？其他地区是否具备实行同样政策和做法的条件？高新区和曲江新区的成功经验到底在哪里？为什么能够成功？这些问题，需要有关部门进行深入研究，加以推广，推动全市创业创意人才扶持和文化产业普遍、均衡发展。

2. 进一步做好对文化小微企业的扶持

文化产业中，小微企业具有重要作用和独特优势，是整个产业体系的重要组成部分。尤其是小微企业是创业者的起步之地，对培养创业创意人才具有难以替代的作用，但是小微企业普遍面临较多困难。因此，各级政府应该更加重视小微企业的需求，各类扶持政策要改变根据产值、缴纳税收、企业规模、人才学历层次等指标确定补贴对象的做法，加大企业的产品市场前景、创新创意能力、信用度等指标在获得补贴上的权重，在贷款担保、人才招募、成果转化、降低成本等方面为小微企业和创业者解决困难、提供支持。

3. 完善人才扶持工作流程

高新区、曲江新区以及其他文化产业基地要在以往工作成绩的基础上，继续完善现有人才扶持工作。要加大政策宣传力度，提高扶持、优惠政策的覆盖面，整合现有政策、避免政策类型太多可能带来的新问题，提高各类政策奖励、补贴评审过程的客观性和透明度，防止可能出现的拉关系、虚报冒领、骗取补贴等问题，真正发挥扶持政策的正向激励功能。要处理好企业扶持、人才扶持和提高普通员工待遇的关系，既不能搞平均主义，也不能使扶持、优惠政策与普通员工无关。处理好扶持优势企业、高端人才和扶持小微企业、普通创业者的关系，既不能使优惠政策变成"撒胡椒面"，也要防止产生"马太效应"。要把扶持、帮助和干预、影响区分开来，防止扶持、帮助对企业正常经营和市场公平竞争产生干扰作用。

（四）深化体制改革，改进政府对文化产业和企业的管理模式

1. 深化文化体制改革

调研中发现，一些国有文化单位由于改革不彻底或不成功，经营比较困难，但是这些单位仍然存在一定数量的文化人才，导致人才浪费，而不同所有制企业员工仍然存在的身份限制使人才流动受到阻碍。因此，必须深化文化体制改革，除极少部分必须保留的国有文化单位以外，其他单位尽可能通过股份制、兼并重组等方式市场化。对保留的国有文化单位，也要厘清政府与企业的边界，改变政府管理方式，实行政府购买公共服务，引导其展开有限竞争。只有竞争

才能迫使国有文化单位更积极地招募人才，更认真地扶持人才，更大胆地提拔人才，更灵活地使用人才。

2. 改进政府管理

一是政府要切实做到依法管理。各级政府要按照依法行政的要求，明确每个事项的管理标准、管理主体、管理依据、管理权限、管理责任，并依法公示，消除管理过程中的任意性，促进文化市场、文化产业健康发展。二是切实明确政府与市场的边界，营造公平竞争的环境。对文化产业而言，政府的职责是规划产业发展方向、为企业提供公共产品、为人才搭建公共服务平台、创造良好环境，而不能越俎代庖，干预企业经营和人才流动。政府、企业和文化人才都要明确：公平竞争的环境才最有利于创业创意人才大量涌现。文化企业要改变对政府的依赖心理，向市场而不是"市长"寻找发展壮大之道。

3. 深化人才配套制度改革

户籍制度、劳动人事制度、收入分配制度、社会保障制度等都会影响人才的创业和流动，影响文化企业对人才的招募和使用。相信随着各领域改革的深化，这些会更加公平，人才和企业的选择会更多。

第四部分　创新实践

中关村梦想实验室：构建以创客空间为载体的创新创业平台

一、基本情况

中关村梦想实验室位于海淀大街一号，被称作"一号楼"，前身为中关村海淀园管委会办公所在地。2010年之后，"一号楼"逐步进行业态改造和升级，并于2012年5月正式揭牌成立中关村国际数字设计中心（即中关村梦想实验室），其定位是"北京市海淀区为产业创新搭建的服务支撑平台"，即以数字化设计为技术载体，搭建包括需求、设计、产品3个维度的立体产业创新平台，通过平台实现需求引领、设计整合和资源汇聚，最终达到新产业孵化的目的。该中心规划建设"商务配套、创新交流、项目孵化、产业育成、公共服务"5个功能区域，为战略性新兴产业提供"战略研究、公共技术、产业中介和产业孵化"四方面服务。

中关村梦想实验室通过选拔、申报等方式，遴选具有发展潜力的创新创业公司入驻，除中关村本身的高新技术资源外，还引入北京创客空间和清华大学X—lab创新创业平台，向创业公司提供更多设备、技术以及市场、融资等全方位的支持。目前，中关村梦想实验室实现了4个对接：对接原创思想、对接前沿技术（Intel、硅谷）、对接大产业需求（长三角、珠三角企业）、对接天使投资，为缺乏创业经验、资源的创意产业创业人才提供了优良的起步条件。

二、主要做法

中关村梦想实验室，通过开展"中关村数字设计创业大赛"遴选入驻企业，并引入为创业服务的机构、企业和个人，使资源最大化，以更好地帮助初创企业。此外，还通过品牌授予的方式建立新的梦想实验室，以更好地整合资源，建立创新试验田。

（一）举办数字设计创业大赛遴选优质创业团队入驻

2012年至今，"中关村数字设计创业大赛"已举办3届，旨在聚集创意、技术、政策、资金等创业关键要素，整合资源，引导和推动创新创业项目不断涌现，为产业创新搭建要素聚集和创业孵化支撑平台。目前，大赛已经形成了以下五大特色：一是采取由中关村创意实验室组办，面向在孵企业及国际国内市场，并在有关政府部门支持下与孵化器内企业共同举办的方式；二是采用"命题作文"及"私人订制"方式，针对在孵项目产业化的需求，向国际国内市场征集方案；三是走出国门，通过设立海外赛区，扩大中心的影响力；四是已经逐步形成"火石奖""火花奖""火种奖"三大类奖项，针对不同的奖项设置不同的奖励金额；五是通过网站、微信、媒体广告进行宣传，并举办相应论坛、沙龙等交流活动，以及大赛成果展览。[①]大赛不断完善精英创业项目的遴选、后续评估等程序，加强资源扶持的集中力度，力促"专、精、特、新"的优质创新创业项目的发展。

表1 历届"中关村数字设计创业大赛"主题及主要获奖名单

大赛名称	大赛主题	获奖名单
2012年第一届中关村数字设计创业大赛	创业海淀、成就梦想	基于北斗二的精确定位应用、伏龙芝模拟项目、脉客网——设计职业人士网络互动平台、圆宝闹京都系列——重返圆明园、"前言"服装设计虚拟品牌创业项目等

---

① 《第三届中关村数字设计创业大赛》，2015年10月16日，http://finance.china.com/fin/sxy/201408/12/5741565.html?ADUIN=243868695&ADSESSION=1407805054&ADTAG=CLIENT.QQ.5329_.0&ADPUBNO=26349。

续表

大赛名称	大赛主题	获奖名单
2013年第二届中关村数字设计创业大赛	科技@文化，设计@梦想	金奖："恩启"多媒体感官康复训练系统、thinker移动互联网位置搜索平台 银奖：IKEY个人移动信息安全解决方案、外墙攀爬情节机器人、透视显示装置在广告媒体上的应用
2014年第三届中关村数字设计创业大赛	创新驱动——数字设计引领创新创业	火石奖一等奖：社交可穿戴饰品和平台 火花奖一等奖：奥迪车数字交互展示系统 火种奖一等奖：3D水墨动画《侠情》

资料来源：中关村梦想实验室网上相关公开资料整理。

"中关村数字设计创业大赛"不仅通过赛事进行创新创业团队、项目和人才的遴选，也通过辅导培训和项目对接对参赛团队给予大力扶持。在辅导培训方面，结合创业团队的特点和相关行业的特征，有针对性地对参赛团队开展培训，包括参加中关村梦想实验室的有关投资、孵化和辐射机构的辅导支持；邀请资深企业家和专业导师进行一对一辅导；推荐走访创新型孵化器等，促进企业和团队通过参赛获得额外服务。

在项目对接方面，凡获奖项目，将由中心负责安排进行展览展示，其中获得"火种奖"的项目，经专家评审及中心评估，将有机会进入中心进行孵化，凡进入孵化的项目，除获得大赛奖金之外，可优惠获得中心提供的为期一年的办公场地，面积40—70平方米，8—10个工位，以及最多10万元的创业启动投资。此外，凡获奖团队还可以获得如下扶持：一是可优先获得海淀区政府股权投资项目支持的推荐资格，二是可优先获得相关投资机构支持的推荐资格，三是可优先获得风险投资人提供的专业咨询及相关服务。

此外，中关村梦想实验室还引进了国家新媒体产业基地北京新媒体联合实验室。北京新媒体联合实验室是由国家新媒体产业基地、新媒体国际交流中心（北京）、北京赛博时代文化发展有限公司和北京印刷学院数字艺术研究中心共同策划，由北京电影学院美术系、北京工业大学艺术设计学院、中央音乐学院中国现代电子音乐中心等北京地区高等艺术院校共同发起。联合实验室通过充分整合高校资源,在全国各大高校发布"中关村数字设计创业大赛"相关信息,组织并指导有潜力的学生团队参加大赛,帮助大赛选拔更多优秀创意人才。

(二)与北京创客空间联合共同打造创新型孵化器

2012年,经过多方考察,北京创客空间被北京市中关村管委会列入创新型孵化器的大名单。2013年8月,中关村梦想实验室正式引入北京创客空间,中关村梦想实验室——北京创客空间创新型孵化器启动,双方共同合作打造全亚洲最大的创客空间,并重点关注软硬件结合、可穿戴和智能设备领域,通过引入专业投资基金,建立起中国第一个为结合互联网的实体产品打造的加速器项目。通过联合,中关村梦想实验室形成政策支持、媒体报道、创业辅导和融资服务四大孵化服务体系。

表2 中关村梦想实验室提供的四大服务类型

服务类型	主要内容
政策支持	在孵化器进行注册的公司企业可以享受北京市和中关村的所有优惠政策,并可申请政府部门提供的无偿资金支持
媒体报道	所有项目均可申请试用实验室提供的多媒体宣传,同时优秀项目可以免费享受海淀区、北京市、中央电视台的报道
创业辅导	定期与创业团队进行沟通交流,并提出意见与建议,当创业团队遇到问题时,政府部门也提供相应帮助和支持
融资服务	优秀项目可以得到种子投资,同时会举办项目路演活动,为有资金需求的项目提供天使轮和A轮融资

资料来源:中关村梦想实验室官网。

中关村梦想实验室主要遵循"四个对接"为创业者提供孵化服务,即对接原创思想,为有创业梦想的青年人提供孵化空间与必要的办公设备和实验设备;对接前沿技术,为在孵企业与英特尔、硅谷等相关技术专家与机构嫁接交流合作桥梁;对接大产业需求,根据在孵企业特点寻找供需链上的大产业合作方;对接天使投资,积极为在孵企业寻找天使投资人和资本对接机会。

此外，通过与北京创客空间合作，中关村创意实验室可以开展类型多样的活动来汇聚创新创意人才和高新技术人才，并引导创意设计和高新工业技术人才相互学习和沟通，使创意设计在工业领域的应用成为可能，进而促进创意设计产业和高新技术产业的融合，主要活动包括[①]：

创客聚会 MEETUP。每周四晚举办，是创新创意爱好者线下交流互动的免费活动。每人有3—5分钟时间介绍自己的项目或者自己想做的内容，可以通过交流讨论，组队完成项目。

创客分享会 C2D2。每双周周三晚举办，主题涵盖艺术、设计、科技的各个方面，包含了众多有趣的创客项目，促进创新创意和高新技术的跨界合作和产品展示交流。

创客工作坊 Workshop。每周五、六晚举办，为创新创意爱好者和高新技术人才提供动手实践的平台。工作坊邀请创客前辈带领大家制作各种各样的作品，如：Arduino 开发、音乐播放器、3D 打印、图形化编程、手工 DIY、激光雕刻、激光键盘制作等。

创想48小时 Hackathon。从2012年开始举办，集合互不相识的艺术家、设计师、工程师们，48小时内从不认识到组队做项目，到每组队伍做项目陈述与展示。项目内容多样，包括智能硬件开发、工业设计、软件开发、视频短片等。目前已与 Intel、联想等知名公司联合举办了 Hack for Air、Hack for Kids、Hack for Rural Dream 等创想48小时活动。

创意教育 Creatica。通过举办创意教育夏令营，邀请创意领域的佼佼者、先行者与孩子们分享、共同完成作品，引导孩子们打破固有观念和思路，培养孩子们的动手、思考、创造能力。

创客嘉年华 Maker Carnival。创客嘉年华是为期两天的创客聚会，汇聚而来的全球创客将参与项目展示、科技体验等众多活动。嘉年华始于2012年，由北京创客空间主办发起，随后同上海 DFRobot 和新车间共同打造创客活动品牌，目前已经在北京、智造上海举办过4届，吸引了超过20个国家的数百位

---

① 北京创客空间官网。

创客参加。

智造工作坊。智造工作坊以创客空间所拥有的众多设备为基础，为创意设计爱好者和高新工业技术人才举办系列工具学习教程和体验工作坊，具体包括激光切割机、3D打印机、CNC数控机床、车床、铣床等。

（三）以品牌授予的方式建立新的梦想实验室

2014年，在清华大学X-lab创立一周年之际，中关村管委会授予清华X-lab"中关村（清华）梦想实验室"并认定为"创新型孵化器"，将其纳入中关村梦想实验室的创新创意产业人才扶持体系之中。

清华X-lab是清华大学经济管理学院联合机械工程学院、理学院、信息科学技术学院、美术学院等14个院系合作共建的面向大学、跨越学科界限、发现和培养创意创新创业人才的教育平台。

清华X-lab汇聚了校内外的丰富资源协助清华创意创业人才成长。校内以经验丰富的老师、涉及各学科的科研实验室、创新创业赛事和社团、知识产权保护以及创新创业互联网资源等为核心；校外资源则以清华校友为基础，广泛联系创新创意领域学者、行业专家等专业人才。面向学生，开设以自我学习、课程学习、项目学习、工作坊四种学习方式为主的课程，传授创新创意思维及创意产业的创业基础，为创意产业人才培养打下坚实的基础。目前，清华X-lab已成功吸引了250多个项目申请，入驻场地团队53个，注册和正在注册公司的项目52个，获得投资的项目16个。已有3500多人次的学生和校友参加了X-lab组织的各类课程、讲座、训练营、实践活动，影响力覆盖清华所有院系。

为推动创新创意人才与社会接轨，清华X-lab在全国率先推出驻校企业家（EiR）、驻校天使（AiR）参与实践教育的方式。驻校企业家和驻校天使每个学期将定期在清华大学开展现场指导，与教师、学生通过X-lab平台进行互动，鼓励大学生将富有创意的思想和技术变成社会需要的产品和服务。

（四）引入新媒体国际协同创新促进中心，共同培养新媒体人才

为了促进创新创业，中关村梦想实验室引进了"新媒体国际协同创新促进中心"，中心充分整合18所在京院校、行业协会、企业以及科研机构等资源，通过举办"中国新媒体专家年会暨新媒体协同创新论坛""新媒体协同创新创业大赛"等活动，助推新媒体人才培养。例如，2013年中心举办"新媒体协同创新创业大赛"，主要面向应届和往届两年以内的大学毕业生，面向北京企业和各文化创意产业园区孵化器，通过把高校毕业设计、毕业实习、就业创业指导纳入校企协同创新的长效机制，搭建新媒体人才培养、选拔、孵化平台。此外，中心为了推动新媒体产业发展及人才培养，设立了分阶段的发展目标。

表3 新媒体国际协同创新促进中心分阶段目标介绍

阶段	具体目标介绍
近期目标	中心的近期目标是以促进发展数字设计产业和文化传媒产业为切入点，培育建立数字设计与数字出版印刷、数字设计与动漫游戏、数字设计与数字电影、数字设计与数字演艺4个协同创新促进中心
中期规划	实施新媒体协同创新促进文化创意产业倍增计划，实现新媒体为促进文化遗产数字化、促进文化大发展大繁荣作出贡献
长远战略	通过新媒体协同创新机制的建立，协同创新工作平台的研发，促进创新资源共享，促进科技创新力、文化传播力发展。通过不断增强协同创新能力，扩大协同创新领域，促进国际文化交流和国际文化贸易，实现新媒体世界创新力量在北京的聚焦，打造中国新媒体的世界名牌

资料来源：《新媒体协同创新促进中心揭牌》，《北京日报》2012年10月12日。

三、经验启示

中关村梦想实验室拥有国内顶尖的高新技术基础以及探索创新创意产业发展的新模式和新道路的基础条件，并能够以较高标准来确保精品创意项目的发

展。尽管中关村梦想实验室成立时间不长,但其发展之路有丰富的经验可鉴。

一是以高新技术为基础,与外部机构共建孵化平台。创客的力量来源于互联网和实体经济的结合。中关村管委会在梦想实验室成立之后,积极与北京创客空间接轨,以中关村在计算机、互联网等方面的高新技术为基础,通过成立中关村梦想实验室——北京创客空间创新型孵化器,借助北京创客空间的服务功能,将中关村汇聚的国内顶尖的高新技术转化为面向创新创意人才的服务,向各行各业的创新创意爱好者提供创意转化现实的硬件设施,更为创新创意人才初创企业打造新型孵化平台。

二是积极引入并扶持国内创意人才培养的新模式。清华 X-lab 聚集了学生、教师、校友等多方面的校内外资源,成为创新创意产业的巨大资源库,在中关村梦想实验室的规划下,清华 X-lab 将作为中关村梦想实验室主要服务的提供方之一,向更多具有发展潜力的创新创意初创企业提供产品、市场、金融等方面的服务。通过这种方式将清华所营造的创意发展环境扩展到校园之外,为更多的创新创意人才提供全面的创业服务。

洛可可设计集团：推动设计品牌转化为设计人才实训品牌

一、基本情况

洛可可设计集团（LKK，以下简称"洛可可"）成立于2004年，总部位于北京，是一家专注为客户提升产品力的创新设计企业，业务包括整合设计服务和时尚产品两大部分，主要为客户提供产品创新设计整体解决方案，是国内唯一独揽RedDot、IF、IDEA、红星四项国际顶级设计大奖的设计企业，目前已成功布局伦敦、深圳、上海、成都、南京等国内外城市，并在2013年入选由国家工业和信息化部认定的国家级工业设计中心。

洛可可设计集团的壮大与发展，与其"一体两翼"的整合创新发展战略密不可分。"一体"就是以企业成型的"大工业设计"体系为企业核心主体，"两翼"分别指代"洛可可创新设计学院"和"创新营销"两项业务体系，其中洛可可创新设计学院在2012年成立，致力于开拓以设计实战项目训练为核心的人才培养培训业务，目的是搭建起"产学研"平台，并解决"学"和"研"两个中间环节，是属于公益性质的学术交流、分享、学习平台，同时作为企业前端的研发原动力和人才储备的输送渠道，保证了创新力量的源源不断。经过3年的发展，洛可可创新设计学院在人才培养方面已初见成效，2014年，洛可可创新设计学院被正式认定为"北京市创意产业人才培养基地"。

二、主要做法

（一）成立设计学院搭建公益性"产学研"平台

洛可可创新设计学院以培养实用型、创意型高端设计专业人才为目标，通过打造中国设计教育全新实战教育模式和实训平台，将企业的设计产业体系与学生的知识教育培养以及现代科技的研究成果相结合，为高校的学生提供就业与创业的经验支持，为国家培养创新型人才，最终实现设计学子从校园到职场的"零过渡"。

1. 建立精品课程体系

基于优势业务建立课程体系。洛可可创新设计学院课程设置基于洛可可设计集团所属八大业务板块，八大板块包括洛可可工业设计、品牌设计、产品策略与用户研究、交互设计、创意农业、广告、SANSA上上、贾伟设计顾问等。课程讲师全部来自于常年工作在一线的资深设计师，有多年设计经验，成功上市百余件产品，并且多款产品受到国内外客户的好评。

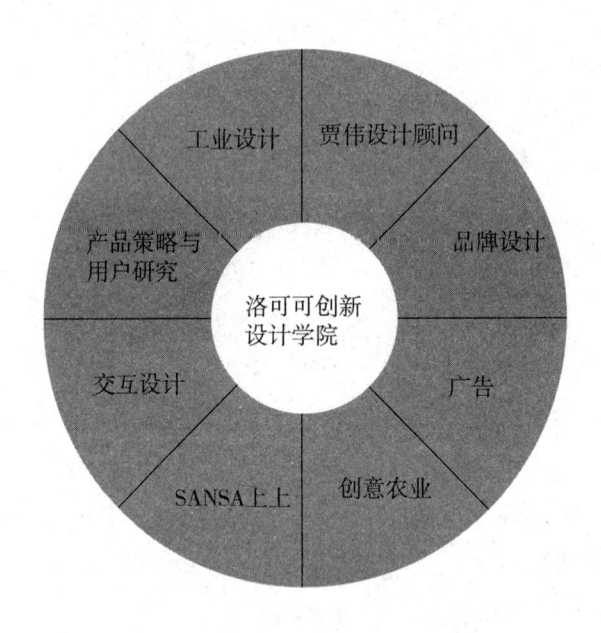

图1　洛可可设计集团八大业务板块

重点针对大学生及企业设计师进行培训。洛可可创新设计学院创新课程历经3年的实践，整合洛可可设计集团旗下10家分公司所有资源，针对大学生与设计师专业知识的缺陷和不足，量身打造精品课程体系。此外，学院也针对企业设计师、企业高管进行设计提升及创新思维的培训，使设计师拥有更广阔的设计视角，并培养企业高管跨界经营的理念。

表1 洛可可创新设计学院课程设置与内容

课程	主要内容
工业设计班	依照国际产品设计公司设计流程的要求，以实战项目贯穿整体教学。通过真实案例的演练进行系统强化训练，在短时间内高效掌握一线设计公司真正的工作技巧以及目前行业最前沿的创新设计思维，满足工业产品设计企业对员工的素质要求，并顺利为LKK以及其合作伙伴企业输送高级设计人才
交互设计班	详细解读UED设计流程和方法论。深入挖掘用户研究，针对交互设计和视觉设计环节分别进行训练。整套课程都以真实案例进行分析，并且进行项目实战演练，让学员找到自己在UED领域的擅长方向，在实战中有针对性地精进，增加就业砝码
产品策略与用户研究班	提升市场洞察能力，增强产品分析能力，教授如何打造最适合的产品形象，抓取最准确的用户需求，预测最前沿的设计趋势
国际大师私塾班	国际大师私塾班面向需要提升设计思维的高端学员，聘请国际知名设计大师全程授课
世界五百强服务攻略	基于洛可可多年服务于世界500强客户的经验，全方位真实还原500强设计项目，教授500强设计法则
国际大奖争夺攻略	洛可可从多年的国际大奖赛中总结的自成体系的夺奖攻略，帮助学生用世界的眼光看设计，站在国际的视角做设计

续表

课程	主要内容
workshop创新工作坊	在2天时间里，让学员脑洞大开，与顶级设计师一起头脑风暴，快速掌握实际的方法体系，对用户研究和设计有深入的理解。让学员在短时间内高效科学成体系地学习到洛可可的设计方法及创新思想，从而快速成长
职业设计师培训	为洛可可创新设计集团旗下设计师及来自其他设计公司和企业的职业设计师提供复训及定制培训课程

资料来源：洛可可设计集团官网。

2. 创新校企合作模式

与设计院校共建"洛可可班"。洛可可创新设计学院同时与国内外众多设计院校建立了密切的合作关系。国内，打造"洛可可班"，将设计教育改革引入高校大学四年课程，让一线设计师走上讲台，用真实的项目去历练中国未来的设计师，目前洛可可创新设计学院已在北京城市学院、河北联合大学等高校开设"洛可可班"，研发出专属教材及课程，同时在各高校开设贾伟设计工作室，为热爱设计的学子提供企业级的辅导与咨询；带领中国设计师走出中国看世界，与世界名校联合开展设计交流课程，让中国设计师站在世界的视角洞察设计。

开展高校巡讲活动。2014年，洛可可创新设计学院被正式认定为"北京市创意产业人才培养基地"。之后便开展了32场全国高校大型巡讲活动，组织师生开展短期workshop实训活动，积极与高校建立联系，推进校企合作。洛可可创新设计学院意在打造中国设计教育的全新实战教育模式和实训平台，将企业的设计产业体系与学生的知识教育培养以及现代科技的研究成果相结合。2015年，学院再次发力，计划在全国高校开展60场巡讲。2016年1月6日，"我是设计师"LKK洛可可全国巡讲开启，目前正在紧锣密鼓的推进之中。

搭建创业就业服务平台。2014年年初，学院开始实施就业推介计划，仅在半年之内，就为集团内部培养出优秀设计人才23人，其中，对于已经毕业的优秀学员，直接提供正式工作岗位；对于在读学子，提供寒暑假自由支配的实习机会。还有近30名的学子选择继续在国内外高等院校深造。目前，该计划已为中船重工集团、韩国LG、三星电子、印象集团等国内外知名企业推介创意产业人才。

3. 打造国内外游学项目

洛可可创新设计学院针对职业设计师、各高校讲师等相关专业设计人员创新性地打造了国内外游学项目，游学路线通常选定最具有设计氛围的国家和城市，通过参与校内workshop、邀请国际设计领域知名人士讲学等"游""学"结合的形式，在短时间内使学员迅速了解一个产品从无到成功上市的各个环节，包括产品需求解读、市场研究、设计、生产、品牌推广等，并接触更高效、科学的创新设计理念。目前国内路线主要包括北京、上海、成都、南京、深圳、重庆等城市，国外开设路线包括北欧游学项目、意大利长期游学项目等。

表2 洛可可创新设计学院2015年北欧游学项目举例

活动模块	主要安排及内容
研讨会	与Minc联合举办设计、创新、可持续的研讨会，邀请洛可可、瑞典、丹麦和日本的设计师和企业家做主题演讲 与Minc联合举办工作坊，延续研讨会主题，即如何运用图像进行沟通，辅助可持续发展的设计思维
workshop	与隆德大学联合主办开创性workshop，主要提供workshop头脑风暴的方法和沟通创造火花的尝试与训练，为后续的workshop提供基础与热身 与瑞典知名设计公司Berge合作工作坊，主题需共同商定
workshop	参与由瑞典皇家理工学院、斯德哥尔摩市政府共同组织的workshop：关于斯德哥尔摩皇家海港的智能与可持续的解决方案。在本次工作坊中，有机会学习和讨论一些专注于信息通信技术（ICT）的项目对城市可持续发展的作用，以及其如何运用到斯德哥尔摩皇家海港，并去斯德哥尔摩皇家海港智能城区真实体验

续表

活动模块	主要安排及内容
参观访问	参观的公司有伊莱克斯、沃尔沃卡车一类老牌跨国公司，也有新兴成长为北欧设计品牌设计家具产品的设计公司，如Nopicnic，还包括瑞典最大的产品开发公司Semcon（HQ），以及专注于交通工具的设计公司Berge等
游玩	主要是瑞典和丹麦城市之旅

资料来源：洛可可创新设计学院官网。

（二）建立企业内部人才培养与激励制度

洛可可设计集团同样重视对企业内部人才进行培养和激励，如对新进员工进行技能和理念的培训，在管理层推行"精英培养"计划，并为员工建立梯层的成长激励机制。

1.针对新进员工进行技能和理念培训

公司新招设计师培训主要包括两方面。一方面是基本功培养，虽然招收的设计师已经具备基本设计能力，但公司还是会请公司内外的技术高手对他们进行专门培训，比如复杂的建模、对各种场景的渲染等，力图使其在较短时间内成为基本功方面的高手。另一方面是设计理念培养，在这个阶段花的时间比较长，公司会提供很多的资料来激活他们的头脑。同时，通过逐步培训，使他们逐步了解公司的文化、理念和方法。另外，还会针对设计师进行外语培训，以便日后与国外设计师顺利进行沟通交流。

2.在管理层推行"精英培养"计划

中层管理者是企业的中坚力量，为培养优秀管理层，该公司专门制订了"精英培养计划"，从理论到实践提高其管理水平和领导能力。一是基础管理理论培养，包括角色认知、目标管理、高绩效团队、有效激励、授权辅导、有效沟通、影响力、教练技术、情境领导九个方面。二是因材施教，加强实训，实际培训时，会结合不同管理者所处的不同时期（转型期、发展期、成熟期、领袖期）、培训方向的不同层级（个人发展、目标达成、带领团队、影响组织），设置不同的培训主题。采取课堂讲授、案例分享、情境模拟、角色扮演等方式，并与培训机构合作、办理培训年卡，针对培训内容选派合适的员工去参加培训。同时鼓励员工自己学习、进修，符合公司认可的学习内容给予报销全部或部分学费。通过该计划，有效提高了设计师与管理者的综合能力，促进公司发展。

3. 建立员工梯层成长激励机制

设置岗位职级和报酬激励。洛可可公司将岗位划分为17个不同职级，针对不同的岗位职级和工作职责，设定不同的任职资格和考核指标，根据不同的考核结果，来进行不同的奖惩激励和岗位的升降。公司报酬激励内容包括经济性激励和非经济性激励两种：经济性激励主要有薪资、补贴、奖金、产权等；非经济性激励主要有带薪休假、工作环境优化、荣誉地位实现、决策参与实现、尊重欲望实现、创造欲望实现、成就欲望实现、自我发展欲望实现等。

提供多样化晋升通道。设计人才可以有两个不同方向的职业通道：专业方向，管理方向。从中级设计师开始，员工可以根据自身兴趣、意愿、潜质和特长进行选择。选择设计管理方向的，参加公司规定的任职资格考核、获得职位晋升，成长为公司的职业化管理人才。选择专业方向的，则可以继续研究专业，直至成长为高级设计顾问，享受公司总监级地位与薪酬待遇。这一激励机制同时发挥了专业人才和管理人才两类人才的优势，给每位员工提供了充裕、宽广的个人成长与发展空间。

三、经验启示

洛可可设计集团主要从外部和内部两个方面对人才进行支持和培养。在外部，主要依托洛可可的优势业务和优秀的设计师，成立设计学院，打造中国设计教育全新实战教育模式和实训平台，将企业的设计产业体系与学生的知识教育培养以及现代科技的研究成果相结合，开展"实战项目教学"和"国内外设计游学"，解决了大学传统设计教学在内容方面的滞后及与实践层面的脱节问题，提高了创意设计人才的培养效果，同时还实施优秀学员就业推荐计划，一方面可以保证集团优秀人才供应，另一方面也有利于解决学生的就业问题。

在内部，洛可可重视对新进员工的培训，不仅有技能的培训，还有设计理念的灌输，以保证新员工尽快适应公司环境；针对管理层，推出"精英培养"计划，因材施教，定期进行实训，从而提高了设计师与管理者的综合能力；此外，设立梯层岗位职级和多样化的晋升通道，提高员工的工作积极性，推动公司的快速发展。

深圳F518时尚创意园：建立线上线下创意服务平台

一、基本情况

深圳F518时尚创意园（以下简称"F518"）2007年由民营企业深圳创意投资集团投资3.5亿元改造20多栋旧厂房建成，位于宝安区CBD，处在宝安机场与深圳西站中心位置，占地6万平方米，总建筑面积14万平方米。F518以"打造最完善的公共服务平台，输出最具价值的文创园区运营模式，建设最具竞争力的文创企业及项目孵化器"为园区发展的总战略，已累计服务超过3000家小微文创企业，企业创作作品达12.14万件，知识产权登记12138项，获得德国红点奖等国内外知名设计大奖80多项，全面带动了周边传统产业的转型升级。目前园区入驻企业180多家，并以工业设计、创意设计和动漫游戏类企业为主，企业主营业务年收入近9亿元，全年纳税超过4500万元，被授予"全国高科技产业示范区""中国最佳创意产业园区"等称号。

F518通过"高门槛、低租金"的招商策略、入园企业标准化评定系统、信息化和标准化的公共服务平台、优良的创意服务与孵化氛围，逐渐成长为中小微文化企业及文化项目的孵化器。2015年，F518推出创意101创业服务平台，通过线上资源整合，为初创企业提供招聘、投融资管理、国际孵化器、线下活动、政策法规、品牌运营等服务，满足国内乃至海外创业者的创业服务需求。此外，F518还与阿里云合作，通过阿里云优异的线上服务，为创业者、创客提供线上融资申请、孵化器入驻、园区入驻、阿里云产品应用、云扶持计划等相关服务，真正实现了服务和园区的无边界化。

二、主要做法

(一)建设多功能、综合性功能区及配套设施

F518通过自建或合作共建的方式,打造创意前岸、动漫游戏社区、创展中心、品位街及前岸国际酒店等五大功能分区,并建有公寓、停车场等配套区,形成集创意办公、旅游住宿、时尚消费、餐饮休闲、展会等于一体的综合型园区,为进驻园区的创业团队和艺术家提供创意孵化平台,成为他们实现价值的重要阵地。

由于F518功能完善、配置合理,开园仅5个月,知名设计公司和艺术家的签约入驻率就达到70%,目前入驻企业180多家,园区入驻率为100%。目前,F518动漫游戏产业链初现雏形,形成了动漫游戏社区,并成立了文创基金。工业设计、互联网、动漫游戏、智能硬件、3D数字内容、影视广告等产业也形成了有效聚集,为园区构建全产业链、提升孵化服务奠定了良好的产业基础。

表1 F518时尚创意园五大功能分区

功能规划	主要内容
创意前岸	园区338米的主街错落分布着白色的LOFT、品牌展示店、集装箱店,以及各种雕塑和公共设施。在后工业时代气息中,120多家创意设计企业、团队和个人工作室聚集于此,成为园区创意力量的核心
动漫游戏社区	位于F518时尚创意园左街,是动漫人、创意人聚集发声的部落,集聚众多动漫、游戏、创意等团队,涉及领域包括动漫卡通、网络游戏、手机游戏、多媒体产品、动漫版权开发等

续表

功能规划	主要内容
创展中心	地处F518核心位置，占地面积1300平方米，总建筑面积达3400平方米，持续不断地举办着各种设计展、艺术展、讲座论坛、时装表演、小剧场演出、现场音乐会、文艺晚会、发布会、订货会、沙龙活动、影视拍摄等活动。场地的兼容性结合持续不断的创意，将这里打造成永不落幕的展会
品位街	位于园区西南，街长150米，定位于体验品味生活新理念，是酒吧、咖啡馆、中西餐馆等集聚区，也是园区的生活配套和服务区，同时品位街也可以举办多种文化活动，并集聚了部分科技研发类企业
前岸国际酒店	酒店共25层99米高，有300间创意的商务客房、21间SOHO名人创意工作室、容纳800人的会演中心、12个展厅、3个大型会议室、俱乐部、康娱中心

资料来源：F518时尚创意园区官方网站。

（二）建立园区管理及服务的标准化模式

F518在成立之初就设定了发展的三步走战略：第一步是招商，提升园区企业入驻率；第二步是建立园区标准化的管理模式，提升园区入驻企业质量及园区服务水平；第三步是让园区内部的企业形成产业链，组成整个产业链的上下游。第一阶段招商完成之后，F518开始专注打造标准化的管理及服务模式，这也是F518的创新之举。

1. 建立标准化的入园企业评定系统

为保证优质的企业入驻，F518采用打分制建立入园企业评定系统，根据不同的行业设定不同的评分指标。例如动漫游戏类企业，园区会对营业额、企业愿景、团队工作背景、具体项目等不同指标进行打分，得到60分才可以进驻。

此外，入驻到期的企业也同样参照此标准，经过打分来确定是否续租。通过企业评定、筛选系统，保证园区入驻企业的质量。

2. 建设标准化的公共服务平台

筛选进来的企业会分成A、B、C三个等级，A级是发展较好的成熟的企业；B级是正处于上升期、需要继续扩大规模的企业；C级是初创阶段的企业。园区为满足各类型中小企业发展建立起一整套的孵化服务体系，提供各种具体的公共服务促进企业发展。

表2　F518时尚创意园公共服务主要类型及内容

服务类型	主要内容	
常规服务	绿色通道办证服务 人才招聘服务 业务咨询服务	常规物业服务 创展中心场地服务
孵化服务	政策咨询申报服务 信息化管理服务 知识产权服务 财务质询服务 法律质询服务	企业宣传及品牌推广服务 项目及业务对接服务 会展通道服务 投融资金融服务

资料来源：F518时尚创意园官方网站。

3. 为优质企业提供个性化、定制化服务

在提供公共服务的同时，园区会对不同级别的企业进行量身打造，提供个性化的服务，以更加精确地满足不同企业的实际需求。在这样细致的服务过程中，园区会发现更有潜力的企业，而后根据园区的孵化评定标准，如商业计划书、未来发展前景、团队、商业模式等进行评判，如果达到标准，园区会对该企业进行孵化。通过不断地孵化、扶持，最后将园区打造成一个实体的文化天使投资平台，这也成为F518更深一层的目标。

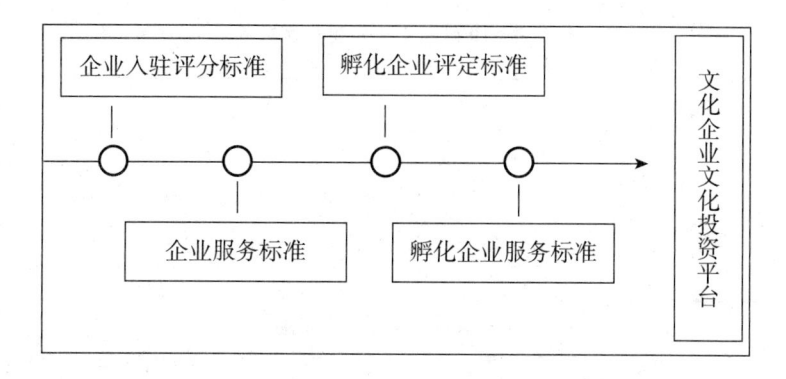

图1　F518时尚创意园标准化管理示意

资料来源：深圳创意投资集团提供资料。

（三）搭建创意人才及团队集聚孵化平台

F518以吸引创意人才和团队为重点，通过与行业领袖、协会合作的方式建立深圳创意名家1号工作站、深圳艺术创作库和国际创意产业孵化中心，为设计师、艺术家、创意团队等搭建工作室和孵化器。

1.搭建人才集聚平台，集聚行业领袖

深圳创意名家1号工作站由F518与深圳市文学艺术界联合会共同打造，并向深圳市政府申请立项，制定定向的优惠扶持政策，项目通过将前期严谨的准入标准与后期的经营运作结合，把著名艺术家、设计师、文学家、音乐家、影视动漫工作者等创意名家的工作室聚集在一起，为深圳的"文化立市"服务。深圳艺术创作库由深圳艺术家杜应红策划创办，邹卫、邓荣斌等参与发起，具有典型的民间自发属性，已进驻艺术家50人，涉及架上绘画、雕塑、影像、音乐、文学等各种新艺术形式，是深圳规模和影响力最大的民间艺术创作集群。

2.建立国际创意产业孵化中心

项目由深圳市文体旅游局和爱丁堡市政府主导，深圳市宝安区文产办执行，深圳市创意投资集团运营，分别在深圳和爱丁堡两地设立孵化中心，旨在为两市发展引进高端人才和项目，加强两市在创意和文化领域的商业研发与合作，促进相关产业繁荣发展。

表3　F518创意人才及团队集聚平台

平台	主要内容
创意名家1号工作站	与深圳市文学艺术界联合会共同打造，在政府的支持下，通过将准入标准与后期的经营运作结合，把著名艺术家、设计师、文学家、音乐家、影视动漫工作者等创意名家的工作室聚集在一起
深圳F518当代艺术创作库	2007年由深圳艺术家杜应红策划创办，邹卫、邓荣斌等参与发起，现已进驻艺术家50人，涉及架上绘画、雕塑、装置、行为、影像、音乐、文学等各种新艺术形式，是深圳规模和影响力最大的民间艺术创作聚落
国际创意产业孵化中心	与爱丁堡市共同创立，旨在利用两市在创意产业和科技创新领域的优势，鼓励创新领域的小微企业拓展海外市场，服务和孵化小微企业，挖掘有潜力的企业和项目进行投融资服务，从而提升两市在创意领域的国际地位

资料来源：F518时尚创意园百度百科。

3.提供原画人才线上线下培训

F518的线上线下培训目前主要针对原画、动画和游戏人才，并主要依托原画人和创意方舟两大参股子公司进行培训。原画人由无极黑、搜狐、腾讯等国内外知名游戏公司人员组成核心管理团队，拥有线上培训平台，主要向腾讯、360、盛大、游族等国内游戏企业输送游戏原画人才，已逐渐发展成为集专业培训、网络媒体、CG项目制作雇佣团、高端专业人才交流社区于一身的规模化互联网企业。原画人有两大培训平台：一是原画人CG艺术家联盟网，是专业美术人才交流社区网站，通过丰富全面的行业资讯点燃会员交流热情，引领行业话题，并由此拓宽推动专业人才培训、高端人力资源交流、项目制作雇佣等服务内容；二是原画人设计学院，是线上专业美术教育平台，通过签约知名画师并合作设计特色课程的模式，向广大游戏美术设计的兴趣爱好者和相关从业人员提供丰富多样的教学课程，以及优质贴心的学习体验。

创意方舟是国内第一个以创意CG设计特训为核心，游戏设计为主导的专业教育品牌，并拥有线上线下原画培训平台，目前经过创意方舟培训的学员就业率达到90%。创意方舟坚持以创意为圆心，专业知识为半径的人才规划战略，无固定教学提纲，灵活掌握行业最新资讯以及专业技术，让商业与艺术结合，发挥学员特长，激发学员学习动力，打破传统设计绘画风格的限制，用理想化的教学理念培育出真正适合行业长期发展的创意产业人才，坚持公益服务，共享共赢的原则和求精不求量的市场定位，打造国内第一个以创意CG设计特训为核心，游戏设计为主导的专业教育品牌。

4.打造国际文化教育品牌

在文化教育模块，拥有包括中英公学、欧美新导航等国际教育及培训平台。中英公学是中国第一所国际化民办学校，学校目前含幼儿部、小学部、初中部和国际高中部，拥有教职员工、学生超过3000人，并采用中国基础教育与英国"公学"培养个性化的教育理念相结合的方法培育国际化人才。

欧美新导航是参股的国际教育培训机构，专注国际留学课程和国际交流，主要涉及IGCSE、A-Level、AP、SAT、托福等国际课程或考试培训，已形成一支高素质的教学、管理和服务团队。目前欧美新导航已经逐渐形成自己的特色培训项目：一是牛津、剑桥的附加考试培训，主要为优秀的A-Level在校生开设，目标是考入牛津大学、剑桥大学；二是一年制A-Level/SAT/ACT名校培训，为错过最佳进入国际学校学习时间的学员进行培训；三是国际高中名校培训，帮助学员判断及选择国外适合的高中，并顺利进入。

（四）积极参与和举办线下品牌创意活动

1.持续参与深圳文博会的举办

自2008年以来，F518连续7年承担深圳文博会分会场活动，为文化产业发展、文化贸易、推动文化产业产品服务"走出去"、增强文化国际影响力竞争作出贡献。在2014年第十届文博会期间，F518实现博览与交易共赢，总成交量为56.63亿元，其中深圳市创意投资集团与贵州省多彩贵州文化产业发展中心签署的"文化产业战略合作"项目，总投资额为20亿元，是宝安区单项意向交易额最高的项目之一。目前，F518文博会分会场已经形成成熟的举办模式，其中"园创力"、手游诊断日、青年创造会、"O+创投汇"等活动逐渐成为每年的保留和特色项目。

"园创力"是推介创新项目（产品）的品牌活动，活动形式主要有创意项目签约推介会、创新产品发布会、富有新意的创业产品展示会等。通过对入园企业核心文化产品以及创意成果展示，为其搭建起一个高起点、高规格的展示、交易、信息平台，并通过文化产业链的聚集、原创项目的推介、孵化项目的成型、各种文化模式的创新使大量资金、项目、信息、技术、人才在深圳汇聚，有力地推动了区域文化产业的发展。

手游诊断日。举办手游项目推介会，邀请国内知名游戏制作人到现场为发布的游戏项目把脉问诊。同时还有内容版权方、游戏运营商、投资商到现场就版权的深度开发、游戏项目运营及投资合作等方面与现场的各游戏团队展开交流及合作洽谈。

青年创造会。"青创会"定位于青年创意分享推介，是青年创意人的交流互动平台，在每年的文博会分会场都会举办关注设计师成长并挖掘优秀独立设计品牌的主题活动，进而成为常态。

"O+创投汇"。是由创意101创业服务平台主办的创新项目投融资对接会，旨在为创业者、小微创业企业、投资人、投融资机构打造"创投圈"，撬动资本的力量，助力创意创业项目成长壮大，加快推动创意产业发展，并以创意形式与创意项目结合，展现中国"创"实力。

表4　近5届文博会F518分会场主题及主要活动

年份	届数	主题	主要活动（部分）
2015	第十一届文博会F518分会场	"在创业"	动漫游戏嘉年华 聚F518——历届文博会回顾展 创意101创业服务平台上线仪式 "O+创投汇" 手游诊断日

续表

年份	届数	主题	主要活动（部分）
2014	第十届文博会F518分会场	"演绎中国原创力"	四季漫·夏——动漫嘉年华 F518"园创力"创新项目（产品）推介会 F518动漫游戏主题社区启动仪式 手游项目对接会及手游诊断日F518专场活动 2014青年创造会 第二届映像·智度之思想的力量网络文学高峰论坛
2013	第九届文博会F518分会场	"演绎中国原创力"	F518"园创力"创新项目（产品）推介会 后品牌——青年创造会 首届映像·智度之深港影视周 迷巧思创意馆产品展
2012	第八届文博会F518分会场	"演绎中国原创力"	F518"园创力"创新项目（产品）推介会 "园创力"——F518工业设计产品展 F518左街艺术创作库开放周
2011	第七届文博会F518分会场	"演绎中国原创力"	"园创力"创新项目推介会 2011年数字文化产业总裁高峰论坛 土豆映像节成果展 2011跨国投资采购交易会暨迪拜环球资源采购交易会

资料来源：F518时尚创意园区官方网站。

2. 举办创意文化节，发掘大众原创力量

从2008年开始，F518在每年12月都会举办"深圳·宝安（国际）创意文化节"，至今已经成功举办了七届。活动提倡全民参与，主要由文创爱好者发起和举办一系列的创意活动，特色是讲究创新、原创和互动。创意文化节通常围绕创意设计、创意生活、创意互动三大板块，结合园区设计师和创意人的创想，围绕创意设计成果、创意产业升级开展互动式的展示和交流，并邀请一线动漫作家，文艺界颇具影响力的独立歌手，民间智慧与遗产传承人等进行文化展示与互动交流。

原创设计。通过园创风云榜选拔并展出园区内外创意精英的创意成果，展现宝安创意设计文化的实力，鼓励创意人交流提升，活动在保留专业性的同时，也在突出创意设计与生活的互动，带动大众对创意文化产业的认知和普及。

创意生活。以创意手工为主，涵盖潮俗皮影、客家鱼灯、客家竹筒画、乡间手工竹编、捏面人、糖画等，以趣味性带动大众亲手体验参与互动，创意及活泼融合，让美好创意润物无声，改变生活。

创意互动。主张共享创意乐趣，创意已经成为城市的符号之一，显现出城市的性格和气质。认为创意不仅成为文化生产力系统中的有生力量，也是一个城市可持续发展资源配备中重要的因素，以及城市经济永续的动力之源。并致力于以城市为发展基础的文艺复兴运动，让创意设计赋予城市生活新魅力，让栖居于城市的民众重建信仰并从中得到趣味。

表5 2014年第七届深圳·宝安（国际）创意文化节活动

板块	主要活动（部分）
原创设计	2014年园创风云榜
创意生活	创意手工制造节 "青春来了"全国首演
创意互动	动漫游戏嘉年华 动漫名家签售会 F518动漫游戏社区游戏沙龙（第二期） 手游诊断日

资料来源：F518时尚创意园区官方网站。

（五）推出创业服务平台构建创投生态圈

1. 建立在线创业创意服务平台

2015年深圳文博会期间，F518正式上线创意101创业服务平台，并打造全国创业孵化器联盟，提出构建创投生态圈。创意101创业服务平台是F518近8年服务小微企业成长的经验沉淀，通过了解创业者、小微企业成长过程中的各种需要，提供包括招聘、投融资管理、国际孵化器、线下活动、政策法规、品牌运营等服务，满足国内乃至海外创业者的创业服务需求。同时，F518还打造全国孵化器联盟，与国内各城市建立合作，输出F518优秀的园区管理服务及运营经验，降低创业者创业成本的同时提高创业服务质量。

表6 创意101创业服务平台四大板块及内容

板块	主要内容
101投融资	是创业者与投资人的在线对接交流平台；对于创业者，只要是智能硬件、互联网、移动互联网、游戏动漫、TMT五大内容板块，团队在10人以下，均可直接在线提交项目计划书，并获得网上展示展览的机会；对于投资者，可以在线提交相关信息，加入投机机构联盟，以更好地获取创业项目信息
创意101国际孵化器	由深圳创意投资集团与爱丁堡市共同创立，分别在深圳和爱丁堡建立两大中心。其中深圳中心主要针对互联网、移动互联网、智能硬件、游戏动漫四大领域相关的项目进行孵化，对入孵团队免费提供办公场地。6个月孵化期结束，项目通过2次考核后，团队可以申请50万元以内投资基金并出让5%—10%的股份，同时可申请进驻F518时尚创意园并申请租金补贴
101圈子	通过线上发布信息以及线下举办活动，为创业者对接行业人才、资金等资源，构建创业者合作交流圈，目前Startup & More和"O+创投汇"是线下的两大主要活动；Startup & More通过邀请连续成功创业者、行业专家和投资机构负责人等担任创业导师，帮助创业者开拓视野、增长知识、积累资源，以提高创业项目的存活率和成长性，目前创意101已有40多位创业导师；"O+创投汇"是创新项目投融资对接会，旨在为创业者、小微创业企业、投资人、投融资机构打造"创投圈"，撬动资本的力量，助力创意创业项目成长壮大
101招聘	101招聘根据小微企业的招聘需求量身打造，以打造小微企业的专属轻猎头为发展目标，目前已经整合了全国17个主流招聘平台资源，重点解决小微企业应聘简历来源问题，是小微企业的专属"轻猎头"

资料来源：创意11创业服务平台官网。

2. 为入驻企业提供云资源扶持

2015年7月，F518与阿里云达成战略合作协议，通过双方资源不断整合，利用各自领域优势，融合线上与线下创业服务，帮助入驻创业者"少走弯路"，相对减轻创业者的"负担"。阿里云为F518园区内入驻企业提供云资源扶持，入驻企业可以通过F518申请阿里云，并得到阿里云价值30000元的服务，其中云产品扶持金额5000元，云上培训价值25000元。云产品主要分为两大部分：一是阿里云云计算及大数据服务，二是阿里云解决方案。

表7　阿里云的主要核心云产品及内容

类型	主要内容
阿里云云计算及大数据服务	弹性计算服务：包括云服务器ECS和负载均衡器SLB，主要是降低IT成本，专注核心业务创新； 云数据库服务：包括云数据库RDS和开放结构化数据服务OTS，目的是提供数据备份、恢复及优化方案等； 储存于CDN：包括开放存储服务OSS和内容分发网络CDN，主要是提高用户网站访问速度与网站可用性等； 大规模计算：主要提供开放数据处理服务ODPS，应用于数据分析、挖掘、商业智能等领域
阿里云解决方案	网站解决方案：包括社区和门户网站云解决方案两种，能够节约大量的人力和资金投入，并且安全可靠； 多媒体云解决方案：提供海量存储集群、国内海外多节点部署的CDN网络、强大的转码、渲染、图片处理服务等； 游戏云解决方案：为游戏开发、运营企业提供专项扶持基金、专属集群与多场景、多类型的游戏部署解决方案等； 电商云解决方案：基于聚石塔，服务商可以开发各类商家所需的应用服务，商家可以获取贴合业务发展需要的各类电商云产品和解决方案； 渲染云解决方案：解决困扰影视动画、电影特效、建筑设计表现、城市规划、游戏片头动画、商业广告等多行业已久的海量渲染计算与数据传输的问题，同时还能提供专业的技术支持服务

资料来源：F518时尚创意园官网。

三、经验启示

首先，建立标准化管理模式，提供个性化服务。为保证更多的优质企业入驻园区，F518采用打分制建立入园企业评定系统，根据不同的行业设定不同的评分指标，评分达到60分才能入驻。对于入驻的企业，则根据其发展情况分成A、B、C三个等级，一方面F518为满足各类型中小企业发展建立起一整套的孵化服务，提供各种具体的公共服务促进企业发展；另一方面还对不同级别的企业进行量身打造，提供个性化的服务，以更加精确地满足不同企业的实际需求，使F518成为一个实体的文化天使投资平台。

其次，开展品牌创意活动，集聚、挖掘创意人才。F518从开园之初就重视参与和举办各种类型的品牌文化创意活动，如自2008年以来，F518连续七年承担深圳文博会分会场活动，其中"园创力"、手游诊断日、青年创造会、"O+创投汇"等逐渐成为每年的保留和特色项目，目的是展示创意产品、挖掘创意人才、对接行业内资源等。此外，F518还在每年12月份举办创意文化节，让更广泛的创意人才参与，挖掘大众的创意力量。

最后，提供在线创业创意服务，建设"无边界园区"。在建立完善的孵化空间、制定标准的服务模式、举办品牌文化创意活动的同时，F518还通过打造创意101创业服务平台来整合线上线下的创意和服务资源，并与国内其他城市建立孵化器联盟，真正实现园区服务的无边界化。此外，为了给企业提供更好的云资源服务，F518与阿里云合作，为园区的企业提供云产品扶持资金。

同济大学设计创意学院：搭建立体"T型"人才培养框架

一、基本情况

2009年，同济大学借鉴世界设计与创新学科的最新理念与模式，在同济大学艺术设计系的基础上，成立了"同济大学设计创意学院"。2010年，同济大学设计创意学院被"PSDTUTS+"网站评为全球最佳的18所设计学院之一。2011年，"同济—阿尔托设计工厂"被著名的 Monocle 杂志评选为全球五大高校创新平台之一。2013年，设计创意学院入选国际著名设计杂志 FRAME "全球设计硕士教育30佳"。[①] 目前，同济大学设计创意学院已经成为国内最具国际声誉的设计学院之一，跻身世界著名设计学院行列。在人才培养方面，学院搭建了立体"T型"的本科、硕士、博士创新设计人才培养框架，构建了分层次的教学体系；学院还通过创办上海国际创意设计大师培训中心、推出同济大学创新创业辅修项目等方式搭建了非学历教育平台，全方位培养创意设计人才。

二、主要做法

（一）搭建立体"T型"人才培养框架

同济大学设计创意学院提出了立体"T型"的本科、硕士、博士创新设计人才培养框架，分别按"技""理""道"三层级分类型、有侧重地培养各文化创意人才。本科重"技"，重点培养具有创新思维和宽广知识的专业设计人才的"垂

---

① 同济大学设计创意学院官网。

直能力",在强调设计理论与现实实践相结合的基础上,注重设计方法的形成及水平知识的积累;硕士重"理",重点拓展学生的"水平能力",特别强调整合创新、设计方法、跨学科知识及国际经验的培养,设计关注点从物质世界拓展到非物质世界,如关系的设计、服务的设计等;博士重"道",以培养知识和理论的厚度及深度为重点,特别是在"人本设计""开放设计""可持续设计"等领域的研究。[1]

1.打造宽平台本科生培养模式

同济大学设计创意学院的本科实施宽平台培养模式。一年级推行共同平台教学,学院产品设计、视觉传达设计(含数字媒体设计)、环境设计三大专业方向的学生共同接受专业设计常识、设计表达能力、形态创造能力、设计思维能力等基础设计能力训练。二年级学生可以在学院提供的大容量、多样化的课程菜单中,根据自己的专长选择适合自己的老师授课,通过系统培养使学生逐步掌握设计方法及设计知识,掌握理性和创造能力,培养学生形成自己的设计观。高年级学生通过校企合作等方式拓展视野,加强理论与社会实际问题的联系。最后一年主要包括综合设计和毕业设计,重点培养学生协调能力、合作能力、综合创新能力及独立开展设计工作的能力。

(1)提供多样化精品课程

学院针对各专业学生的不同需求,准备了多样化、大容量的精品课程,系统培养本科学生的基础知识及专业设计能力。主要课程分为基础教学课程及三种专业课程。第1—2学期的共同平台教学,主要学习基础教学课程,包括设计概论课程、设计思维与表达课程、视觉形态创造学课程等,重点培养学生设计入门知识与基础课程。本科三个专业也提供了不同类型的精品课程。

---

[1] 同济大学设计创意学院官网。

表1 本科教学课程具体介绍

分类	具体介绍
基础课程	第一学期通过设计概论等课程的设置，了解设计类型、历史等常识；通过设计思维与表达课程，培养设计思维以及快速表达的能力；通过视觉形态创造学课程，提高学生形象创新和创意表现的能力；开源设计和应用，帮助学生创造性地掌握新技术。第二学期通过入门专业设计课程设置，导入产品设计、视觉传达、环境设计和数媒设计不同专业方向的特定技能；让这些既有交叉，又有不同的方向以相互关联的方式帮助学生形成一种整体的设计观念。所有学生在基础教学阶段，都要求能熟练使用各种工坊设备，作为设计创意的基本工具
产品/工业设计课程	包括造型设计、材料与工艺、人机工程、交互与体验、新制造技术、品牌和产品策略、设计方法等。学习包括学生未来就职后进入不同行业的共通性设计思维和技术的培养，也包括对不同行业的特殊性的认识培养。包括：交通工具、家具家居、首饰和消费电子、智能硬件等不同行业的工业设计专业知识
环境设计课程	教学从空间设计的基本训练入手，培养学院学生对空间的感知、设计逻辑和基本技术；通过一系列由简单到复杂的建成环境设计课题，从空间与建构、功能与体验、创意与可持续、场景与跨学科、社会创新等方面逐步深入，同时学习参数化、交互设计等最新技术，培养学生促进可持续的生活方式以及为此创造创新场所环境的能力
视觉传达设计（含数字媒体设计）课程	强调从概念创意到设计发展到最后实施的完整设计过程的图形与符号、动态与媒介、信息与传达、交互与系统、整合设计等专业设计课程；强调技能训练的印刷、摄影、摄像、三维动画、创意编程、开源硬件的设计课程；以及为研究生学习做准备的基本理论课程，如设计史、数字媒体艺术和技术导论、传播理论、游戏化设计、用户研究、服务设计等课程

资料来源：同济大学设计创意学院官网。

（2）学生自主选择，教师竞争授课

为突破工业设计与艺术设计选课的界限，学院从2010级开始实施宽平台的培养模式。学院提供大量、多样的课程供学生选择，学生可以根据自身的专长选择适合自己的老师授课。这种立足学生学有专长、全面发展的教学模式，打破了原有的分专业学习的模式，为学生提供多样选择的宽平台，打造学生自主选择、教师竞争授课的培养模式，有利于教师在竞争中提高教学质量，有利于学生通过自主选课、自主学习进行全面提高与发展。

（3）探索本科生专业主干课程模块化教学模式

为了给学生提供更多的课程选择机会，学院在大容量、多样化课程的基础上，不断探索本科生专业主干课程模块化教学模式。学院将专业主干课程分成各个模块，每个模块都安排不同的主讲老师，通过密集授课的方式来安排课程教学，探索更加符合设计专业教学规律的教学模式，为学生提供更系统化、专业化、集中化的精品教学。

（4）探索本科生导师制

2010年学院开始探索本科生导师制，旨在充分发挥青年老师和高年级优秀学生的"传帮带"作用，将共性教育与个性教育结合，课堂教育与课外教育结合，严格管理与人格感化结合，打造集专业辅导、思想引导、心理疏导、生活指导、就业指导于一体的教育机制。学院根据高年级本科生带低年级本科生、青年老师与研究生带高年级本科生的原则，选拔一批优秀大三学生担任大一新生导师，每位导师指导5人，选拔一批优秀二年级研究生及青年老师担任大三学生的导师，每人指导5名大三学生，大四学生的导师由其毕业设计老师担任，以此形成依次递进的导师育人体系。本科生导师需要参加岗前培训及在岗培训。学院通过听取被指导学生意见、递交导师工作报告等方式对导师进行考核，考核优秀者授予"优秀导师"称号并予以表彰与奖励，合格者颁发工作鉴定证书，不合格者予以教育或调离。

2. 实行研究生培养双导师制

学院硕士课程包括学术硕士、设计硕士两类，学制一般都是2.5年。硕士学科分为工业设计、环境设计、媒体与传达设计、交互设计、产品服务体系设计、设计战略与管理、设计历史与理论7个方向，每个方向设有导师组，由若干指导老师组成，研究生根据研究方向选择指导教师，经由导师指导，确定论文的题目及研究的具体内容。设计创意学院还实行研究生培养双导师制，通过与其他学院合作等方式，共同提高学生的综合素质。

（1）实行研究生跨学科培养校内双导师制

设计创意学院与软件学院协议合作培养研究生，在研究生培养过程中，两个学院在数字媒体技术与设计创意方面进行合作，实行设计创意学院与软件学院硕士培养双导师机制，培养跨学科设计创意人才，拓宽学生知识面与视野。

（2）实施研究生中外双导师制

为创新研究生培养模式，学院在原有导师的基础上，引入外籍教授作为副导师共同培养硕士研究生，实行由国内硕士生导师与外籍教授共同辅导硕士研究生的Co-tutorship培养模式。这种培养模式有利于中外导师交流合作、优势互补，有助于充分发挥学院外籍教师的作用，共同培养具有国际化视野的优秀研究生。

（3）设立国际化双硕士学位

学院硕士课程以国际化教学为特色，通过与瑞典查尔姆斯大学（工业设计工程）、芬兰阿尔托大学（国际设计工商管理）、意大利米兰理工大学（产品服务体系设计）、意大利都灵理工大学（系统设计）、德国包豪斯大学（城市媒体环境）、德国科隆国际设计学院（可持续城市变革）设立双硕士学位，培养国际化设计人才。培养计划面向在读研究生，通过遴选或报名的方式确定参加者，在第二学年进行1年的交换学习，完成培养计划的研究生可以获得同济大学与合作大学颁发的两个硕士学位。学院还与20多个国际知名设计院校进行短期学分互认交换项目，给学院研究生更多的选择机会，共同培养高素质、高学历设计人才。[①]

3. 推出矩阵结构博士课程体系

针对在特定的设计研究领域进行全面和深入研究的人才，同济大学设计创意学院推出了采用"价值/主题"矩阵结构的博士课程体系，确定了"可持续设计""开放设计"和"人本设计"三大基于价值的设计方向，明确了商业与创新、设计与技术、媒体与交互、环境与人居、历史文化与批评、知识方法与教育六大研究主题，重点培养博士生设计理论及知识的厚度和深度。学院正在结合"卓

---

① 同济大学设计创意学院官网。

越设计师"计划,积极推动"2+3"硕博连读。[①]

4. 构建立体式实验教学模式

同济大学设计创意实验教学中心依托设计创意学院,主要面向同济大学设计创意学院本科环境设计专业、视觉传达设计专业、产品设计专业、研究生设计专业等8个专业,同时接受学院科研活动及社会项目。中心已形成设计造型工作室教学、艺术造型工作室教学、专业技能工作室训练、专业实习、社会实践、毕业设计为主体的实践教学体系。中心采取分阶段、循序渐进的模式,建立贯穿本科4年教学的学科基础实验、专业基础实验、专题设计实验和研究创新性实验4个层次的实验课程,分层次培养设计人才。中心还以材料和工艺、技能和技法、专业和创作为系列构成实验实践课程体系,并对实验课程的内容、方法进行全方位、系统性的改革,根据实验项目的类型和内在联系,形成跨学科实验教学平台等六个层次的实验平台,以组合的方式满足不同学生的不同实验需求。依托传统手工制作工艺与先进的快速成型系统等优势互补资源,搭建"学中做""做中学"的立体式实验教学模式[②]。

(二)构建非学历教育平台

1. 创办上海国际创意设计大师培训中心

同济大学与上海市经济信息化委员会联合创办了上海国际创意设计大师培训中心,整合设计创意学院教学资源优势、杨浦地域经济优势及环同济设计产业带的产业资源优势,为设计创意培养紧缺的高端设计、管理人才。培训中心面向国内外各类创意人才、政府机关及组织机构中的高级管理人才,开设高级管理人才培训班。中心还开设创意产业干部班、设计管理大师班、国际顶级时尚品牌管理班、现代创新家具设计管理课程等短期班,室外照明设计(高级)研修班、北欧建筑室内设计游学班等长期班,由国内外知名教授及企业高级设计人员组成教学团队,为中心提供课程教学与实践体验教学。[③] 同济大学为参

---

① 同济大学设计创意学院官网。
② 同济大学设计创意实验教学中心官网。
③ 同济大学设计创意学院官网。

加培训班并考核合格的学员统一颁发结业证书。中心的成立有利于完善同济大学设计创意学院的非学历教学体系，为上海乃至整个中国培养更多高端、紧缺的设计创意人才。

2. 推出同济大学创新创业辅修项目

利用同济大学中芬中心平台，同济大学和芬兰阿尔托大学合作推出了"创新创业辅修项目"，培养具有设计思维的跨学科创新人才。中芬中心、设计创意学院联合发起，与芬兰阿尔托大学的阿尔托创业项目等国际院校相关项目合作授课，主要采取小组讨论、讲座、工作坊、座谈会、案例分析、团队项目等灵活的授课方式，课程向同济大学、芬兰阿尔托大学各专业学生开放。[1] 课程采用灵活的时间制，结合国际及企业师资、跨国线上授课等操作实际，将密集课程融入学期安排。课程采取灵活的评估考核机制，主要包括老师评估、学生自评、学生互评、业界评估等。项目的实施让不同文化、不同专业的学生实现跨学科合作，有利于培养跨文化、跨学科、跨年级的国际化设计人才。

三、经验启示

同济大学设计创意学院提出了立体"T型"的本科、硕士、博士创新设计人才培养框架，分别按"技""理""道"三层级分类型、有侧重地培养各类型文化创意人才：本科实行宽平台培养方式，打造多样化、大容量、学生自主选择、教师竞争授课的教学模式；硕士重视国际化教育，以双导师制度培养跨学科、跨文化的国际化设计人才；博士课程采用"价值/主题"矩阵结构，重点培养富有知识深度及厚度的高端设计人才。本硕博课程的设置，构建了分层次的教学培养体系，有利于循序渐进地培养紧缺创意设计人才。学院还成立了设计创意实验教学中心，推出分层次的实验课程及实验教学平台，构建立体式实验教学模式，提高学生设计实践能力。

---

[1] 同济大学官网。

东北亚文化创意科技园：打造"教学习"三位一体人才培养模式

一、基本情况

在吉林省各级政府的引导和推动下，由民营资本全资打造了东北亚文化创意科技园，园区着力构建"政产学研资介"六位一体的园区产业集群发展模式，通过量身定制扶持发展政策，打造大学生创业园和科技企业孵化器，与学校合作培养人才等方式，将东北亚文化创意科技园打造成为创新创业孵化基地及创意人才培养高地。目前，园区已成为东北规模最大的文化产业重点集聚区，被评为"首批省级文化产业示范园区""吉林省创业孵化基地""吉林省大学生创业园"，成为省级文化产业重点建设项目和长春市"十二五"重点建设项目。

二、主要做法

（一）量身定制扶持发展政策

政府在园区发展过程中，不断提供宏观指导、政策及财政扶持。2010年，针对东北亚文化创意科技园，长春高新区出台了《关于鼓励和扶持东北亚文化创意科技园发展的若干政策》《关于鼓励企业入驻东北亚文化创意科技园发展的若干政策》两项政策，从人才培训、人才激励等方面扶持园区发展，打造文化创意人才培训基地。

1. 鼓励园区建设创意人才培训基地

《关于鼓励和扶持东北亚文化创意科技园发展的若干政策》鼓励东北亚文化创意科技园管理公司在园区内建设创意人才培训基地，开展创意产业人才教育培训业务。《关于鼓励企业入驻东北亚文化创意科技园发展的若干政策》也鼓励高等院校、民办教育机构、国内外知名专业培训机构在园区内建设创意人才培训基地，开展创意产业人才教育培训业务。毕业学员在高新区内创业或与区内文化创意企业签订一年以上劳动合同的，经认定后，高新区给予培训基地一定补贴。

2. 提供资金奖励及优惠补助

《关于鼓励企业入驻东北亚文化创意科技园发展的若干政策》规定，园区企业员工工资性收入达到年薪12万元以上的（含12万元），除其个人所得税区级留用部分，其余全额予以奖励。园区企业引进的具有博士学位或正高级技术职称，以及具有硕士学位的副高级技术职称的技术及管理人才，购买园区公寓房，由园区管理公司按照市场价给予10%的优惠。符合条件的入园企业员工可申请租赁园区配套单身公寓。园区企业急需的高层次紧缺人才，经确认，从引进（或自主创办实体）之日起满1年以上的，高新区连续3年，每年发放3万元生活补贴。

（二）成立大学生创业园

东北亚文化创意科技园管理中心创立了大学生创业园，建筑面积29497.72平方米，为吉林省创业大学生提供辅导和培训；为逐渐成熟的创业项目提供免费场地、专利技术和规范化管理、天使基金等各方面的咨询服务；为茁壮期企业提供产品策略、市场推广、产业合作、融资上市等服务，如举办融资、销售、人力等培训班，加强同行业不同企业间的沟通合作。创业园致力于使创业人才及企业尽快度过萌芽期、幼苗期，成长为独当一面的成熟企业。园区将大学生创业项目的孵化过程分为以下几个阶段（见表1）。

表1 在孵项目孵化阶段

阶段	主要服务
萌芽期	为鼓励和支持自主创业，以创业带动就业，让初创企业从"襁褓"逐渐长大、成熟，最终将展开翅膀高飞，园区为创业人才及企业提供创业培训和创业实训服务
幼苗期	幼苗期的创业企业，会面临实战经营中各种问题的考验。园区为处于幼苗期的企业提供办公场地、办公设施、项目评估、天使基金、咨询服务等服务
成长期	处于成长期的企业面临战略决策问题，应当注意能够使企业销售增长跟上市场增长的速度。这段期间企业需要有完善的管理团队和优化的公司管理系统
茁壮期	根据调研企业成长过程中可能遇见的问题，创业园在"茁壮期"为企业提供产品策略、市场推广、产业合作、融资上市等服务

资料来源：东北亚文化创意科技园官网。

（三）打造科技企业孵化器

东北亚文化创意科技园打造了建筑面积29497.72平方米、孵化场地面积26497.72平方米的文化创意产业科技企业孵化器。孵化园管理中心下设包括融资财务部、法务部、行政人事部、项目合作一部二部及三部、企业服务部、信息技术部、工程建设部、宣传企划部、物业服务部、采购部等12个部门，为入孵企业提供生活服务和生产服务，通过搭建十大服务平台，为入孵企业提供管理咨询、政务咨询、融资咨询、法律咨询、会计审计等服务，不断完善园区服务环境，吸引创新创业企业入驻。[①]

---

① 东北亚文化创意科技园官网。

表2 孵化器"十大服务平台"介绍

平台名称	简介
国家动漫游戏公共技术服务平台	国家动漫游戏公共技术服务平台是园区与吉林省动漫集团合作，由国家、省、区总投资5000万元打造的动漫游戏公共技术服务平台，包括无纸动画、动作捕捉、数字渲染、手机动漫、衍生产品开发、数字媒体渲染、高清影像技术等服务于动漫游戏制作全过程的十个子平台。平台可以为园区动漫企业提供技术服务，向区域内的其他动漫企业提供服务共享，以帮助和孵化动漫类企业降低技术研发成本，增强产品市场竞争力
"高新沃顿财富广场"融投资服务平台	东北亚文化创意科技园与18家融投资机构合作，共同搭建了管理基金170亿元规模的"高新沃顿财富广场"融投资服务平台。通过给予入户奖励、房租补贴等优惠政策，吸引包括投资基金、银行、担保公司在内的各类金融机构，目前已经集聚了国家生物产业基金、亚东基金、省创投引导基金、软银投资、赛伯乐投资、国家汽车电子产业基金等多家金融投资资源。投融资服务平台从企业实际情况出发，为入园企业提供包括直接借款、融资担保、风险投资、融资中介、融资咨询、公共变现等服务，切实解决文化创意企业融资困难，同时帮助企业实现经营和管理的规范化
国家专利技术展示交易中心	国家专利技术展示交易中心主要是为了保障园区企业的智力成果权，方便园区企业引进和使用有益的知识产权成果，并为园区企业提供便捷服务，如：商标注册、商标转让、商标设计、商标求购、商标维权、商标分类、专利申请、专利技术、转让技术、推广技术、评估技术合作、外观设计等 具体措施：一是设置知识产权保护专项基金。如捐资设立知识产权保护专项基金，资助创意者和创意企业。二是提高企业知识产权意识，每个进驻园区企业，都需出具不侵害知识产权的承诺函。三是指导园区企业构建知识产权保护体系。四是整合各种社会资源保护园区企业的知识产权
一站式政务服务平台	园区与高新区管委会合作搭建的集中式政务服务"窗口"。成为实现集中办理本级政府权限范围内的行政许可事项和服务项目、集信息与咨询、管理与协调、投诉与监督于一体的综合性行政服务机构。实行"一站式办公，一条龙服务"，以行政审批为主，为企业提供工商注册、税务登记、企业年检等服务；推荐、组织及辅导入驻企业申报各种科技专项资金，包括国家科技部创新基金、软件产品、软件企业认定等

续表

平台名称	简介
高端人才交流服务平台	园区在省、市人才中心的指导下专门为园区企业设立的人力资源共享中心。平台下设招聘求职、专家服务、人才培训、人才交流四个专区，为园区人才招聘、员工培训、人才交流、引进提供服务。平台可以根据企业的实际要求，有针对性、有计划地引进、培养人才
大学生创业孵化平台	创业孵化平台是体现园区孵化功能的重要载体，为创业大学生提供多项服务
成果展示交易平台	成果展示交易平台建立一套展示体系，对园区企业及其所生产的产品进行展示。产品展示包括实物展示和虚拟展示两种：实物展示，指通过产品新闻发布会、展览展会等形式，其中参与展会展览的产品，大多属于创新产品，富含文化、创意、科技元素；产品虚拟展示，指通过媒介宣传形式展示，包括网站宣传、电视宣传、报刊、网络媒介等进行的产品图文宣传
信息咨询平台	信息咨询平台与中介机构合作，为园区企业提供各类信息咨询、代办等活动。包括：①协助入驻企业办理工商注册、税务登记、银行开户等创业前期事项；②协助入驻企业办理年检、劳保等业务；③与知名机构组织包括软件架构师培训、测试培训、MBS 培训等方面的培训；④提供其他法律、人事、财务等方面的咨询服务
品牌提升推广平台	主要帮助园区企业进行品牌推广及提升
综合服务保障平台	—

资料来源：东北亚文化创意科技园官网。

（四）依托高校共建人才培养基地

东北亚文化创意科技园是长春建筑学院的重要教学实践基地，园区依托学院的教育教学资源，通过成立文化创意产业学院、与国内外百所大学签订共建协议等方式，共同培养文化创意人才，为国家文化创意产业发展提供合理建议及智力支持。

1. 打造教、学、习三位一体创新教育模式

学校在人才培养模式改革中，开展了大量的理论研究工作，通过坚持走"产

学研"紧密结合之路，不断进行教育理念、教育内容、教育方式、教学模式等方面的改革与创新，打造企业职场"实态"下的"教""学""习"三位一体创新教育模式。

（1）创新教育理念

长春建筑学院坚持以学生为本，树立了"人人都能成才"的培养意识，根据学生的实际知识水平、兴趣禀赋以及创新型、应用型人才内涵要求，制订个性化教学计划，以个性化培养最大限度地挖掘人的潜能，同时实行因材施教的教育理念，坚持全面提高兼顾一般的培养原则；坚持以市场需求为导向的人才培养模式，针对吉林省城镇化建设及文化产业发展需求，不断调整专业方向及专业课程，培养市场需求的设计类高端人才，通过坚持市场需求的办学之路，推进形成适应需求的理念；学院坚持艺术性、学术性、技术性三位一体的原则，从重视内涵建设的学术性转向突出内涵建设的应用性、实践性。学院重视教育理念的改革与创新，主要体现在以下几方面。

建立科学合理的质量观。在人才培养质量方面，强调以学生为中心，更注重教育、教学过程中学生能够真实得到符合专业、行业、产业需求的知识、能力。

建立科学合理的人才观。在教育、教学设计，对学生人生规划设计方面，树立"人人都是天才"的人才观，针对学生的实际情况，因材施教，最大限度地挖掘学生的潜能。

建立开放与吸收的教育系统。学院实行开放式教学，通过对社会、国外开放，从大的教育系统中吸收能量、博采众长；为学生提供参与教学过程的机会、更多的选择余地、更多的自主研究、刻苦钻研的时间。

建立主体适应性。作为具有明确自身目的的、主动的、积极的"活"的主体，教师和学生通过积极与外部环境及其他主体进行持续不断的交互作用，不断地学习和积累经验，改变自身的组织和行为方式，推动教育理论创新发展。

人才队伍的交叉与渗透。加强不同知识背景人员、不同学科之间的交流与合作，实现教育理论、教育知识、教育方法间的重新耦合，不断推动教育理论的创新。

（2）改革教育内容及方式

长春建筑学院遵循"专家指导＋理论学习＋企业实践＋创新激励"的教学改革思路，在教学内容、教学方式两方面不断改革，推动人才培养模式的创新。

教学内容改革。学院重视人文教育，树立了培养人格健全、道德高尚、素质过硬的创新教育意识；通过将专业教育与专业通识教育有机结合，构建专业通识教育课程模块；开设学科前沿课程，拓宽学术视野，提高创意人才的学术修养。

教学方式改革。实行主干专业课集中时段授课的方式，按公司化运营的生产现场工艺流程设计教学运行计划，营造职场"实态"下的教学氛围；以教授工作室为单元，在专业课中增设案例教学、项目教学、仿真教学等内容，不断推进理论教学改革；鼓励学生参与科研活动，进课题、进项目、进团队，建立创新科研思维训练体系，培养学生创新能力；依托实践基地，打造多样化的实践能力训练，包括企业见习、顶岗实习、设计练习、模拟演练、创业预习等，推动实践教学改革；与园区相关企业建立"双师型"教师培训基地，分期分批选派教师进行实践素质培训，加强"双师型"教师引进与培训；学生管理改革，实行按奖励类别与级别给予创新学分的创新奖励学分制；学生就业工作改革，实行专业负责制，将大学生职业生涯规划设计贯穿到大学教育的主要环节。

（3）创新教学培养模式

学院通过设立职场"实态"下的设计类专业人才培养模式创新实验区，不断完善"实践教学体系"，培养应用型创意人才。通过设置艺术类等多个主干学科专业群，在人才培养实践中，坚持实行开放式办学，通过把企业"请进来"、让学生"走出去"等方式，推进形成了"学中做"的教学模式和"做中学"的学习模式。

设立人才培养创新试验区。学院设立的职场"实态"下的设计类专业人才培养模式创新实验区被评为省级人才培养模式创新实验区。实验区通过制订职场"实态"下的设计学类应用型人才培养方案，不断完善设计艺术教育"实践教学体系"等方式，为文化产业输送更多应用型创意人才。

制订职场"实态"下的设计学类应用型人才培养方案。实验区通过构建专业方向模块、课程模块、能力模块等模块化教学体系，打破学科界限；增设人文素质选修课、专业通识教育课、学科前沿课，建立课程调整机制和灵活选课制度，扩大学生自主选择课程空间；设立创新与技能学分，鼓励学生创新；引进中国台湾、韩国等著名高校课程，在专业课程中运用真实任务、真实案例教学。实现专业课程体系及内容与生产工艺流程、实习实训与行业企业项目"两吻合"，专业课程设置与地方主导产业、人才培养类型与职业生涯规划、人才培养目标与社会需求"三对接"。

完善设计艺术教育"实践教学体系"。实验区根据教学载体和侧重点的不同，将设计教育的实践教学体系划分为递进、整合的几个层次：一是课程实践教学，以课程内容、结构为主体，围绕相应课程中的思维引导、技法训练等开展实践教学；二是创作实践教学，以创作为核心，在具体实践中激发创作潜能，培养创新思维及设计意识；三是项目实践教学，为学生提供参与实际项目或虚拟项目的机会，拓展实践教学空间，让学生参与项目实际调研、目标规划、创意设计、创作制作到营销及管理分析整个流程，提升学生的整体素质；四是行业实践教学，让学生参与实际行业运作，锻炼并检验学生的职业素养、从业能力；五是社会实践教学，以社会实践教学为学生提供更广阔的教学实践空间，全面培育和提升学生的社会责任感、设计自律意识等伦理观、价值观。

实施开放办学模式。长春建筑学院下设艺术类等多个主干学科专业群，在人才培养实践中，坚持实行开放式办学，通过把企业"请进来"、让学生"走出去"等方式，推进形成了"学中做"的教学模式和"做中学"的学习模式。此外，2012年10月，东北亚文化创意科技园与长春建筑学院合作成立了文化创意产业学院。学院借鉴国内外创意人才培养的先进教学模式及理念，实行公司式的开放空间，嵌入创新平台、理论教室、教授工作室等。学院采取"2+2"开放式教学，2年专家指导理论学习+2年企业实践及自主创业。学员可以选择组成团队进行自主创业，学院为其提供一定的资金及场地扶持，企业也可以在学院选聘优秀文创学员，解决企业人才缺乏问题。文化创意产业学院坚持校企合作，实行开放式教学，不断提高协同创新水平，实现学院教育与文化创意企业一线需求对接，形成置身园区、资源共享、校企一体的办学模式及独具特色的人才培养模式，为文化创意企业提供了人才保障。

打造"学中做"教学模式。学院通过"请进来"的方式把企业引进校园，项目引入实训，工程师引入课堂。例如，把园区内的领域集团、迪斯科技等企业引入教授工作室，创办建筑数字虚拟技术协同创新中心、3D打印技术研发中心等，教师和学生在结合理论教学内容的基础上，分期分批参与产品研发，并成功研发3D打印技术等系列产品，推动形成"学中做"的教学模式。

打造"做中学"学习模式。学院通过让教师和学生"走出去"，使教学进入生产现场，为教师和学生提供实践平台。如依托园区公共技术服务平台陆续建成陶艺、数字模型等13个特色实训室，为学生进行基本技能训练、定题创意作品设计、真实任务研发等提供空间。此外，通过园区的商业运营公司将学生作品直接推向市场，以"前店后厂"的运作模式将学生的创意作品变成艺术产品，推动形成"做中学"的学习模式。

（4）加强教学改革政策保障

学校在师资配备、教学科研经费、招生、升学等多方面实行鼓励政策，不断加强教学改革的政策保障。

加强师资配备。学院坚持培养、引才与"借智"相结合的师资配备原则。不断引进国内不同高校毕业的师资及优秀专业人才，提高教师队伍的学历层次和整体水平，以优惠政策鼓励教师培训、进修、出外攻读博士学位以及学术交流等。学院依托自身人才优势，在全国范围内邀请著名专家学者讲学，通过整合校内外教育资源，提升教学与科研水平。

提供教学科研经费。学院重视教学科研工作，在购置设备等专项投入外，每年划拨专项经费支持教学改革项目与研究，包括对获得国家级或省部级教学科研课题进行配套资助、设立教学改革重大项目、重点项目专项资金等。为了推动实验区的发展，学校累计投入3000余万元用于配套设施的建设。

建立助学体系。学校坚持德智体综合计分考评办法，设立学生奖学金、优秀毕业生奖、优秀学生奖等奖项并给予表彰和奖励。建立完善的学生资助体系，通过发放国家助学贷款、解决勤工助学岗位、发放勤工助学金等多种方式加大对家庭经济困难学生的帮扶，建立了"奖、贷、助、补、免"相结合的助学体系。

开展综合素质教育。学校开设文化素质教育综合类课程，丰富和提高学生的人文知识和素质修养。举办大学生文体艺术周、大学生社团文化艺术节、艺术创作比赛及体育竞赛活动等校内活动，组织学生参加大学生创业计划竞赛等全国性的技能拓展比赛，保证学生整体素质的提升。

完善实践创新奖励制度。学校制定《关于组织开展"挑战者杯"大学生创业计划竞赛活动的意见》《大学生科技学术创新奖励办法（试行）》等文件和规章制度，鼓励学生参与艺术实践项目研究、社会调查活动，以及艺术展演等实践活动，激发学生的创作积极性。

2. 与百所大学签订"实践基地共建协议"

东北亚文化创意科技园与近百所国内外知名大学签订了"实践基地共建协议"，通过与高校建立长期合作关系，将文化与教育、教育与实践结合，构建高素质文化创意人才引进新模式。通过在园区内打造"实践基地"，为大学里的创意人才搭建实验、实习、实训、实战四大平台，改善合作院校的实践教学条件，实现园区与大学互动教学，有利于园区引进高素质创意人才，突破人力资源对文化创意产业的制约，使园区的发展获得良好的人才保障和持久的动力。

三、经验启示

第一，与高校合作，不断探索文化创意人才引进新模式，依托长春建筑学院，不断进行教育理念、教育内容、教育方式、教学模式等方面的改革与创新，打造了企业职场"实态"下的"教""学""习"三位一体创新教育模式。第二，打造科技企业孵化器，通过搭建十大服务平台，为入孵企业提供管理咨询、政务服务、融资咨询、法律咨询、会计审计等服务，以全方位的服务吸引创新创业的企业及人才入驻。第三，成立大学生创业园，将创业人才及企业孵化划分为四个阶段，针对不同孵化时期提供针对性服务，鼓励吉林省大学生创新创业。

第五部分　国外视野

美国：运用博物馆艺术孵化器"NEW INC"扶持创业创意人才

一、基本情况

美国拥有世界上规模最大、产值最高、国际竞争力最强的文化产业。在国内，自从2011年以来，文化产业发展为美国带来的经济收入持续大幅增加，文化产业就业人数达1600万余人，美国的文化消费（包括旅游等）占家庭消费的30%左右，文化产业产值已占其GDP的20%左右，年产值约为2.8万亿美元，位居军事之后，是美国第二大产业。在"国际+"上，根据《文化软实力蓝皮书：中国文化软实力研究报告（2013年）》，美国文化产业占世界文化市场比重为42%，2012年全球电影票房达到347亿美元，美国电影票房就有108亿美元，占到全球票房的近1/3，美国的文化服务及产品占据了30%以上的国际市场份额，控制了全球75%的影视节目生产和制作。

美国文化产业之所以能够发展到今天的优势地位，一方面因为美国政府从战略高度上重视文化产业；另一方面因为政府尊重市场意愿，充分利用市场的力量发展文化产业，在文化产业发展方面，政府、社会与市场形成了良性互动。

美国政府在文化产业发展上坚持了其一贯的经济发展逻辑：凡是市场能够解决的问题政府绝不干预。美国文化产业发展的一个重要特点是政府充分放权，美国尊重民意没有设立文化部，因为民众意识形态中认为设置政府管理部门对文化自由发展是一种限制，这种定位给了文化产业非常大的发展空间，激发了文化产业的活力。在这一理念的引导下，即便美国政府重视文化产业，在促进文化产业发展过程中，政府也尽量避免用行政意志干预市场规律。政府方面认为，对文化产业最大的支持是不干涉其发展，主要是通过行业自律和自我约束机制进行管理，例如电影分级管理制度、广播公司对播出内容的自我审查机制等。另外，美国对文化产业的支持还体现在对知识产权的保护上，美国法律对于侵犯知识产权的惩罚非常严厉。在市场层面，美国则营造了比较成熟的文化市场环境，形成了包括好莱坞电影、百老汇戏剧、流行音乐、出版、广播电视和画廊等在内的立体化文化娱乐业，且整个产业都建立在自负盈亏的基础上。

二、孵化器扶持创意人才

新当代艺术博物馆于1977年成立，专门收藏当代艺术作品。博物馆每年举办6个主要的当代艺术展（包括抽象艺术、装置艺术等主题）以及5个主要的媒体艺术展。"NEW INC"是纽约新当代艺术博物馆于2013年设想并推出的计划，是世界上第一个由博物馆主导的艺术、设计和科技孵化器，并于2014年在新当代艺术博物馆毗邻的大楼正式启动。

由于创意产业正以一种独特的方式运行，即跨学科、协作性、充分利用科学技术、超越文化与商业的界限。对于那些探索文化生产新模式的人来说，他们的发展前景仍然很不确定，几乎没有现存的资源和系统支持这些企业或解决他们遇到的特殊困难，新当代艺术博物馆构建"NEW INC"便是试图填补这一空缺。

有别于传统意义上的企业孵化器，"NEW INC"更像是一个共享的工作空间和职业发展计划的混合体，旨在支持艺术、设计和科技领域具有杰出创造力的人才。该孵化器是一个非营利性质的平台，为成员提供一个协作空间，帮助他们大胆地进行在常人看来不可能实现的研究，并试图探索可持续发展的人才培养方式。此外，"NEW INC"支持的文化领域广泛，支持的重点领域包括视觉艺术、网络与移动开发、建筑与城市规划、互动装置艺术、动漫与动画、产品设计、游戏开发、时尚与穿戴技术、实验摄影、电影与录像、实验音乐、非传统教育、数字文化出版、艺术与科技创业等。

表1　"NEW INC"三大功能板块

板块	内容
激励性的环境	共同工作的空间设计，以推动合作和激发来自不同学科的新思路；博物馆领导的"安全空间"调查，用来培育和评价具有激励性的创意企业
	为发展新的创意、创造性的项目和企业，而共享铸模工具，社区工作平台与课堂等资源
	为工作和知识交流提供会议室和公共交流空间
创业支持	导师和顾问组成的团队，其中包括：新当代艺术博物馆的工作人员、受托人及联营人员
	每月与新当代艺术博物馆的策展工作人员进行研讨
	举办讲座和研讨会，并聘请在艺术、设计、科学、商业和技术方面的外部专家前来讲授
	通过"NEW INC"奖学金和补贴（开发中），并与潜在投资者联系，共同进行资金扶持
创意社区	多样化的会员选择，鼓励彼此相互交流思想，其中包括：艺术家、设计师、技术人员和企业家等
	"临近新当代艺术博物馆"项目，如"创意城市"及分支机构Rhizome和哥伦比亚大学GSAPP的X工作室等
	用于和专家团体、公众等展示、分享想法的平台（将与会员合作开发）

资料来源："NEW INC"官网。

（一）重视硬件设施建设

"NEW INC"很重视硬件设施建设，为成员提供8000平方英尺（约743平方米）的专用办公空间、非正式的聚集区、两间会议室、一间40座的放映室、基础模型实验室以及其他必需设施。此外，它还为常驻艺术家提供博物馆内部约280平方米的工作室。

（二）建立入驻人员筛选标准

想要进入"NEW INC"的成员，必须通过必要的审核。无论是全职还是兼职成员，申请入驻必须符合以下七大审核标准：一是会员目前只开放给新兴专业人士，并且是不参加学术课程的美国公民，而且已经拥有在美国开展业务的有效签证；二是个人和最多四人的小团队有资格入会；三是全职成员需要12个月的承诺并参与专业发展计划；四是兼职成员允许入驻短暂的时间，但在空间使用、资源获得和项目参与方面受到限制；五是申请者必须在技术、艺术和设计的交叉点上拥有工作、项目、产品或创意企业定位的主体；六是"NEW INC"致力于培育多元化的环境，以囊括广泛的学科、背景和观点；七是需要交纳有限数量的必需的工位补贴。不过，在享受的具体服务上，全职和兼职成员是有区别的。

（三）承诺指导并提供职业规划

与其他孵化器相比，承诺指导和提供职业规划是"NEW INC"的显著特点。凭借新当代艺术博物馆国际化的员工网络、托管人、顾问以及附属机构，"NEW INC"制订包括业务培训、技能发展、非正式的点对点知识交流、网络和社区建设在内的一系列人才培养计划。成员提出的创意不仅能得到博物馆的保护和支持，还有机会与美国哥伦比亚大学建筑、规划与历史保护研究生院成立的Studio-X密切合作，或在博物馆的附属机构里工作，或参与其他机构主办的创意项目等。在积极争取外部机会的同时，"NEW INC"也鼓励成员自行组织讲座和工作坊，展示创意成果、分享技能或邀请专家介绍经验。

英国：以政府为主导推动创意产业发展和人才培养

一、基本情况

英国是创意产业发展的先驱国家，最早提出"创意产业"概念。1997年，英国政府开始重视文化创意产业，经过近20年的发展，创意产业已成为英国经济的支柱产业之一，创意经济规模在全球仅次于美国，居于第二位。2014年1月，英国文化、媒体和体育部发布最新英国创意产业经济评估报告，数据显示，创意产业每年为英国经济带来714亿英镑收益，相当于每小时就有800万英镑入账，创意产业在2012年的总收益增长（gross value added）为9.4%，超过英国其他产业，成为增速最快的产业。英国从事创意产业的企业超过10万家，为168万人提供就业岗位，占英国总就业人口的5.6%，并以每年4.2%的速度递增。

目前，英国已成为全球文化创意产业占GDP比重最大的国家，占英国经济总增加值（GVA）的2.89%，形成了以伦敦和曼彻斯特为基地的欧洲两大创意中心，打造出伦敦电影节、伦敦时装周和伦敦设计节等具有国际影响的大型活动。2014年英国出版行业收入达到800亿英镑（约8000亿元人民币），其中出口占到40%，全球电影票房收入中有11%属于英国的影视企业；英国的音乐产品占全球音乐产品比例达到了15%，它的保留节目资源量仅次于美国，世界最畅销艺术家前10位中有5位都来自英国；英国视频游戏的销售额占全球的16%，占欧盟1/3和美国10%的市场份额；英国创意产业的出口额达89亿英镑，占英国总出口额的10.5%，越来越多的跨国公司借助英国的专业设计，建立了国际品牌。据英国政府估计，到2017年英国文化创意产业的从业人数将再增加15万人，数字化和创意产业将成为推动英国经济增长的主要支柱。

此外，英国不仅是世界上第一个提出创意产业理念的国家，也是第一个用政策来推动创意产业发展的国家,被视为设立了创意产业的"黄金标准",即政府以增加培训、融资倾斜、推动立法等方式推动文化创意产业发展,清晰的产业定位和统一的文化政策值得借鉴。

二、政府推动创意人才发展

英国创意人才的培养主要由政府推动,政府制订一系列人才培养计划,如实施"发现你的才能"计划,挖掘青年和儿童的创意天赋;搭建实现创意人才与产业的对接渠道,支持和激发各种背景的年轻人在创意产业中寻求事业发展;实施"创意产业就业计划",为创意人才提供培训和实习机会等。在政府的政策鼓励和支持下,英国成为创意人才的集聚、向往之地,取得了良好的效果。

(一)实施"发现你的才能"计划

在2008年英国文化、媒体和体育部发布《创意英国:新人才新经济》报告里,英国政府认为创意来自个体和集体的才能和创新,创意产业发展的基础和根本是要给每个儿童和年轻人提供机会来最大限度地发展其创造才能。因而,政府决定对儿童和年轻人实施"发现你的才能"计划,用以激发下一代的创造欲望,以及提供额外的方法发现他们可能被隐藏的才能。

1. 提供高品位的文化体验

"发现你的才能"计划认为,许多年轻人第一次获得开发其创意的机会来自与文化的结合,因而要赋予每个年轻人在艺术和文化方面进行全面体验的最基本的权利,要保证所有的儿童和年轻人,不管他们在哪里生活以及背景如何,都有机会在校内或校外一周至少有五小时高品位的文化体验。

为此,"发现你的才能"计划为儿童和年轻人提供关于文化的课程,帮助年轻人成长为文化领域中有判断力的观众、参与者和创作者,并通过文化学习以及与文化和其他活动相结合,促进创意的提升、成就的获得和个人的发展。政府还希望社区、中小学校、大学以及年轻人自身来帮助实现这项计划,并针对文化体验活动,制定了10个方面的指导,具体包括:参与顶级现场演出;参观展览、画廊和博物馆；参观文化遗迹；使用图书馆和档案馆的服务；学习一种乐器；演奏音乐或演唱；参加舞蹈演出；文字写作或聆听作者讲座；以数字或新媒体艺术形式学习和制作电影；制作一段视频艺术或手工艺品等。

2. 设立"青年文化基金"并提供补贴

为更好地实施"发现你的才能"计划，英国政府还成立新的"青年文化基金"，以保证计划的执行和监督。该基金由主要的创意、文化和教育机构支持，例如，英格兰艺术委员会、博物馆、图书馆和档案馆委员会、英国电影委员会、专业学校和学术基金。该基金一旦正式成立，将发展当地的指导者和大量推出创意合作伙伴计划来覆盖更多地区、更多学校和更多年轻人。

从2008年开始，英国政府连续3年共划拨2500万英镑用于实施"发现你的才能"计划，同时斥资3.32亿英镑用来支持合唱队、管弦乐队、新乐器、表演和免费音乐课程。政府还确保年轻人在校外得到所需要的支持以发展自身的创意，除了给年轻人提供音乐排演空间，还与"教育基金"支持的"英国人的音乐权力"组织一起指导年轻的企业主如何经营自己的音乐企业。另外，政府还帮助年轻人以购买者和潜在创作者（例如他们将自己的作品上传到互联网时）的身份了解知识产权，作为他们连贯的文化教育的一部分。

（二）搭建创意人才与产业对接渠道

在《创意英国：新人才新经济》报告里，英国政府认为人才开发需要经历不同的阶段。"发现你的才能"计划将保证人人都有机会被发现他们的才能，但同时还需要设计一个人才开发途径方案来支持和激发各种背景的年轻人在创意产业中寻求事业发展。

1. 上线"创意选择"网站

英国创意和文化技能委员会在2008年年初为文化及创意产业创立第一个行业和用户导向的在线服务网站——"创意选择"（Creative Choices），意在全面发掘社会媒介的潜力，为个人提供塑造自己命运的途径，网站服务的核心是找到并比较产业内所有课程、职位、人才和布局的能力。

"创意选择"目前已经确立自己在广告、手工艺品、文化遗产、音乐及艺术的在线职业支持市场上领导者的地位。在2011年"创意选择"开始支持成人继续发展和广泛的职业服务工作，与"下一步"和"直接学习"（"Next Step" and "Learn Direct"）融合在一起。这一新服务促使事业进一步发展，与"就业中心"（Job Centre Plus）紧密协作。该服务依赖产业技能委员会（Sector Skills Councils）提供的详细的劳动力市场信息，如创意和文化技能计划，以保证其拥有必要的特定行业信息，从而提供专门的职业发展建议。

2. 建立创新型学习场馆

英国政府鼓励创意产业的政府机构、企业、协会与大学、学院等建立合作伙伴关系，以更好地实现创意人才与产业的对接。如英国政府鼓励雇主和技能提供者建立创新型学习场馆，为创意人才提供产业实践支持，同时还积极与其他产业合作，一起来满足创意人才专业技能上的需求，以及共同完成合作项目等。

此外，政府还开发了5个合作项目：建立一个世界一流的卓越中心和动画教育进修学校，并与阿达曼动画公司、产业技能委员会以及西南地区开发署建立合作伙伴关系；英国时尚和纺织协会与Jasper Conran、Jimmy Choo以及其他国家，以时装学院的模式联合工作；创意和文化产业国家技能学院与创意文化技能和学院音乐集团、皇家歌剧院、音乐家联盟等建立合作关系；西北地区发展署联合其他地区发展署、产业技能委员会等机构共同建立国家计算机游戏卓越中心；由设计协会、创意和文化技能协会支持的英国设计技能联盟启动，目的是通过活动项目提高设计教育和设计实践的专业标准。

3. 为青年提供创意技能的连贯培训

英国政府支持学校、继续教育和高等教育之间的联合，为年龄在14—25岁的青年人提供创意技能的连贯培训。伦敦艺术大学是响应首相的号召、与中学建立紧密联系的大学之一。目前已经发展了"14—25学术中心"的理念，这种理念使伦敦艺术大学和一些中学以及继续教育学院连接在一起。伦敦艺术大学还与儿童、学校和家庭部（DCSF），创新、大学与技能部（DIUS）以及文化、媒体和体育部（DCMS）合作来探索、推广这个模式。

4. 继续推行实习机会项目

根据《利奇报告》，技能对英国经济的持续繁荣起到了至关重要的作用，英国的实习人数应该在2020年达到50万人（英格兰达到40万人）。因而英国政府在2008年同意并且承诺，到2013年，将会使那些离开学校且符合实习标准的人都有实习的地方可去，第一步计划是为年轻人设立9万个实习岗位。

作为一个创意经济项目，政府与创意产业其他的技能协会一起协作，以扩大实习项目在创意产业中涉及的范围，目标是到2013年，创意产业一年提供5000个正式的实习岗位。创意实习项目由国家实习服务部门经营，并得到创意和文化技能协会的支持，它主要帮助公司和机构在专业技能方面培训年轻人，运作理念是帮助雇主来满足特定区域的需求。在行业和政府的支持下，创意实习项目也应帮助结束没有酬劳的实习职位，因为这只会导致更多的剥削并且给该行业一个负面的形象。

（三）实施"创意产业就业计划"

英国"创意产业就业计划"是由英格兰艺术委员会（Arts Council England，ACE）于2012年12月发起，2013年3月联合英国创意与文化技能委员会正式启动的一项为期两年的创意产业人才培养计划。该计划旨在为6500位16—24岁的年轻人（毕业生及在校生）提供带薪实习和在职培训的机会，帮助年轻人学习创意产业的基本知识和技能，为创意产业培养具有一定技能和工作经验的创意人才。截至2013年11月，英国"创意产业就业计划"已为创意产业造就出超过1000个新岗位，培养年轻创意人才上千名，为英国创意产业的发展提供了人才支撑。

1. 规划"创意产业就业计划"期限和数量

自从10多年前大力倡导创意产业以来，英国政府就非常重视创意人才战略布局，并采取了一系列培养和扶持创意人才的战略举措。2013年更是专门出台了以创意人才为主题的战略举措。例如，从儿童教育抓起，尽早发现个人的创意才能，并分别对青少年及成人创意才能的培养、创意人才的就业等提供诸多帮助和有效通道。"创意产业就业计划"只是其中的一项举措，这项举措启动之初就规划了期限：一项为期两年的创意人才培训计划。在两年的时间内，英国政府将会为6500位16—24岁的年轻人（毕业生及在校生）提供实习、实训的机会，增长其基础知识和工作经验，这也体现了该计划的时效性和实效性。

2. 拨款1500万英镑资助并确定资助领域

英国对年轻人创意培养的投入是不遗余力的，例如启动的"发现你的才能"项目，英国政府就计划在3年内资助2500万英镑。为了推进和实现"创意产业就业计划"，英格兰艺术委员会拨款1500万英镑，为年轻人（毕业生及在校生）提供在创意机构、企业带薪实习和接受在职培训的机会，并且确定了资助领域：美术馆、博物馆、图书馆以及所有致力于音乐、舞蹈、戏剧、文学、视觉艺术、现代工艺、马戏、狂欢艺术等创意企业均可申请资助，用于支付向年轻人提供实习或学徒机会的费用，体现了该计划的无偿性。

3. 明确规定培养扶持对象

2013年英国学生贷款公司公布了一组数据：金融危机以来，英国大学毕业生的收入状况日渐衰落。在相同的职业阶段，最近一届毕业生的收入要比危机前的毕业生收入低出12%。为此，英国"创意产业就业计划"明确规定了培养扶持对象：对16—24岁的年轻人（毕业生及在校生）提供工作机会和工作技能培训，体现了该计划的针对性。

4. 严格规范实习时间和薪资标准

英国"创意产业就业计划"在为年轻人（毕业生及在校生）提供工作机会和工作技能培训时，明确规定了其实习的时间和工作的最低工资标准。"创意产业就业计划"的具体要求：凡是被提供岗位实习机会的年轻人，每周必须实习30小时，实习26周，且最低薪资待遇标准为2500英镑。在为年轻人提供工作机会和工作技能培训的同时，以薪酬提高其创作和学习的积极性，体现了该计划的规范性。

5. 为提供岗位的创意企业配备额外的政府基金

对于提供岗位的创意企业，难免增加除扶持对象薪资外的其他费用，这可能会削弱创意企业对年轻人提供岗位的积极性。对此，"创意产业就业计划"也采取了有效的措施：对于提供岗位的创意企业除"创意产业就业计划"覆盖范围之外的费用,可以向政府申请合适的配比基金,企业不用完全自行承担。例如,如果一个企业的员工数量少于1000名,并且在上一年没有招收学徒,那么它能够向英国学徒服务局申请1500英镑的补助,这体现了该计划的合理性。

韩国:实施"从小学至就业"全程创意教育

一、基本情况

1998年,韩国提出"文化立国"战略,将文化产业确定为21世纪发展韩国国家经济的战略性支柱产业,陆续出台了多项政策法规,推动了文化产业的快速发展。据韩国文化体育观光部统计,2013年,韩国文化创意产业产值达到855亿美元,同比增长4.9%,从2008年到2012年连续5年实现了18.5%的年均出口增长率。[①]2011年,韩国制订公布了"文化创意产业振兴基本计划",提出要扩大文化创意产业市场规模,到2015年,将文化创意产业占国内生产总值的比例由2.7%提升到5%,并推出了加大文化资金投入、支持文化企业开拓海外市场、支持技术研发、加强知识产权保护等多项举措。2013年,韩国政府提出了"创造经济"这一新的国政目标,并将文化产业的发展作为实现"创造经济"的核心领域之一,同时政府颁布《韩国文化产业对外输出促进方案》,针对不同文化领域及不同目标市场制定针对性企业输出战略,推动韩国文化产品出口,力争到2020年,将文化内容出口额提高到224亿美元,将韩国在文化内容产业的出口从2010年全球排名第9位(2.2%的市场份额)提高到2020年第5位(5%的市场份额)。2014年,韩国又先后实施了第二个文化产业振兴三年基本计划、"2015年内容产业振兴实施计划"等,从资金、技术、人才等多方面扶持文化创意产业发展。此外,韩国实施全程创意教育,分阶段推出针对性创意课程及核心推进课题来培养创意人才,如设立创意韩国实验室、科学艺术英才学校等,鼓励人才创新、创业。

---

① 韩国文化体育观光部。

二、创意人才教育与创业

(一)重视创意创新教育

为了向文化创意产业输送更多的优秀人才,韩国实行全程创意教育,从小学开始,延续至初中、高中乃至就业时期,分阶段推出侧重不同的创意课程,并引进不同的核心课题,推动全程文化创意教育的不断发展。

1. 实施全程、分阶段创意教育

(1)实施全程创意教育

2013年,韩国未来创造科学部出台为"创造经济"培养创意人才的方案,方案的核心集中在全程创意教育上,从小学开始进行创意教育,延续至初中、高中乃至就业时期,形成全程创意教育体系。政府引进了一系列核心课题来推动全程创意性教育的发展。例如,韩国政府于2014年在17个小学试点推行创建无限想象教师,鼓励学生在专业讲师的帮助下,将自己想象的东西亲手制作出来,培养小学生的创新能力。2015年设立 SW Meister 高中、科学艺术英才学校及融合英才教育院,引进国防科学专门军官制度;在英才学校、特色化高中、科学和 Meister 高中引进软件(SW)教育课程等。[1]

(2)实行分阶段创新和创意教育

2013年7月,韩国政府发布《第三期科学技术基本计划》,提出培养和使用创意及融合型人才,在未来教育与人才培养体系中,分阶段进行创新和创意教育。在初高中阶段,通过强化技术、艺术、科学、工程教材和科学英才教育支援体系,加强职业生涯前景教育;在大学阶段,实施学研协同教育模式,构建学研联合中心,实施双专业制度,开设跨学科课程,根据实际文化产业需求实现大学教育特色化;进入社会后,注重国际化科技人才及女性科技人才的培养,改善科技人员的福利和待遇,构建尊重科技的社会氛围。[2] 通过实行分阶段创新和创意教育,提高人才的创新创意能力,培养融合性的创意人才。

---

[1] 金韩别:《韩明年将在小学建无限想象室》,韩国《中央日报》2013年8月7日。
[2] 韩国政府:《第三期科学技术基本计划》,2013年。

2．实施文化艺术教育中长期发展计划

2014年，韩国文化体育观光部发布了《文化艺术教育中长期发展计划》，在深入分析韩国文化艺术教育领域目前面临的主要问题及近年来取得的成果的基础上，指明韩国文化艺术教育政策的发展方向，制定了韩国文化艺术教育未来的发展目标。

（1）扩大艺术教育目标群体

通过实施《文化艺术教育中长期发展计划》，韩国将文化艺术教育的目标群体由在校生扩大到了包括幼儿、高龄群体、学生家长等在内的全部年龄层，通过在幼儿园推出文化艺术教育项目、家庭文化体验项目、向敬老院增派文化艺术讲师等措施，加强幼儿、学生家长及高龄群体艺术教育。同时通过实行中学自由学期制、改造废弃校舍及工厂打造艺术体验营等方式，在时间和空间方面扩大文化艺术教育的范围，为青少年及儿童提供更多的文化艺术体验机会。

（2）重视"文化疏外阶层"[①]艺术教育

韩国文化体育观光部发布的《文化艺术教育中长期发展计划》，提出了"文化脆弱阶层"的概念，多文化家庭成员、残障人士、"脱北者"（在韩国泛指脱离朝鲜进入韩国的人）等"文化脆弱阶层"成为该计划的重点对象，为该阶层提供更多参与文化艺术活动及创作的机会。

（3）加强文化艺术教育专业人才培养

为了推动文化艺术教育事业的不断进步，《文化艺术教育中长期发展计划》提出要不断加强文化艺术教育方面的专业人才培养。韩国政府在文化艺术教育振兴院下设专门的研究机构，并与韩国各大艺术院校等机构联合，通过梳理、研究文化艺术教育课程体系，为韩国文化艺术教育专业人才培养提供多种培训方案。

（二）鼓励创意人才创业

2014年，韩国政府审议并通过了第二个文化产业振兴三年基本计划。计划

---

① 韩国将弱势群体称为"疏外阶层"，指被社会主流"疏远、冷落、排斥"的群体。

提出，为向文化产业输送更多创意人才，韩国政府将进一步支援名为"Contents Korea Lab"（创意韩国实验室）的研究开发中心项目，包括建设数字内容中心及文化融合型中心。2014年5月，在韩国首都建成第一个文化融合型中心，根据计划，2015年至2017年之间韩国将先后建设6个文化融合型中心。到2017年，全国计划建成15个数字内容中心。"创意韩国实验室"主要为创意产业相关创业者提供分层次、分阶段的扶持，包括提供培训、提供设备、提供导师支援、举办研讨会及网络聚会等，为培养文化创意储备人才、搭建创意人才交流平台、孵化创意创业企业等提供一站式服务，打造复合型创意创作中心。实验室鼓励文化创意资源的流通交易，进行创意人才的多样化交流，为人才提供创意创作中可以灵活运用的原始素材。通过为人才提供多种文化创意体验，开发人才的创作潜力，鼓励人才创意共享、共同创作，被称为"开放的创意工作室"。同时，推进"创意发电站"建设，大力扶持现有公私合营的社会间接资本与设施的孵化培养，为初创期及创业前期的文化企业提供支持，并鼓励创业成功企业进行创意共享。[①]

（三）加强海外人才培养与引进

1. 颁布"吸引和利用海外人才的方案"

为实现韩国创造经济、引进具有创新能力和企业家精神的国际人才，2014年1月，韩国未来创造科学部正式公布了"吸引和利用海外人才的方案"。韩国政府放宽签证签发限制，加大对"企业活动型""研究教育型""未来潜力型"三种类型的海外优秀人才的吸引、扶持力度，力争到2017年引进海外人才3.66万名。文化产业是韩国"创造经济"的核心领域之一，方案的实施，有利于推动韩国创造经济的不断进步，也有利于促进韩国文化创意产业的发展，吸引更多海外文化创意人才。

2. 建设海外设计人才培养基地

韩国重视海外人才的培养与引进，通过与国外相关机构合作创建设计基地

---

① 张乃禹：《韩国"创造经济"：以文化创意为内驱力》，《中国社会科学报》2015年1月21日。

的方式,培养国际化设计人才。例如,2011年韩国与广东省经信委签署协议,共同打造中韩工业设计培训基地,通过开展学习交流、职业培训、设计论坛等活动,加强中韩两国设计人才的交流与合作,提升设计师的综合素质及国际设计视野。[1]2015年,韩国设计振兴院与中国义乌签署韩国设计义乌基地共建协议,旨在建立设计人才交流、知识产权保护等方面的定期交流合作机制。通过组织韩国优秀设计领军人物和团队、设计企业协会和团体参加义乌韩中生活设计论坛,举办每月一次的韩国设计商务对接会及每季一次的公益性设计知识讲座或培训等活动,加强中韩两国设计人才交流与合作,培养具有国际化视野的设计人才。[2]

---

[1] 广东省经济和信息化委员会官网。
[2] 浙江省金华市人民政府官网。

新加坡：建立海外创意人才培养引进机制

一、基本情况

新加坡将创意产业作为一个重要的发展方向。为推动这一产业，政府投入大量资金，扶持当地艺术、设计和媒体等文化创意产业不断发展。例如，新加坡经济发展局将在未来10年内，投入10亿新元扶持新加坡的数码媒体业发展，通过实施"文艺复兴城市计划三"、建设吉尔曼军营艺术区及新加坡自由港等项目，不断推动创意产业发展。2014年，新加坡创意产业已达到占国内生产总值3%的目标，其中包括电子游戏制作、数码动画和电脑特效等数码媒体作业。[①]

创意人才培养方面，新加坡创意产业所雇用的员工已增加到11万人，并通过实行"创意人才资助计划"、扩大建团基金计划等方式加大对创意人才的资助力度；实施未来学校项目，将南侨小学和义安中学纳入未来学校的范畴，运用信息技术推动教学方式不断创新，培养更多创意人才。新加坡还十分重视海外创意人才的培养、交流与引进，通过建设多个海外研习基地、推出青年艺术海外实习计划、举办国际性文化活动等方式，与国外院校、文化机构等合作，培养国际化创意人才；不断更新新加坡留学与移民政策，以各种福利吸引海外创意人才入驻。

二、重视海外创意人才

（一）海外人才培养、交流与引进

新加坡政府、院校、民间文化机构不断加强海外创意人才的引进、培养及

[①] 《新加坡设计行业展望》，2015年11月19日，http://mt.sohu.com/20151012/n423026535.shtml。

交流。政府不断更新留学与移民政策,出台优惠措施,吸引海外优秀文化创意人才;国家艺术理事会推出了"青年艺术海外实习计划",新加坡南洋理工学院建设海外研习基地,加强新加坡创意人才与国外文化机构及院校的文化交流合作,培养国际化文化创意人才;政府及民间文化组织不断举办各种国际性文化活动,加强各国人才的文化交流与学习。

1. 建设海外研习基地

为了拓展学生的国际视野,加强国际交流与学习,培养学生的全球竞争力,新加坡南洋理工学院明确提出要有30%以上的学生有海外研修实习经历,并在全球设立了多个研习基地,仅在中国就有4个海外研习基地,分别建在广州番禺职业技术学院、北京信息职业技术学院、苏州工业园区职业技术学院、成都职业技术学院。2010年4月,设立于广州番禺职业技术学院的南洋理工学院学生海外研习基地(广州)开始正式运行。根据两校协议,南洋理工学院每年向基地派遣一定数量(每年分4期,每期40—60名师生)的师生进行2—4周的项目交流与研习,通过开发自带专业、企业认知、特色课程、文化体验和对接合作五类研习项目,将基地打造成为多元文化交流平台、全方位国际交流与合作平台及国际合作协同育人平台,为南洋理工学院的设计系、互动数码媒体系、信息技术系、工程系、生命科学系等六个专业的学生提供文化交流合作研习机会。基地运行5年来,已有超过千名新加坡师生前来研习,为新加坡文化产业培养了更多国际化文化创意人才。

(1)基地运行形式与研习内容

根据两校协议,广州番禺职业技术学院为南洋理工学院学生海外研习基地(广州)提供两间配备有电脑、网络设施等必要的研习设施的专用研习室,每间可容纳25人。同时提供小型研讨会议室、教师办公场所等基础设施。研习以项目化方式展开,主要包括自带专业、企业认知、特色课程、文化体验和对接合作五类研习项目。

(2)组织实施

为了使研习基地持续良性运作,促使两校深入合作发展,基地在研习组织实施过程中,坚持境内境外紧密结合、校内校外紧密结合、课内课外紧密结合三个"紧密结合"的原则，保证基地充分高效、保质保量地落实好研习过程的每一个环节。

境内境外紧密结合。加强新加坡南洋理工学院与广州番禺职业技术学院的交流合作，在每一期研习项目实施前，两校管理人员及教师需要不断沟通协调、通力合作，根据每一个学生的个性化需求及专业需要，制定详细的研习日程及应急预案。

校内校外紧密结合。充分开发利用校内校外的教学实践资源，不断开发新的资源，满足研习基地的教学需求。

课内课外紧密结合。在必需的课程之外，丰富课余活动，如举办各类文化交流活动，包括组织双方师生共度端午节、中秋节等，或组织民族文化表演等活动，为研习师生提供更多的文化体验机会，了解价值观、风俗习惯等方面的文化差异，促使两校师生加强交流活动。

（3）研习基地特色与成果

经过多年的实践，南洋理工学院学生海外研习基地（广州）在资源整合、项目开发、内容设计等方面形成了自己的特色，逐渐发展成为一个全方位的国际交流与合作平台；基地让学生在多元文化及其语境下进行跨文化学习，搭建了跨文化和多元文化的交流平台；基地充分整合、利用境内外、校内外的多种资源，共同搭建了基于国际合作的协同育人平台。

搭建全方位的国际交流与合作平台。基地通过整合利用教学资源、精心设计项目内容，为南洋理工学院的设计系、互动数码媒体系、信息技术系等6个专业的学生提供了更多的研习机会，搭建了全方位的、国际交流与合作的研习"多功能"平台。研习基地设计的研修内容包含通识课程选修、专业教学交流、文化考察与体验、校外实践与实训、自主项目合作等，使两校师生在最大限度上实现了参与及交流合作。

搭建跨文化或多元文化的交流平台。基地在接待新加坡南洋理工学院学生时，不仅接待新加坡籍学生，还接待泰国、印度、马来西亚、印度尼西亚、圭亚那等多个国家的学生，族裔包括华裔、马来裔、泰裔、欧亚混血等。通过在这些民族多元化、宗教信仰多元化、专业多元化、年龄多元化的学生之间开展文化体验、学习、交流等项目，构建了多元文化的校园氛围，让学生在多元文化及其语境下进行跨文化学习，加深学生对各国不同文化的了解，培养学生跨文化学习、交流、合作的能力及开放包容的心态。

2. 推出"青年艺术海外实习计划"

2014年，新加坡国家艺术理事会推出了"青年艺术海外实习计划"，赞助新加坡青年艺术人才到英国进行为期3个月的实习。青年艺术人才首先向国家艺术理事会提出申请，通过初审的申请者将参加艺理会举办的"为青年人开发艺术项目"工作坊，之后组织进行一轮面试，选出4名优秀申请者参加实习计划。成功获选的人才有机会到英国青年艺术公司、专为艺术家与青年搭线的艺术发展机构以及通过艺术联系有特殊需要青年的机构等多家知名的青年艺术机构进行深入交流学习，了解青年艺术项目的开发过程并积累经验。通过实行"青年艺术海外实习计划"，有利于为新加坡文化产业培养具有献身精神的杰出青年艺术人才，通过开发艺术项目和创造机会，加强本地青年与艺术的联系，推动新加坡青年艺术的不断进步。①

3. 举办国际性文化活动

新加坡政府及民间文化组织通过举办各类国际性的文化活动，为新加坡文化创意人才搭建展示、交流、学习平台，有利于培养国际化创意人才，加强新加坡创意产业与世界各地的交流合作，加深国际社会对新加坡文化创意产业的了解。

举办国际华人艺术节。为了搭建世界华人文化艺术交流平台，2010年，新加坡国际华人艺术节组委会举办了第一届"国际华人艺术节"。通过组织安排多种形式和主题的研讨会、交流会、比赛和观摩等活动，为世界各地的华人提供展示艺术才华的舞台，加强各地华人的文化艺术交流与学习，促进世界华人文化艺术和谐发展。

开启"创：新"全球巡展之旅。2015年，新加坡旅游局与多个国际知名新加坡创意人才及团队携手开启"创：新"全球巡展之旅，艺术之旅在北京拉开序

---

① 《青年艺术海外实习计划开放申请》，2015年11月19日，http://www.65singapore.com/news/sinnews/24397.html。

幕，在伦敦、纽约等地巡回展出，最后在新加坡举行闭幕展。除了核心展览外，新加坡为各地观众量身安排一系列创意活动。例如，新加坡为北京观众量身安排了一系列围绕新加坡创意组织、工作者及其当代艺术作品所开展的活动，包括创意人才座谈会、现场表演、短片放映会等活动。创意巡展旨在聚焦新加坡当代创意人才，呈现新加坡创意作品的多样化，加深世界各地对新加坡文化创意的了解。

4. 推出留学与移民新政

除了培养自身的人才，新加坡还广泛吸纳、招揽海外文化创意人才。2011年，政府推出了留学与移民新政，旨在吸引更多创意人才来新加坡发展。第一，政府推出了个人化就业准证EP（Employment Pass），持有此证者在失业时，可以拥有6个月的滞留期，用以帮助文化创意人才寻找新工作机会，避免了外籍人才在失去工作时短时间必须离境的麻烦。政府还规定，年薪满3万新元，并在新加坡工作2—5年者均可申请此证。第二，新加坡调整了就业准证的期限，由原来的6个月延至12个月，借此吸引文化创意等人才入驻新加坡。此外，新加坡还通过放松跨国婚姻限制、降低使用外国劳工税、完善社会保障体系、为海外留学生提供高额助学金等方式大力引进创意人才，推动新加坡文化创意产业不断发展。

（二）本地创意人才培养

新加坡政府通过加强创意人才资助、实施"未来学校"项目、推出"扩展人才计划"等方式培养创意人才，不断加强新加坡文化创意产业的人才保障和智力支持。

1. 加强创意人才资助

新加坡重视本土文化创意人才的培养，不断加大政府资金投入来支持创意人才培养。如国家艺术理事会投入大量资金支持本地艺术团体及艺术工作者发展，新加坡媒体发展局投入1500万美元用于"创意人才资助计划"等。

扩大建团基金计划。2012年，为了帮助更多有发展潜力或者新建立的艺术团体巩固根基，新加坡国家艺术理事会计划扩大建团基金计划，旨在协助本地艺术团体提升专业水平，成为肩负文化传承使命、受肯定、能表达身份认同和价值观的艺术团体。国家艺术理事会承诺2012年提供4000万美元拨款，为本地艺术团体提供房屋津贴和展示平台等。通过扩大建团基金计划，新加坡政府继续扶持本地艺术团体及艺术工作者发展，帮助他们挖掘更多原创题材，培育本地创意人才。

实行"创意人才资助计划"。为了培养更多文化创意人才，新加坡实行了"创意人才资助计划"，并且不断加大资金投入。例如，2013年起，新加坡媒体发展局5年内将投入1500万美元用于"创意人才资助计划"，为新加坡文化创意产业培养更多的优秀人才。

2. 实施"未来学校"项目

2011年，新加坡将南侨小学（Nan Chiau Primary School）和义安中学（Ngee Ann Secondary School）纳入未来学校的范畴，通过将信息技术运用在教学领域，推出3D仿真学习情境、创新课程体系等，开发学生的创造性思维，培养学生的合作精神，培养高端人才。新加坡政府计划在2015年选出15所未来学校，通过信息科技的运用，不断推动教学方法的创新。例如，义安中学推出了"启发式在线学习代理"（Heuristic Online Learning Agent，HOLA）项目，是世界上首个在线为学习者提供教育信息的项目，学生只需在线进行用户注册，即可进行咨询和提问，HOLA在线窗口会迅速为学生提供解决问题的方案及所需信息，有助于培养学生自主学习、独立思考的能力。未来学校还会根据不同阶段的教学侧重点来使用适当的信息科技。例如，利用"播客"培养一、二年级学生的创意，利用多媒体做作业来刺激三、四年级学生的好奇心，让五、六年级的学生根据自己的兴趣深入学习数码艺术、制作影片等技能。利用交互式的3D虚拟学习情境展示、评价学生创意作品，利用网络工具针对学生的特点为学生设计练习等，以此分阶段、有针对性地培养文化创意人才。

3. 推出"扩展人才计划"

2012年，新加坡中小型企业协会与新加坡劳动力发展局联合推出了"扩展人才计划"，为加入中小企业不足3个月的经理、执行人员及专业人士等白领员工提供为期3天的管理技能等培训课程。旨在帮助人才了解企业操作规程和发展前景，确定自身发展各阶段的工作目标，找出关键绩效指标和培训发展计划。劳动力发展局将承担90%的培训费用，对于参加培训后能和雇主一起按照课程锁定目标发展的员工，若连续6个月评估合格，其雇主将一次性获得5000新元的津贴。该计划的实施将有效降低中小文化企业的人才流失率，为中小文化企业培训培养更多优秀人才。